❖ 高大同 编 ❖

高一涵
监察工作文选

Gao Yihan

jiancha gongzuo wenxuan

凤凰出版社

图书在版编目（CIP）数据

高一涵监察工作文选 / 高大同编. -- 南京 : 凤凰出版社, 2015.1
ISBN 978-7-5506-2089-6

Ⅰ. ①高… Ⅱ. ①高… Ⅲ. ①监察－工作－中国－文集 Ⅳ. ①D630.9-53

中国版本图书馆CIP数据核字(2014)第280011号

书　　名	高一涵监察工作文选
编　　者	高大同
责任编辑	陈晓清
出版发行	凤凰出版传媒股份有限公司 凤凰出版社(原江苏古籍出版社) 发行部电话025-83223462
出版社地址	南京市中央路165号,邮编:210009
出版社网址	http://www.fhcbs.com
经　　销	凤凰出版传媒股份有限公司
照　　排	南京凯建图文制作有限公司
印　　刷	江苏凤凰通达印刷有限公司 南京市六合区冶山镇,邮编:211523
开　　本	890×1240毫米　1/32
印　　张	15
字　　数	390千字
版　　次	2015年1月第1版　2015年1月第1次印刷
标准书号	ISBN 978-7-5506-2089-6
定　　价	88.00元

(本书凡印装错误可向承印厂调换,电话:025-57572508)

1938 年自题照

高希翠竹凌云志，洁美青莲出水姿。
十丈红尘浑不管，一灯风雨写清词。

百代文章罗眼底，万家忧乐系心初。
研几探奥吾人事，不为千秋亦著书。

国民政府监察院全体委员宣誓就职典礼，1931 年 2 月 23 日

监察院七区监察使就职后留影，前排居中者于右任，后排居中者高一涵

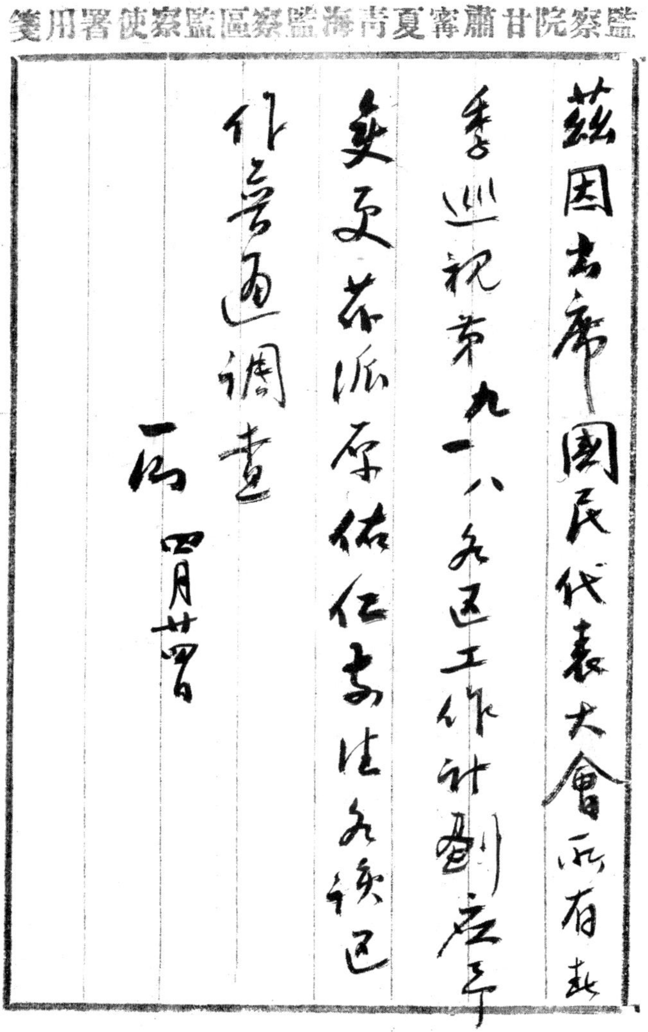
監察院甘肅寧夏青海監察區監察使署用箋

茲因出席國民代表大會所有本季巡視第九、十八各區工作計劃應予變更，茲派原依仁專往各該區作普通調查

一函
四月廿四

高一涵手书，1946年4月24日

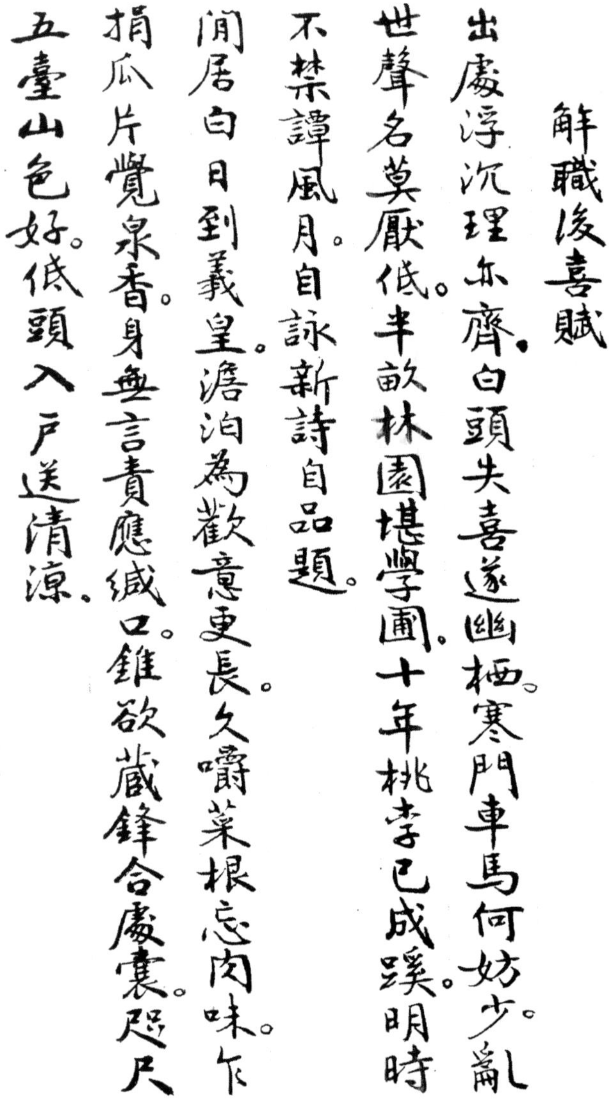

1948 年夏手书《解职后喜赋》诗一首

目 录

三　呈监察院报告、总结

四　察勘灾情堤工呈报文

五 附录

序

高大同先生长期以来搜集高一涵研究的相关资料，为推动高一涵研究的深入作出了重要的贡献。2011年，高先生出版了《高一涵先生年谱》，提供了高一涵生平活动翔实的材料，引起学术界的高度重视。最近，他又主编了《高一涵监察工作文选》，给我寄来了样稿，让我作个序。我翻阅了这部文稿，深为高先生勤于搜罗史料的精神所感动，写序的事也就答应下来了。

高一涵是现代中国的一位著名历史人物，具有丰富的历史内涵和研究价值。我在为《高一涵文选》所作的"序"中说："高一涵是一位中国现代史上的著名人物，值得深入研究与广泛宣传。……从历史学的视角来看，高一涵这位人物在中国现代史上有着特殊的地位。研究新文化运动，叙述新文化运动兴起的历史进程，必须研究高一涵的历史作用，同样，研究五四运动，再现当时进步知识分子的精神面貌，也需要研究高一涵的思想与活动。至于研究中国现代学术史，在涉及政治学问题时，也没有办法绕过高一涵这位历史人物。可以说，通过对高一涵这位历史人物的深入研究，不仅可以记载当时的历史场景，极大地丰富五四时期的历史，而且可以改写中国现代史研究中业已形成的某些结论。"近15年来，学术界开始重视高一涵的研究工作，也有了一些相关成果问世，这是应该充分肯定的。但是，高一涵研究工作只能算是处于起步阶段，需要探索的问题很多，未知的一定还有不少，进一步研究的空间非常大。

研究历史人物需要以相关的材料为基础，没有丰富而翔实的材料，也就难以得出正确的研究结论。对于高一涵这位历史人物的研究而言，也是这样。多年前，我说过这样的话："进一步研究高一涵，学术研究资料的积累和搜集是前提。"可考虑先做这样两方面的工作："一是编辑出版《高一涵文集》"，"二是编辑出版《高一涵生平史料编年》"。近年来，这个工作有所进展，取得了较为显著的成绩。我提出的出版《高一涵文集》的想法得到初步落实，安徽六安市政协最近出版了《高一涵文选》，将高一涵的主要著作搜集起来，使学术界第一次较为全面地看到了高一涵著述的情况。至于编纂《高一涵生平史料编年》的工作，高大同先生一直在做，其所编《高一涵先生年谱》，则是对这项工作的有力推进。应该看到，搜罗资料是一项长期的工作，具体到高一涵研究而言，在目前情况下，仍然需要不断地坚持下去。在此情形下，高大同先生出版《高一涵监察工作文选》就有特别重要的意义。

搜罗广泛，资料翔实，学术价值高，是《高一涵监察工作文选》的显著特色。该著取材丰富，不仅收录高一涵的监察论著9种，使人们看到高一涵的《中国御史制度的沿革》、《中国内阁制度的沿革》等专著的全貌，了解到高一涵在《东方杂志》等刊物发表的《宪法上的监察权问题》等文章的思想，而且收录了高一涵署名的有关监察工作的弹劾、纠举、建议、审查报告书，呈监察院巡视报告、年度总结，察勘灾情、堤工的呈文，同时又以"附录"形式摘录地选载了民国时期的监察法规，以资研究者参考。前面提到，最近出版的《高一涵文选》，所收的资料是比较丰富的，但因为属于“文选”性质，不可能全部收录高一涵监察活动方面的材料，如载在《监察院公报》上高一涵署名的文稿，只收录了4篇。而高大同先生的这部《高一涵监察工作文选》，收录《监察院公报》上高一涵署名的文稿达130多篇。这个工作非常不易，非短期所能做到。

《高一涵监察工作文选》具有诸多的价值，我觉得最突出的有这样几个方面：一是有助于研究高一涵的生平活动。高一涵是政论家、著名学者，这在五四时期是特别显著的。在20世纪20年代末及30年代以后，高一涵进一步涉足现实的政治活动，向政治活动家方向发展。高一涵的监察活动，从时间上说是1931年至1949年间，这是他一生中的一段重要履历。就年龄来说，高一涵1931年46岁，1949年64岁，监察活动是中年以后的重要内容。根据《高一涵监察工作文选》来研究高一涵的监察活动，有助于描述中年以后高一涵的人生轨迹。二是有助于研究高一涵的监察思想。高一涵在五四时期就是著名的政治学家，20世纪30年代参与组织中国政治学会，是中国政治学的重要开创者。就高一涵思想体系而言，他的监察思想是其政治学思想的重要组成部分。由此，如果不了解他的监察思想，也就难以认识他在中国政治学界的地位及其政治学思想的具体特色。笔者初读高一涵的监察工作文稿，不仅体会到其政治学思想的具体内涵，而且进一步感受到高一涵嫉恶如仇、反对腐败、关注民生、重视制度建设的理念。可以说，高一涵监察活动的相关资料，有助于我们研究高一涵中年以后的思想面貌及其所显露的显著特色。三是有助于研究民国时期监察工作的状况。现今留存下来的高一涵监察工作的材料，固然是研究高一涵的重要资料，但也不仅仅如此。就材料本身来说，因为反映了那时中国社会的一些重要信息，因而也是研究高一涵所生存的那个社会的重要材料。民国采行五院制，在西方的立法、行政、司法之外，又有考试和监察，在制度设计方面确实有其特点。由此来看，反映高一涵监察工作的资料，也是研究那个时候监察制度的重要材料。仅就以上三点而言，《高一涵监察工作文选》就应该引起学术界高度重视。

现在学术界已经有了《高一涵先生年谱》、《高一涵文选》等重要的材料，加上即将出版的这部《高一涵监察工作文选》，在史料的搜集方面应该说有了相当的基础，这对于深化高一涵研究将会产生重要的影响。年轻的学者需要对此予以高度重视，并加以充分地运用，使这批有价值的资料发挥其应有的作用。这不仅是尊重前辈的辛勤劳动，而且也是开启高一涵研究新局面的所必须的。可以预期的是，这部《高一涵监察工作文选》出版后，高一涵研究将会有新的成果问世。这也是我所期待的。

吴汉全

2014 年 5 月 13 日

吴汉全　法学博士，教授，中国李大钊研究会理事，江苏省哲学社会科学评审专家，江苏省政治学会常务理事，国家社科基金重大招标项目《中国马克思主义学术史》首席专家。高一涵研究著名学者，所著《高一涵五四时期的政治思想研究》被誉为高一涵思想研究的拓荒之作。

编辑说明

《高一涵监察工作文选》主要选编了高一涵先生自1931年至1948年任国民政府监察院监察委员和监察使期间有关监察工作的文章。其早年《中国御史制度的沿革》与《中国内阁制度的沿革》两篇专著也一并选入，以期从多个侧面，将散落在各地档案馆、图书馆的各种文献资料汇集成册，为读者和研究高一涵的学者提供较为翔实的史料，以丰富对高一涵先生生平活动，特别是其在民国监察工作领域建树的了解，丰富对民国时期监察制度运作情形的了解，以期服务于当今惩治贪腐的现实需要。

本书所选资料，为尊重著者，均保持原貌，按原文照录。《中国御史制度的沿革》和《中国内阁制度的沿革》两篇专著，按商务印书馆1926年6月版和1930年4月版原文照录，原文引文中的数个错漏处，已酌加改正；原文所引书目的标注方式与现行排版体例多有不同，应编者尊重原著者的要求，仍按商务印书馆版照排。本书所选弹劾文、纠举文、审查报告书等，均成于民国时期，其中有两三篇涉及对中国共产党领导的武装起义及农民运动评议的有关内容，均加引号予以标明，不代表编者和出版方的观点与态度。

所选资料出处凡注明《监察院公报》者，为上海图书馆藏《监察院公报》，索书号为14672。凡注明《监察院公报》渝版者，为档案出版社1992年8月出版的《监察院公报》(影印)。

所选资料按类项依形成时间顺序排列。为适应现代人的阅读习惯，将原竖排改为横排，原文中“如左”、“如右”等用语，相应改为“如下”、“如上”等。繁体字改用简化字，遇有可能引起文义歧异之处，保留原有的繁体字。

所选资料，遇有缺漏损坏或字迹不清者，以□代之，增补更正字以[ ]标明，删节处以……标明。

一

监察论著

中国御史制度的沿革

自　序

我于今年四月初，忽然得猩红热病，九死一生的闯过难关，在病室中活活的拘留了三个多月。天下事最痛的是死，最快的是生，惟有这种不死不生的养病生活，真正是既不痛，又不快。在这种百无聊赖的生活中，听说有人提倡恢复中国的科道制。这种消息引起我翻看旧书的兴趣，于是天天躺在藤椅子上，看什么《九通》的职官门，《二十四史》的百官志或职官志，《历代职官表》、《册府元龟》、《春明梦余录》、《容斋随笔》、《石林燕语》、《初学记》、《玉海》、《古今合璧事类备要》、《钦定台规》、《皇朝掌故汇编》……等书。今年的北京本可以称为"无夏之年"，故在这风凉的暑期之中，居然东写西抄的集成三万字的《中国御史制度的沿革》。

我从前看到孙中山先生的五权宪法的讲演稿，说：监察院大半是根据中国历史上御史制度而来的；最近又看见《甲寅周刊》上载有章太炎先生论废代议制复科道制的一封信，故对于御史制度似乎觉得有研究的必要。等到看完了上述的各种书籍之后，不知不觉的又把我这种羡慕御史制度的意见打消。中山、太炎两先生都主张监察员或科道须由考试而来，太炎更主张在考试后由政府加以任命。我以为考试无论怎样办到完全无弊的地步，中选的人终是只凭他自己的学问中选，和他的邻里乡党一点不发生关系。代议制的重要一点，就是使那监督政府之人，同时是受全国或他邻里乡党的监督之人。近来有许多人主张废掉普通代表制，采用职业代表制，但并不是不要代表，乃是要那真正能代表某一团体或行会的真正意见的真正代表。故说到这一点，我总觉得由上而下的监察机关，或单由个人的学问当选，一点都和他邻里乡党无关的考选御史制，太违反民治政体的原理。如果真正要像这样的恢复科道制，科道制的本身利害且不论，就是本身有利无害，恐怕再行一百年，也不能唤起人民监督政府的兴趣。

我这一本小册子根本上就不配说“研究”两个字，不过把这三个月所看的书抄写下来，就算完事。抄写的错不错，现在还不敢断定，况又在养病的时期，生理上使我不能十分用心思索。不过这个问题的确有研究的价值，这本小册子如有什么益处，至多也不过是供给研究这个问题的人一点参考材料罢了。至于我的断案，只是我个人目前的感想，日后有没有变更，还说不定。深望读者心无成见的对我指正指正。

高一涵　十四年十月十日

再版自序

这本小书是我在民国十四年夏天养病的时候写成的。这时正是段祺瑞的执政府中，一两个无聊的政客，高唱恢复科道制的时代，恐怕他们把这个制度白白的糟蹋了，所以我那时不得不表示反对。这是过去的事，用不着再提，现在所要讨论的是“五权宪法”中监察权如何实现的问题。

现在一般人对于监察权似乎有点误解，就是只把监察权当作弹劾权。其实,明清以来的都察院的权利,绝不以这一种弹劾权为限,此外还包括许多重要的权利在内。中国的御史制度的特点:就是在行使弹劾权外,还享有监督行政、考察官吏、检查会计和注销案卷种种特权。因为都察院有监督行政权,所以“不管是中央官厅,或是地方官厅,凡他们所管事务的施行和成绩,皆当向都察院或各科各道报告,各科道得由这一类的报告中,兼察视政治的状况。如有违反法令、妨碍公益以及紊乱官纪的事情,都可由各科道奏请纠正”。因为都察院有考察官吏权,所以凡“京察”“大计”“有鉴衡不公,黜陟失当,徇情滥保,姑容不职者,皆可由科道纠参”。因为都察院有检查会计权,所以“无论中央或地方官厅凡经费的出纳,皆受都察院的检察;各官厅所作的会计报告,皆付都察院检查”。如“有浮冒舛错蒙混的,皆得指出参劾”。因为都察院有注销案卷权,所以对于一切定有限期或没有限期的案件,均得不时稽查,“如有迁延迟误事件,即行奏参”。由此看来,弹劾权只能算是监察权的结果,必须先有上述的几种特权——监督行政、考察官吏、检查会计、注销案卷等权——然后弹劾权才不致成为虚设。监察院如果没有这几种特权,就是教他告发,他也无从着手。故监察院如果要想实行他的监察权,一定要在弹劾权之外,同时再享有这四种权力,然后弹劾权才有着落。

这是我现在对于监察权的一点意见。

高一涵 叙于上海

十八年七月六日

(《再版自序》选自《中国御史制度的沿革》商务印书馆 1934 年 1 月版)

第一章　绪　论

本书所说的御史，乃是包括清代都察院中的科道而言。所谓科，就是六科给事中，所谓道，就是十五道监察御史；此外还有总理台政的左都御史，襄赞左都御史的左副都御史；以及其他由科道中派遣的巡仓、巡漕、巡察、巡城等御史或给事中，都一律包括在内。

考唐宋以前的制度，言官与察官本是分立的。谏官司言，御史司察；谏官掌规谏讽谕，献可替否，御史掌纠察官邪，肃正纪纲；谏官监督政府，御史监督官吏。到了宋真宗天禧年间，虽然设言事御史，神宗熙宁元丰年间，虽然以言事官为殿中侍御史，或诏使监察御史兼言事，但却不想使谏官兼行纠弹的职务。故宋孝宗淳熙十五年虽依唐朝制度，置拾遗补缺，但却专掌谏诤，不许纠弹。大概唐代重谏官、轻御史，而宋代的御史则多由言官兼权。故从前谏诤之官或缺人不补，而居言官的地位者，又往往分行御史的职务，至于箴规缺失，不曾多见。所以孝宗时，兵部侍郎林栗有言官不许纠弹的建议。自此而后，君主多恨言官足以妨害自己的专断，虽阳存其名，却阴使行御史的职权，故言官反不见重要了。

金元以前的制度，御史属于御史台，给事中则或属于集书省（如宋、齐、梁、北齐等朝是），或属于门下省（如隋、唐、宋等朝是）。到了金元以后，虽废门下省，而元、明两代虽不设或裁废其他谏官，但仍留给事中一职。明初使给事中属于通政司，后乃独立自为一曹，称为六科都给事中，凡章疏案牍，皆同部院衙门平行。只因科道并立，各树党援，互相攻击。御史还要听都察院堂官的考察，独给事中无所隶属，故往往放纵自恣。清初尚沿用明制，六科独立，自为一曹，直到雍正元年，才使六科隶属于都察院，听受都御史的考核。科道既然合并，实际上的职权亦因而变异。从法律上说，给事中虽然还有封驳诏令的大权，但是从事实上说，诏令多由军机处密行，不从给事中手中经过，故给事中实际上亦变成御史了。我们若就御史的纠察权说，实在可算是世界上他国从古未有的特殊制度，因此便不能不引起一般研究中国政治制度的学者的特别注意。现在为说明科道的职权起见，故先分述御史制度和给事中制度在历史上沿革的大概。

第二章 御史官职的沿革

第一节 自三代到后汉

秦代以前，虽然有御史的名称，但多掌记事的职务，和后来的御史职权迥不相同。在战国时代，献书多曰："献书于大王御史。"秦、赵会于渑池，也命御史书事。淳于髡亦说："御史在后，执法在旁。"由此可见这时的御史多掌记事的职务。但是《周礼》如果可靠，那么《周礼》上所说的御史职掌倒很有一点像是后代御史的渊源。且看《周礼· 天官》说：

> 小宰之职，掌建邦之宫刑，以治王宫之政令，凡宫之纠禁。"（郑康成注"若今御史中丞"）

再看《周礼· 春官》：

> 御史……掌邦国都鄙及万民之治令，以赞冢宰，凡治者受法令焉，掌赞书，凡数从政者。

故《历代职官表》以此为根据，便说"汉御史中丞执法殿中，与周官小宰掌宫刑以宪禁于王宫者相近，故郑氏援以为比”。又说“周官御史次于内史外史之后，盖本史官之属，故杜佑以为非今御史之任。然考其所掌，如赞冢宰以出治令，则凡政令之偏私缺失，皆得而补察之。故内外百官悉当受成法于御史，实后世司宪之职所由出”(《历代职官表》卷十八)。由此看来，《周礼》上所说的御史，职务固然和后代的御史不同，但是小宰掌王宫的纠禁，与汉代御史中丞居殿中兰台察举非法，似同为宫掖的近臣。而御史虽属小臣(因皆以中下士为之)，但是因为他们掌治令，授成法，也的确可算是司宪之官了。

秦代以后，御史始掌纠察的职任。不过秦制太简略，不能推想出来御史的详细的职权，姑且把那可靠的记载列举如下：

> 御史大夫秦官，侍御史之率，故称大夫。(杜佑《通典》)
>
> 秦置御史大夫，以贰于相。(章俊卿《山堂考索》)
>
> 御史中丞本秦官也。(《晋书·百官志》)
>
> 秦时为御史，主柱下方书。(《史记·张苍列传》)
>
> 侍御史于周为柱下史，老聃尝为之。秦时张苍为御史，主柱下方书，亦其任也。又云：苍为柱下御史，明习天下图书计籍。(原注见《史记》，如淳曰：“方板也，谓事在板上也。秦以上置柱下史，苍为御史，主柱下事。”或曰：“主四方文书也。”又《职官录》曰：“秦改御史为柱下史。”)一名柱后史，谓以铁为柱，言其审故不挠也。亦为侍御史。(杜佑《通典》)
>
> 监御史秦官，掌监郡。(《汉书·百官公卿表》)
>
> 初秦以御史监理诸郡，谓之监察史。(杜佑《通典》)

把以上所引的各条总集起来，可以知道秦时已经有御史大夫，御史中丞，侍御史或柱下御史，监察史等官。御史大夫在秦为丞相的辅助，秦以太尉掌武事，以丞相承天子，助理万机，故贰于丞相的御史大夫其实就是副相，凡丞相出缺，即以御史大夫升迁。杜佑因此便说："此皆为三公，非今御史大夫也。"（《通典》卷二十四）《历代职官表》亦说："秦汉御史大夫史称其掌副丞相，故汉时名为两府。（原注，《薛宣传》简在两府。师古曰："丞相御史府也。"）凡丞相有缺，则御史大夫以次序迁。乃三公之任，与今都御史之职不同。"至于御史中丞在秦时所掌何职，虽然无书可考，但是汉朝的御史中丞想必是因袭秦制的，或者职在"居殿中察举非法"，亦未可知。此外柱下御史显然是掌古今图书计簿的了。故《历代职官表》说："如淳注，以方书为四方文书，然考《汉书 · 叙传》称：'北平志古，司秦柱下。'（原注，张苍封北平侯，故称北平）颜师古曰：'志，记也；谓多记古事也。司主也。'是可知柱下实掌古籍，不独天下图书计簿也。秦虽燔灭诗书，而博士所存故在，则禁中亦必有藏书之所，故以张苍主之欤？"（《历代职官表》卷二十五）应劭《汉官仪》说："侍御史即柱下史。"《通典》也是这样说，或者秦代的柱下御史并有汉代侍御史的察举非法的职任，也未可知。此外最可注意的就是监察史。因为秦代罢侯置守，并把古代的什么方伯连帅等官一齐废掉，单用御史去监理诸郡，所监何事，虽然无书可考，但是后代御史奉命出外巡察，或者即由此而起。明代的巡按御史，的确是仿效秦代的监郡，再一变便成为清代兼右都御史和右副都御史衔的督抚。

汉朝的御史制度，典籍上所载，比较秦代稍觉得完备，职权大都有书可考。现在且依各书所载，条举如下：

> 御史大夫位上卿……掌副丞相。有两丞，秩千石。一曰中丞，在殿中兰台，掌图籍秘书，外督部刺史，内领侍御史十五人，受公卿奏事，举劾案章。（《汉书 · 百官公卿表》）

汉代的御史大夫和秦代相同，仍为三公之一，并不是后代的御史大夫。汉代的三公，一曰太尉（汉武帝元狩四年改名大司马），一曰丞相（汉哀帝元寿二年罢丞相置大司徒），一曰御史大夫（汉成帝绥和元年改名大司空)。故汉代的御史大夫“为三公,职副丞相,丞相缺则大夫迁”(李华《御史大夫厅壁记》)。但汉代的御史大夫虽然不能算是清代的都御史,可是他这个官却是御史的长官。而且照《薛宣传》说:“御史大夫内承本朝之风化,外佐丞相统理天下。”《朱博传》也说:“御史大夫典正法度,总领百官,上下相监临。”照这样看来,御史大夫虽然不是后代的都御史,但他的职掌在承风化、典法度,执法以监临百官,的确可算是兼执宪之官了。

汉代的御史制度一个大变迁,就在汉成帝绥和元年。这一年御史大夫何武建言:设三公官,分职授政。故把御史大夫改作大司空,分行丞相的职务。自此而后,中丞便变为御史台的长官,同清代都察院的都御史相似。故《通典》说:

> 初汉御史大夫有两丞:一曰御史丞,一曰中丞。亦谓中丞为御史中执法。中丞居殿中……察举非法。及御史大夫转为大司空,而中丞出外为御史台率,即今之御史大夫任也。(《通典》卷二十四)

大概从前的御史中丞虽然也掌纠察的职务,但他住在殿中兰台,不过宫庭中的近臣,和后代的副都御史职任各有不同。自成帝时这样一变,中丞出居外台,他的职务便是清代的都察院堂官的职务了。故《历代职官表》说:“自东汉省御史大夫,而以中丞为台率,始专纠察之任。其后历代或复置大夫,或但设中丞,规制各殊要皆中丞之互名,盖即今都察院堂官之职矣。”(卷十八)《通典》“御史大夫”注中亦说:“今御史大夫即汉以来御史中丞是也。后代或置大夫,皆中丞之互名,非汉旧大夫之任。”故从御史制度说,这一次变迁,不能不算重要了。

前汉的御史,照《西汉会要》所载,除御史大夫及中丞外,尚有侍御史、治书御史、符玺御史、御史中丞从事、监军御史、御史大夫掾、西曹掾、主簿、少史、御史属、柱下令等官,现在且分别叙述于下:

《汉旧仪》曰:“汉御史员四十五人,皆六百石;其十五人给事殿中,为侍御史,宿庐在石渠门外;二人尚玺,四人治书给事,二人侍前,中丞一人,领录二十人,留寺理百官事。”(《通典》“侍御史”注)

如淳曰:“《汉仪》注:御史大夫史员四十五人,皆六百石;其十五人给事殿中,其余三十人留寺治百官事;皆冠法冠。”(《汉书·萧望之传》注)

御史中丞,旧治书侍御史也。(应劭《风俗通》)

初汉宣帝……感路温舒尚德缓刑之言,季秋后,请谳时,帝幸宣室,斋居而决事,令侍御史二人治书,治书御史起于此也。后因别置,冠法冠,有印绶,与符节郎共平廷尉奏罪,当其轻重。(《册府元龟》)

侍御史有绣衣直指,(服虔曰:“指事而行,无阿私也。”师古曰:“衣以绣者尊宠之也。”)出讨奸猾,治大狱。武帝所制,不常置。(《汉书·百官公卿表》)

绣衣御史暴胜之使持斧逐捕盗贼。(《汉书·王䜣列传》)王贺为武帝绣衣御史,逐捕魏郡群盗。(《汉书·元后列传》)

江充拜直指绣衣使,督三辅盗贼,禁察逾侈。时近臣多奢僭,充皆举劾,请没入车马,令身侍北军,击匈奴,奏可。贵戚惶恐,见上叩头,愿得入钱赎罪。又王贺字翁儒,武帝时为绣衣御史,逐捕群盗,皆纵而不诛。暴胜之亦为之。(《通典》“侍御史”注)

惠帝初遣御史监三辅郡,其后又置监御史。(《汉官仪》曰:“侍御史出督州郡盗贼,运漕军粮,言督军粮侍御史。”)(《通典》)

从以上各条看来,侍御史职任既多且重。至于治书侍御史,“掌以法律当天下奏谳,定其是非,参主台事,犹其初之两丞,则亦当如今副都御史之职也。”(《历代职官表》卷十八)各种御史都归大夫及中丞管辖，不管他们是在殿中，或在寺中。如中丞奉诏治狱，那么侍御史就负有逮捕犯人的责任。故侍御史虽居殿中，却常听中丞的差委。

至于侍御史的绣衣御史，职在逐捕盗贼，虽然和清代五城御史缉捕奸盗的职任不尽相同，但他出监三辅，督运军粮，却是清代巡漕、巡察等御史的来源。大概西汉而后，御史出差的事日见其多。故《历代职官表》说："御史出使，至西汉而渐多，如绣衣直指监郡督运监军（监军御史见《汉书·胡建列传》）之类，皆以事专行，正如今巡漕、巡察诸差之比。其他随时奉遣者，尚屡见于史。如《食货志》载：分遣御史即治郡国缗钱；《宣帝纪》载：黄龙元年，诏御史察计簿；《霍光传》载：侍御史五人持节护丧事，皆非常例。而收缚罪人亦多以侍御史为之（《刘辅传》上使侍御史收系辅，《谷永传》上使侍御史收永，《朱云传》御史将云下殿）。盖因亦给事殿中，职居亲近，故事之重且急者，往往使之衔命耳。"（《历代职官表》卷十八）由此可见侍御史的地位和职任。

此外如《叔孙通传》载：长乐宫"置法酒……御史执法，举不如仪者辄引去……无敢欢哗失礼者"。后代御史纠察朝仪的职务，大概即由此而来。在上述的各御史之外，还有御史主簿（《通典》卷二十四）、御史属（见《汉书·武帝本纪》）、御史掾（见《汉书·严延年列传》），当与清代都察院中"掌董察吏胥或缮写章疏"的经历都事相同；如少史（见《汉书·萧望之列传》），当与清代都察院中"掌章奏文籍"的笔帖式相同。

到了后汉，废掉御史大夫，或虽复设御史大夫，却不率领中丞。故此后中丞为一切御史的长官，权势日益尊重，可"与司隶校尉尚书令会同，并专席而坐，故京师号曰三独坐"（《后汉书·宣秉列传》）。现在为表明御史台各御史的职权起见，且照《后汉书·百官志》所载，列表如下：

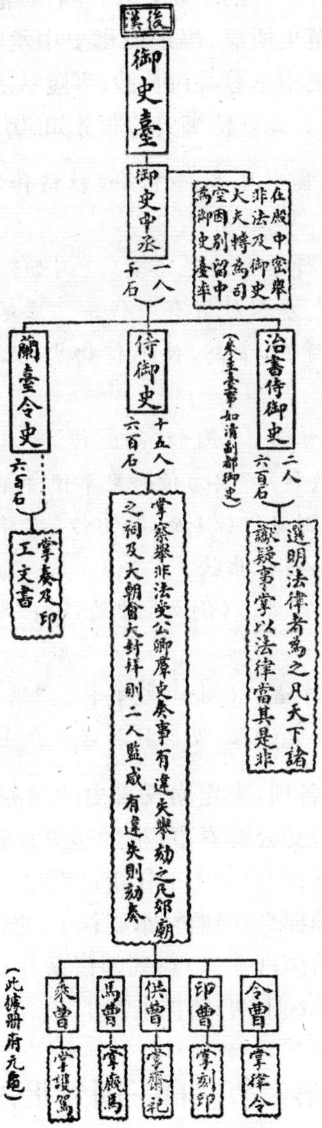
後漢
御史臺
御史中丞
一人
千石
在殿中密舉非法及御史大夫轉為司空因別留中為御史臺率
侍御史
十五人
六百石
蘭臺令史
六百石
治書侍御史
二人
六百石
(秉主臺事如清副都御史)
掌奏及印工文書
掌察舉非法受公卿羣吏奏事有違失舉劾之凡郊廟之祠及大朝會大封拜則二人監威有違失則劾奏
選明法律者為之凡天下諸讞疑事掌以法律當其是非
令曹
掌律令
印曹
掌刻印
供曹
掌齋祀
馬曹
掌廄馬
乘曹
掌護駕
(此據冊府元龜)

后汉的御史，在上列的正职之外，还有其他的职务。例如中丞督兵讨捕盗贼（如范史所载，冯绲以御史中丞将兵督扬州、九江诸郡军事；盛修以御史中丞募兵讨长沙、零陵贼之类皆是），即后世督抚兼都御史的来源。此外侍御史的职务如《历代职官表》所举：

有出使安集州县者。（例如《杜诗传》为侍御史安集洛阳）

有主从驾行幸平治道路者。（例如《章帝纪》："帝东巡狩，敕侍御史方春毋得有所伐杀。虞延传驾经封丘城门，门小不容羽盖，帝怒，使挞侍御史（此即所谓乘曹之职）。"）

有出督军旅者。（例如《高彪传》："永为督军御史使督幽州。"《桓典传》："典为侍御史奉使督军破贼。"）

有慰抚属国者。（例如《李恂传》："拜侍御史持节使幽州宣布恩泽，慰抚北狄。"）

有监护东宫者。（例如《种暠传》："顺帝时，为侍御史，监护太子。"）

有使典丧事者。（例如《杨赐传》："赐卒，使侍御史持节送丧，兰台令史十人，发羽林骑轻车介士。"）

我们如果根据上述各项，来定秦汉御史的职务，至少有下列几种：（一）察举非法；（二）受公卿奏事，举劾违失；（三）典法度、掌律令；（四）理大狱、治疑案；（五）掌图书秘籍；（六）监理诸郡；（七）督察部刺史；（八）监察三辅郡；（九）监督军旅；（十）督运军粮；（十一）讨捕盗贼；（十二）禁察逾侈；（十三）纠察朝仪祭礼；（十四）安抚属国州县；（十五）护从巡幸；（十六）监护东宫。

第二节　自三国到北齐

照上边说的，可见得御史制度到两汉已经演进，成为一种很完全的纠察制度。自三国到后周，这三百六十年中，官制上也有种种的变革。要想研究隋唐的御史制度，必先要知道这三百多年中的变迁沿革。现在且把从三国到后周的御史制度，作个简单的说明。

魏文帝黄初二年，又以御史大夫为司空，改中丞为宫正，后皆复旧名。侍御史八人。又置治书执法，掌奏劾，治书侍御史但掌律令。(《册府元龟》)

魏置御史八人，有治书曹，掌度支运，课第曹，掌考课，不知其余曹也。(《宋书·百官志》)

魏置御史八人，当大会殿中，御史簪白笔，侧陛而坐。帝问左右，此何官？何主？辛毗曰：此谓御史。旧时簪笔以奏不法何当，如今者直备位，但眊笔耳。(《通典》)

魏兰台遣二御史居殿中，察非法，即殿中侍御史之始也。(《通典》)

文帝践阼，袭为督军粮御史，更为督军粮执法。(《三国志·魏志·杜袭列传》)

黄初七年，遣治书侍御史荀禹慰劳边方；景初元年，冀、兖、徐、豫四州民遇水，[遣]侍御史循行没溺……开仓赈救之。(《三国志·魏志·明帝本纪》)

现在且把魏代的御史制度列表如下(见下页)：

由此看来，魏代御史的职任：如掌奏劾、掌律令、察非法、掌度支运、掌考课、督军粮以及安抚赈济等事，大致和两汉相等。唯治书侍御史，从应劭《风俗通》上看来，已经比作御史中丞，到了魏代以后，便分统侍御史，沈约说他好像尚书省的二丞，可见它的职位渐渐尊重了。大概治书侍御史职在掌法令、治疑狱，故后汉以来，选用深明法律之人，并“选御史高第者补之”(蔡质《汉仪》)，可见他地位的重要。“自汉桓帝之后，无所平理，充位而已”(《通典》)，又可见它由重官而降为备员。到了魏代，又复后汉以前的旧制，而分

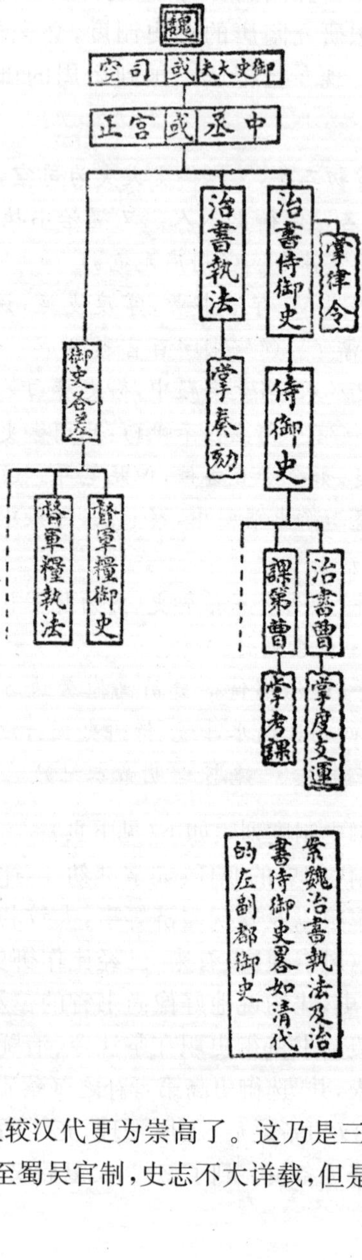

统侍御史，地位且较汉代更为崇高了。这乃是三国时御史制度变迁的重要之点。至蜀吴官制，史志不大详载，但是《蜀志 · 向朗列

传》有“朗子条景耀中为御史中丞”的话,《册府元龟》中有“吴亦有御史大夫,后又置左右御史大夫”的话,此外还有“中执法”、“左执法”、“监农御史”等官,见于《三国志·吴志》的各列传。《历代职官表》说“吴之中执法、左执法,其职较崇,当亦即中丞之改名也”(《历代职官表》卷十八)。从这句话上看来,稍稍可以知道三国时御史制度的变迁。

晋代的御史制度多因袭汉朝制度,但亦略有变更,现在且略举史志上的话来说明如下:

> 晋初罢大夫,因汉制,以中丞为台主。(《册府元龟》)
>
> 晋亦因汉,以中丞为台主,与司隶分督百僚。自皇太子以下,无所不纠;初不得纠尚书,后亦纠之。中丞专纠行马内,司隶专纠行马外;虽制如是,然亦更奏众官,实无其限。(《通典》)
>
> 晋置治书侍御史四人,泰始(武帝年号)四年,又置黄沙狱治书侍御史一人,秩与中丞同,掌诏狱,及廷尉不当者皆治之。后并,江南遂省黄沙治书侍御史,及太康(武帝年号)中,又省治书侍御史二员。
>
> 侍御史员九人,品同治书。而有十三曹:吏曹、课第曹、直事曹、印曹、中都督曹、外都督曹、媒曹、符节曹、水曹、中垒曹、营军曹、法曹、算曹。及江左,初省课第曹、置库曹,后分置外左库内左库云。
>
> 殿中侍御史晋置四人,江左置二人。又案魏晋官品令又有禁防御史,第七品。孝武太元中有检校御史吴琨,则此二职亦兰台之职也。(《晋书·职官志》)

此外叶梦得《石林燕语》中有监搜御史(说“自晋魏以来,凡入殿奏事官,以御史一人,[立]殿门外搜索,而后许入,谓之‘监搜’。御史立药树下,至唐犹然,太和中始罢之”),《武帝本纪》中有督运御史官,皆晋代御史的差委。现在且把晋代御史各官列表如下(见下页):

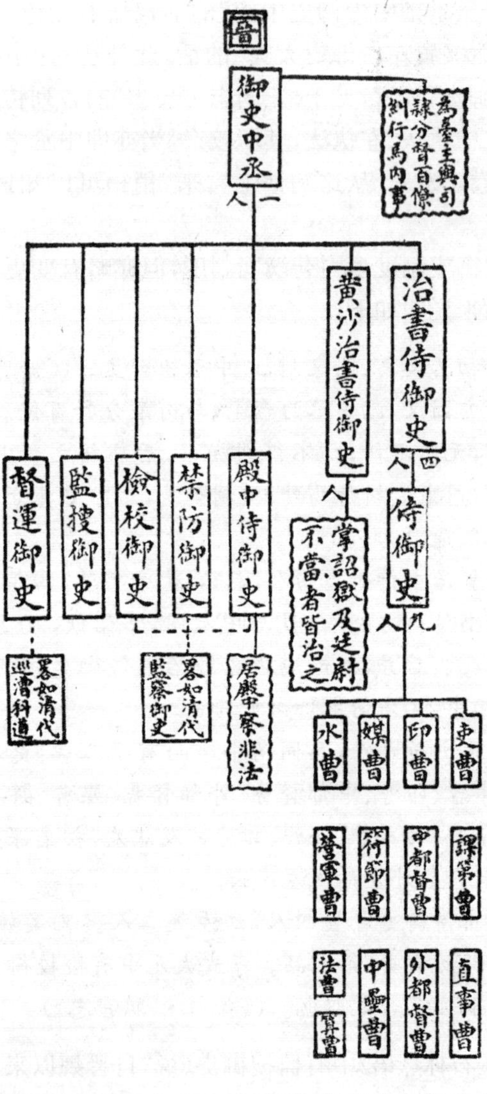

表中所列是晋代御史各官。据李华说:“晋宋元魏以还,无御史大夫,由是中丞威望愈尊,礼有加等。”(《御史中丞厅壁记》)又《通典》说:“魏晋以来,治书侍御史分掌侍御史所掌诸曹,若尚书二丞。”大概晋代的特色，就在不设御史大夫，因而抬高中丞的地位，即以中丞任御史大夫的实职；同时又沿魏制，抬高治书侍御史的地位，即以治书侍御史任中丞的实职。从此演进，便渐渐变成隋代的制度。

宋、齐、梁、陈几朝，大概多因袭魏晋制度，没有多大的变更。不过治书侍御史一职，在宋、齐两朝职任稍轻，故"自郎官任治书者谓之南奔。梁谢畿卿自尚书三公侍郎为治书侍御史，颇失志，多陈疾，台事略不复理，是也"(《通典》)。至梁朝才又看作重要，选任亦比较慎重。至于中丞一官，在这个时代，掌奏劾不法、督司百僚、论劾的责任，集于一身，故百官中有犯罪而被发觉者，便坐中丞以失察之罪，因而免职者颇多。故《刘休传》说："建元(齐高帝年号)初，为御史中丞，顷之，启言宋世载祀六十，历斯任者五十有三，校其年月，不过盈岁。于臣叨滥，宜请骸骨。"可见这时中丞职任的重要。现在且把宋、齐、梁、陈各代御史各官之见于史志的，附录于下：

> (宋)御史中丞掌奏劾不法，秩千石。治书侍御史掌举劾，官品第六已上，分掌侍御史所掌诸曹，若尚书二丞。侍御史掌察举非法，受公卿奏事，有违失者举劾之。(《宋书·百官志》)
>
> (齐)御史中丞一人，治书侍御史二人，侍御史十人。(《南齐书·百官志》)
>
> (梁)御史台梁国初建，置大夫，天监(武帝年号)元年复曰中丞，置一人，掌督司百僚。治书侍御史二人，分统侍御史。侍御史九人，居曹，掌知其事，纠察不法。殿中御史四人，掌殿中禁卫。(《隋书·百官志》)
>
> (陈)陈承梁，皆循其制官。(《隋书·百官志》)

北魏的御史制度也有两点可以使人注意：就是(一)改中丞为中尉，盛张中尉的威仪；(二)慎重御史的选任。北魏的"中尉，督司百僚，其出入千步清道，与皇太子分路，王公百辟咸使逊避，其余百僚下马，弛车止路旁，其违缓者以棒棒之"(《通典》)。大概从后汉以来，中丞的地位日高，故威仪也日盛。专制政体的精神在恐怖，故君主使臣下畏服的唯一方法，就在盛张那耳目之官的威仪，使百僚个个怕惧。唐韦仁约说："御史衔命出使，不能动摇山岳，震慑州县，诚旷职耳。"就是这个用意。故自晋以后，中丞出外皆"专道而行，驺辐禁呵，加以声色"。倘若有人触犯他，便可用鞭杖殴打。这种仪制到北齐益盛，《通典》说"武成以其子琅玡王俨兼为御史中丞，欲雄宠之，复兴旧制。俨出北宫，凡京畿之步骑，领军之官属，中丞之威仪，司徒之卤簿，莫不毕备"（时俨总领四职）。此等风气，到周隋才渐渐革除了。故盛张中丞的威仪，虽然不自北魏起，但北魏和北齐总算是中丞威仪达到极点的时代。至于重视御史及御史的选任方法，北魏时也有可以令人注意的事实。例如治书侍御史，自"梁天监初始重其选。……后魏掌纠禁内朝会失时，服章违错，飨宴会见，悉所监之"（《通典》）。他的职任仅在中尉之次，那时中尉李彪犯罪，郦道元就以治书侍御史的资格作御史台官长，去讯问他。这是力反宋齐以来轻视治书侍御史的旧习，在历史上也可算是治书侍御史地位的一个小小变迁。至于侍御史亦是这样，《通典》说："后魏御史甚重，必以对策高策者补之。"这样的慎重选任，大致和后汉治书侍御史"选御史高第者补之"；及侍御史"以公府掾属高第补之，或以故牧守议郎郎中为之"（皆见《通典》）相同。此较"前汉御史多以刀笔吏积劳得之"（《历代职官表》卷十八）者大不一样了。故就北魏的御史选任说，也是研究御史制度的人应当注意的一点。

北魏的御史各官大致和前代相似，有御史中尉（第三品上），治书侍御史（第五品上），侍御史、殿中侍御史（从五品中）；更有检校御史、监军御史；此外如奉命出使征兵、典治丧事、巡察州郡等职，大概多和前代的制度相同。

北齐的"御史台掌纠察弹劾，中丞一人，治书侍御史二人，侍御史八人，殿中侍御史、检校御史各十二人，录事四人"（《隋书·百官志》）。后周的御史制度只有名称上的变迁，至于职权上的变迁，却不甚可考。据《册府元龟》说："后周六官之建，改中丞为司宪中大夫，御史台为司宪，属秋官府。司宪上士二人，中士（人数阙），旅下士八人。”“司宪中大夫二人，掌司寇之法，辨国之五禁”（《通典》），职任和中丞相同。司宪上士，职任略同治书侍御史；司宪中士，职任略同侍御史；司宪旅下士，职任略同监察御史。

第三节 自隋到唐

以上所说的历代御史制度，虽然没有重大的变革，但是有许多重要的倾向，便是演成隋唐两代制度的基础。隋代御史台的变迁特点有二：（一）废中丞一官，抬高治书侍御史的品位，来代替中丞的职任。（二）自炀帝废御史直宿禁中的旧制，于是御史便专属于外台。现在且把隋代的御史制度条举于下：

> 高祖受命，置御史台大夫二人，治书侍御史二人，侍御史八人，殿内侍御史、监察御史各十二人，录事二人。御史始自吏部选用，仍依旧入直禁中。炀帝即位，多所改革，御史台增治书侍御史为正五品，省殿内侍御史员，增监察御史员十六人，加阶为从七品。开皇中，御史直宿禁中，至是罢其制。又置主簿录事员各二人。侍御史唯掌侍从纠察，其台中簿领皆治书侍御史主之。（《隋书· 百官志》）
>
> 隋以国讳改中丞为大夫……隋置侍御史八人，自开皇之前，犹踵后魏革选，自开皇之后，始自吏部选用，不由台主。仍依旧入直禁中。大业中，始罢御史直宿。台内文薄，皆治书主之，侍御史但侍从纠察而已。由是资位少减焉。……隋开皇二年，改检校御史为监察御史，凡十二人，炀帝增置十六员，掌出使检校。（《通典》）
>
> 隋室讳中，省中丞，增置治书御史之品以代之。（《徐坚初学记》）

由上述的各条中看出，隋代废中丞，抬高治书御史的地位来代替它，只因偶然的事故，并非有意改制。故官名虽变，而官职实则丝毫没有变更。故《历代职官表》说："隋以中丞为大夫，而治书侍御史专主簿领以为之贰，至唐复改治书为中丞，自是而后，大夫即汉魏中丞之职，中丞即汉魏治书侍御史之职，名虽递易，而实则无殊也。"（卷十八）所以隋代御史台的治书御史便直居中丞的地位，试列表如下：

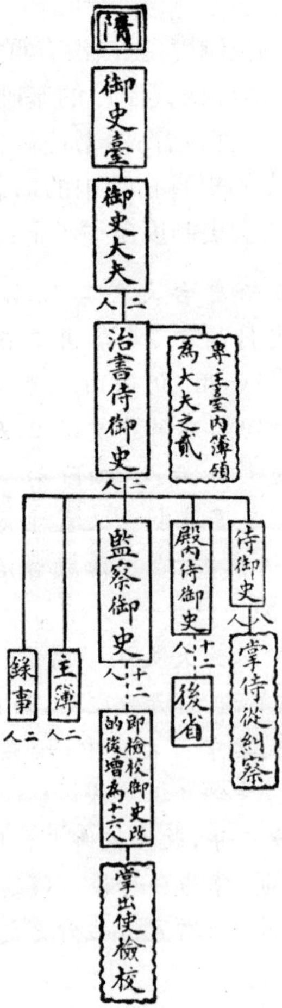

至于侍御史的选任，后魏以前，本“不随台主简代。延昌中，王显有宠于宣武，为御史中尉，始请革选。此后踵其事，每一中尉则更简代御史”(《通典》)。隋自开皇之始，才废后魏革选的旧制，由吏部选用，不由台主。这也是侍御史选任的方式一大变迁。至于侍御史与殿中侍御史，在后魏“昼则外台受事，夜则番直内台”(《通典》)。这种制度成立很久，汉以前姑且不说，就是汉代御史也常给事禁中，号称亲近的职任。故《后汉书·郅寿传》说：侍御史何敞上疏，有“臣谬预机密”的话，可见在两汉时代，御史乃是参与机密的近臣了。后世虽然常有变更，可是兰台却始终属内省，御史常在禁中治事。自炀帝废入直禁中的旧制，御史渐渐离开宫禁，专隶属于外台了。这也是隋代制度一个重要的变迁。

唐代的御史制度发达更为完全，贞观初，“以法理天下，尤重宪官，故御史复为雄要”(《通典》)。至于十道分巡，六部分察，更为后代制度的章本。现在且略引史志来说明唐代的制度的大概。

> 御史大夫一人，从三品；中丞二人，正五品：掌邦国刑宪典章之政令，以肃正朝列。侍御史四人，从六品下；令史十五人，书令史二十五人：掌纠举百僚，推鞫狱讼。主簿一人，从七品下；录事二人，从九品下：掌印及受事发辰，勾检稽失。殿中侍御史六人，从七品上；令史八人，书令史十人：掌殿廷供奉之仪式。监察御史十人，正八品上；令史三十四人：掌分察百僚，巡按郡县，纠视刑狱，肃整朝仪。(《唐六典》)
>
> 御史台三院：一曰台院，其僚曰侍御史……二曰殿院，其僚曰殿中侍御史……三曰察院，其僚曰监察御史。(赵璘《因话录》)

现在且把它列表如下：

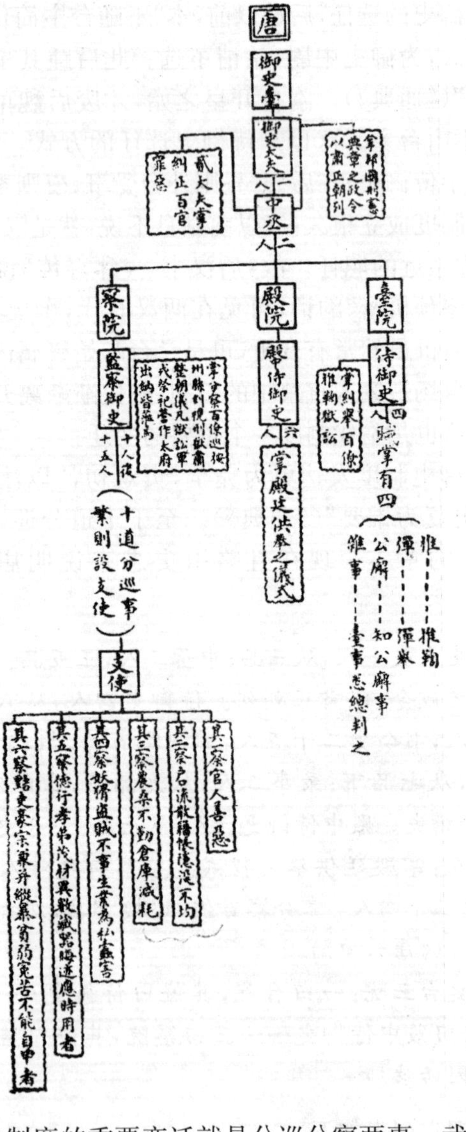

唐代御史制度的重要变迁就是分巡分察两事。武后时改御史台为肃政台，设左右肃政两台，“左以察朝廷，右以澄郡县”（《通

典》)。故《唐会要》说:“光宅(武后年号)二年改为左肃政台,专管在京百司,及监军旅。更置右肃政台,其职员一准左台,令按察京城外文武百僚。”到了中宗以后,又改为左右御史台。“武后天授二年发十道存抚使,以右肃政御史中丞知大夫事李嗣真等为之。时分巡天下者,皆左右台官。神龙(中宗年号)二年,敕左右台内外五品以上官,识理通明无屈挠者二十人,分为十道巡察使,二周年一替,以廉按州郡。景龙(中宗年号)二年,置十道按察使,分察天下”(《通考》卷六十一)。且看李峤请每十州分置御史巡按疏上说:

> 陛下(武后)创置右台,分巡天下,自非分州统理,无由济其繁务。请大小相兼率,置御史一人,以周年为限。使其亲至属县,或入闾里,督察奸讹,观采风俗,然后可以求其实效,课其成功。

由此看来,唐以御史出外巡察州县,虽然仿自秦代的监察史,但他所行使的职务,只是御史的职务,绝不是如清代的巡抚的职务。故唐代的十道巡按御史确是明代的各省巡按御史及清代的巡察御史的渊源;此外若安抚、存抚、宣抚等使,方才是明清两代巡抚的渊源。至于按察使在先本为观察使,颇与明代的按察使职分相似,皆与纯粹的御史职任不同。所以唐代设立这廉按州县再周而代的十道巡察使,实在是御史制度上一个重要的新发展。

分察各部院衙门,是清代十五道监察御史的重要职权,而这种制度实在是从唐代分察制度渐渐演进而来的。唐代的分察制虽未十分发达,但是总可算是已经有个样子了。且看王应麟《玉海》说:

> 监察御史分察尚书省六司,由下第一人为始,出使亦然。兴元(德宗年号)元年,以第一人察吏部、礼部,兼监察使;第二人察兵部、工部,兼馆驿使;第三人察户部、刑部。岁终议殿最。元和(宪宗年号)中,以新人不出使,无以观能否,乃命专察尚书省,号六察官。开元(玄宗年号)十九年,以监察御史二人莅太仓左藏库,其后以殿中侍御

史上一人为监太仓使，第二人为监左藏库使。

从这一段记载上看来，唐代的分察，很像清代十五道监察御史分察部院衙门。而且监太仓使就是清代巡仓御史的渊源，馆驿使就是清代巡察御史兼查驿站的渊源。故唐代的分察制度发生，在御史制度的历史上的确有很可注意的价值。

再唐代京外各官多兼大夫中丞的称号，或并以中丞兼任。例如：

> 开元二十二年，置京畿采访处置使，以中丞为之（《唐会要》）。
>
> 今之制，受命临戎，无所统属者，谓之使。开元以来，其制越重，故取御史之名而加焉。至于今若干年，其兼中丞者若干人，皆得以壮其威，张其声，其用远矣。（柳宗元《河东集》）

大概唐代自从开元时候用中丞做采访使后，所有节度使、观察使、刺史……等官，多加御史大夫或御史中丞衔。如节镇入京为本官，便叫做“知台事”（如《代宗纪》以浙西观察使、苏州刺史、御史大夫李涵知台事是）；如在外的各使而兼大夫中丞官衔者，他的幕府参佐属员，皆用御史为之，叫做“外台”。元代的行御史台的制度，是从唐代的外台制度发源而来的；而明代的总督巡抚的制度，又是从元代的行御史台的制度发源而来的（见《续通考·行御史台门》）。这又是唐代的御史制在历史上有很可以令人注意的一点。

又唐代的旧制，御史可以闻风弹事，这种制度究竟是从何时而起，没有方法详考。但据洪迈《容斋随笔》说：“御史许风闻论事，相承有此言，而不究所从来。以予考之，盖自晋宋以下，如北齐沈约为御史中丞，奏弹王源曰：‘风闻东海王源……’苏冕《会要》云：故事：御史台无受词讼之例，有词状在门，御史采状有可弹者，即略其姓名，皆云风闻访知。其后疾恶公方者少，递相推倚，通状人壅滞。开元十四年，始定受事御史人知一日，劾状遂题告事人名，乖自古风闻之义。”从这一点上看来，御史风闻奏事，与近代检察官因直接闻见得以施行侦查处分，大致相似。但御史的风闻，范围更大，无论有无实据，或与事实相符与否，皆不深究。故这种风闻奏事的成例，实在是历代保障御史奏弹的重要方法。

此外还有一点，算是御史制度中最完善的成例，就是御史台虽然由长官总管，可是执行奏劾的职务，却是各自独立，不受长官的指挥命令。且看刘肃的《大唐新语》说：

> 李承嘉为御史大夫，谓诸御史曰：“公等奏事须报承嘉[知]，不然毋妄闻也。”诸御史悉不禀之。承嘉厉而复言，监察萧至忠徐进曰：“御史人君耳目，俱握雄权，岂有奏事先咨大夫？台无此例。设弹中丞大夫，岂得奉咨耶？”承嘉无以对。

大概凡是御史，都是人君的耳目，就职务说，各有专责，故萧至忠说：“故事：台官无长官。御史人君耳目，比肩事主，得自弹事。”盖唐朝的故事，侍御史以下，可与大夫抗礼，后来虽有大夫坐而受拜的事，但往往因人而起，人去便废。又《通典》说：“故事：大夫与监察竞为官政，略无承禀。”这乃是专制君王操纵臣下的巧妙法术。虽美其名曰：“水火相济，盐梅相成。”考其实，则不过想使人人互相纠举，不教一个人逃出纠察权的管束之外罢了。但单就御史制度本身说，这种各自独立行使纠察权的御史，很有点像近代各自独立行使审判权的法官，也可算是御史制度的一种特色。

然唐代御史台的故事，不但有各御史不受长官支配的成例，并且有大夫、中丞不受君主随便调遣的成例。如果君主任意调遣，便可以拒绝不受。且看《大唐新语》上说：

> 宋璟则天朝以频论得失，内不能容，而惮其公正，乃敕璟往扬州推按。奏曰：“臣以不才，叨居宪府，按州县乃监察御史事耳，今非意差臣，不识其所由。请不奉制。”无何复令按幽州都督屈突仲翔，璟复奏曰：“御史中丞非军

> 国大事不当出使。且仲翔所犯赃污耳。今高品有侍御史,卑品有监察御史。今敕臣,恐非陛下意,当有危臣者。请不奉制。"月余优诏,令副李峤使蜀,峤喜召璟曰:"叨奉渥恩,与公同谢。"璟曰:"恩制示礼数不以礼遣璟,璟不当行,谨不谢。"乃上言曰:"臣以宪司,位居独坐(后汉中丞与尚书令、司隶校尉,朝会皆专席而坐,京师号为三独坐,言其尊也)。今陇蜀无变,不测圣意令臣副峤何也?恐乖朝廷故事,请不奉制。"

中国一切官吏没有一个可以不听君主随便迁调,御史各官也和其他官吏一样,他的升降也并没有法律上的特别保障。但历代君主多慕不杀言官的美名,甚且很怕惹起杀戮言官的清议,御史和谏官,全靠这种习惯做保障,效力自然是非常的薄弱。然如果和其他官吏相比较,这种习惯却可算是无保障中的一点保障了。宋璟三次"不奉制",武后也无可如何,便是这种习惯保障的效果。所以御史在唐代可以拒绝君主非法的迁调,更可以算做御史制度中的一个特色。

第四节　自五代到宋

御史各官在五代时并没有什么重大的变迁,如御史大夫、御史中丞、侍御史、殿中侍御史、监察御史、主簿……等官,仍依唐朝的旧制。就是三院制也承继唐代旧制,没有变更。到了宋代,御史制度的变迁,最重要的约有三点:(一)御史大夫无正员,只为兼官;(二)御史中丞除正员外,多以他官兼权,而三院出外任风宪之职,常用他官兼领;(三)尤其重要的:是以御史兼言事,开台谏合一的先例。

宋代的御史制度常有变更,今据《宋史·职官志》所载如下:

> 御史台掌纠察官邪,肃正纲纪,大事则廷辨,小事则

奏弹。中丞一人，为台长；侍御史一人，掌贰台政；殿中侍御史二人，掌以仪法纠百官之失；监察御史六人，掌分察六曹及百司之事；检法一人，掌检详法律；主簿一人，掌受事发辰，勾稽簿书。

再《文献通考》说：

宋承唐制，有三院（附注：宋代三院以侍御史的班位为最高，监察御史为最卑，故御史的迁升常由监察升殿中，再由殿中升侍御史）。

现在且根据这两条列表如下：

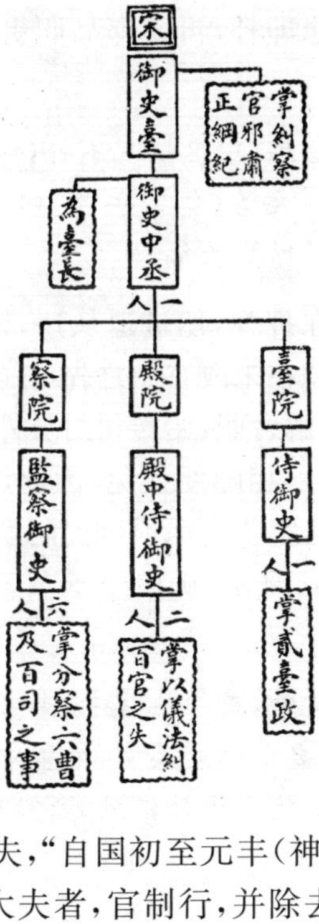

宋朝不除御史大夫，“自国初至元丰（神宗年号）中，检校官多带宪衔，有检校御史大夫者，官制行，并除去”（《通考》）。元丰年

间，变更官制，本有可以除御史大夫的机会，神宗并且想用司马光任这个官职，只因宰相蔡确、王珪反对，所以终未除人。至于不想除人的原因，照叶梦得说：

> 元丰既新官制，四十年间，职事官未有不经除者，唯御史大夫、左右散骑常侍至今未尝除人。盖两官为台谏之长，非宰执所利，故无有启之者。崇宁（徽宗年号）中，朱圣予为中丞，尝请除二官，竟不行。（《石林燕语》）

大概御史大夫位高望重，不除大夫，只用中丞做台长，已经于无形之中，使御史台的地位低减。但是以中丞代行大夫的职任，位虽较卑，却仍可以行使纠察的大权，于宰相仍属不便。故在神宗以前，往往连中丞缺人也不愿即补，再使那品职更卑的知杂御史独掌台务。且看李焘说：

> 御史台自薛奎后，中丞缺人不补，侍御史知杂事韩亿独掌台务者逾年。天圣（仁宗年号）四年，始命王臻权御史中丞。（《续资治通鉴长编》）

大概“唐世台官，虽职在抨弹，然进退从违，皆出宰相，不若今之雄紧”（《容斋随笔》），宋朝在未改官制之先，任监察满四年而转殿中，又四年转侍御史，四年解台职，始转司封员外郎。由此可见宋代御史迁叙都有常规，不由宰相随便任免，因此，便不能不用久不除人的一法来抵制它。这是宰执官深恨御史制度的一种表现。

宋代各官多用他官兼领，御史中丞及三院御史也都是这样。故《文献通考》说：

> 宋中丞除正员外，或带他官者：尚书则曰某官兼御史中丞，丞郎则曰御史中丞兼某官，给事中谏议则曰某官权御史中丞事……三院多出外任风宪之职，用他官领之。

又说：

> 宋承唐制，无大夫，以中丞为台长，无正员，以两省给

> 谏权……凡除中丞而官未至者，自正言而上，皆除右谏议大夫权。熙宁（神宗年号）初，言者以为躐等，乃诏以本官职兼权。熙宁五年，以知杂侍御史邓绾为中丞，初除谏议大夫，王安石言：疑近制除待制或可，乃以绾为龙图阁待制，权御史中丞。中丞不迁谏议大夫，自绾始。九年，邓润甫自正言知制诰，为中丞，以宰相属官，不可长宪府，于是复迁右谏议大夫权。元丰五年，以承议郎徐禧为知制诰，权中丞，禧言：中丞纠弹之官，赴舍人院行词，疑若未安。会官制行，罢知制诰，禧乃以本官试中丞。

由此看来，宋代的御史中丞，不但多用言官兼权，并且多用宰相的属官兼权。这样一来，便不啻于无形之中，把御史的纠弹权取消了。因为使属官去纠弹长官，势必不能做到，故以宰相的属官兼中丞，中丞的进退从违，自然都逃不出宰相的权力之外。换句话说：就是在表面上虽然仍保存中丞的名称，在实际上却不啻把中丞的纠察权根本取消了。这又是宰执官操纵御史的又一种表现。

唐代的御史和谏官本是分立的，御史不得言事，谏官也不得纠弹。就在宋初，御史和谏官也是各有职司，不相闻问的。就在真宗天禧初年，也曾下诏明定御史和谏官的权限。且看《文献通考》说：

> 天禧中，两省置谏官六员，御史台中丞知杂推直外，置御史六员，并不兼领职务……其或诏令乖当，官曹涉私，措置失宜，刑赏逾制，赋敛繁暴，狱犴稽留，并令谏官奏论，宪臣弹举。每月须一员奏事，或有急务亦许非时入对。（《谏议大夫门》）

由此可见就在天禧初年，御史和谏官的职务仍是分开的，各司各事，不能侵越权限。可是同时又置言事御史，且看《玉海》说：

> 天禧元年二月八日丁丑，始置言事御史。……庆历（仁宗年号）五年正月乙亥，以殿中梅挚监察李京并为

> 言事御史。今中丞厅之南，有谏官御史厅，盖御史得兼谏职也。……元丰二年十一月六日，诏御史六员：三分察，三言事……八年十月丁丑，诏监察兼言事，殿中兼察事，用吕公著刘挚之言也。

大概宋制虽然许御史兼谏官职，却不使谏官兼御史职。故神宗时，以谏议大夫赵彦若侵御史论事，左转秘书监。《容斋随笔》说："盖许其议论，而责其弹击为非也。元佑初，孙觉为谏议大夫，是时谏官御史论事有限，毋得越职。觉请申《唐六典》及天禧诏书，凡发令造事之未便，皆得奏陈。"又孝宗淳熙十五年，依唐制，置拾遗补缺，专掌谏诤，不许纠弹。由此可见宋制使御史兼言事，虽然开台谏合一之端，可是却不许谏官行使御史的纠弹权。而且谏官仍属门下省，不属御史台，比较清代使给事中隶属都察院，将台谏两官完全混合起来，却大不相同了。但是宋代的台谏虽然没有完全合一，可是御史得在纠察非违的职权以外，还有论列时政得失的职权，也可算是御史职权的一大扩张。故宋制虽然不能算是台谏合一的制度，但至少总可算是开台谏合一之端。

此外还有一点可以使我们注意的：就是六察的制度。照谢维新《合璧事类》说：

> 唐台案有六监司，元丰二年，李定请复六察，于是御史专领六察。元丰三年御史台言："请以吏部，及审官东西院、三班院、隶吏察；户部三司，及司农寺，隶户察；刑部、大理寺、审刑院，隶刑察；兵部、武学，隶兵察；礼祠部、太常寺，隶礼察；少府将作等，隶工察。"从之。其后大正官名……以六察官为监察御史。

这种分察制度，本发源于唐代，到了清代，御史得稽查各衙门，大概就是监察御史的旧职。故特在此处叙述一下，表明后代御史分察制的渊源。

第五节 自元到明

元朝起自北方，所有的制度，都和辽、金有密切的关系。故在未述元代御史制度之先，不能不略述辽、金两代的御史制度。辽南面官有御史台，有御史大夫、御史中丞和侍御史。但除侍御史外，并没有殿院的殿中侍御史和察院的监察御史；只把三院的职事，合并起来。这也是御史制度中一大变革。至金代，御史制度大概和唐宋两代略同。且看《金史·百官志》说：

> 御史台，御史大夫从二品，掌纠察朝议，弹劾官邪，勘鞫官府公事。御史中丞从三品，贰大夫。侍御史二员，从五品，掌奏事，判台事。治书侍御史二员，从六品，掌同侍御史。殿中侍御史二员，正七品，每遇朝对，立于龙墀之下，专劾朝者仪矩。监察御史十二员，正七品，掌纠察内外非违，刷磨诸司，察账，并监祭礼及出使之事。典事二员，从七品，架阁库管勾一员，从八品，检法四员，从八品。

金代的御史制度不但恢复唐宋的旧制，并且他的具体的法规非常的发达，可以挽回宋代御史渐渐衰颓的趋势。金代对于御史，只有积极的强制他行使职权的法令，却没有像宋代消极的阻止他行使职权的习惯。例如金世宗大定中间，制："纠弹之官，知有犯法而不举者，减犯人一等科之。关亲者许回避。"又令"监察职事修举者，与迁擢；不称者，大则降罚，小则决责。仍不许去官。"宣宗贞祐年间，定监察御史黜陟格，"以所察大事至五，小事至十，为称职；数不及，且无切务者，为庸常；数内有二事不实者，为不称职"（王圻《续通考》）。兴定年间，又定《监察御史失察法》和《监察御史违犯的决法》。此类以升迁为奖励御史的方法，以不许去官为保障御史的方法，以不得与人相见为免除御史夤缘贿赂的方法，以各种法令为敦促御史尽职的方法……等，皆是积极的激劝御史行使职权的表现。

元承金制，御史台中各官也很完备，且看《元史·百官志》说：

> 御史台大夫二员，从一品；中丞二员，正二品；侍御史二员，从二品；治书侍御史二员，从二品；掌纠察百官善恶，政治得失。殿中司殿中侍御史二员，正四品。凡大朝会，百官班序，其失仪失列，则纠罚之。察院秩正七品，监察御史三十二员，司耳目之寄，任刺举之事。

元代御史制度的特点：就在抬高御史的品位。唐代御史大夫只从三品，中丞只正五品，侍御史只从六品下。金代御史大夫只从二品，中丞只从三品，侍御史只从五品。到了元代，御史大夫升到从一品，中丞升到正二品，侍御史和治书侍御史升到从二品。即就侍御史说：唐代的侍御史虽然在殿中监察之上，宋代的侍御史虽然佐中丞、管台政，金代的侍御史虽然与治书御史同判台事，但是品位皆在从五品以下。到了元代，侍御史已经增秩到了二品，从此便成为堂上官了。三院仅存殿中察院，而殿中又只有两人，故明初便废去殿中侍御史，将纠仪的职务，归并到察院里边去，故三院制便从此告终了。这是元代御史制度变迁的重要几点。

元代虽然仍别设谏官，但是御史却承宋制，得兼言职，故《元史·张雄飞传》说："雄飞言于世祖曰：'古有御史台，为天子耳目。凡政事得失，民间疾苦，皆得言；百官奸邪不职者，即听纠劾。如此则纪纲举，天下治矣。'帝善之。"又《廉希宪传》说："立台察古制，内则弹劾奸邪，外则察视非常，访求民瘼，裨益国政，事无大于此者。"由此看来，元代的御史一方面可以建言，讨论时政得失；一方面可以纠察，弹击百司邪恶。这样的职权，完全是承继宋制的。

此外元代还有一种特殊的制度，就是行御史台。行御史台分道设立，"统制各道宪司，而总诸内台"。元代这个制度，就是明代的督抚制度的渊源；故《续通考》说："若明之总督巡抚，即行御史台之职。"（行御史台门）因为他的职位专在统制各道宪司，究竟和内台大有差别，故《历代职官表》，但把他列入督抚表内，并不列入都察院表内。

到了明代，御史台便改称都察院，御史大夫便改称都御史，中丞便改称副都御史；又佥都御史略当从前侍御史治书御史的职位。明初也曾仿效唐、宋、辽、金、元各代，置御史台，设御史大夫（从一品）、御史中丞（正二品）、侍御史（从二品）、治书侍御史（正三品）、殿中侍御史（正五品）、察院监察御史（正七品）等官。后来废治书及殿中等官，由监察御史摄行职务。而监察御史竟增加到一百一十人，人数之多为从古所未有。洪武中，罢御史台，置都察院。照《明史·百官志》说：

> 洪武十六年升都察院为正三品；设左右都御史各一人，正三品；左右副都御史各一人，正四品；左右佥都御史各二人，正五品；经历一人，正七品；知事一人，正八品。十七年，升都御史正二品，副都御史正三品，佥都御史正四品，十二道监察御史正七品。建文元年改设都御史一人，革佥都御史。……宣德十年，始定为十三道。……十三道监察御史一百十人。浙江、江西、河南、山东各十人，福建、广东、广西、四川、贵州各七人，陕西、湖广、山西各八人，云南十一人。其在外加都御史或副佥都御史衔者：有总督，有提督，有巡抚，有总督兼巡抚，提督兼巡抚，及经略总理赞理巡视抚治等员。

《续文献通考》说：

> 都御史职专纠劾百司，辨明冤枉，提督各道，为天子耳目风纪之司。凡大臣奸邪，小人构党作威福乱政者劾；凡百官猥茸贪冒坏官纪者劾；凡学术不正，上书陈言变乱成宪，希进用者劾。遇朝觐考察，同吏部司贤否黜陟；大狱重囚，会鞫于外朝，偕刑部大理谳平之。
>
> 十三道监察御史主察纠内外百司之官邪，或露章面劾，或封章奏劾。凡差，在内：两京刷卷，监临乡会试及武

> 举，巡视光禄京营仓场内库皇城五城，轮值登闻鼓（后改科员）；在外：巡按，清军，提督学校，巡盐茶马，巡漕，巡关，攒运印马，屯田，师行则监军纪功。各以其事专监察。而巡按则代天子巡狩，所按藩服大臣府州县官诸考察，举劾尤专。大事奏裁，小事立断。按临所至，必先审录罪囚，吊刷卷案，有故出入者理辨之。诸祭祀坛场省其墙宇，祭器。存恤孤老，巡视仓库，查算钱粮，勉励学校，表扬善类，剪除豪蠹，以正风俗，振纲纪。凡朝会纠仪，祭祀监礼。凡政事得失，军民利病，皆得直言无避。有大政集缺廷豫议焉。

由此可见御史的职权到明代已经发达到极点。大概自元代以来，中央政府也有他的三权分立制，例如元“世祖立中书省以总庶务，立枢密院以掌兵要，立御史台以纠弹百司。尝言：‘中书朕左手，枢密朕右手，御史台是朕医两手的。’历世遵其道不变”（叶士奇《草木子》）。明初也用这种样式的三权分立制，故“太祖谕御史大夫汤和等曰：‘国家立三大府：中书总政事，都督掌军旅，御史掌纠察，朝廷纪纲尽系于此，而台察之任尤清要。’”（《职官志》）由此看来，御史的地位，到元明两代，增加到了极高的限度，仿佛恢复了汉代的太尉、丞相、御史大夫的旧制。御史得到一二品的地位，总算是元明两代御史制度的特色。

到明代以后，监察御史简直得到独立的地位，不受御史大夫以下的节制。元明两代的监察御史署衔皆不用御史台或都察院三字。故陶宗仪《辍耕录》说：“监察御史署衔无御史台三字，以为天子耳目之官，非御史大夫以下可制也。行台则不然。”邱浚《大学衍仪补》亦说：“今六部官属皆书其部，如吏部属，则曰：吏部文选清吏司，兵部属，则曰：兵部武选清吏司之类是也。惟监察御史则书其道，而不系于都察院焉。”大概到了明代，因为废去侍御史、殿中侍御史、治书侍御史等名衔，把那纠劾巡按照刷问拟的责任，一概委给监察御史，故监察御史职权大大的扩张。由此可见监察御史的职权扩张,乃是明代和清代御史制度的一种特色。

至于御史的选任,在明代也很设下许多限制。大概重经验,重才能,并禁止任用新进之士。“洪熙元年,谕:御史耳目之官,惟老成识治体者可任。又曰:都御史十三道之表,如廉清公正御史虽间有不才,亦当畏惮,今之不才者无畏惮矣。其咨访可任都御史者”(《春明梦余录》)。再看马文升说:

> 御史为朝廷耳目之官,自洪武、永乐、宣德年间,不分进士知县教官,皆得除授;但选之甚精,而授之不苟。至正统年间,朝廷颁降宪纲,新进士初仕,不许除授御史。至正统八年,进士复得除之。成化六年,仍遵宪纲,凡遇御史有缺,止于进士出身知县,并行人内行取。中间多有不分贤否,但资格相应,皆得授任者,所以未尽得人。乞敕吏部行移各处抚按等官,各于所属进士、举人除授,到任六年以上知县内,从公推访廉慎公勤、政绩昭著者,明白具奏。遇有御史员缺,吏部据此,并于考满行人博士内行取。如果六年以上知县员少,于办事二年以上进士中选取。仍照例会同本院官考选具奏除授。若所举不实,事发连坐以罪。如是则御史得人,而风纪振肃。(《明臣奏议》)

由此可见明代人希望选任御史的慎重。大概新进之人,多好以纠弹要声誉,明代御史结党营私,颠倒是非,纷纷攻讦者,不可胜数,甚至引用私人,做他自己的爪牙,渐渐发生朋党的弊病。这种重经验重才能的选任,也许是为事实所逼迫的。

再明代的都御史出使,就是清代督抚兼都御史的渊源。且看《续通志》上说:

> 明永乐十九年,遣尚书蹇义诸人巡行天下,安抚军民,名曰巡抚,事毕停遣,后定为都御史出使之职。兼军务者,加提督;有总兵者,加赞理;事重者加总督。又有经

> 略总理整饬抚治巡治诸衔，然必以都御史任之，以便行事也。盖仿秦监郡御史，唐巡按州县御史之制，而其秩较尊，大略与元之行御史台同。

明代在巡抚之外，有巡按御史，与巡抚不相统属。又兼多用新进好事之人，往往倚势作威，受贿不法，或干涉州县之事，任意举错。清代裁去这个官职，事权才能统一。故御史出使一制，也是明代御史制度上很重要的一点。自秦代监郡，唐代巡按，元代行御史台，经过明代巡抚，而变成清代的督抚兼都御史制。这也是研究御史制度的人所应当注意的。

第三章　给事中官职的沿革

第一节　自秦到隋

给事中一官，在清代以前，或属于集书省，或属于门下省，或独立自为一曹，皆和御史台或都察院不生关系。到了清代雍正元年，才使六科改隶都察院，把台谏两官完全合并起来。故在清代以前，给事中制度的变迁沿革，不能不和御史制度的变迁沿革分别叙述。

给事中一官，在六朝以前，大概多以名儒贵戚充任，除侍从左右、备君主顾问外，似还没有“封驳”的职掌。封驳之事究竟始于何代，很难考定。照顾炎武《日知录》说：“汉哀帝封董卓，而丞相王嘉封还诏书。后汉钟离意为尚书仆射，数封还诏书。自是封驳之事多见于史，而未以为专职也。”由此看来，王嘉封还诏书，可算是后世给事中封驳的渊源了。考给事中设为官名，大概是从秦代起的。故《晋书·职官志》说：“给事中秦官也。”但是秦汉时代虽然都有给事中的官名,可是只是加官,并无正员。给事中设为专官,大概是起于晋代。不过汉代的给事中虽然没有正员,可是他的职掌已经有做后代给事中职掌渊源的资格了。现在姑且抄出几条关于给事中的记载为证:

给事中亦加官,所加或大夫、博士、议郎,掌顾问应对,位次中常侍。(《汉书·百官公卿表》)

《汉仪注》曰:诸给事中日上朝谒,平尚书奏事,分为左右曹。以有事殿中,故曰给事中。多名儒国亲为之,掌左右顾问。(《册府元龟》)

照这样说来,给事中不过是君主的趋从左右以备顾问的近臣,和侍中给事黄门侍郎等官之侍从左右,出入禁中者,地位都很相近。汉武帝用儒者孔安国做侍中,掌唾壶,当时都以为是儒者之荣,正因为他能够陪侍左右。至于给事中也是这样。照《汉书》所载,那时曾做过给事中的:如韦贤、匡衡是经学家,刘向是宗室,金敞、金钦是勋戚,可见若不是名流贵戚,便很难侥幸得到这样的荣任。他们所以能够"平尚书奏事","掌顾问应对",正因为他们都是君主尊宠之人,和清代所谓"内廷行走"大致相似。后来这个官职,所以得到专掌封驳的职任,就是因此而起。故《历代官职表》说:"所掌在平尚书奏事,则后来封驳之任,亦已权舆于此矣。"(卷十九)

后汉到了章帝以后,把给事中废掉,到曹魏时又置给事中,但仍同汉制一样,只为加官(《通典》说"或为正员"不确,似以从《历代职官表》为是)。到了晋代,据《晋书·百官志》说:

给事中魏世复置,至晋不改,在散骑常侍下,给事黄门侍郎上。无员。

又据《唐六典》说:

晋代无加官,亦无常员。隶散骑省,位次散骑常侍。晋令云:品第五,武冠,绛朝服。

照这样看来，晋代的给事中已经无加官，而且品位已经定为第五，一定是设下正员了。故《历代职官表》说："晋给事中设有定品，《册府元龟》载：武帝授张建、陈劭二诏，俱不言以某官给事中，可知并非加官，是给事中之为正员，实自晋始也。"（卷十九）不过晋代就官制说，自加官变成正员，可算是进步；就用人说，自名儒勋戚转移到"帝室茂亲，或贵游子弟"，又可算是退步。

到了六朝，给事中的品秩和职掌更比从前确定了。照《唐六典》说：

> 给事中宋、齐隶集书省，位次诸散骑下，奉朝请上。梁陈秩六百石，品第七。

又《通典》说：

> 宋、齐给事中隶集书省，梁、陈亦掌献纳，省诸闻奏。

又《隋书·百官志》说：

> 梁集书省有给事中，掌侍从左右，献纳得失，省诸奏闻。文书意异者，随事为驳。陈承梁，皆循其制官。

从上述的各条看来，给事中一职，在梁时已经有"随事为驳"的职掌，可见给事中的"封驳"的职任，实在是从梁代起的（《通典》说"今之给事中盖因古之名用隋之职"不确）。可惜到南齐以来，给事中的人数既多且滥，因而不能得人，比较汉代，却是大大的退化了。

北魏有中给事中（从第五品），给事中给事（从第三品上），给事中（从第六品）及北部给事中、南部给事中、主客给事中等名称，但是史书上都没有详载他们的职掌。到了北齐，给事中不但有明定的职掌，并且有明定的员额。且看《通典》说：

> 北齐给事中亦隶集书省，凡六十人。

又《唐六典》说：

北齐集书省署给事中六十员，从第六品上。

《隋书·百官志》并详载北齐给事中的职掌说：

后齐集书省掌讽议左右，从容献纳，给事中六人（当是“六十人”之误）。

由此看来，北齐的给事中已经定下额数，设为定缺，可算是给事中制度上的又一进步。

后周把给事中改为给事中士（六十人），属天官府，“掌理六经，及诸文志，给事于帝左右。其后六官之外，又别置给事中四人”（《唐六典》）。到了隋代，给事中又改名给事或给事郎，员额虽然大大的减少，可是职掌却由此渐渐的确定。且看《隋书·百官志》说：

高祖受命，置门下省，有给事二十人，掌部从朝直。开皇六年，吏部又别置给事郎，散官番直，常出使监检。炀帝即位，移吏部给事郎为门下之职，位次黄门下，置员四人，从五品，省读奏案。

隋制有可以令人注意的两点：（一）从前的给事中属集书省，到隋代属门下省，后世便因袭不改。（二）隋以前给事中或专事侍从，或聊备顾问，或掌理经籍。自隋承宋、齐、梁、陈的旧制专掌“省读奏案”，便为后代抄发本章的渊源。故《历代职官表》说“今……六科职掌所沿，亦本于隋代”就是此意。把以上各代的给事中的职掌总括起来：计有五项：（一）侍左右，备顾问；（二）献纳得失；（三）省读奏案；（四）驳正违失；（五）掌理六经文志。

第二节 自唐到宋

给事中一职，到唐宋两代，在法令上所载的职权，可算是发达到了极点。尤其是唐代重谏官，薄御史，故谏议大夫和给事中可称为侍臣，而御史却只能称为法吏。给事中在封驳外还有他种的大权，直到唐代才在法律上有确实的根据。且看《旧唐书·职官志》说：

给事中四人，掌陪侍左右，分判省事。凡百司奏钞，侍中审定，则先读而署之，以驳正违失。凡制敕宣行，大事则称扬德泽，褒美功业，复奏而请施行；小事则署而颁之。凡国之大狱，三司详决；若刑名不当，轻重或失，则援法例退而裁之。或发驿遣使，则审其事宜与黄门侍郎给之。其缓者给传，即不应给罢之。凡文武六品以下授职官所司奏拟，则校其仕历浅深，功状殿最，访其德行，量其才艺；若官非其人，理失其事，则白侍中而退量焉。若宏文馆图书之缮写雠校，亦课而察之。凡天下冤滞未申，及官吏刻害者，必听其讼，与御史中书舍人同计其事宜而申理之。录事四人(从七品上)，主事四人(从八品下)，令史十一人，书令史二十二人，甲库令史七人，传制八人，亭长六人，掌固十人，修补制敕匠五人。

再看白居易《长庆集》说：

给事中之职，[凡]制敕[有]不便于时者，得封奏之；刑狱有未合于理者，得驳正之；天下冤滞无告者，得与御史纠理之；有司选补不当者，得与侍中裁退之。率是而行，号为称职。

《新唐书·百官志》说：

凡百司奏钞，侍中即审，则给事中驳正违失。诏敕不便者，涂窜而奏还，谓之涂归。

田锡《论军国机要朝廷大体疏》说：

臣又读唐书，见给事中得以封驳诏书，封谓封还诏书而不行，驳谓驳正诏书之所失。

由此看来，唐代的给事中职权扩张很大，可以封驳诏敕，可以驳正刑狱，可以纠理冤滞无告，可以裁退选补不当。门下省事可以由他分判；若侍中侍郎并缺，可以由他监封题给驿券。故从职权上说，给事中一职，到唐代真可算是权利大到极点了。不过在六朝以前的给事中，天天追随左右，掌顾问应对，故常常能在诏书未曾起草之前，就可以献纳得失，驳正违误；到了隋唐时代，“给事中……皆以外庭之臣为之，并不预宫中之事”(《文献通考·自序》)，故只能涂窜于诏书已下之后，不能陈说于诏书未制之前。这可算是给事中一官，由宫内移到宫外及由事先谏止变成事后谏止的一大变革。但是唐制虽有这种变革，可是凡诏旨和百司的奏疏由中书宣出者，皆必先经给事中书读，然后才交到外边施行。比较清代凡重要或秘密的诏旨由军机处密行，不由给事中手中经过，却大不相同了。

五代的时候，给事中大概皆兼他官，不能专司封驳之任。故给事中的固有职权在五代时几乎停止，因此，这个制度便没有什么进步可说。到了宋代，给事中在制度上有两个重要的变迁：(一)给事中分治六房；(二)给事中升为门下后省的长官。现在且先举史志为证：

> 给事中四人，分治六房，掌读中外出纳，及判后省之事。若政令有失当，除授非其人，则论奏而驳正之。凡章奏日录目以进，考其稽违而纠治之。故事：诏旨皆付银台司封驳，官制行，给事中始正其职，而封驳司归门下。(《宋史·职官志》)
>
> 元丰五年四月，知谏院舒亶试给事中，自是给事始除为职事官。(《文献通考》)
>
> 元丰官制：门下增设后省，以左散骑常侍，左谏议大夫，左司谏，左正言，给事中，为门下后省，设案六。建炎(高宗年号)三年，诏谏院别置局，不隶两省，又因旧制，置门下后省，以给事中为长官，四员为额，掌封驳书读，设案

四。(王应麟《玉海》)

从这几条上看来,宋初给事中几乎和五代一样,多用他官兼任,直到元丰官制施行时,给事中才有专任的官员。明代给事中分为六科治事,乃是承继宋代给事中分治六房的旧制,故这一类的变迁,在给事中制度的沿革上,含有很重要的意味。到南宋后,又设门下后省,用给事中为后省的长官,自此而后,给事中已经渐渐的进步,封成独立的一曹。后来金代废门下省,仍留给事中一官,和宋代的给事中自为后省的长官,大有因果相连的关系。故宋代给事中制度变迁的这两点,是很值得我们注意的。

宋代的谏官与台官例不相见,天禧之后,虽然设言事御史,可是谏官仍是谏官,故真宗时有令谏官奏论宪臣弹举的诏书。大概台谏两官在宋仍然分立,故谏官御史可以互相纠驳。至于给事中虽同谏议大夫、拾遗、补缺、司谏、正言等同属门下省,但他的主要职务在主封驳书读,当然和谏官不大相同。自宋代起,渐渐有嫌恶谏官的倾向,所以谏官往往不常除人。到了后来三省的制度一废,凡谏议司谏正言等官之在门下者,也因之而废。虽有谏院,也不常除官。到了明代,只存给事中一职,因把前代谏议拾遗补缺等职务,一并兼而有之。这是宋以后给事中制度和职权变迁的大概,推求原因,实在是由宋代给事中独立自为一曹的事实上发生出来的。故我们关于这一点,不能不特别的注意。

第三节 自辽金到明

到了辽金而后,谏官一职,不是名存实亡,便是名实皆废。至于给事中虽名衔未改,可是职权却常有变更。“辽南面门下省有给事中,次于散骑常侍”(王圻《续文献通考》)。金代没有门下省,因而没有主封驳的机关,故特设审官院来掌封驳。至于给事中名目虽存,实则不掌封驳的职务,不过附属于管朝会宴享的宣徽院,作为内侍转官罢了,故我们所应该注意的,只在金代废掉门下省而仍留给事中一官的一点，至于给事中的职权却是名存实亡了。

元代的给事中据《元史·百官志》说：

> 给事中秩正四品。至元六年，始置起居注，左右补缺，掌随朝省台院诸司。凡奏闻之事悉纪录之，如古左右史。十五年改升给事中兼修起居注，左右补缺改为左右侍仪奉御，兼修起居注。皇庆元年，升正三品，延祐七年，仍四品。后定置给事中兼修起居注二员，右侍仪奉御同修起居注一员，左侍仪奉御同修起居注一员。

由此看来，给事中的职掌，到元代又发生一大变迁。在唐宋两代，给事中与起居郎虽同为门下省的属官，但给事中掌封驳，起居郎掌记注，职事本是不一样的。到了金代，特别设一记注院，专掌修起居注事；而给事中虽然不掌封驳，却也不掌记注。一到元代，给事中便变成兼修起居注的官吏，名衔虽然与唐宋一样，而职掌却和唐宋大异。故就给事中本职说，也可算是名存实亡了。

但是元代的给事中虽然变成记注的官吏，可是这种职掌也却有个渊源。考宋代给事中曾掌五案："曰上案，主宝礼及朝会所行事；曰下案，主受发文书；曰封驳案，主封驳及试吏校其功过；曰谏官案，主关报文书；曰记注案，主录起居注。"（《宋史·职官志》）由此看来，给事中主录起居注事，实在是自宋代起首的，元代不过因袭宋制罢了。但是在宋代，修起居注事不过是给事中许多职掌中的一种，在元代，则给事中乃以记注为专职，故名虽为因，而实则却是变革了。

到了明代，给事中的职掌，不但恢复唐宋的旧制，并且比较唐宋两代给事中的职掌还要扩张。因为自明革中书省后，并把一切谏官裁去，只留给事中一官，故给事中兼掌谏议补缺拾遗的职任。这就是明代给事中职掌扩张的唯一原因。不过唐宋的给事中属于门下省，明代的给事中却独立自为一曹（洪武中，虽暂属承敕监或通政司，但皆是暂时的），这又是明代的给事中渊源于宋，而和唐代不同的地方。

《明史·职官志》载给事中的官职很详，说：

> 吏户礼兵刑工六科各都给事中一人（正七品），左右给事中各一人（从七品）。给事中吏科四人，户科八人，礼科六人，兵科十人，刑科八人，工科四人（并从七品）。掌侍从规谏，补缺拾遗，稽察六部百司之事。凡制敕宣行，大事复奏，小事署而颁之。有失，封还执奏。凡内外所上章疏下，分类抄出，参署付部，驳正其违误。
>
> 吏科：凡吏部引选，则掌科同至御前请旨；外官领文凭，皆先赴科画字；内外官考察自陈后，则与各科具奏拾遗纠其不职者。
>
> 户科：监光禄寺岁入金谷甲字等十库钱钞杂物，与各科兼莅之，皆三月而代。内外有陈乞田土隐占侵夺者，纠之。
>
> 礼[科]：监订礼部仪制。凡大臣曾经纠劾削夺，有玷士论者，纪录之，以核赠谥之典。
>
> 兵科：凡武臣贴黄诰敕，本科一人监视，其引选画凭之制，如吏科。
>
> 刑科：每岁二月下旬，上前一年南北罪囚之数，岁终类上一岁蔽狱之数，阅十日一上实在罪囚之数，皆凭法司移报而奏御焉。
>
> 工科：阅试军器局，同御史巡视节慎库，与各科稽查宝源局。
>
> 而主德缺违，朝政得失，百官贤佞，各科或单疏专达，或公疏联署奏闻（虽分隶六科，其事属重大者，各科皆得通奏。但事属某科则列某为首）。凡日朝，六科轮一人立殿左右，珥笔记旨。凡题奏日附科籍，五日一送内阁，备编纂。其诸司奉旨处分事目，五日一注销，核稽缓。内官传旨必复奏，复得旨而后行。乡试充考试[官]，会试充同

> 考官，殿试充受卷官。册封宗室诸藩，或告谕外国，充正副使。朝参门籍，六科轮流掌之。遇决囚，有投牒讼冤者，则判停刑，请旨。凡大事廷议，大臣廷推，大狱廷鞫，六掌科皆预焉。

从这一段话看来，明代的六科制度，在历史上可算是没有先例的特别制度。明制本多因袭元制。但是给事中在元代却不分科；宋代的给事中分治六房，虽然可算是明代六科的渊源，但是究竟是否如明代分职的详尽，史志上无从稽考。而且唐宋的给事中虽然和别的谏官同属一省，但是给事中只掌封驳，不掌其他的谏诤，职权究竟大有不同。到了明代，给事中官与职都大大的增加，给事中之上，有都给事中，有左右给事中；而都给事中为六科领袖，格外慎重选任，又可见他的职掌的尊重。至于职务的扩张，是把从前所有的谏官职掌，兼而有之，专司封驳的官吏，一变成为奏论朝政得失百官贤佞的官吏。而且六科都给事中凡章疏案牍得与部院各衙门平列，官虽很卑，职权却很重要。明代的纪纲，多靠六科维持；明代各部，又多怕"科参"的严厉。且看顾炎武说：

> 明代虽罢门下省长官，而独存六科给事中，以掌封驳之任。旨必下科，其有不便，给事中驳正到部，谓之科参。六部之官，无敢抗科参而自行者，故给事中之品卑而权特重。万历之时，九重渊默，泰昌以后，国论纷纭，而维持禁止，往往赖科参之力，今人所不知矣。(《日知录》)

在顾氏看来，明代的六科在历史上是很有价值的制度。

不过明代的六科独立，无所统属，故往往放纵自恣，干预分外的事务。例如"赵兴帮在兵科，至以红旗督战，敢干预兵事机宜，侵扰国政"(《历代职官表》)，反不若御史尚受堂官的考察。而且科道两方，互相对峙，党同伐异，迭相攻击，竟没有方法去调和他们。这也是六科独立的一大弊端。清代把六科归并到都察院，大概是以明制为殷鉴了。

第四章　清代科道制的概略

把台谏完全合并起来，在六科之外，不设别种谏官，这样的制度是从清朝起首的。清初还因袭明制，六科独立，自为一署，直到雍正元年，才把六科归并到都察院，造成台谏完全合一的制度。清代都察院的职掌如下：

都察院专掌风宪，以整纲饬纪为职，凡政事得失，官方邪正，有关于国计民生之大厉害者，皆得言之。大狱重囚，偕刑部大理寺谳之。左都御史满洲汉人各一人（从一品），左副都御史满洲汉人各二人（正三品）。右都御史、右副都御史，俱外省督抚加衔，无专职。（《皇朝文献通考》卷八十二）

吏科户科礼科兵科刑科工科掌稽察六部百司之事，凡制敕宣行，大事复奏，小事署而颁之。知有失，封还执奏。内外章疏，分类抄集，参署付部，驳正其违误焉。（《皇朝文献通考》卷八十二）

监察御史掌纠察内外百司之官邪；在内：刷卷，巡视京营，监文武乡会试，稽察部院诸司；在外：巡盐巡漕巡仓等，及提督学政。各以其事专纠察。朝会纠仪，祭祀监礼，有大事集缺廷预议焉。分道十有五：曰京畿，曰河南，曰江南，曰浙江，曰山西，曰山东，曰陕西，曰湖广，曰江西，曰福建，曰四川，曰广东，曰广西，曰云南，曰贵州。（《皇朝文献通考》卷八十二）

以上为都察院及科道等的职掌。此外还有科道的各差，如巡视仓库、盐课、漕运、满洲、台湾、五城的各科道，又各有专掌。现在且列表如下：

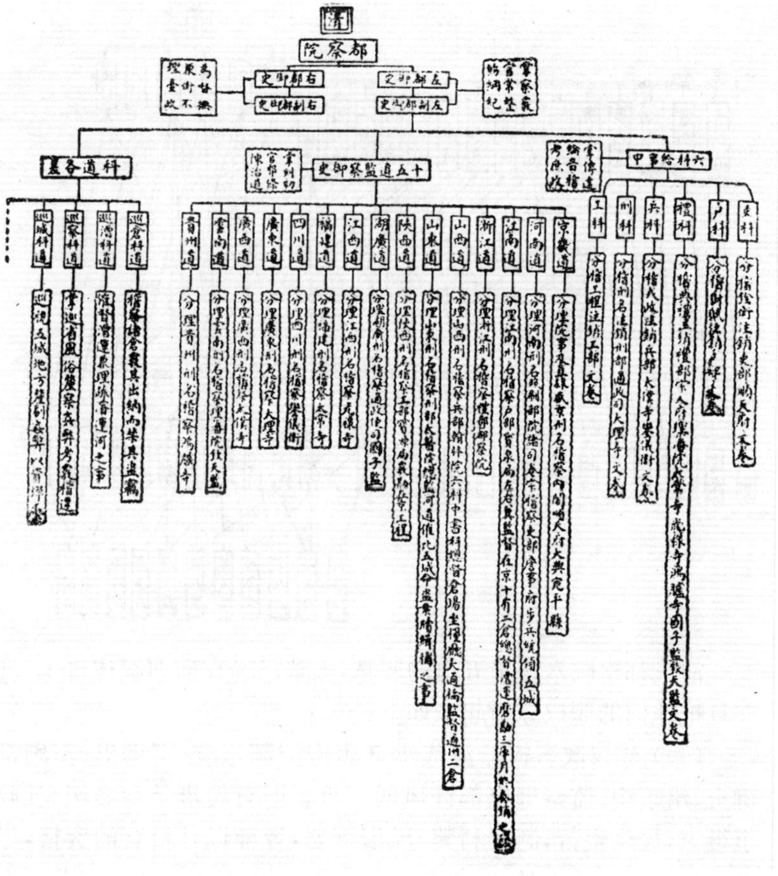
都察院
左都御史
左副都御史
右都御史
右副都御史
六科給事中
十五道監察御史
工科
刑科
兵科
禮科
户科
吏科
京畿道
河南道
江南道
浙江道
山西道
山東道
陝西道
湖廣道
江西道
福建道
四川道
廣東道
廣西道
雲南道
貴州道
巡倉科道
巡漕科道
巡察科道
巡城科道

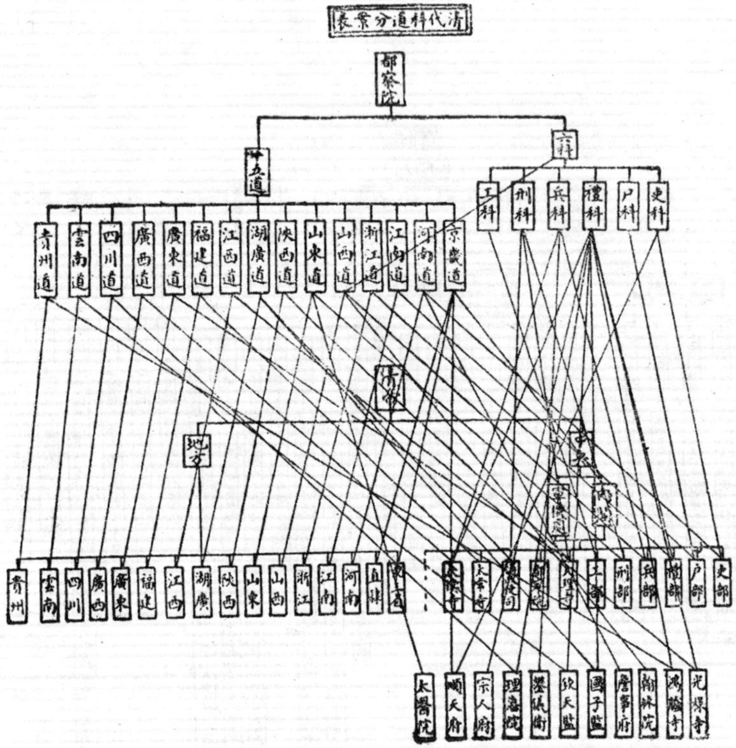

清代都察院六科十五道的职掌，大致已经在前面叙述过了，现在且把他们的职权综括起来如下：

（一）建议政事权　清代承继唐宋旧制，凡左都御史、左副都御史、给事中、监察御史都许风闻言事。旧有轮班条奏之例，凡政事得失，民生疾苦，制度利弊，风俗善恶，皆能以耳目官的资格，尽量陈奏。故顺治十年上谕：“凡事关政治得失，民生休戚，大利大害，应兴应革，切实可行者，言官宜悉心条奏，直言无隐。”平时的条奏，随人各抒己见，如果遇到政事上有大缺失，便可由各道全体列名，公同封进。清初设有建白牌，由各道轮流司管，遇有可言的事件，即有司建白者具稿，会同各道御史署名奏陈。

（二）监察行政权　不管是中央官厅，或是地方官厅，凡他们所管事务的施行和成绩，皆当向都察院或各科各道报告，各科各道得检查这一类的报告，兼察视政治的状况。如有违反法令、妨碍公益，以及紊乱官纪的事情，都可由各科各道奏请纠正。

（三）考察官吏权　凡"京察"由本衙门考核，填注考语事迹，造册密送吏部都察院吏科京畿道会考。至于外官"大计"，由各省督抚核实官评，分别汇题吏部，会同都察院吏科京畿道详加考察，分别奏请。如果有鉴衡不公，黜陟失当，徇情滥保，姑容不职者，皆可由科道纠参。此外如吏兵等部及宗人府等衙门的议处人员，如降级罚俸等惩戒处分，亦由都察院堂官察核例案，定议具奏。

（四）弹劾官吏权　都察院虽然有监察行政考察官吏的权，但却没有指挥命令官吏的权，并且没有直接的惩罚官吏的权。故都察院监察权的行使，全靠这弹劾官吏权来做保障。弹劾不用都察院的名称，只用御史的名字，各御史皆有独立的弹劾权。因为都察院有整饬风纪的责任，故在法律问题之外，还可以管道德问题。因此不独对于百官违反法令，及妨碍公益的行为，可以弹劾；就是对于官吏个人的私德私行，也可以弹劾。不但对于败坏风纪已成事实的行为，可以弹劾；就是对于风闻传说未明真相的行为，也可以弹劾。不独对于普通官吏可以弹劾，就是对于王公贝勒大臣也可以弹劾。天聪十年，上谕："凡有政事背谬，及贝勒大臣有骄肆慢上，贪酷不法，无礼妄形者，许都察院直言无隐。即所奏涉虚，亦不坐罪。"（《钦定台规》卷二）这种风闻弹劾的旧例，的确是御史的唯一保障。

（五）会谳重案权　凡犯罪至死的重狱，必定要下刑部都察院大理寺三法司会同复核，这就是近代司法制度中的终审权。古代御史职在执法，故常常被称为法吏。清代也承认"御史理刑，是其职掌"，故"凡交三法司核拟事情，御史会同大理寺官面审同议"（《钦定台规》卷一）。至于"各省刑名事件，分道御史与掌道御史一同稽核"（《钦定台规》卷一）。"若意见不符，或有两议者，应于五日内缮稿送部，一并具题。至外省会稿事件，或有另议，亦于五日内缮稿送部”(《钦定台规》卷一)。由此可见都察院随同刑部大理寺核审，虽然没有独立的裁判权，可是却能以独立的意见拟定判决书上陈君主。故都察院至少也可算是构成终审裁判机关的一个重要部分。

（六）辩明冤枉权　清代的上告，到都察院及通政使司衙门具本奏闻为止。顺治八年上谕：“自今以后，凡有奏告之人，在外者，应先于各该管司道府州县衙门控诉；若司道府州县官不与审理，应与该管总督巡抚巡按衙门控诉；若总督巡抚巡按不准，或审断冤枉，再赴都察院衙门击鼓鸣冤；都察院问果冤枉应奏闻者，不与奏闻，准赴通政使司衙门具本奏闻。在京有冤枉者，应与五城御史及顺天府宛大二县告理；若御史府县接状不准，或审断不公，再赴都察院衙门通政使司衙门具奏申告。”(《钦定台规》卷十一)又十八年都察院题准：“官民有冤枉许赴院辩明，除大事奏闻外，小事立予裁断；或令行该督抚复审昭雪。”(《钦定台规》卷十一)由此看来，都察院乃是清代救济冤枉的上告机关，都察院处理上告案的方法有三：一、具本奏闻；二、咨回各该省督抚复审；三、径行驳斥。不过据嘉庆四年的上谕：“遇有控告该省督抚贪渎不职，及关涉权要等事，或瞻徇情面，压搁不办，恐启贿嘱消弭之渐，所关非小。”(《钦定台规》卷十一)故关于这一类的上告案，一概不许“擅自驳斥”。由此可见都察院在事实上一半是救济冤狱的裁判机关，一半是行使行政裁判权的行政裁判机关。

（七）检查会计权　无论中央或地方官厅，凡经费的出纳，皆受都察院的监察，各官厅所作的会计报告，皆付都察院检查。例如户科，凡京内各衙门支领财物的册簿及捐项，皆得随时考查；京外各省的钱粮杂税漕粮盐课关税等事，有浮冒舛错蒙混的，皆得指出参劾。故都察院对于会计的审查，似乎比近代审计院的权限还大。

（八）封驳诏书权　六科对于本章诏旨的封还驳正权，早定于顺治初年。就是“凡部院督抚本章已经奉旨，如确有未便施行之处，许该科封还执奏；如内阁票签批本错误，及部院督抚本内事理未协，并听驳正”（《钦定台规》卷十二）。这就是自梁陈以来，历代给事中所有的驳正违失权。清代凡中央或地方官厅的本章，先经内阁阅看，附以意见，送到军机处，军机大臣在御前会议，决定后乃下上谕，上谕下即由给事中赴内阁取领，分发各科。如果科员确实认定该上谕未便施行，即可说明理由，封还军机处，这就叫做封驳。唐代的给事中可以涂窜诏敕，或就敕尾批却之，封还与驳正并用。到了清代，对于上谕只能封还，唯对于本章才可以驳正。故就法令说，六科对于君主的诏书，严格说起来，只有封而无驳了。

（九）注销案卷权　顺治十八年的上谕：“各部事务虽巨细不同，与国政民情均有关系，理宜速结。今各部一切奉旨事件，及科抄，俱定有限期，六科按月察核注销。其余不系奉旨事件，及无科抄者，若不专令稽查，必致稽迟。除刑部已差科员稽察外，吏户礼兵工五部亦应照刑部例，各差科臣一员，不时稽察。如有迁延迟误事件，即行参奏。”（《钦定台规》卷十二）此外如顺天府宗人府理藩院……等各衙门的文卷，也一律分科稽核，依限注销。如有逾限不结的事件，听各科指参。这种注销权后来虽然变成虚应故事，但是对于执行的监督，总算以这个方法为最周密了。

（十）监察礼仪权　自汉代用御史纠仪而后，历唐宋到明清，监察朝仪的职掌或归殿中侍御史，或归监察御史。清代的朝会，必由御史稽查朝仪，遇有紊越班行，言语喧哗，威仪不肃者，皆可弹劾。至举行祭祀临雍各种典礼，也由御史稽察违失，肃正礼仪。这也是在专制的时代，维持君主尊严的一种重要的方法。

从上边所述的各种职权看来，科道乃是专制君主的耳目喉舌，他的职掌是非常的重要。大概专制的朝廷，政治组织的根本原理，就在以上制下，以内制外。御史制度不但是以上制下，以内制外的最好方法，并且是政权出自一人的专制制度的最真实的表现。

第五章　结　论

大概只要是专制政治，万权总是自上而下的，绝不许有自下而上的监督权发生。凡是民治的国家，总由人民去监督政府和官吏，故治事之官多，治官之官少。凡是君治的国家，总只许君主一人有监督内外百官的大权，故治事之官少，治官之官多。中国的政论家，大概都承州县知事是亲民之官，换句话说，就是治事之官。可是从州县知事朝上数，知府和直隶州知州是监督官，道台是监督官，藩臬是监督官，督抚是监督官，而督抚之上，除君主外，还有许多互相牵制互相纠察的官吏。简单一句话，自直隶州知州和知府而上，一直数到君主，大都是治官之官，而都察院尤其是专以治官做职掌的。故民治的国家，虽然明明白白的知道代议制的坏处，可是总没有完善的方法用来代替代议制，反过来说，如中国从前那样的专制国家，也无论怎样发现出来科道制的弊害，但总没有别的完善的方法，可以用来代替科道制。我们现在可以武断地说一句话：就是代议制是目前民治国家的唯一制度，科道制是从前专制国家的唯一制度。

科道在清代以前，不但机关分立，并且职权也绝不一样，就法令说：给事中掌宣行制敕，故居于内；御史掌纠弹百官，故居于外。给事中所以监督朝廷，御史所以监督官吏。一是纠正于法令未布之先；一是纠正于败坏已成之后。就在清代，科道虽然合一，但是六科分察京内各部院的文书；十五道除稽查京内各部院事务外，还分理京外各省的刑名。一似偏重在纠正君主的违失，一似偏重在纠正百官的违失。故科道的职权，在法令上仍然是分立的。不过自唐代重谏官之后，到了宋元各代，或谏官多不除人，或并谏官一概裁去。虽然仍慕盛代多设谏官的美名，勉强把给事中一官留下，可是却不想给给事中以谏诤的职权。明代所谓科参，乃是参六部，并不是驳君主。到了清代，六科既已附属于都察院之后，事实上便变成察官，就是名义上有言责，也不能实行。故清代的实例，往往科中只留一人，虚应抄发本章的故事，其余的科员多同御史一并出差。例如城仓漕盐等差，科道一并充任，出差人多，留科人少，乃是数见不鲜的故事。最大的原因：就因为在君主专制的朝廷，只愿科道察臣下，绝不愿科道察君主自身。自雍正以后，上谕或由军机处密下，或由内阁直达各部。故名义上虽有给事中一职，而事实上给事中简直无事可做；他们既然无事可做，便不得不藉口科道合一，以言官去做察官的事务了。

清代自科道合一而后，六科几乎等于裁撤，且看乾隆十一年曹一士《请复六科旧制疏》说：

> 会典开载：凡内阁交出密本，由各该科挂号，即将原封送各该部，取职名附簿备查。是从前密本未有从内阁径下者，即前代中书门下两省更互校验之意也。今臣到任以来，所发见各科本章，只有红本，而密本并未一见。至皇上谕旨径由内阁发部者，臣等迟至浃旬，始得从邸抄一读。如此则虽欲有所论列，或已无及于事，似非设立科臣之初旨也。（《皇朝掌故汇编·内编》卷一）

再看光绪年间，蔡镇藩《请审官定职疏》说：

> 今事或由廷寄，或由阁抄，其下科者；皆系循例奏报，无所用其参驳。虽察六部，只按月由部赴科注销而已。（《皇朝掌故汇编·内编》卷一）

这就是清代的六科失掉封驳的职掌，至于无事可办，不得不和御史做同样的事务的明证。历代的君主，大多数嫌恶言官，对于谏官或缺出而不除人，或并谏官而不设，或勉强在名义上设几个谏官，在事实上却不愿他们尽职。自宋以后，虽也许御史兼言事，但是如果直言君主自身的缺失，总是无效的多，有效的少。故近代的台谏实际上都变成察官之官，这就是台谏不得不合一的原因。

在现在的民治国家中，代议制虽然可以任人尽量的反对，可是民治的原理——就是由人民管理政府监督官吏的原理，总是反对不掉的。如果民治的原理无法可以根本推翻，那么，自上而下的监察制便根本上没有可以存在的余地。再在现在的分权国家中，联邦制虽然也尽可以任人反对，可是政治分工的原理——就是地方自治行业自治的原理，总是反对不掉的。如果政治分工的原理无法可以根本推翻，那么，由内制外的监察制也根本上没有存在的可能。我们也承认现在无论那一国都没有把科道的职权完全废掉，可是我们同时又承认现在无论那一国总不能把科道的职权通同集中在某一个由政府任命的机关。

中国人现在，可以说有大多数人痛心疾首的咒骂代议制，但是平心而论，民国十四年来可有一件事是因为实行代议制而失败的。我敢断言：中国代议制的失败，只是没有真正实行代议制的结果，并不是真正实行代议制的结果。换句话说，正因为代议士受政府威迫利诱而失败，并不是因为代议士受人民支配操纵而失败。现在想废掉那受政府威迫利诱的代议制，而代以仍然免不掉受政府威迫利诱的科道制，可不是以害易害吗！大家因为深恨议员万能的弊害，便忘却了御史万能的弊害；因为深恨议员结党营私依附权势的弊害，便忘却了御史结党营私依附权势的弊害。可是议员的行动或多是党派的行动，一个人往往未必能任意的为非作恶；至于御史的行动多是个人的行动，故一个人往往可以任意的横行无忌。故国会固然一方面可以牵制住少数的好人，使他们不能发挥个性；可是同时又可以牵制住少数的坏人，使他们不能自由作恶。反过来说，御史制度固然可以使一个好人独立的行使监察权；可是同时又何尝不能使一个坏人独立的妄用监察权呢？

中国的政治紊乱，并不是因为各种监察权没有机关行使，只因为各机关法律上有监察权，事实上不能行使监察权。照上边所列举的科道职权，除掉极少数的职权没有行使的必要外，其余的职权大概都分散在各种不同的机关。例如建议政事、监察行政、弹劾官吏各权，都分配在国会。官吏的考绩权，如京察大计等，都分配在各种监督官厅；关于铨选叙任的考核权，都分配在铨叙局；官吏的惩戒处分决定权，都分配在惩戒委员会。关于刑事案的终审权分配在大理院；检举权分配在检察厅；判断违法不公的救济权又分配在各级审判厅。检查会计乃是审计院的专责，封驳诏书很有些像国务员的拒绝附署，又是阁员的责任。至于辩明冤枉权中，有一部分是关于行政处分的违法或不公的救济，现在的平政院专管行政裁判，就是属于这一类。文卷的注销权虽然没有专管的官厅，但是上级官厅的核销，与六科但在文书上察核，相去也不甚远。民治的国家，不尚严肃繁重的典礼，故纠仪监礼等权，早已根本上不能存在，就是现在要想恢复科道制，也当然没有恢复这种职权的余地了。故为目前的中国计，关于这一点，只须抬高或改善行使监察权机关的地位和组织，似不必另起炉灶的重新创造新机关。

（商务印书馆 1926 年 6 月初版）

中国内阁制度的沿革

自　　序

我于民国十四年十月间，曾写成一本《中国御史制度的沿革》，由商务印书馆收入《国学小丛书》中，已于十五年六月出版。这一本《中国内阁制度的沿革》，是十五年一月写成的，曾在北京大学《社会科学季刊》上发表过。因为这两种小品，体裁大致一样，都是从历史上和法制上去研究中国的政治制度，作成一个有系统的叙述。所采取的材料虽然不甚完全，但是变迁沿革的概要，却已详叙无遗。或者可供研究这个问题的人一点半点参考，也未可知。因北京大学《社会科学季刊》销行不多，传布不能普遍，故再交给商务印书馆，收入《国学小丛书》。兹当付印之初，记其颠末如此。

中华民国十七年三月二十日　高一涵识

第一章　导　言

中国古代并没有内阁的名称，凡国家大政均归宰相掌管，直到明代成祖的时候,才创下这内阁的名号。但是秦汉诸朝的宰相和明清两朝的内阁,虽然都是君主的辅弼,但宰相事无不统,很和近代欧洲各国的内阁职掌相似,而明清的内阁,专司票拟,却和近代许多机关中秘书厅的职掌相似。因为秦汉的宰相,辅助天子,赞理万机,自钱谷兵刑以至长吏的迁除,皆归宰相综核,六曹百官皆归宰相统率。到了明洪武年间,废除宰相制度,把国务分归六部管理,内阁的阁员只备顾问,重大的职掌在司票拟,仿佛如知制诰的翰林。由此看来,当那没有内阁制度的时代,倒反有实行内阁职权的宰相;到了有内阁制度的时代,却只有起草文书的秘书厅。故明清两代内阁的职掌,不但与近代立宪国家的内阁的职掌不同,并且与中国古代的宰相的职掌也不同。简单的说,没有内阁名号的时代,反有事实上的内阁,有了内阁名号的时代,反只有名义上的内阁。这是中国内阁制度的一种特色。

中国的中枢之任,既不必一定要由法定机关执掌,也不必一定要由法定官吏执行,究竟谁秉国钧,可由君主随时决定。往往行使宰相实权的,不一定要居宰相的官位;居宰相官位的,又不 一定能行使宰相的实权。例如汉代以三公为宰相,至后汉三公虽在,但尚书却实行宰相的职权;至曹魏以后,三公更变成具员,而宰相的实权又归中书监令。唐初以尚书中书门下三省为政治中枢,后来各省长官如不带“同中书门下三品”或“同平章事”的头衔,便成为本省的事务官,一概不得预闻机密。至于知政事、参议朝政、参预朝政、参知政事、参知机务……等官,就是不为三省长官,却反可以任宰相之任。再如明代的内阁,起初不过办理制诰等事,到了仁宣以后,大学士往往因为得到保傅的荣任,地位越高,阁权越大,君主反而言听计从。由此看来,中国的内阁既没有一定的组织,也没有一定的职权,有时可以把内阁的职务委托那非阁员执掌,有时又可以因为人的关系,把阁权随便缩小或扩张。这样无定制无定员无定职的中枢制度,又可算是中国内阁的一种特色。

近代各国的内阁地位和职权固然是各有不同,可是最不同的,要算是英美两国。英国的君主在事实上并不是行政元首，事实上的行政元首便是内阁总理。美国的内阁只算大总统的仆役，故内阁的行为，从法律上说，皆是大总统的行为。因此，英国的君主事实上有服从内阁的习惯；美国的内阁，却有服从大总统的义务。中国无论是宰相，是内阁，皆不过是君主的仆役，皆一概服从君主。就这一点说，中国的内阁地位和权限与美国相似，与英国的内阁在实际上为行政元首者不同。美国的阁员由大总统任免，阁员"除与大总统会议机密外，与他官吏无异"①。中国的阁员任免权也由君主自由行使，宰相或阁员，除参预机密外，也和他种官吏一样。丞相的名称始于秦代，应劭说："丞者承也，相者助也。"《通典》亦说："相国丞相皆秦官，掌丞天子，助理万机。"由此可见中国的宰相或阁员都不过是天子的仆役，他们所做的行政事务都是天子的行政事务，不是自己的行政事务，因此，便不能像英国的阁员享有特殊的地位。

再英国的内阁为合议制的团体，阁员对于政策负有连带的责任。"美国政府无全体之行动，其实则美国政府本无所谓全体，各自隶属于大总统之下，人人对于大总统负责任，内阁员与内阁员之间无共同之政略，亦不负连带之责任"②。中国的宰相或大学士也和美国的阁员一样，有时几个人同为宰相或大学士，这几个人都是各自独立的，各以独立的见解辅助君主，绝不负什么连带的责任。虽然在汉代以后，国家有大造大疑，由三公通而论之，国家有过事，由三公通谏争之③，明清两代，国家有大事，交内阁九卿会议；可是三公或阁员不一定要一致的议决，仍然可以独立的意见上奏。就是首相，也没有统一全体阁员意见的责任，因此，也没有连带辞职的必要。就这一点说，中国的内阁，又很和美国的内阁相似。

凡是行内阁制的国家，总把阁员的行为看作自己的行为，并不

①② 《蒲徕士平民政治》第九章。
③ 《后汉书·百官志》。

把他看作君主或大总统的行为。因此，内阁对于职权的行使，负有无条件的责任。又因为内阁负有无条件的责任，所以对于君主或大总统的违法的或不利益的命令，可以拒绝执行或拒绝副署。中国的宰相或大学士只是君主的辅弼，甚至于只备君主的顾问，所有行为都是君主的行为，故充其量只可以“献替可否，奉承规诲”[①]，在法律上绝没有拒绝执行或拒绝副署的特权。近代立宪国家，凡君主或大总统的行为，如果不经阁员参与，便不能发生效力；中国的阁员行为因为皆是君主的行为，所以没有这一层的限制。因为这样，所以立宪国家的阁员只是对于自己行为不行为负责，并不是代人负责；中国的阁员本来只是君主的仆役，如果负责，便是代君主负责，并不是对于自己行为不行为负责，因为他们自己没有独立的行为不行为的特权。

再近代的阁议多属公开性质；中国阁员的参赞机密事务，多属秘密性质。因此，凡是宰相，特殊的职务就在参与机密，反过来说，凡是参与机密的官员，皆可以称为宰相。后汉时尚书掌机衡之任，故尚书变成宰相；曹魏时中书监令预闻机密，故中书监令变成宰相；元魏时使门下省的侍中掌枢密之任，故侍中变成宰相。清代当西北用兵时，怕内阁泄漏机密，特设军需房，后来改为军机处，专办机密事件，故军机处又变成真正的内阁。由此看来，中国的内阁乃是参与机要的一种秘密机关。

把上述的各点综括起来，可以说中国的内阁乃是受君主随意委任、秘密帮助君主做事、专对于君主负责的顾问的或辅弼的机关。再专就明清两代的内阁说，中国的内阁乃是点检题奏、票拟批答、起草诏令、兼备咨询的秘书厅。

本篇以叙述民国以前的内阁制度为限，民国的内阁制度是模仿欧洲的，和中国旧有的内阁制度没有什么沿革的关系。可是要想叙述明清两代的内阁制度，便不得不先叙述明代以前的宰相制

① 《明史·职官志》。

度，要想叙述明代以前的宰相制度，便不得不划分时代。现在且把他分作四期叙述，自秦到六朝为一期，自隋到宋为一期，自金到元为一期，自明到清为一期。前三期是行宰相制度或省的制度的时代，后一期是行内阁制度的时代。

第二章　自秦到六朝的宰相制度

三代时候，已经有“相”的名称，例如《晋书·职官志》说：“成汤居亳，初置二相，以伊尹、仲虺为之。”又《尚书·说命》说“爰立作相，王置诸其左右”皆是。但据《历代职官表》说：“三代置相，虽本左右辅相之义，非设有是官。”可见设相为官，乃是秦代的事。且看《史记·秦本纪》说：

> 武王二年，初置丞相，樗里疾、甘茂为左右丞相。

杜佑《通典》也说：

> 始皇尊立吕不韦为相国，则相国丞相皆秦官也。金印紫绶。掌丞天子，助理万机。

由此看来，相国在秦代是最尊重的官位，班次在丞相之上；到了汉代，相国和丞相通同是一样的官职，所以有时置相国便不置丞相，或置丞相便不置相国。自成帝以后，退立三公，分行丞相的职权，于是三公皆变成宰相。且看《通典》说：

> 成帝绥和元年，御史大夫何武建言，古者民谨事约，国之辅佐，必得圣贤，然犹则天三光，备三公官，各有分职。今末俗之弊，政事烦多，宰相之才，不能及古，而今丞相独兼三公之事，所以大化久未洽也。宜建三公官，定卿大夫之任，分职授政，以考功效。于是上拜曲阳侯王根为

大司马，而何武自御史大夫改为大司空，皆金印紫绶，比丞相，则三公俱为宰相。

经过这一次改革，不但把宰相的人数加多，并且把宰相的职掌分开，使他们各有各的专职。古代称“三公论道经邦，燮理阴阳”①，可见三公并没有专职。故《通典》又说：“三公无官，参职天子，何官之称。”就是汉初的丞相，也是没有专职的，且看《史记·陈丞相世家》上说：

孝文皇帝问右丞相勃曰：“天下一岁决狱几何？”勃谢曰：“不知。”问：“天下一岁钱谷出入几何？”勃又谢不知，汗出沾背，愧不能对。于是上亦问左丞相平，平曰：“有主者。”上曰：“主者谓谁？”平曰：“陛下即问决狱，责廷尉；问钱谷，责治粟内史。”上曰：“苟各有主者，而君所主者何事也？”平曰：“宰相者上佐天子理阴阳，顺四时，下育万物之宜，外镇抚四夷诸侯，内亲附百姓，使卿大夫各得任其职焉。”

由此可见秦汉的宰相，事无不统，并不专司一职，只是政务官，不同时兼做事务官。至后汉，太尉（即大司马）、司徒、司空才各有分职，且看《后汉书·百官志》上说：

太尉公一人，掌四方兵事，功课，岁尽即奏其殿最而行赏罚。凡郊祀之事，掌亚献。凡国有大造大疑，则与司徒司空通而论之；国有过事，则与二公通谏争之。

司徒公一人，掌人民事，凡教民孝悌、逊顺、谦俭、养生、送死之事，则议其制，建其度。凡四方民事功课，岁尽则奏其殿最而行赏罚。凡郊祀之事，掌省牲、视濯。凡国有大疑大事，与太尉同。

司空公一人，掌水土事，凡营城起邑，浚沟洫，修坟防

---

① 《尚书·周官》。

之事，则议其利，建其功。凡四方水土功课，岁尽则奏其殿最而行赏罚。凡郊祀之事，掌扫除乐器。凡国有大造大疑，谏争与太尉同。

大概宰相制度到了后汉，很有一点和近代的内阁制度相似。就是一方面分管国政，一方面又合议国政，几乎和近代的国务员同时兼各部总长相仿佛。三公通论大造大疑，可当得近代的国务会议，谏争过事，可当得近代的拒绝副署，不过在法律上的效果不同罢了。自汉代以后，无论宰相制度怎样变更，但六曹总归宰相统率；自兵刑钱谷以至长吏迁除，皆由宰相总辖。到了唐代，尚书都省之左右司，宋代中书门下之八房五房，亦皆总管庶务。由此可见从前汉到后汉，宰相所管的职务，已经有这样的变迁了。

自光武以后，政事又不任三公，尽归尚书管理，且看《后汉书·仲长统传》说：

光武矫枉过直，政不任下，虽置三公，事归台阁（章怀太子注，台阁谓尚书也）。自此以来，三公之官，备员而已。

但是光武以后，虽然把政权交给尚书，却没有尽夺三公的职权。故马端临《文献通考》说："自后汉时虽置三公，而事归台阁，尚书始为机衡之任，然当时尚书不过预闻国政，未尝尽夺三公之权也。"[①]自明帝有录尚书事的制度，三公才不预事；故凡做三公的，如果不录尚书事，便不得预闻国政。此后，杨秉劾侯览，尚书说他越奏，于是三公才不得劾近臣；吕强请选举担任尚书，于是三公才不预闻选事。所以自后汉而后，尚书便变成"总典纪纲无所不统"[②]，"出纳王命，敷奏万机"[③]，"政令之所由宣，选举之所由定，罪赏之所由正……内外所

① 《文献通考·职官考》三。
② 《永乐大典》。
③ 欧阳询《艺文类聚》。

折衷，远近所禀仰”[①]的中枢机关了。

自魏文帝后，又设下中书监和中书令，并管机密事务。此后中书又变成政治中枢。这时的尚书令和中书监，如荀彧、荀攸、华歆、刘放、孙资等，皆是曹氏的私人，如贾充、荀勖、钟会等，皆是司马氏的私人，因亲信而掌机密，因掌机密而夺取相权；而三公却是一班“备员高位，畏权远势之人”[②]，故政权渐为中书一省所独揽。到六朝时代，门下省的侍中又掌诏令机密；后魏时“犹重门下官，多以侍中辅政，则侍中为枢密之任”[③]。王应麟《玉海》说：

> 政归尚书，汉事也；归中书，魏事也；元魏时，归门下，世谓侍中黄门为小宰相。

到了后周，仿照《周礼》设官，故以大冢宰为丞相之任。“大冢宰卿一人，掌邦治，以建邦之六典，佐皇帝治邦国。”[④]我们现在且把这一个时期的宰相制度综括起来说，就是秦汉以相国丞相或三公掌内阁的职务；后汉以尚书掌内阁的职务；魏晋以中书掌内阁的职务；后魏以门下掌内阁的职务；后周以大冢宰掌内阁的职务。这是第一期宰相制度的变迁。

第三章　自隋到宋的三省制度

大概自后汉到后周，这一个时代是三省（尚书、中书、门下）迭掌宰相的职权；自隋到宋，这一个时代是三省同掌宰相的职权；自元到明初，这一个时代是中书一省独掌宰相的职权。从隋代起，尚书门下内史（即中书）三省就同行宰相之职。隋代的中央政府的组

---

① 《文献通考·尚书令门》。

②③ 《文献通考·职官考》三。

④ 《太平御览》。

织如下：

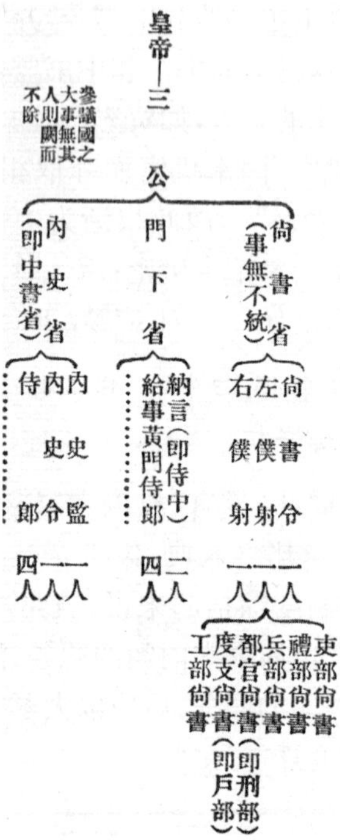

《通典》说："隋有内史纳言（即中书令侍中），是为宰相，亦有他官参与焉。柳述为兵部尚书，参掌机事；又杨素为右仆射，与高颎专掌朝政。"[①]由此看来，隋代虽然官制上有三公，但是因为官高不曾除人，故政治的中枢在内史和纳言；可是尚书令权最大，事无不统，当然又是政治的中枢。故隋代一方面已经以三省同掌宰相的职掌，一方面又以他官兼掌宰相之任（如柳述、杨素等是）。唐代三省同为宰相，及以他官同平章事，大概都是取法隋制的。

唐代沿袭隋制，以三省同掌宰相的职权，尚书曰都省，门下为左省，中书为右省，尚书省总理众务，统率百官，门下省出纳帝命，

---

① 《通典·职官》三。

规驳非违，中书省献纳制册，敷扬宣劳。凡有军国大事，中书出命，门下封驳，尚书施行。现在且把唐代的三省制度列表如下：

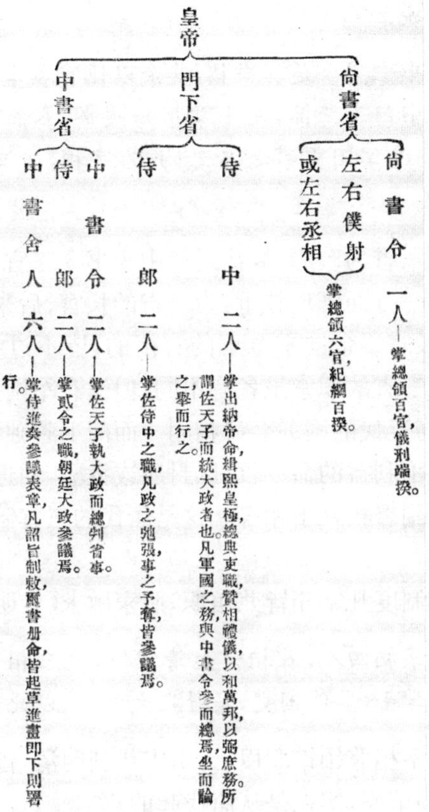

《新唐书·百官志》说：

唐因隋制，以三省之长中书令侍中尚书令共议国政，此宰相之职也。其后以太宗尝为尚书令，臣下避不敢居其职，由是仆射为尚书省长官，与侍中中书令号为宰相。其品位既崇，不欲轻以授人，故尝以他官居宰相职，而假以他名。自太宗时，杜淹以吏部尚书参议朝政，魏徵以秘书监参预朝政，其后或曰参议得失、参知政事之类，其名非一，皆宰相职也。

又《通典》说：

唐侍中中书令是真宰相，其余以他官参掌者无定员，但加同中书门下三品，及平章事知政事，参知机务，参与政事，及平章军国重事之名者，并为宰相，亦汉行丞相事之例也。

大概唐以三省为政府，故仆射侍中中书令三官，一方面共议国政，为国务员，一方面管理省事，为一省的长官；后来以他官做国务员，凡是三省长官不带同平章事的官衔的，皆不过参预省事，为本省的事务官。三省的职掌虽各有不同，但遇有军国大事，一定要共同合议，仿佛与近代的国务会议相同。而门下省独掌封驳，遇到君主有违法的或不利益的命令，可以封还或批驳，和近代国务员的拒绝执行或拒绝副署权几乎相等。这是唐代的三省制和近代的内阁制相似之点。

再唐代的制度凡宰相皆兼馆职，照宋敏求《春明退朝录》说：

唐制宰相四人，首相为太清宫使，次三相皆带馆职，宏文馆大学士，监修国史，集贤殿大学士，以此为次序。

自唐代以宰相兼领馆职以后，历宋代到明清，皆以阁员兼领馆事，故内阁兼领馆职，实在是从唐代起的。

宋代自元丰以前，皆因袭唐制，以平章事为真宰相，以参知政事为副相。不过宋代的宰相制度屡次变更，初年以同平章事为宰相，神宗元丰年间以左右仆射为宰相，徽宗政和年间以太宰少宰为宰相，钦宗靖康年间又以左右仆射为宰相，孝宗乾道年间又以左右丞相为宰相，自此以后，终宋代不曾再改。宋代虽然以三省同掌国政，但三省的职权在法律上分得很明白。就是中书省取旨，门下省复议，尚书省施行。且看彭百川《太平治迹统类》说：

> 元丰五年六月，诏自今事不以大小，并中书省取旨，门下省复奏，尚书省施行。三省同得旨，更不带三省字行出。辅臣有言中书独取旨，事体太重，上曰："三省体均，中书揆而议之，门下审而复之，尚书承而行之，苟有不当，自可论奏。"先是虽沿三省之名，而莫究分省建官之意，各得取旨，纷然无统，至是上一言遂定。

由此可见到了宋代，中书单独取旨，与君主接触的机会独多，故中书省的地位独重。自此而后，中书的权限独专，他相半成具员，"而门下尚书之官为首相者，不复与朝廷议论"。故"元祐初，司马光乃请令三省合班奏事，分省治事"①。由此可知宋代名义上虽说三省分治国政，事实上却仍是一省专政。至蔡确为中书侍郎，执中书造命之说，排挤他相，使不得与造命取旨之事，更得以便其专政之私了。

宋代定制的本意，原想使取旨审议施行三权，各自分立，可是行之不久，三权分立之说便完全打破。且看叶梦德《石林燕语》说：

> 本朝沿习唐制，官制行，始用《六典》，别尚书门下中书为三省，各以其省长官为宰相。左仆射兼门下侍郎，行侍中之职；右仆射兼中书侍郎，行中书令之职。而别置侍郎以佐之，则三省互相兼矣。然左右仆射既为宰相，则凡命令进拟，未有不由之出者。而左仆射又为之长，则出命令之职，自己身行，尚何省而复之乎？方其进对执政无不同，则所谓门下侍郎者，亦预闻之矣。故批旨皆曰："三省同奉圣旨。"既已奉之，而又审之，亦无是理。门下省事惟给事中封驳而已，未有左仆射与门下侍郎自驳已奉之命者。则侍中侍郎所谓省审者，殆成虚文也。

由此看来，三省分立之制，到宋代几乎完全破坏，宋人有提倡

① 《文献通考·职官考》三。

废门下省说的，大概就是因为这种原因。司马光虽然仍想维持三省旧制，可是却不赞成三省分立，很想使三省一同取旨，因为照唐代的三省分立制行去，办事的程序非常的繁重，往往一件事迟延至年余，才能办完。且看司马光说：

> 凡内降文书，及诸处所上奏状申状，至门下中书省者，大率皆送尚书省。尚书省下六曹，六曹付诸案勘，当检寻文书，会问事节，近则寺监，远则州县，一切齐足，然后相度事理，定夺归着，申尚书省。尚书省送中书取旨，中书既得旨，送门下省复奏画可，然后翻录下尚书省，尚书省复下六曹，方符下诸处。以此文字繁冗，行遣迂回，近者数月，远者逾年，未能决绝。或四方急奏待报，或吏民词讼求决，皆困于留滞。①

司马光因为想免除这样繁复的办事程序，所以主张恢复从前三省合议制，“以都堂为政事堂，每有政事差除，及台谏官章奏，已有圣旨三省同进呈外，其余并令中书门下共同商议，签书施行”②。由此可见到了宋代，政治的中枢已经渐渐移到中书一省，门下省因为形同虚设，不能行使复审大权，而尚书省又久已不与闻朝廷议论。元明两代废去尚书门下，独留中书一省，或者是继续这个多年的趋势，也未可知。

宋代的宰相在事实上很具有政党内阁的雏形。当神宗熙宁二年，用王安石做参知政事，用陈升之做同平章事，不久安石升同平章事，一人独相，便制定新法，极力推行。这可算是新党的内阁成立。后来安石辞职，司马光、吕公著等旧党内阁成立，推翻安石的政策，停止新法，和近代立宪国家政党内阁的更代，很有一点相似。

①② 见《文献通考·职官考》四。

第四章 金元的单省制度

辽代官制分北南两院:“北面治宫帐部族属国之政,南面治汉人州县赋税军马之政。”[1]北南府宰相“掌佐理军国之大政”[2],于事无所不统,和尚书令总领六部相似。辽代南院官制还有中书省、门下省、尚书省,金代自正隆定制以后,却只有尚书省。金代尚书省官职如下:

尚書省—尚書令 一人（正一品，總領紀綱，儀刑端揆。）

- 左丞相 一人
- 右丞相 一人
- 平章政事 二人

（皆從一品，爲宰相，掌丞天子平章萬機。）

- 左丞 一人
- 右丞 一人
- 參知政事 二人

（皆從二品，爲執政官，爲宰相之貳，佐治省事。）

---

①② 《辽史·百官志》。

金以尚书令、左右丞相、平章政事为宰相，左右丞、参知政事为执政官，前者是管理国务的，后者是管理省务的。到了元代虽然也以丞相和平章为宰相，以左右丞参政为执政官，与宋金各代一样，可是官制却大有变更。因为元代三置尚书省，但终久还把它废掉，把他的职务一概并归中书省掌管，尚书左右两司曹属皆变成中书省官，这是制度上一大改革。大概元代的中央政府，已经造成一种三权分立制，就是以中书省总庶政，以枢密院掌兵要，以御史台纠弹百官。军政和监察两事另有机关掌管，故中书省只不过管行政事务罢了。元代中书省的官职如下：

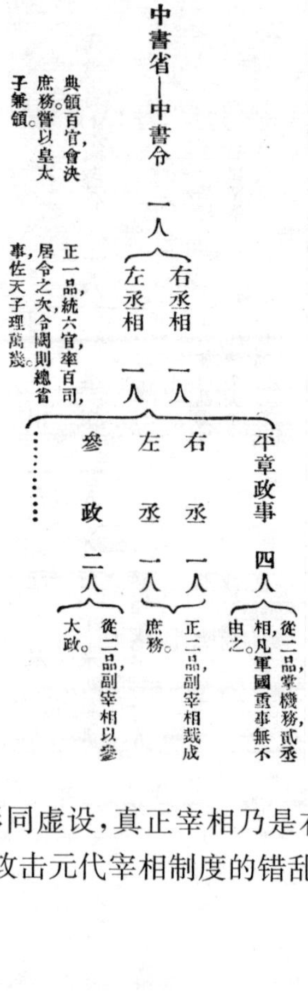

元代的中书令形同虚设，真正宰相乃是右丞相左丞相。胡粹中在《元史续编》中，攻击元代宰相制度的错乱，说：

中书政本，元既有中书令矣，复立左右丞相，则丞相特中书令之佐贰耳。既以令为虚设，右左丞相为正宰相，而复设平章政事，则又以平章为宰相贰矣。然平章政事非宰相而何？名之不正，莫此[为]甚！至其末流，丞相而遥授焉，则冗滥极矣。

据《历代职官表》说，元代的这样制度，全仿金制[①]（惟金属尚书省，元改归中书省），但无论他是创始的，或仿效的，总免不掉错乱的弊病。到明代洪武十二年止，宰相制度便告终结，而内阁制度便从此发生了。

第五章 明清两代的内阁制度

明代初年还沿用元代的旧制，设中书省，置左右相国及平章政事等官。到了洪武十二年，左丞相胡惟庸等既伏诛，便废掉中书省，抬高六部的地位，使分司国务。于是造成绝对的君主独裁制，历代所称为宰相之官，到这时便完全废止了。虽然仿照唐宋集贤资政等制，设大学士，可是只用他们备顾问，并不用他们来参与国政。且看《明史·职官志》说：

洪武十五年，仿宋制，置华盖殿、武英殿、文渊阁、东阁、诸大学士，又置文华殿大学士，以辅导太子，秩皆正五品。……敕谕群臣，国家罢丞相，设府部院寺，以分理庶务，立法至为详善，以后嗣君其毋得议置丞相，臣下有奏请设立者，论以极刑。当是时，以翰林春坊详看诸司奏启，兼司平驳，大学士特侍左右，备顾问而已。

① 《历代职官表》卷四。

由此看来，当洪武年间，大学士还以掌翰林职为主，只备顾问，不能算是政治的中枢。到了成祖以后，侍讲、侍读、编修、检讨等官才参与机务，于是才有内阁的名称。再看《明史·职官志》说：

> 成祖特简讲读编检等官，参预机务(简用无定员)，谓之内阁。然解缙、胡广等既值文渊阁，犹相继署院事。至洪熙以后，杨士奇等加至师保，礼绝百僚，始不复署。正统七年，翰林院落成，学士钱习礼，不设杨士奇杨荣座，曰此非三公府也。二杨以闻，乃命工部具椅案，礼部定位次，以内阁固翰林职也。嘉隆以前，文移关白犹称翰林院，以后则竟称内阁矣。

大概明代的中枢机关，在国初是中书省，在洪武十三年后是六部，成祖以后是内阁，至仁宗时阁权尤重，因为此时杨溥进位少保，杨士奇杨荣进位少师，以师保兼领阁权，所以阁权渐重，和宰相简直没有什么差别。自此，六部的权任渐轻，凡事多禀承内阁的意旨，然后施行，而六部便变成隶属内阁的机关了。

明代内阁的职掌，据《明史·职官志》说：

> 内阁中极殿(旧名华盖殿)大学士、建极殿(旧名谨身殿)大学士、文华殿大学士、武英殿大学士、文渊阁大学士、东阁大学士(并正五品)，掌献替可否，奉承规诲，点检题奏，票拟批答，以平允庶政。凡上之达下，曰诏、曰诰、曰制、曰册文、曰谕、曰书、曰符、曰令、曰檄，皆起草进画，以下之诸司；下之达上，曰题、曰奏、曰表、曰讲章、曰书状、曰文册、曰揭贴、曰制对、曰露布、曰译，皆审署申覆而修画焉，平允乃行之。……大典礼，大政事，九卿科道官会议已定，则案典制，相机宜，裁量其可否，斟酌入告。……以其授餐大内，常侍天子殿阁之下，避宰相之名，故名内阁。

当成祖初创内阁的时候，只正五品，官秩很卑，故朝位班次，远在尚书侍郎之下。自仁宣以后，阁权渐重，便渐得支配六部，“嘉靖以后，朝位班次俱列六部之上”①。故凡国家有大典礼、大政事，由九卿科道官议决，经内阁核准，才能够上奏。可见内阁对于六部及院寺的议决，有裁度可否之权，这是内阁得统制六部以下各官厅的明证。不过明代内阁的职掌，专门在票拟一事，只同知制诰的翰林，并不似古代宰相的职掌。故自后汉事归台阁而后，其官虽然不是宰相之官，其职还是宰相之职；自明代改为内阁制度以后，其官既不是宰相之官，其职也不是宰相之职了。

清朝政府，多沿明代旧制，内阁制度也是这样。清代内阁设大学士满汉各二人，正一品，“均由特简，赞理机务，表率百僚”②。“内外诸司题疏到阁，票拟进呈”③。补授后，再由君主命兼殿阁及六部尚书衔。殿阁名有六，曰保和殿、文华殿、武英殿、体仁阁、文渊阁、东阁（旧制殿名四，阁名二，乾隆十三年省中和殿衔，增入体仁阁衔，为殿阁名各三）。再设协办大学士满汉各一人，俱从尚书本衔，为从一品。协办大学士与大学士同理阁务，仿佛宋代的参知政事，比宰相次一等，不过宋代参知政事是政府的正员，清代的协办大学士却是以尚书充任的，部务乃是本职，阁务不过是兼职罢了。此外还有学士，掌敷奏本章，传宣纶綍。又有侍读学士，掌收发本章，总稽翻译。

清朝的内阁成于康熙时代，在这时已有翰林院分去内阁一部分职掌，因为翰林院也是掌制诰以备顾问的机关。到了雍正年间，别设一个军机处，又分去内阁一部分重要的职权，于是内阁的职权渐轻，而军机处的职权渐重，大有代替内阁管理一切机密事务的趋势。且看蔡镇藩在《请审官定职疏》中说：

> 国初内三院皆设大学士，康熙时改为内阁，分其职而

---

① 《明史·职官志》。

② 《历代职官表》卷二。

③ 《皇朝文献通考·职官考》。

设翰林院，雍正时又分其职而设军机处。内阁、翰林院、军机处，即初时之国史院、宏文院、秘书院也。惟军机处因西北军务而设，未遑定官，迄今百数十年，赞理万机，政事无所不统，并非专办军务。①

清代的军机处本为西北用兵而设，最初是专管军事的机密命令和计划的，略如元代枢密院的职掌。后来因为军机大臣天天在皇帝的左右参赞机务，便把内阁的职权渐渐夺过去了，居然成为内阁中的内阁。起初，内阁翰林院和军机处，虽然同为君主的秘书厅，可是所司的职务还是分的，且看王昶在《军机处题名记》上说：

本朝谕旨诰命其别有四。凡批内外臣工题本常事，谓之旨，颁将军总督巡抚学政提督总兵官榷税使，谓之敕，皆由内阁撰拟以进。凡南北郊时享祝版，及祭告山川，予大臣死事者祭葬之文，与夫后妃宗室王公封册，皆由翰林院撰拟以进，然惟军机处恭拟上谕为至要。上谕亦有二，巡幸、上陵、经筵、蠲赈、及内臣自侍郎以上，外臣自总兵知府以上黜陟补，暨晓谕中外者，谓之“明发上谕”；诰戒臣工，指授兵略，查核政事，责问刑罪之不当者，谓之“寄信上谕”。明发交内阁以次交于部科；寄信密封交兵部用马递，或三百里，或四五六百，或至八百里以行。其内外臣工书所奏事，经军机大臣定议取旨，密封递送亦如之。

由此看来，至雍正后，凡草拟上谕、参赞这一类机密大权，已经转移到军机处手中，内阁概不能参预。就因为“内阁在太和门外，曝直者多，虑漏泄事机……军机处地近宫廷，便于宣召，为军机大臣者，皆亲臣重臣，于是承旨出政，皆在于此矣”②。这就是军机处

① 《皇朝掌故汇编·内编》卷一。

② 赵翼：《军机处述》。

所以夺取内阁的职权的真正原因。

到了光绪二十七年，又设会议政务处，以分军机处的职权，除关于军国大事外，普通政务方针，皆由政务处审议。政务处的重要职权就是（一）会议特旨交议事件，（二）审议百官的条陈，（三）审核各衙门的奏章。最后到宣统三年，清廷乃颁布新内阁官制十九条，仿效近代欧美各国的内阁制，而以庆亲王为内阁总理。中国废掉历史上固有的内阁制，采用各国通行的内阁制，可算是从这个时期起首的。自明代到清末，内阁制度的沿革大概如此。

第六章　内阁的职权

中国内阁的职权向来是不固定的，遇到大有为的君主，如清康熙、乾隆的时代，阁员只能唯唯听命，遇到昏庸的君主，如明世宗、熹宗的时代，阁员又往往是大权独操。这种因人而变的内阁制，实在是专制政体下的必然的结果。

中国式的内阁制度，到清代而止，故本节所述的内阁的职权以清代为主。又因为清代的内阁和军机处并立，职权的分野既没有法令规定，又没有天然的界限可寻。虽然到了清末，有人建议把军机处改为枢密院，专掌兵要[①]，但这个建议并没有成为事实。故军机处的职掌虽然和元代的枢密院及明代的都督府的职掌大致相同，但因为机关接近君主，人员又为君主所信任，所以往往夺取内阁的实权。由此看来，军机处在实际上居然成为内阁中的内阁，甚至于成为内阁上的内阁。大学士如果不带军机大臣的头衔，往往只管阁务，不得参预机密。军机处既然成为事实上的内阁，自然不能不叙述他的职权了。故本节先叙述清代内阁的职权，然后再叙

① 蔡镇藩：《请审官定职疏》。

述清代军机处的职权。

（甲）内阁的职权　前边说过，中国式的内阁乃是“点检题奏、票拟批答、起草诏令、兼备咨询的秘书厅”，那么，内阁的职权当然以这几种事项为主了。现在为方便计，姑且分别叙述如下：

（一）起草诏令　明清两代的内阁既然很像知制诰的翰林，故起草文书，乃是阁员的重要职务。明代的阁员因为起草诏令，所以有人说，阁臣发议可以代替王言，地位非常重要。清代自设军机处后，上谕虽然由军机处起草，可是“凡批内外臣工题本常事，谓之旨，颁将军总督巡抚学政提督总兵官榷税使，谓之敕，皆由内阁撰拟以进”。诏令的起草虽然还要呈请君主裁可，比不得现代国务员的拟定命令权，可是在事实上君主却多半是同意的。有时固然要遵奉君主的意旨去起草，但是有时君主或不曾表示意见，而阁员的草稿往往有转移君主意见的效果，使君主只立在同意的地位。

（二）票拟批答　凡内外诸司的题奏到阁，内阁检阅题奏的内容及方式，付以意见，用小票墨书贴各疏面以进。又关于官吏的任免进退，因等级的高下，事情的轻重，拟定办法进呈。有时因为有几种处分的办法，并可以用双签、三签、四签，以待君主的决定。

（三）收发本章　中央各部院的题奏，直达内阁，地方长官的题奏，经通政司转达内阁（自光绪二十八年废通政司，凡外臣上奏皆直达内阁）。内阁检阅这一类的题奏，进呈君主，君主因军机大臣的详议然后决定采否，除密行文件外，皆发交内阁，由内阁发送下去，以达于各官厅。

（四）撰拟徽号谥号　“凡上徽号，进册宝册印，俱由内阁撰拟文纂，至皇子皇孙及王公公主名号，俱承旨拟奏”。凡庙号尊谥赐谥，皆由内阁照一定的字义拟定上呈。

（五）保管御宝　清代的御宝比任何朝代都多，藏于交泰殿者二十五，藏于盛京者十。因事件的性质不同，故所用的玺印也不同。这些事务也是内阁的职务。

（六）纂修实录史志诸书　“凡纂修实录史志诸书，充监修总裁官”。

（乙）军机处的职权　军机处乃是办理枢务承写密旨的地方，以机密为主，因为机密的缘故，不得不擢用亲信的大臣，因为任用亲信的缘故，不知不觉的便夺去内阁的实权。到了吸收内阁的实权而后，便变成唯一最高的统治机关，不止办理军务，凡军国大政，几乎无所不统，现在姑且把他的职权分述如下：

（一）应答君主的咨询　军机处是君主的最高顾问机关，不论君主在京或在外巡幸，总令军机大臣随行，随时召见顾问。清初机事皆归内阁，自雍正以后，本章归内阁，机务及用兵皆归军机处，故君主几乎没有一天不和军机大臣见面。凡君主有所商议，必随时召见军机大臣陈述意见。

（二）商定军事计划　计划军事乃是设立军机处的唯一目的，凡用兵方略，皆由军机处随时决定，密谕前敌军将遵行。

（三）议决国家大政　军机处不只备君主的顾问，遇到国家大政，往往交由军机处议决。例如于既定官制外，从新设立新官制，或处理新设官厅的特别行政事件，及决定外交事务的方针，并宣战媾和等事，皆由军机处密议，经君主裁可施行。

（四）起草上谕　军机处的职掌“在恭拟上谕”[①]，凡“巡幸上陵、经筵、蠲赈、及内臣自侍郎以上，外臣自总兵知府以上黜陟补，暨晓谕中外者，谓之明发上谕、诰诫臣工、指授兵略、查核政事、责问刑罪之不当者，谓之寄信上谕”，皆由军机处拟稿，呈请君主酌定。

（五）审议撰拟题奏　凡由内阁所拟的旨敕，由翰林院所拟的封册祭祀之文，如果君主认为不当，便交给军机处审定[②]，又“凡内外臣工所奏，有旨敕议者，审其可否以闻”[③]。

（六）审理大狱　军机处关于破坏国宪紊乱朝政的政治犯，有最终的审理权。如归军机处特别管辖，便由军机处传讯，如须和刑

---

①②③　王旭：《军机处题名记》。

部协议，便同刑部会审。由此看来，军机处也可以行使特别的司法权。

（七）奏请任免钦命文武官吏　凡钦命的文武官员（京内文官自大学士至京堂，武官自御前大臣至步军前锋护军统领，京外官吏自将军督抚至布政使按察使）的任免进退，均由军机处奏请，或开列候补人的名单，或开列各官厅的缺单，奏上而请君主决定。

以上所述的乃是内阁和军机处的职权。不过严格说起来，无论是内阁，或军机处，都没有一定的权限，只有随时属托的事务。简单一句话，就是在君主专制政体之下，“创制立法，皆天子之事，既出圣裁，实为典要”①，故内阁所有的，只是义务，绝没有什么权利。所以《历代职官表》说：“总之钧衡近地，职参密勿，其事权之属与不属，原不系乎宰相之名，而惟视乎人主之威柄以为操纵。”②如果行近代的内阁制，便是清高宗说的“为宰相者居然以天下之治乱为己任，至目无其君，此尤大不可也”③了。这是中国式的内阁制度所以无定制无定员无定职的原因。

（商务印书馆 1930 年 4 月初版）

① 是明监察御史许士廉等对明太祖说的话，见黄元升《昭代典则》。

② 《历代职官表》卷二。

③ 《书程颐经筵札子后》。

中国现在是否有恢复御史制度的必要

中国的御史制度真可算是世界上万国所无的一种特殊制度。御史所有的职权,无论那一国都是分散在各种政治机关分别执掌,从来没有看见过有那一国把这些职权合在一个机关,由一种官吏行使,如中国御史制度的。

本篇所说的御史,乃是包括清代都察院的都御史及科道说的。所谓科,就是六科给事中,所谓道,就是十五道监察御史;此外还有由科道中指派的巡仓、巡漕、巡察、巡城等御史或给事中,都一律包括在内。御史是台官,给事中是谏官,故科道又可以称为台谏。

在宋代以前,言官与察官本是分立的。谏官司言,御史司察。言官掌规谏讽谕,献可替否;察官掌纠弹官邪,肃正纪纲。一个监督君主,一个监察官吏。到了宋代,设下言事的御史,于是言官和察官,才合而为一。但是宋代虽然使御史兼言事,可是却不许谏官兼察事。换句话说,只许御史奏论政事得失,民生疾苦;却不许谏官纠弹官吏,指斥奸邪。故台谏两官仍是分立的。到了清代雍正年间,才把六科归并到都察院,因此,台谏两官才完全混合起来了。

大概在唐代以前,待谏官比待谏史隆重;到了宋代而后,君主多讨厌谏官妨碍自己的专制,于是或谏官缺出而不除人,或并谏官一起废掉。可是勉强留下给事中一职,亦不过虚应故事,绝不想使他行使封驳的职权,这样一来,给事中几乎和御史做同一的职务,从此监督君主的职务少,监察官吏的职务多了。这就是近代台谏所以完全混合的原因。我们要想明瞭御史制度的变迁发展,应该先少须叙一叙台谏两官变迁沿革的历史。

一　御史官职的沿革

在秦代以前，虽然也有御史，但是只掌记事的任务，不掌纠察的任务。到了秦代用御史监理诸郡，汉代用御史中丞察举非法，用御史纠察朝仪，然后御史才掌纠劾非违的任务。可是汉代的御史大夫乃是三公之官，品位次于丞相，和后世的御史大夫职掌大不相同。直到后汉废去御史大夫，使中丞出居外台，做御史台的长官，才专以纠察为职掌，和清代都察院的堂官相同。大概自这一次变革之后，御史台的官职已经确定；而各御史的职掌：如理大狱、治疑案、察非法、劾违失，以及督军、督粮、监郡、捕盗……诸任务，也都从两汉以来就确定了。

自晋、宋、北魏而后，不设御史大夫，于是中丞的威望，一天比一天尊重。这个时代的中丞，声势异常的煊赫。“出入千步清道，与皇太子分路，王公百辟咸使逊避；其余百僚下马，驰车止路傍，其违缓者，以棒棒之”(《通典》)。大概专制政体，唯一的精神在恐怖，故君主多盛张耳目之官的威仪，务使百僚个个怕惧。唐韦仁约说：“御史衔命出使，不能动摇山岳，震慑州县，诚旷职耳。”故六朝时代，是中丞的威仪煊赫，到了极点的时代，到隋而后，这种风气才渐渐的革除。

隋代又设御史大夫，但是却废掉御史中丞，用治书侍御史代行他的职务。隋代御史制度上一大变迁，就在罢御史值宿禁中的制度。自三代秦汉以来，御史各官多在禁中治事，号称天子的近臣。后汉的中丞虽然出外为御史台长，但是如侍御史之类，还每夜更番入值内台。故汉侍御史何敞说“臣谬预机密”，可见汉代的御史乃是参与机密的近臣。后来虽然常有变更，可是兰台始终属内省，御史常在禁中治事。自隋炀帝废入值禁中的旧制，于是御史渐渐离开宫禁，专隶属于外台了。这也是御史制度的一个重要的变迁。

唐宋的御史台共分三院：(一)台院，其僚曰侍御史；(二)殿院，其僚曰殿中侍御史;(三)察院,其僚曰监察御史。唐代的十道巡察使,乃是明清御史分察各省的渊源;分察尚书省六司,乃是明清御史分察部院各衙门的渊源。监太仓使,乃是巡仓御史的渊源;馆驿使,乃是巡察御史兼查驿站的渊源。至于开元而后,用中丞做采访使,所有的节度使、观察使、刺史等官,多加御史大夫或中丞的头衔,更是元代的行御史台和明清两代的督抚加都御史衔的渊源。

此外还有两点可以令人注意的:就是(一)御史风闻弹事,(二)御史独立纠弹。风闻弹事,不问有无实据,皆可弹劾,乃是保障御史的唯一方法。独立纠弹,不受长官的指挥命令,又是保障御史职权独立的唯一方法。

宋代许御史兼言事,也是御史制度的一个重要的变迁。自此而后,御史不但能够纠弹官邪,并且可以条陈时政得失,奏论民生疾苦。一方面可算是御史职权的一大扩张,一方面可算是开台谏合一的先例。

自元代而后,御史的品位越发抬高,御史大夫升到从一品的地位。自此御史台便和中书省枢密院平行,以中书省掌政务,以枢密院掌兵要,以御史台掌纠察,居然造成了中国式的三权分立制。明初因袭元制,立三大府,中书总政事,都督掌军旅,御史掌纠察,也是一种三权分立的制度。由此可见御史职权的增高和进步。

二 给事中官职的沿革

前面已经叙述过御史官职的沿革,现在再略叙一叙给事中官职的沿革。因为在清代以前,给事中一官,或属于集书省,或属于门下省,或独立自成一署,皆和御史台或都察院不生关系。到了清代雍正初年,才把六科归并到都察院中,使六科受都御史的考察,于是台谏才完全合而为一。

给事中的名称,因为有事殿中,故曰给事中。在六朝以前,大概多以名儒贵戚充任,侍从左右、掌备顾问。到了梁陈两代,给事中在侍从左右、献纳得失外,还有“省诸奏闻……随事为驳”的职掌,自此便有“封驳”的任务。“封谓封还诏书而不行,驳谓驳正诏书之所失”(田锡的话)。大概自汉到隋,给事中一官多用君主尊宠之人,自隋而后,“皆以外庭之臣为之,并不预宫中之事”(《文献通考》自序)。故从前的给事中,可以在诏书未草之先,献纳得失,此后的给事中,仅能在诏书发下之时,驳正违误。拿给事中来和御史相比较,虽然可说给事中可以谏止违失于诏书未行之先,御史仅可以纠弹非违于败坏已成之后;但是如果拿隋唐以后的给事中来和从前的给事中相比较,那么,隋唐的给事中似乎仅仅可以谏止违失于诏未已制之后,不能驳纳得失于诏书未制之前了。这也是给事中一官由宫内移到宫外的当然的结果。

自唐而后,给事中在封驳诏书的职权之外,还可以驳正刑狱,纠理冤滞无告,裁退选补官吏的不当。到了宋代,给事中一方面分治六房,为后代六科分察六部的渊源;一方面升为门下省的长官,为后代六科独立自成一署的渊源。这种变迁在给事中制度上很含有重要的意味。

自宋代而后,君主渐渐有嫌恶谏官的倾向,所以谏官往往不常除人。到了三省制度一废,凡谏议大夫、司谏、正言等官曾属于门下省的,也因而废掉。金代的给事中一官虽然未废,但只为内侍的转官,不掌封驳的职任。元代的给事中,又转任兼修起居注之事,也可算是名存实亡。到了明代,给事中的职掌不但恢复唐宋的旧制,并且比唐宋给事中的官职还要扩张。因为自明革中书省后,并把一切谏官裁去,只留给事中一职,故给事中兼掌谏议补缺拾遗的职任。而且在明代,给事中一官,并不属于任何衙门,独立自成一署,凡章疏案牍都和部院衙门平列。官秩虽只有正七品,而职权却非常的重要,六部官吏没有敢抵抗科台的。这是明代给事中的价值。

三 清代的台谏合一制

清初还沿用明制，六科独立，自为一署，直到雍正元年，才把六科归并到都察院，造成台谏完全合一的制度。六科给事中分察六部，十五道监察御史分察各省；六科给事中稽察各部院的文书，十五道监察御史稽察各部院的事务。把六科同十五道合称起来，所以叫做科道制。

现在把科道的各种职务分别叙述如下：

（一）建议政事权　清代承继唐宋旧制，凡左都御史左副都御史给事中监察史都许风闻言事。旧有轮班条奏之例，凡政事得失，民生疾苦，制度利弊，风俗善恶，皆能以耳目官的资格，尽量陈述。故顺治十年的上谕说："凡事关政治得失，民生休戚，大利大害，应兴应革，切实可行者，言官宜悉心条奏，直言无隐。"平时的条奏，随人各抒意见，如果遇到政事上有大缺失，便可由各道全体列名，公同封进。

（二）监察行政权　不管是中央官厅，或是地方官厅，凡他们所管事务的施行和成绩，皆当向都察院科道报告，科道得检查这一类的报告，兼察视政治的状况。如有违反法令，妨碍公益，以及紊乱官纪的事情，都可由各科道奏请纠正。

（三）考察官吏权　凡"京察"由本衙门考核，填注考语事迹，造册密送吏部都察院吏科京畿道会考。至于外官"大计"，由各省督抚核实官评，分别汇题吏部会同都察院吏科京畿道详加考察，分别奏请。如果有鉴衡不公，黜陟失当，徇情滥保，姑容不职者，皆可由科道纠参。此外如吏兵等部及宗人府等衙门的议处人员，如降级罚俸等惩戒处分，亦由都察院堂官察核例案，定议具奏。

（四）弹劾官吏权　都察院虽然有监察行政考察官吏的权，但却没有指挥命令官吏的权，并且没有直接的惩罚官吏的权。故都察院监察权的行使，全靠这弹劾官吏权做保障。因为都察院有整饬风纪的责任，故在法律问题之外，还可以过问道德问题。因此，不但对于百官违反法令及妨碍公益的行为，可以弹劾；就是对于官吏个人的私德私行，也可以弹劾。不但对于败坏风纪已成事实的行为，可以弹劾；就是对于风闻传说未明真相的行为，也可以弹劾。此外，更不但对于普通官吏可以弹劾，就是对于王公贝勒大臣也可以弹劾。这种风闻弹劾的旧例，的确是御史的唯一保障。

（五）会谳重案权　凡犯罪至死的重狱，必定要下刑部都察院大理寺三法司会同复核，这就是近代司法制度中的终审权。从前的御史职在执法，故常常被称为法吏；清代也承认“御史理刑，是其职掌”，故“凡交三法司核拟事情，御史会同大理寺官面审同议”。至于“各省刑名事件，分道御史与掌道御史一同稽核”。御史不但可以同审同议，并且在意见不一致时，可以独立的意见拟定判决书上奏。故都察院至少也可算是构成终审裁判机关的一个重要部分。

（六）辩明冤枉权　清代的上告，到都察院及通政使司衙门具本奏闻为止。凡人民控诉，先到司道府州县衙门；若这些衙门不理，便可到督抚衙门控诉；若督抚仍不理，或受理而审断冤枉，便可到都察院衙门击鼓鸣冤。都察院处理上告案的方法有三：一、具本奏闻；二、咨回各该省督抚复审；三、径行驳斥。但驳斥权稍有限制，不能擅自行使。由此可见都察院一半是救济冤狱的裁断机关，一半是行政处分的裁判机关。

（七）检查会计权　无论中央或地方官厅，凡经费的出纳，皆受都察院的监察，各衙门的会计报告，皆付都察院审查。例如户科，凡京内各衙门支领财物的册簿及捐项，皆得随时考查；京外各省的钱粮杂税漕粮盐课关税等事，有浮冒舛错蒙混的，皆得指出参劾。故都察院对于会计的审查，似乎比近代审计院的权限还大。

（八）封驳诏书权　六科对于本章诏旨的封还驳正权，早定于顺治初年。是“凡部院督抚本章已经奉旨，如确有未便施行之处，许该科封还执奏；如内阁票签批本错误，及部院督抚本内事理未参,并听驳正”。这就是自梁陈以来,历代给事中所有的封驳权。

（九）注销案卷权　这种注销权的唯一作用,就在限定时期,使事务按期结束。如有迟延不结的事件,即行参奏。现在的上级官厅对于下级官厅虽有核销案卷权,但是限期却不能这样的周密。

（十）监察礼仪权　自汉代用御史纠仪而后,历唐宋到明清,监察朝仪的职掌或归殿中侍御史,或归监察御史。凡有朝会,必由御史稽察朝仪,遇有紊越班行,言语喧哗,威仪不肃者,皆可弹劾。至于举行祭祀临雍各种典礼,也由御史稽察违失,肃正礼仪。这也是专制时代维持君主尊严的一种重要的方法。

以上所述的是清代都察院的各种职掌。大概专制的朝廷,政治组织的根本原理,就在以上制下,以内制外。御史制度不但是以上制下以内制外的最好方法,并且是政权出自一人的专制制度的最真实的表现。

四　结　论

我们现在要想决定“有无恢复御史制的必要”一个问题,必先要假定说:若不恢复御史制度,凡科道的所有职权,便都没有机关担任。可是现在中国的弊病,并不在监察权没有机关行使,只在各机关法律上有监察权,事实上不能行使监察权。例如建议政事、监察行政、弹劾官吏等权,都分配在国会。官吏的考绩权,如京察大计等,都分配在各种监督官厅;关于铨选叙任的考核权,都分配在铨叙局;关于官吏惩戒处分决定权,都分配在惩戒委员会。关于刑事案的终审权分配在大理院,检举权分配在检察厅,判断违法不公的救济权又分配在各级审判厅。关于会计的检查,乃是审计院的专责;关于行政争讼的裁判,乃是平政院的专责。至于封驳诏书,很有些像国务员的拒绝附署,又是阁员的责任。他如文卷的注销,虽然没有专管的官厅,可是上级官厅的核销,与六科专在文卷上察核,也没有多大的区别。还有监察朝仪祭礼的职任,已因国体不同而废止,今后更没有恢复的余地了。由此看来,中国现在的政治组织中,并不是没有行使监察权的机关,只因为有监察权而不能行使。故为现在计,只须抬高或改善各种行使监察权机关的地位和组织,似不必另起炉灶的重新创造新机关。

再御史制度乃是以上制下、以内制外的专制的或集权的制度,根本上就不适用于以下制上、以外制内的民治的或分权的制度。无论你怎样反对代议制,但是代议制可以改易,而由人民管理政府和监督政府的民治原理,是绝对反对不掉的。无论你怎样反对联邦制,但是联邦制就是不能实现,而地方自治和行业自治的分权原理,也是绝对反对不掉的。有许多人说:国会所以横行无忌,就因为国会的权力太大;反过来说,如果要把所有的监察权都集中在一个都察院,那么,都察院岂不是又要变成横行无忌的机关吗?从历史上看来,历代的台谏,党同伐异,排斥异己,攀权附势,贿赂公行,或使毫无常识的人混杂其间,或明知他们越权偾事而不能制止的,到处皆是。大家因深恨议员万能的弊害,便忘却了御史万能的弊害;大家因深恨议员结党营利依附权势的弊害,便忘却了御史结党营私依附权势的弊害。但是议员的行动或多是党派的行动,一个人往往未必能任意的为非作恶;至于御史的行动多是个人的行动,故一个人往往可以任意的横行无忌。国会固然一方面可以牵制住少数的好人,使他们不能发挥个性,可是同时又可以牵制住少数的坏人,使他们不能任意作恶。反过来说:御史制度固然可以使一个好人,独立的行使监察权;可是同时又何尝不能使一个坏人,独立的妄用监察权呢?故就御史的职权说,现在都分配在各种机关,没有恢复御史制度的必要;就御史制的利害说,御史制的弊害或远过乎代议制的弊害,也没有恢复御史制度的必要。

(《晨报·七周纪念增刊》)

宪法上监察权的问题

监察制度本是中国特有的制度;将各国议会中关于监督行政权的一部分划分出来,另外设立一个独立的机关来行使,也是将来的中国宪法的一个重要的特点。二十年六月一日所公布的《中华民国训政时期约法》,仅在第七十一条中规定五院的名称,对于各院的基本组织及职权,并没有一个字提及,一概委诸普通法律(第七十七条:国民政府及各院部会之组织以法律定之)。如是重大的五权分立制度,不在国家的根本法上规定基本原则,乃将各院与各部会一同看待,让普通法去自由规定,根本上就失掉《五权宪法》的重要意义。凡在三权分立的国家,没有一国的宪法上不把行政、立法、司法各部的基本组织及职权,详细的一一规定。三权分立,在各先进国有成例可考,新兴国家的宪法尚且规定得详详细细;至于五权分立,乃是中国特创的制度,中国历史上的成规,既不能一一采用,而世界各国的宪法,又没有这样制度,可供我们的参考;如宪法上对于五权的基本组织及职权,不作详明的规定,不但在理论上失去五权宪法的意义,并且在事实上助长五院制度的纠纷。故监察权应当在宪法上规定基本原则,似乎是毫无疑义的。

监察权既然必须要在宪法上规定,就要首先决定监察权的内容。监察权的内容是什么?是各国议会中所行的弹劾(Impeachment)权呢?或是中国历史上固有的监察权呢?按照现行法律解释:《国民政府组织法》第八章第四十六条:"监察院为国民政府最高监察机关,依法行使弹劾审计之职权。"则监察权中,除审计外,只有弹劾一个职权。这个弹劾权,如照各国议会的通例解释:就是议会对于总统、国务员、或其他官吏的犯罪，得向宪法上指定的有审判弹劾案权限的机关，提起诉讼，请他审理和处罚的权力。照这样的解释，那么，监察院仅仅为事后的监察机关，绝对不能行使事前监察的权力。在公务员的犯罪未成事实之前，监察院只能袖手旁观，不得过问；必得要等到犯罪的事实已经演成之后，才得施行事后惩戒的弹劾权。这是监察权只是弹劾权的解释的结论。

如果说：今日监察院所行使的职权，就是中国从秦汉以来御史的监察权，那么，监察权的解释，便不能这样的狭义。因为中国的御史，权力非常广大，就在前清的都察院也有下列的几种特权：(一)建议政事权，(二)弹劾权，(三)监察行政权，(四)考察官吏权，(五)会谳重案权，(六)辩明冤枉权，(七)检查会计权，(八)封驳诏书权，(九)注销案卷权，(十)监察礼仪权(参看拙著《中国御史制度的沿革》第四章)。故从前都察院的监察权，打破普通的行政系统，无论是对于上级官厅，或对于下级官厅，更无论是对于中央官厅，或对于地方官厅，皆一律可以行使。不但可以监察法律范围以内的事件，并且可以监察道德范围以内的事件；不但可以监察百官违反法令，及妨害公益的行为，并且可以监察官吏个人的私德私行；不但可以监察在职的官吏，并且可以监察退职的官吏与非官吏的恶霸土豪；不但可以弹劾那证据确凿的犯罪行为，并且可以弹劾那风闻传说未得确证的嫌疑行为；不但可以弹劾犯罪于已成事实之后，并且可以弹劾犯罪于将成事实之前。都察院的监察权，所以这样的广大，实为中国固有的特殊的三权分立制所酿成。所谓中国的三权分立制，就是指那明朝的“中书总政事，都督掌军旅，御史掌纠察”的政权军权察权的三权鼎立的制度。现在在五权制度之下，有许多职权都有独立的机关专掌：例如考察官吏权中的京察大计之类，属于铨叙考绩，已由考试院专掌；会谳重案权与辩明冤枉权，已由法院专掌；建议政事权，亦将由民选代表的机关专掌；监察行政权，与注销案卷权，亦有行政各部分别专掌。在今日五院制度下，监察院当然用不着行使这样庞大的权力，这也是一般人所共同承认的。

但是监察权虽然不能依照历史上的成规，扩张到极大的限度；可是依照现行的法律，又未免把监察权缩得过小。现在的监察权，终始只是一个弹劾权，监察院对于公务员，除弹劾外，一无所知，一无所能。在这个地方，并不是主张监察院在弹劾权外，还要有完全的监督行政权，只主张监察院除弹劾权外，应该还要有知道各行政官署施政的状况，任免人员的经过，与考核人员的成绩等等的机会。现在各官署施政的状况，任免人员的经过，与夫考核人员的成绩，通同不向监察院报告；监察院对于某一官署的公务人员，不但不知道他的履历，他的施政，与他的成绩，并且不知道他的姓名。即近在咫尺的行政院各部会，他们的任免人员，监察院不知道；他们所考核的人员的成绩，监察院不知道；他们终年做些什么事，监察院也不知道。若谓在平时完全不必要知道各官署公务人员的资格经验与成绩，而一到他们违法失职的时候，即能不告而知，天地间宁有此理。故监察院对于全国的公务人员，天天在监察之中，即天天在监不能监察不能察之中。若单靠人民举发，则又与设立监察院之原意显有违背。因为平时的监察，是临时弹劾的前因；而临时弹劾，是平时监察的后果。如果各官署对于监察院完全隔绝，而监察院对于各官署的用人行政完全不闻不问，则监察权之行使，自难周密了。

如果说：按照现行的法律，监察院的监察权，完全以弹劾为限，换句话说：完全以事后监督为限，那么，各官署的公务人员在未违法失职以前，监察院当然概不得过问了。但是在现行的法律中，也有例外。就是每次举行文官考试（无论是高等的，或普通的，更无论是中央的，或各省的），依法要由监察院指派监察委员监试；而公债基金的保管，依法要由监察院指定监察委员监察。由此可见即在现行的法律中，也没有把监察院完全看作事后监督的机关，有几种特殊事项，也许监察院在未曾违法或失职以前，即施行事前的监督。既然允许监察院有事先监督权，那么，再把这事先监督权稍微扩大一点，也不见得就是完全有害无利了。况法律上如果只教各官署将施政的状况，任免人员的经过，与考核人员的成绩等等，向监察院报告，使监察院明瞭一切公务人员在职的情状，那么，监察院的监察自然要比较的周密得多了。关于这一点，似乎是将来规定监察权的内容时应该补充的。

此外还有关于弹劾案的审判机关问题，也与监察权有密切的关系，不能不特别注意。按照现行的法律，弹劾案的审判机关支离破碎，分而为四：

（一）被弹劾人为国民政府委员者，送中央党部监察委员会；

（二）被弹劾人为前款以外之政务官者，送国民政府；

（三）被弹劾人为荐任职以上及中央各官署委任职者，送中央公务员惩戒委员会；

（四）被弹劾人为地方各官署委任职者，送各该省地方公务员惩戒委员会（以上均见《公务员惩戒委员会组织法》及《公务员惩戒法》）。

本来“弹劾权与审判权应否归在一个机关”这个问题，很有详细讨论的价值。现行的法律，是采取弹劾权与审判权分立主义的，根据《国民政府组织法》，弹劾权属于监察院（第四十六条），审判权属于司法院（第三十六条）。这个原则，在五权分立的制度下当然有存在的理由，就是凡是弹劾权一概归诸监察院，凡是审判权一概归诸司法院，是最合乎分权原理的。现行法律，如果是彻底的遵守这个原则，当然有相当的理由。可是《公务员惩戒法》便首先与这个原则相冲突。所谓审判权属于司法院的，只有一个中央公务员惩戒委员会，换句话说：只在政务官以外之荐任职以上人员及中央各官署委任职人员被弹劾时，才送由这个直隶于司法院的中央公务员惩戒委员会审判；至于在地方各官署委任职人员被弹劾时，却送由那个间接隶属于司法院的地方公务员惩戒委员会审判。至于被弹劾人为国民政府委员时，送由中央党部监察委员会审判，也还说得过去。因为在训政时期，中央党部代行国民大会的职权，国民政府委员被弹劾，送由国民代表审判，就是不属于司法院，也很名正言顺的。我们所最不解的，就是在国民政府委员以外的政务官被弹劾时，何以审判权不在这个为最高审判机关的司法院，却在这个不司审判专责的国民政府。这个规定，无异将审判权属于司法院的一个原则，根本取消了。故现行的法律，只可说是将弹劾权与审判权完全划开，并没有严格的采用“凡是审判权一概归诸司法院”这个原则。

现行的法律，既然不采用“凡是审判权一概归诸司法院”这个原则，那么，“弹劾案的审判权究竟以属于什么机关为最相宜”？这个问题当然可以讨论了。查欧洲有许多国家，如法国和普鲁士等，都在普通法院以外，另设一种行政裁判所，去专管行政诉讼。凡属行政诉讼，一概不许普通法院受理，只由特别设立的行政裁判所受理。他们的理由，就是以为行政上的裁判，要有行政上的知识与经验，这并不是普通法院所能胜任的。近来采用行政裁判所制度的国家，成绩都很有进步，向日非难这个制度或怀疑这个制度的学者，多改变他们的态度，甚至于转而赞成这个制度。因为行政诉讼，固不宜归普通法院审判，尤不宜归行政官厅审判。折衷的适当办法，就是特设一个行政裁判所审判。我个人的见解，以为审理弹劾案的审判机关，也应该在普通司法机关及普通行政机关而外，另设一个审判机关。故既不赞成将审判权归于司法院的主张，又不赞成将审判权归于国民政府的主张。就是现行法律，也顾虑到这一点，故中央及地方公务员惩戒委员会的委员，皆在法官之外，加以具有行政经验之专任委员。这就是认定审理弹劾案与法院的普通审理不同，不专靠法律的知识与经验，还要靠行政的知识与经验。由此可见弹劾案的审判，为特种审判，并不是普通审判。如军事的审判，另由军事法庭掌理，而不由普通法院掌理，为同样的理由。我们既然认定弹劾案的审判与普通审判性质不同，那么，弹劾案的审判机关，便没有一定要隶属在司法院之下的理由了。可是弹劾案的审判机关，固然没有一定要隶属于司法院之下的理由，同时也没有一定要隶属于普通行政机关的理由。因为以行政机关来审判那些关于行政机关的案件，无异教被告的人自己审判自己。然则弹劾案的审判权究竟以属于什么机关为最相宜呢？我的答案，就是以属于监察院为比较的相宜。

何以说弹劾案的审判权以属于监察院为比较的相宜呢？理由是一事权而专责成。监察院是专门监督行政官吏而设立的机关，他的惟一的职责，就在监察一切官吏的行为。如果只教监察院司弹劾，不教他司审判，便是半弹劾。若以为弹劾与审判同归在一个机关，审判恐有不公不平的弊病。试问普通法院，将检察与审判合在一处，果有不公不平的弊病吗？所谓弹劾权与审判权通同放在监察院，并不是说通同要放监察院的监察委员手中，自己弹劾，自己审判；仍然要组织一个与监察委员对立的审判机关，与现今的公务员惩戒委员会组织相同，也与普通法院的检察官与推事关系相同。这样一来，监察权才可以称为真正的独立，弹劾权才可以称为整个的弹劾权，而审判的机关也不像现在那样的支离破碎。这也是关于监察权本身的一个重要问题。

（《东方杂志》1933 年第三十卷第七号）

对于国民大会职权规定之商榷

孙文学说第六章：

俟全国平定之后六年，各县已达完全自治者，皆得选举代表一人，组织国民大会，以制定五权宪法。以五院为中央政府：一曰行政院，二曰立法院，三曰司法院，四曰考试院，五曰监察院。宪法制定之后，由各县人民投票，选举总统以组织行政院；选举代议士以组织立法院。其余三院之院长，由总统得立法院之同意而委任之；但不对总统立法院负责，而五院皆对于国民大会负责。各院人员失职，由监察院向国民大会弹劾之；而监察院人员失职，则国民大会自行弹劾而罢黜之。国民大会职权，专司宪法之修改，及制裁公仆之失职。国民大会及五院职员，与夫全国大小官吏，其资格皆由考试院定之。此五权宪法也。

国民政府建国大纲第二十四条：

宪法颁布之后，中央统治权则归于国民大会行使之，即国民大会对于中央政府官员有选举权，有罢免权，对于中央法律有创制权，有复决权。

我们在没有讨论中华民国宪法草案初稿之前，即征引中山先生的遗教，为什么呢？因为宪法草案的第一条有“中华民国为三民主义共和国”的规定，既根据三民主义来制定宪法，那么，中山先生的遗教，当然是宪法的唯一的根据了。但是我们一看到宪法草案的条文，却与以上所引的两段遗教，大有出入，现在且将宪法草案的条文与中山先生的主张不同之处列举如下：

一、中山先生主张以国民大会为行使中央统治权的常设机关，而宪法草案却以国民大会为每三年一召集及每一召集即完了的非常设机关 。

二、宪法草案上所谓常设机关，并不是国民大会自身，乃是由国民大会产生出来的，以极少数委员组织起来的国民委员会。这个国民委员会是宪法起草人员在中山先生遗教之外，运用灵敏心机而特别创造的新发明。

三、中山先生主张由各县人民投票选举总统及立法院的代议士；而宪法草案却规定由国民大会选举总统及立法委员，并扩张国民大会职权，使得选举监察委员。

四、中山先生主张五院皆对于国民大会负责，不对总统或法院负责；而宪法草案却规定行政院院长要单独对立法院负责。

五、中山先生主张各院人员失职，由监察院向国民大会弹劾；而宪法草案却规定五院院长、副院长失职，由监察委员向国民委员会弹劾。中山先生主张以国民大会为制裁公仆失职的专司机关，而宪法草案却主张以国民委员会为受理监察委员弹劾各院正副院长的专司机关。

以上所举五项，皆是宪法上最重要的和最值得注意的地方，号称根据三民主义而起草的宪法草案，在这紧要关头，却与发明三民主义者平素主张有这样重大的差异，当然是关心宪法的人们所不能轻易看过的。起草宪法诸公，皆一时俊彦，真知卓识，当然非一知半解者所能窥见，然宪法为国家根本大法，关系甚重，起草诸公，既欲广征意见，自应谨就愚见所及，约略陈之。

我们并不迷信代议政体，然而却相信代议政体实在是实现民治主义的一种方法；我们并不反对强有力的政府，然而却相信强有力的政府如果不以民意做后盾，便不见得真正是强而有力。中山先生所倡导的民权主义，根本原理就在“用人民的四个政权，来管理政府的五个治权”。今欲抬高民权，而将代表民权的国民大会，放在若有若无若断若续的状态之中。一个行使中央统治权的最高机关，这样的昙花一现，转眼即归消灭，存在的期间，至长不得过一个月，而消灭的期间，则最短须经过三十五个月。一个国家的统治权是否可以中断？这个问题殊使人难以解答。据英国人观察：国会解散，只是解除议员的职权，并不是取消国会，而使国会这个机关中断。我们的宪法草案规定，也是这样。他在第五十四条上明明白白的说“国民大会代表之职权于闭会之日终了”，这就是说，国民大会代表的职权有中断之时，而国民大会的职权却没有中断之时。但是国民大会是由国民大会代表组织起来的，代表的职权既已消灭，那么，国民大会的职权又怎么能够行使呢？国民大会的职权既然是定期行使的，那么，在那定期一过，岂不是就在停止行使的状态之中吗？在这停止期中，事实上岂不就是中断吗？英国的国会解散，为期不过三个月，就要重行选举；照宪法草案的规定，将来国民大会的闭会，一闭就是三年。照这样看来，将来中央的统治权，行使的时期甚少，停止行使的时期甚多；行使的期间那么短，不行使的期间这么长。古今中外，那有这样的新奇制度！譬如我们对于一个人，限定他那发号施令的脑筋，每三年只能用一次，那么，除了这一次以外，岂不是天天在行尸走肉的状态之中吗？这还能算得是一个活人吗？号称“民权的政治机关”，对于人民管理政府四个政权，这样严格的限制，明明是伸治权而抑政权，重官治而轻民治，又怎样能够实现民有民治民享的国家呢？而况中山先生明明的说：“这四个民权，就是四个放水制；或者是四个接电钮。我们有了放水制，便可以直接管理自来水；有了接电钮，便可以直接管理电灯；有了四个民权，便可以直接管理国家的政治。这四个民权，又叫做政权，就是管理政府的权。”(民权主义第六讲)如今想把这个放水制或接电钮，常常停闭不用，而想使自来水启闭如意，想使电灯开关自如，那岂不是幻想吗？

我们既不迷信代议政体，当然也不迷信国民大会，说国民大会是包医百病的神方，有百利而无一弊。我们更承认在中国现状之下，急需要一个强有力的中央政府，凡是敢作敢为，不受别方面的牵制。但是真正的强有力的政府，却不是从不受别方面牵制而来的，乃是从受多方面辅助而来的。政府是替人民做工的，要做工便应当有极大的权力，不然便要畏首畏尾，忧谗畏讥，伸手也不是，缩手也不是。这一层道理，是人人明白的；但是还有一层道理，比这一层更重要。就是政府如果是真正强而有力，便不是单单靠着不受牵制，还要靠着顺从全国人或大多数人的志愿，而得到全国人或大多数人的帮助，才能够真正强而有力。所以中山先生说："人民有了大权，政府能不能够做工夫？要做甚么样的工夫？都要随人民的志愿。……总而言之，要人民真有直接管理政府之权，便要政府的动作，随时受人民的指挥。"（民权主义第六讲）这就是说政府如果得到人民的帮助，人民与政府打成一片，同力合作，那么，政府的力量便是真正的强而有力，再没有别的力量可以阻挠他了。故我们只相信集思广益询谋佥同的政府是强有力的政府，却不相信独行独断言莫予违的政府是强有力的政府。我们因此便不能单看到国民大会时有人多嘴杂妨碍政府做事的坏处，便抹杀了国民大会时有集思广益与政府同力合作的好处。就在普通立宪的国家，尚且想把国会选举的时期缩短，好藉选举来征求人民对于政府党的意见；何况我们以直接民权相号召，以建设"民权的政治机关"相夸示呢？我们的主张是，国民大会可以三年一改选，却不可以三年一召集。因为他是行使中央统治权的最高机关，更因为他是管理政府的唯一机关。我们要他指挥政府做工，我们更要他随时指挥政府做工。

再进一步说，民国二十几年来的政治局面，为什么不能一日安定，我想最大的原因，当然在全国的人民没有用合法的方法，取得政权的这一点上。人民只可以用非法的方法，对政府革命，却不能用合法的方法，予政府制裁！这就是内乱循环不断的根本原因。人民的意志既不能管理政府，使政府循着人民意志的轨道前进，那么，拥护政权与推翻政权的唯一力量，当然是武力了。一方面用武力来拥护政权，他方面便不得不用武力来推翻政权，因此便造成二十年来军阀主政的局面。我们希望宪政成功，就是想把凭武力决定政权谁属的局面，变成凭法律决定政权谁属的局面。想教此后的政治家，要凭藉民意来决胜负，不要凭藉武力去决胜负；要在选举场上来决胜负，不要在战场上去决胜负。这个国民大会，就是使人民用合法的方法来管理政治批评政治，以及决定政权应该谁属的唯一枢纽。要想把那以武力为中心的政治局面，变成以民意为中心的政治局面，全靠这个国民大会来担负这种责任。所以我们应该把国民大会看作消灭内乱和统一国家的武器，将来政治能否上轨道，就看这国民大会能否充分的行使职权。这一点也是我们应该注意的。

至于国民委员会的设立，在中山先生的主张中根本就寻不出根据。他既不像苏俄的全俄中央执行委员会，在全俄苏维埃大会闭会期中，代表该会行使一切的权力。他又不像有的国家的国会，在闭会期中，组织一个委员会行使一定的职权。他虽是由国民大会选举出来的，但他的权力又与国民大会不同，并不能算是国民大会的替身；而且他又不是对于国民大会负责的，因为国民大会一开会即终了，也不能问他的责任。这个畸形的机关，既不能直接的代表全国人民，又不能直接的代表国民大会。他虽然是国民大会所生之子，可是他产生之时，即是他的父亲见背之时，终身不能受他的父亲管束。然而他却有不在全国人民指挥之下的独立的权力，所以我们总觉得这个国民委员会是上不在天下不在田的一个畸形制度。说他有权，他不能代表国民大会；说他无权，他又能代替国民大会受理监察院的弹劾案。中山先生主张，各院人员失职，由监察院向国民大会弹劾之；宪法草案却教监察委员向这个不能代表国民大会的国民委员会弹劾之。他既能代国民大会受理弹劾案，岂不是能代国民大会行使职权吗？这种职权就是中山先生所说的管理政府的大权之一，以这极少数委员，以这非代表人民的极少数委员，来行使这极大的管理政府权力，使政府的生命，完全操于极少数委员之手，前途的危险，自然不问可知了。所以我们根据中山先生的主张，决不能承认这个国民委员会的存在。

说到宪法草案中所规定的国民大会的职权，最使我们不能满意的，就是全国人民的代表，一不能过问政府的预算，二不能过问宣战媾和。英国的成语中有“不出代议士不纳租税”一句话，这就是说，政府既向人民征收租税，人民就当有权来过问政府对于租税的用途。故将通过预算权付诸国民大会，在中山先生所提倡的民权政治中，真可说是天经地义了。至于宣战媾和乃是与国家生存和独立有关的重大事件，也是应该付诸全国人民代表同意的。宪法草案竟夺去国民大会这两种重大的权力，把他们放在立法院的职权之中，不得不说是重大的错误。

我们固然不能把我们的国民大会看作欧美各国的国会，可是同时也不能把我们的立法院看作欧美各国的国会。因为我们的立法院是行使治权的政府机关，不是代表人民的民意机关。将通过预算案及宣战媾和案的权力划归立法院固然是不伦不类；而将对行政院院长的不信任案划归立法院提出尤其是不伦不类。中山先生所主张的政治系统，是使行使人民的四个政权的国民大会，与行使政府的五个治权的五院相对立，换句话说，就是让国民大会来管理政府的五院。故中山先生所说的制衡原理，与普通三权分立的国家所用的制衡原理不同。他是想用国民大会来制衡五院，并不是教立法院来制衡行政院。因为立法院只是行使五个治权之一的政府机关，并不是代表人民行使四个政权之一的民意机关。故立法院根本就不是与行政院对抗的，怎能教他信任或不信任行政院院长呢？中山先生明明白白的说“五院皆对于国民大会负责”，何以行政院偏要单独的对于立法院负责呢？把我们的立法院看作欧美各国的国会，那么，便完全是属于三权宪法的系统，决不是属于五权宪法的系统了。

至于立法委员与监察委员应否由国民大会选举一个问题，似乎也值得我们的注意。因为立法委员须要专家，监察委员须要独立。外国有人说：“在你需要技能的场合，一定要用任命制；在你需要代表的场合，一定要用选举制。”这就是说想得到代表民意的人才，可用选举制；想得到专门技术的人才，一定要用任命制。立法委员需要专门人才，似乎用选举不若用任命制好。但是任命制的好坏，也是比较的，不是绝对的。故立法委员到底是由于选举好，或是由于任命好，我们也不敢下断语；至于监察委员由于选举而来，我们便可放肆的说，只有坏处没有好处了。因为监察委员为执法之官，他的地位应该超然，应该立在一切政治关系之外。他的弹劾权只是对于违法行为而使的，根本就不能过问政策之当不当；换句话说，他只能站在法律的基础上来行使弹劾权，不能站在政治的基础上来行使弹劾权。如果监察委员之来必由选举，那么，凡是独立而没有特别政治关系的人，不一定就能当选；而当选者不一定就是独立不倚，而绝不阿其所好的人。因为铁面无私的察官，与八面玲珑的政客，本来就是两路。选举制度一行，无论是使监察委员变成政客，或是使政客变成监察委员，皆只有害而无利。如果把一个监察院变成政客的集中所，将来凭藉法定机关，去兴风作浪，将何以维持法律的尊严。美国各邦法官之由于人民选举者，多发生上述的弊病，所以我们深不愿中国的监察院将来或蹈美国各邦法官选举的复辙。

以上所说各点，虽属一知半解的浅见，然对于将来政治影响极大，深愿制宪诸公稍稍加以考虑，倘能辱而教之，尤所欣盼。

（《时事月报》1934 年专文）

在湖北省党部纪念周演说辞

主席、诸位同志：

兄弟今天得在此参加纪念周，与诸公欢晤一堂，感觉得异常愉快！兄弟奉中央派遣来担任监察工作，当此训政时期，诸公秉承中央修明政治之决心，复兴民族之努力，兄弟才短，也得竭尽棉薄之力，辅助地方政治之推进，帮同吏治之澄清。至于地方利病，民间隐微，就责任职务上，当随时与诸公陈说研讨，以期尽量贡献于中央，仰体总理监察创制之遗意。按照巡回监察之规定，及中国监察制度之沿革与监察权之运用，谨将兄弟一得之愚，略略报告于诸公面前：

一、监察制度为中国特有制度

欧美各国多把监察权放在议会，中国则自秦汉以来，监察权即单独成为一个系统，由唐宋到明清，其余行政机关，虽迭有变更，而监察机关则大都一贯。至明初发达到极盛之点，与政权军权鼎足而三，造成“中书总政事，都督掌军旅，御史掌纠察”的中国式的三权分立制。

二、监察制度的沿革

中国监察制度有两个特点：(一)职权统一，(二)内外并重。

所谓职权统一，就是监察集权，例如清朝，行政制度采取中央与地方平均分权的制度，行政官厅的监督权只可以对直辖的下级官厅行使，而都察院的监察权，却打破普通的行政系统，无论是对于上级官厅，或下级官厅，更无论对于中央官厅，或地方官厅，皆一律可以行使。

所谓内外并重，就是中国的监察权，不单在中央行使，并且在各地方行使，秦初以御史监理诸郡，谓之“监察史”。明清两朝，皆以右都御史衔或右副都御史衔加外省督抚，此外随时出发外地的御史甚多，例如巡仓、巡漕、巡盐、巡江、巡湖、巡茶、巡马、巡城、巡盗……之类皆是。但是秦以御史监郡，是以监察官代埋行政官，明清加督抚以御史衔，是以行政官兼代监察官，惟有唐朝中宗时代，派十道巡察使分巡天下，廉按州县，二周年一替，职在监察奸讹，观采风俗。其性质与现在的监察使制度，颇多相合，也可以说是现在监察制度的来源。

三、监察权之运用与成绩

中国历史上监察权之活动，大多在政治清明的时期，而在天下将治未治或将乱未乱之时，监察权之活动尤力。一旦大乱已成，则监察权完全失其作用。即以清朝为例，当康熙及乾隆时代，政治清明，故科道之活动既多，成绩亦颇卓著，而在顺治时代，天下将治，百端待举，故科道之成绩颇佳。及到道光时代，天下将乱，而科道之成绩尤为进步。清代御史奏章至今可考者计有六百八十七疏。竟有一百十三疏，出现于道光二十九年之间，其中被采纳者占百分之七六以上。清代科道成绩，于斯最盛。但晚年倦勤，厌恶科道，故被处罚者，有清一代计三百十九人，而道光一朝竟多至八十一人。至于道光晚年，和坤当国，宵小横行，直言路塞，以及咸丰同治两朝，国内兵祸，年年不绝，则科道几同虚设。

由此可见监察与政治是互为因果，有政治清明之因，乃产生监察权活动之果，同时亦由监察权活动之因，产生政治清明之果。反过去说，政治越不清明，监察权越没有效果，监察权越没有效果，政治越不得清明。

四、监察与法治的关系

根据上述理由，可见政治状况与监察权的行使极有关系。换句话说，只有在真正法治的国家中，监察权才可以推行无碍。因为法律是权衡度量，有了权衡度量，然后才有长短轻重大小多少之分。中国的法家,久已阐明此理。故一个国家,若没有宪法,便无所谓违宪,若没有法律,或者法律失效,便无所谓违法。故违宪这个名词,只有在实行宪政的国家,才可以出现,违法这个名词,亦惟有在法治国家之中,才可以听得到。例如火车,惟因其有轨道,然后才有出轨之事,若马车汽车,本无轨道,故从来未闻马车出轨,或汽车出轨这个名词。由此看来,监察权之行使,或行之有效,一定要在政治已上轨道的地方。政治越上轨道,监察权越有效用。这是监察与政治的关系。

五、监察与行政的关系

监察与行政,不但不是互相冲突的,并且是互相辅助的,他并不是两件相反的行为,乃是一件相合的行为。例如一个房主,要造一所房子,则有工程师为之设计,有工人为之做工,又有工程师为之监工。政治也是这样,人民便是房主,上级官厅便是为人民设计的工程师,下级官厅便是为人民做工的工人,而监察人员便是为人民监督工程的监工。分而言之,有设计者,有做工者,有监工者,合而言之,则皆是为人民造房子。故行政与监察,是相辅而行的。一是指挥监督其下级官厅,教他如何依法,一是监察官厅教他不要违法,一是引导执行的人教他走入依法执行之路,一是监察执行的人,教他不要走入违法执行之路。其实目的是完全相同的。故监察乃是帮助行政,贯彻他原来的一贯计划,这是监察与行政的关系。

两湖历来为中国政治中心,贤明长官求治之切,地方父老望治之殷,在今日已积极建立向上光明的政治,一涵虽自惭驽钝,深幸……追随诸公,忠心及努力执行职务,使监察与政治得以相辅而成,而副中央推行监察与推进政治之意,深盼在座诸公,随时指示。

(《监察院公报》第三十五期)

在使署第一次纪念周的训话

诸位同志：

今天是本署成立后第一次举行总理纪念周，有许多话要同诸位说：我们在纯服务的观点上，只有尽忠职务，便是忠于党忠于国，尤其是服务于风宪机关，古人说“以身作则”，正己而正人，不但奉公守法，砥励风节，即署内之秩序纪纲，格外要做到“整齐严肃”四个字，我是长官，自然是身先诸位，领头来做。我们职司纠察官邪，决不可轻易批评人半个字，至于时政得失，人物臧否，那更不容许冒然出口。职务以内的，惟有敬慎戒惧，职务以外的，一概不管。

武汉为新生活最努力的地方，关于严守时刻及生活朴素两点，第一步必须做到，勤励可以补救过失，俭朴可以养成廉洁，当此空前国难时间，能从个人私生活检点，不但可以洁己奉公，影响到诸同志公共生活及社会方面去，而且多发挥一分朝气，无疑义的挽回国家民族一分生机。

话还应该回到我们的职务上，我们定下几条必具的信条及执行职务时的戒律，期于我们坚决的易守易行：

一、本监察使无论对于任何机关不作请托介绍书信。

二、凡本监察使出外巡视或本署派员出外调查时，绝不受任何方面之供给馈遗，并不参加宴会及欢迎会。

三、凡本署出外调查委员，均携有监察院所发之调查证及本署所发之调查令文，被调查机关，可以事前索阅。

四、凡人民向本署呈递书状，皆由呈诉人自行缮就投递，或付邮投递，绝不收取任何费用。

五、本署办理案件，惟凭事实为根据，以公正为依归，以期不偏不徇，无枉无纵。对于违法失职之公务员，既须严加纠正，而对于奉公守法之良吏，亦须使其安心，至对于人民呈诉事件，一方面既须详切调查，俾民隐可以畅达，而另一方面，亦须严防诬告，以矫正刁狡之风。

六、凡派令密查案件，须严守秘密，不得宣泄，即署内同事，非在专司及受令之人，彼此不得随意说出。

七、凡本署发布新闻或本监察使发表谈话，通常以书面为主，并一律加盖本署秘书处长戳。

总之，我们在执行职务时要敬慎戒惧，惟恐做不好，在各个人平日生活上要整齐严肃，惟恐有丝毫疏忽，国家监察权之尊严，一地方监察权之推行与信赖，我们责任的负起，须在我们工作的表现力。

（《监察院公报》第三十五期）

抗战三年来监察法规增定及推行经过

一、抗战前监察权行使之程序

监察院在平时行使监察权，及惩戒机关在平时行使惩戒权，皆向每审慎详实为主，为实现审慎详实之原则起见，法定程序自比较繁重，以一弹劾案件，自提出以至终结，无论由于自动监察，为监察委员或监察使所风闻访知者，或由于被动监察，为人民用书状陈诉者，皆必须经过下列程序：

甲、调查事实，搜集证据。

乙、提出弹劾案。

丙、发交原提案委员外监察委员三人审查。

丁、审查经多数议决，认为应付惩戒，由监察院移付惩戒机关。

戊、惩戒机关对于受移送之惩戒事件，得指定惩戒委员自行调查，或委托行政司法官署调查。

己、惩戒机关指定期间，命被付惩戒人员提出申辩书，或到场质询。

庚、惩戒机关以出席委员过半数之同意议决，作成议决书，送达被付惩戒人，并通知监察院及被付惩戒人所属官署。

上述甲乙丙丁四项，为监察院对于每一弹劾案件在移付惩戒机关前，所必须经过之法定程序；戊己庚三项为惩戒机关对于每一移付惩戒之弹劾案件，所必须经过之法定程序。如弹劾案中被弹劾人有涉及刑事嫌疑者，惩戒机关于接受惩戒案件后应即将该案移送该管法院审理，非由法院经过刑事诉讼程序，于刑事确定裁判后，不得开始惩戒程序。

由此可见在抗战前关于监察权之行使，法定程序比较繁重，监察院提出弹劾案件后，必须经过调查、审查、移付等程序；惩戒机关接受弹劾案件后，必须经过调查、申辩（或质询）、议决等程序；司法机关审理涉及刑事嫌疑之弹劾案件，又必须经过刑事诉讼程序，自侦查、起诉、审讯、判决，以至再审、三审，及判决确定，稽延之时日更多。因此，每一弹劾案件，自移付惩戒机关以后，动辄经过数月或数年之久，尚未终结，被弹劾人因未受惩戒处分，仍得照常执行职务，以致法律之尊严，人民之疾苦，与监察之效果，惩戒之效率，均不无较受影响。

二、抗战后监察权行使之程序

抗战军兴而后，监察院为适应战时需要，并使监察权得以有效急速行使起见，特拟定《非常时期监察权行使暂行办法》五条，提经国防最高委员会核准，由国民政府于二十六年十二月十七日公布施行，其后复经立法院审议，于二十八年八月二十七日修正公布。该办法因修正结果增为七条，综其要点有二：即事后监察与事前监察并重，审慎详实与简捷迅速并行。

甲、事后监察与事前监察。依该办法第二条规定："监察委员或监察使对于公务员违法或失职行为，认为应速去职，或为其他急速处分者，得以书面纠举。"第五条规定："各机关或公务员对于非常时期内应办事项，有奉行不力或失当者，监察委员或监察使得以书面提出建议或意见。"纠举为对于公务员违法失职行为而设，在违法失职业经构成事实后行之，是谓事后监察。建议为对于各机关或公务员在非常时期内应办事项有奉行不力或失当者而设，在应办事项将构成尚未构成违法失职之事实前行之，是谓事前监察。因为在抗战时期，对于公务员违法失职，业经构成事实之行为，固应急速惩处；然仅为事后之惩处，而不为事先之预防，贻误于抗战时期之行政效率者必多，凡属非常时期内应办事项，大都直接或间接与抗战建国有关，而为刻不容缓及适应事机之事项，与其监察于事后，毋宁监察于事前；与其惩戒于构成违法失职行为之后，毋宁警惕于尚未构成违法失职行为之前。一见其有奉行不力或失当之处，即以书面提出建议或意见，送交各该机关或其上级机关，俾得及时为适当之计划与处置。于消极的警惕告戒之中，隐寓有积极的督促纠正之意。对于违法失职之行为，防止一分，即对于抗战建国之实效，增加一分。故建议权之增设，不独在消极方面可以除去抗战建国工作之妨碍，并且在积极方面督促抗战建国工作之进行。

乙、审慎详实与简捷迅速。监察权之行使，重在不枉不纵，故审慎详实，为监察院提出每一弹劾案件前，及惩戒机关议决每一惩戒事件前，所必须严格遵守之原则。但在抗战时期，审慎详实，又必须与简捷迅速相辅而行。该办法所特别注重之点，即在于详实中求简捷，于审慎中求迅速。依第二条之规定，监察委员或监察使，对于公务员违法或失职行为，"认为应速去职，或为其他急速处分者”,第一步即可不提弹劾,“得以书面纠举”。因弹劾需经过繁重程序,已如前述;至纠举书之提出,则程序较为简单,既不须经过审查,复无须移送惩戒机关。如纠举荐任职以上之公务员,呈经监察院院长审核后,即可送交被纠举人之主管长官或其上级长官;如纠举委任职公务员,并于呈送监察院院长时,即以书面径送各该主管长官或其上级长官。故监察委员在分派执行职务之省市内,监察使在该管监察区内,对于委任职公务员之纠举,可以立即以书面径送各该长官,其程序异常简捷迅速。

被纠举人之主管长官或其上级长官,于接受纠举书后:(一)因对被纠举人平素有隶属关系,并有任用与监督指挥关系,故对于被纠举人之贤否及其行为之违法失职情形,知之必较为详实;(二)因主管长官或其上级长官,均有权可立将被纠举人撤职,或为其他行政处分,故决定亦必能迅速;(三)因决定撤职或其他行政处分者,即为被纠举人之主管长官或上级长官,知之既甚详实,故处分亦自必公平。一举而详实迅速公平之数效毕见,与惩戒机关相比较其审慎详实如出一辙,而简捷迅速则有过之而无不及,此为该办法之最大优点。

该办法第四条规定:被纠举人之主管长官或其上级长官,如不依法为行政处分,或不依法声复不应处分之理由,或虽申复而无理由,监察院即以纠举文件为弹劾案,得不经过审查程序,而径行移付惩戒机关。如被弹劾人受惩戒时,各该主管长官或其上级长官,亦应负责。可见该办法第一用意,在求简捷迅速,但并不因求简捷迅速,而忽略审慎详实之原则。至简捷迅速之目的不能达到时,则宁愿严守审慎详实之原则,以达到维持法纪整饬官常之目的。

三、抗战后集体巡察制度之推行

依非常时期监察权行使暂行办法之规定,固较抗战前监察权行使之程序显有不同,然仍有一相同之点:即视察、调查、纠举、建议,完全与弹劾相同,仍由监察委员或监察使单独行使是也。自二十七年后,复有集体巡察制度之创设。集体巡察制度,约可分为二类：甲、由监察院院外组织者，乙、由监察院院内组织者。由监察院院外组织者，亦有两种：(一)由他机关设置巡察考察团体，而由监察院指定监察委员为该团体委员，参加巡察；(二)由职权有关各机关合组监督团体，而由监察院派重要人员为委员，并由监察院召集。由监察院院内组织者，即由监察院独立组织巡察团体，自派院内委员组织之，在指定区域内巡回视察。

甲、由监察院外组织之巡察监督考核团体。此项集体巡察制度，计有三个组织：一为军事委员会战区军风纪巡察团，一为中央兵役监督委员会，一为战时行政工作考核团。

(1) 战区军风纪巡察团。军事委员会于二十七年制定战区军风纪巡察团组织规程草案及服务细则，公布施行，旋经合并为战区军风纪巡察团规程，于二十九年三月十八日修正公布。设置该团之目的，在整饬战时纲纪，以促进抗战效能。其设置团数及团巡察区域，由军事委员会视需要情形，随时以命令规定。该团之权责如下：

一、纠察并处理区内军风纪，及文武官员贪污渎职与其他不体事项，并接受民众关于各该事项之控告。

二、考察并促进改善各省市役征及伤退官兵之治疗管理与难民救济等事项。

三、考察并促进改善各部队之经理卫生事项。

四、督促地方官员整饬庶政，并促进军民合作精神。

五、其他与抗战攸关或临时指派事项。

考该团之职权，除巡视外，并包括有行政上之督导权，而且所偏重者在军事，与监察院所行使之纯粹监察权性质不同，故该团直属于军事委员会，监察院仅对于每团指定监察委员一人至二人参加工作。

(2) 中央兵役监督委员会。军事委员会政治部于二十八年二月间制定《兵役宣传及监督实施方案》关于兵役监督机构之组织：A. 常设兵役监督机构为：(一)中央兵役监督委员会，由中央监察委员会、国民参政会、监察院、最高法院检察处、军事委员会政治部、军法执行总监部及宪兵司令部等各派重要人员为委员组织之，由监察院召集。(二)各省兵役监督委员会，由省党部监察委员会、省参议会、当地高级政治部、本区监察使署、高等法院检察处等各派重要人员为委员组织之，由省参议会召集。B. 巡回兵役监督机构为巡回兵役监察团，由国民参政会及政治部指派人员组织若干团，分赴各划定地区实行监督。此项兵役监督实施方案，于二十八年三月间奉令暂缓实施，故各省兵役监督委员会虽间有组织成立而由各区监察使署派员参加者，但中央兵役监督委员会及巡回兵役监察团，则概未组织。

(3) 战时行政工作考核团。该团为严密考核战时行政计划之实施机关，以考查战时行政计划工作进展之实施，及审核战时行政计划工作报告等为主，监察院亦指派委员二人参加工作。

乙、由监察院院内组织之战区巡察团体。监察院为推行第二期战时监察工作实施纲要，并加紧巡回监察起见，特于二十九年八月间，制定《战区巡察团组织规程》十六条，经提请国防最高委员会核准，设立战区巡察团，该团直隶于监察院，其设置之团数及各团巡察区域以军事委员会划定之各战区为准，各巡察团以监察院监察委员三人组织之(该区有监察使署，监察使为当然委员)，由监察院院长指定一人为主任委员，主持事务。其职权除各巡察团之监察委员依法行使监察职权外，并承监察院院长之命，办理特定任务。各巡察团在巡察区域内，得接受人民控告公务员书状，并须普遍巡察，或由各委员随时分途出巡。关于人民诉状之办理，出巡之分配，工作之改进，及其他应讨论事项，均取决于委员会议。各巡察团所至之地，与本区各级党部、军风纪巡察团、战区司令长官部、战区军法执行监部，及其他有关机关，须随时联络，为执行职务，并得指挥当地宪兵警察。该团之特点，一面得由该团在指定区域内集合巡察，并以团的名义接受人民书状，以团之委员会议决定处理书状办法，一面又得由充任团员之监察委员依法单独行使监察职权，是为集体巡查，分别纠弹制度。

四、监察院对于战时监察工作之实施

中央既颁布非常时期监察权行使暂行办法，以救济监察法规应付战时之不足。俾程序效果，愈趋简捷确实，监察院在该办法公布施行时，即一面厘定施行细则，一面规定非常时期监察委员分赴各省市工作准则，以期切实推行，增进战时监察效率。兹将自二十七年起至二十九年年终止，监察院对于战时监察工作之推进办法最重要者列举如下：

甲、制定非常时期监察院视察调查工作纲要。监察院于二十七年二月间公布《非常时期视察调查工作纲要》九条，将视察工作分为二种：（一）专案视查，（二）一般视查。就指定之机关团体或某种事项为特别之视查，为专案视查；就指定之区域为各地方一般事项之视查，为一般视查。一般视查尤特别注重下列各事项：

一、关于兵役征募及军事征用事项

二、关于民众组织训练事项

三、关于食粮之储调备济事项

四、关于交通及运输事项

五、关于抗敌及肃奸事项

六、关于治安及防空设备事项

七、关于伤兵之处理事项

八、关于难民之救济事项

九、关于捐税及其他有关人民担负事项

十、关于生产建设及战时教育事项

以上视查工作用下列方法行之：

一、由院长派遣监察委员或其他视查人员前往各地视查，或令各区监察使在其所管区内视查。

二、由各区监察使在其所管监察区内，自行视查或派员视查。

乙、派遣监察委员分赴各省市工作或视查。监察院在抗战以后，即遵照中央命令，派遣监察委员分赴各省市工作，其留院者亦随时分派出外视察，其后更遵照中央决议暨总裁讯示，制定监察院第二期战时监察工作实施纲要，次第推行。二十八、九两年度中，按各省行政专员区，分派监察委员前往普遍视察，先从贵州、云南、四川各省起，分区派监察委员二人前往各县视察战时一切政治设施。至中央之各院部会处等，亦指定监察委员或视察员分别前往视查。

丙、视察各地精神总动员办理情况。二十九年五月间准国民精神总动员会函托，请乘监察院监察委员多人分赴各省考察政务之便，连带视察所经各地精神动员情形，并将视察所得，随时报转该会。各区监察使于巡视时，亦乘便随地视察，报转该会。

丁、派员参加军风纪巡察团工作。自各区军风纪巡察团成立后，监察院对于每一巡察团，均依法指派监察委员二人，参加工作。所派委员均常年在战区以内，或亲临战线，执行法律上所赋予之权责。并有时深入敌人后方，或随同作战部队，出入火线，视察各部队作战情形。

戊、组设战区巡察团。二十九年八月间，奉国防部最高委员会秘书厅函知奉准组设战区巡察团，于二十九年度内组设两团，爰即划定区域分别出巡。第一团巡察长江以南各战区，第二团巡察长江以北各战区。第一团已于十月中旬出发，经湖南之芷江、沅陵、常德、益阳而达长沙一带。第二团亦正在整装待发中。

五、结论

监察院对战时监察工作较平时更为努力推进，工作之繁，较前增加数倍。以上所述，不过就其大者要者言之，其他则概从简略。总之在抗战时期，后方政治工作之推进，十分重要，故监察院特本总裁“政治重于军事，后方重于前方”之训示，努力推行战时监察法令，以增进战时监察之效能，使抗战建国之大业，得以顺利完成。此为监察院之权限，亦即为监察院之责任。兹当三十年度开始谨述战时监察法规及推行之经过，以待留心监察制度者之考证焉。

（《中央日报·元旦增刊》1941年1月1日）

国民大会第一四一号提案

（高代表一涵等一九三人提对于宪法草案
第九章第九十五条之修正案）

第九十五条：原文：“监察院为国家最高监察机关，行使同意弹劾及监察权。”

拟请修正为：“监察院为国家最高监察机关，行使弹劾、纠举、惩戒，及审计权，对国民大会负其责任。”

理由：

一、删去同意权：因监察委员为执法之官，宜处于超然地位，如行使议会式之同意权，易成为党派斗争之工具，必影响于监察权之超然与独立。

附注：本草案第七章第八十三条，第八章第八十九条，第九章第九十九条，皆与同意权之行使有关，拟请予以修正或删除。

二、增加纠举权：依照过去经验，凡纠举案皆径交被纠举人之主管机关或其上级机关，调查既甚便利，处置自更迅速，且各该机关平素对于被纠举人，皆有监督权，故于迅速之中，兼寓审慎之意，此为监察院过去行使之实际经验，故应仍予继续行使。

三、增加惩戒权：监察权离立法权独立行使为孙中山先生五权宪法所首倡，孙先生有云：“裁判人民的机关已经独立，裁判官吏的机关，却仍在别的机关之下，这也是论理上说不去的，故此机关也要独立。”所谓裁判官吏的机关，当不仅指提弹劾案而言，亦必包括弹劾案之审理，故依五权宪法创始人之原意，惩戒权应属诸监察院。查欧洲许多国家都在普通法院以外，另设一种裁判行政所，去专理行政诉讼，凡属行政诉讼一概不由普通法院受理，只由行政裁判所受理。他们的理由，就是以为行政上的裁判要有行政上的知识与经验，这并不是普通法院所能胜任的，故行政审判既不归普通法院亦不归行政机关，而另设行政裁判所，以掌其事。弹劾案之审理亦与法院之普通审判不同，主其事者不专靠法律的知识与经验，还要靠行政的知识与经验，由此可见弹劾案之审判为特种审判，如军事审判与行政诉讼应归军事法庭及行政裁判所审理，而不应归普通法院，在三权制下，弹劾案之审判机关，应隶属何部门，在学理上固成问题，在五权制下，其应属诸专司监察之院，当无疑义。又查在政治上欲求效率增强，必须权责分明，凡负某种责任者，应有完成其责任之权力，方能期其有所成就。监察院为全国最高监察机关，吏治之澄清，贪污之清除，一般人都认为系监察院责任，十余年来，凡有贪污舞弊情事暴露，国人均责望监察院有所纠正，但因惩戒权不归监察院行使，故虽负澄清吏治之责任，而无权以完成任务，往往弹劾案审查成立移付惩戒后，迄无下文，甚至惩戒处分虽经确定，而惩戒机关之上级机关为之请准暂缓执行，故监察院对惩治贪污，实系有责任而无权力，管理惩戒之部门，又系有权力而无责任，欲免除此种弊病，当使惩戒机关隶属监察院，以一事权而专责成。

四、增加审计权：凡三权分立国家皆无监察机关之设置，故审计权有径由国会行使者，本草案既采取五院制，自应仍照中国历史上成例，由监察院行使。良以审计职权不以审查决算为限，尤其重要者，则在监督预算之执行，此中如核签收支命令、审核计算与稽察财务上之不法或不忠职务行为，皆系执行性质，而为构成监察权之主要部分，故自应主张审查决算权归立法院，而审计权即仍应划归监察院。

五、因监察权既已列举规定，而为概括名词之监察权三字自当删去。

是否有当？敬请公决！

提案人：高一涵、水　梓、田炯锦、曹启汉

连署人：江一平、陈长蘅、贺世昌、顾祖德、王寿如、陈紫枫、朱贯三、张　维、刘候武、丁象谦、蔡景忱、李世军、王正廷、吴风清、骆力学、蔡呈祥、张岫岚、陈丽生、李景才、鲁大昌、庞镜塘、黄梦飞、张履中、鲁效智、李嗣璁、孙岱亭、何克夫、陆锡光、查笑山、沈灵修、武振纲、罗贡华、张之杰、史　升、翟玉航、左正荣、张维翰、李鸿文、赵　煊、童冠贤、胡伯岳、连天祥、葛　覃、赵连登、刘怀瑨、邓鸿业、王熙垚、吴闻天、李保合、南桂馨、冷曝冬、左恒祥、孙廷俊、吕　超、梁上栋、李培国、张渊扬、陶尧阶、王介庵、李永新、何梅志、张瑞生、王澍霖、赵炳琪、何兆群、卢凤阁、王致云、郑彦棻、杨宗培、张施武、李佩青、王维新、杨静芳、赵　澍、成蓬一、王广庆、邓飞黄、温寿泉、刘蔼如、戴仲正、贾景德、胡庭梁、丁得义、李法和、施今墨、余　拯、金崇伟、李正乐、杨慧存、陈联芬、严　庄、蒋公亮、应锡华、陆鼎甲、陈博生、方青儒、周大烈、于芝秀、傅　岩、周聘三、韩光琦、李锡五、黄志大、冉寅谷、呼延立人、王秉诚、蒲允升、香玉堂、刘不同、黄少谷、杨叔文、王星舟、曹浩森、王镜清、阳叔葆、王杰夫、李继武、陈顾远、杨志俭、延国符、金　璇、杨兴勤、关大成、侯天民、罗大愚、姚彭龄、许俊哲、单成仪、殷君采、莫萱元、谢澄宇、朱永宝、刘振东、萧赞育、史尚宽、李　蒸、涂公遂、李曼瑰、王兆荣、张忠道、李应生、朱子帆、詹学海、邓翔海、陈希豪、王启江、骆美奂、包一民、韩静远、唐国桢、周兆棠、王立文、庄　静、包德明、费　侠、许惠东、张子扬、刘瑶章、陈剑如、李芳春、刘秀洪、萧一山、张渊扬、周杰人、甘家馨、吕晓道、相菊潭、邵　华、胡健中、王铸人、王同荣、孙元甫、高宗禹、张清源、袁　雍、汪观之、曾济宽、王和亭、郭紫峻、周伯敏、刘真如、段　焯、鲍殿丞、沈肇年、韩春暄、李华栋、黄国桢、陈　畴、张瑞璜

（上海图书馆藏：《国民大会提案原文》第三册第141号提案）

二

弹劾、纠举、建议文暨审查报告书

《庄智焕更订大东大北太平洋等公司水线合同丧权辱国案》委员田炯锦高一涵刘莪青弹劾文

（1931年3月5日）

呈为交通部电政司长庄智焕办理国际电信水线交涉，与大东大北等公司所议条件，违反本党外交及电信自主政策及交通部拟具解决办法，失职丧权，应即提出弹劾事：窃维本党政纲及政府政策，均以收回国家主权及国际通信自由为原则。案查十九年一月一日行政院转呈国民政府文开：案据外交交通两部会呈：嗣后无论何国政府或公司及私人，在中国境内不再许以海底电线登陆之专利权。又查十八年五月十八日行政院密呈国民政府文开：据交通部拟具大东大北公司全案解决办法：（丁）所有专利特权合同及其他合同中关于专利特权之条款，应即通告取消。（戊）由交通部通告两公司：关于登陆接线合同，可按原约至一九三〇年即民国十九年底为止。在中国领海内安设之水线，悉归中国所有，由国民政府交通部实行接管。万一磋商结果，一九三〇年后水线，仍须公司管理，不能取消其登陆接线之权利，则下列条件，实为最低限度之要求，务令公司承认：（一）须向国民政府交通部领取登陆特准凭照，并缴纳定额租金。（二）只许公司转递外洋电报。（三）不得直接收发报务。（四）公司应将水线维持完善，倘有损阻，即须迅速修复。（五）增加中国应得报费。（六）遇有国内或国际间重大事故，国民政府保留派员检查监视或暂行收归自办之权利。（七）以上特准限期，以二年为限等因各在案。查庄智焕所呈关于电信水线交涉之经过情形节略称：议决最要六点中有：（一）登陆执照有效期限自五年至十年云云。查水线登陆在合同上并未明白规定,仅于公文中标出。今庄智焕竟提出此项条件,是将从来合同上所不曾规定登陆专利权,用明文给予一层保障;不但在合同上未为登陆专利权之取消,并且在合同上增加登陆专利权之保障;既违交通部嗣后不再予任何国政府或公司及私人,以海底电线登陆之专利权之主张;又不遵守交通部所拟取消所有专利特权之办法;丧失国权,莫此为甚! 即令交涉让步,亦应遵照交通部戊项第七款条件,特准期限以二年为限。庄智焕何所根据? 竟让步至五年至十年? 该公司既经领取执照,则在五年或十年之中,所有登陆专利权不但在事实上不曾取消,并且在法律上加以保障,此议果定,则在此五年或十年中,我国丧失交通主权,仍与从前无异。再查交通部拟具解决办法:(丙)由交通部通告两公司将各项借线立即收回,至迟于本年底(即十九年底)与代办水线一律实行接管。今庄智焕始则云:由水线登陆处至上海公司运用室接线,应由交通部电政司借与公司使用,归电政司修理维持。继则云:只许必要之线,联结公司运用处及水线,其余均归我国电报局管理运用。交通部拟具解决办法,主张将所有借线,一律收回,自行接管,而庄智焕竟允许借与公司,明明与交通部收回所有借线及代办水线之办法相抵触。而且所谓必要之线,以何者为标准,既未明白指出,必由该公司认定无疑。果由该公司认定,则何线非必要之线,即何线非借与之线,而交通部所谓收回,庄智焕所谓其余均归我国电报局管理运用,皆将完全成为空言。凡借与公司之线,即我国所不能直接管理之线,果尔则国际通信之自主权,又完全丧失矣。又查交通部拟具解决办法:(戊)前清政府既任公司擅在吾国领海安设水线,复无条件许其登陆接线,自由营业,此类辱国损权之规定,在今日国民政府之地位,本可不受拘束,因此便于最低限度条件中,提出公司不得直接收发报务之办法。既不许该公司直接收发报务,则所有接收及投送电报之权,自应由交通部收回,自由行使。今庄智焕始则主张投递接收事宜,由中国政府委托公司办理,并派员监督,屋外可挂中国电报局牌子。继则主张收发事宜,由我国电报局全权办理,公司现役人员,可接受委任，以资熟手。所谓屋外挂上中国电报局牌子，则内部之组织毫无变更可知；所谓公司现役人员可接受委任，则我国用人行政权之须受限制又可知。此种敷衍搪塞之办法，不特贻邻邦之笑，抑且为吾国之羞。外人享自由营业之实惠，我国享收发报务之虚名，果何用心而竟让步至此？综上情形，于拟分报费一项，并未呈报。其中损失，仅就传闻所知，新草约与旧合同比较，交涉当局报告，认为每年增加收入一百万元，而实际则仍须损失二三百万元以上。查从前旧合同摊分报费，中国方面所得每字为三十八生丁半，现在新草约则分内地与上海两种，内地为六十生丁，上海为三十五生丁（照旧合同减少三生丁半）。按实在情形与商务情形论：上海电报费，须有专家详细核算，方能知其确数。以与内地，其比例为百分之八十与百分之二十，此其中究竟孰得孰失？尤宜研究（该项电报上所举数端，皆系重要关键，其余较轻问题尤不胜枚举）。兹当改定合同之日，正我国收回五十年来丧失国际通信自主权之时，庄智焕司何事？竟敢一误再误，致交涉条件失败至此！可见外间呈控累累，不为无因，似此失职丧权，应依弹劾法第二条提出弹劾。是否有当？乞依法交付审查！

（《监察院公报》第一期）

《庄智焕更订大东大北太平洋等公司水线合同丧权辱国案》委员刘莪青田炯锦高一涵质问书

（1931 年 4 月 22 日）

呈为依法提出质问事：案查交通部参事前电政司长庄智焕

办理国际电信水线交涉，失职丧权，经莪青等于本年三月五日提出弹劾案，今已月余，未见国民政府予以若何惩戒，仅由文官处交来行政院关于水线交涉之密呈一件，及附件一册。莪青等将来件详细核阅，藉悉此次办理水线交涉之经过，固不为外传丧权辱国之甚，但参考第一次至十二次电信水线交涉会议纪录，庄智焕个人之违法失职，实属罪无可逭。兹谨为院长详细陈之：案查交通部长王伯群于十八年五月所拟关于电信水线交涉大纲：(甲)预付报费合同，应即通告废止，债款另订办法。(乙)代办水线，应通告于一九二九年内收归自办。(丙)所有借用陆线，应即通告实行收回。(丁)所有专利权合同，及其他合同中关于专利权之条款，应即通告废除。(戊)所有水线登陆及接线合同，可按原约至一九三〇年，即民国十九年底为止；惟公司须预先承认期满后之新办法。所谓新办法者，即自一九三一年(民国二十年)起，在中国领海内安设之水线，悉归中国所有，由国民政府交通部实行接管。我方至必要时，可允于数年内酌提该水线营业纯益若干，作为酬报。原有公司技术人员，亦得酌予继续雇用。万一磋商结果，一九三〇年后水线仍须公司管理，我方因环境所迫后，不能取消其登陆接线之权利，则下列条件，实为最低限度之要求，务令公司承认：(一)须向国民政府交通部领取登陆特准凭照，并缴纳定额租金(二)只许公司传递外洋电报。(三)不得直接收发报务。(四)公司应将水线维持完善，倘有损阻，即须迅速修复。(五)增加中国报费。(六)遇有国内或国际间重大事权，国民政府保留派员检查监视、或暂行收归自办之权利。(七)以上特准期限以二年为度。该部曾将右述大纲，呈请行政院转呈国民政府备案，并由行政院饬令交通部应即遵照办理。十九年十月交通部密呈交涉经过，又云：该公司等如能翻然醒悟，本平等之原则，以与我国开诚协商，职部为求我国在国际多一通讯机关计，亦无妨于不失主权之下，使其存留。倘仍持强硬态度，我方惟有采用断然之处置，以与周旋，若交涉至本年底合同期满之时,再无解决办法,拟将该公司等在我国登陆之水线暂行撤除,然后再与磋商,彼时该公司等无所凭依,则一切条件,或将就我范围矣。是为交通部第二次拟具之应付方法,曾经国民政府于十九年十月二十四日以指令密字一九一七号备案。据此:可知国民政府对于电信水线交涉,在十九年十月以前,绝无表示让步之意,亦绝未付予交通部以让步之权,延至十九年十一月间交通部呈报办理国际电信水线交涉情形,虽略表示困难,然仍云职部鉴于以往国际电信所受之损失,仍应积极再与该公司等严重交涉,俾冀多挽利权。是仍无让步之表示也。直至十九年十二月九日第三次国务会议上,交通部长王伯群始主张交涉让步,反复陈明缘由,经议决水线登陆期限,改为十年或十余年。是交通部主张让步之最早期间,为十九年十二月九日。在此日以前,负交涉全责之庄智焕,倘不照十八年五月之原定大纲力争,则为失职。倘擅许水线登陆期限逾二年以上,则为违法。今试一查庄智焕负责办理水线交涉之会议纪录,不仅失职违法已也,且有故意陷外交于失败之嫌疑。查第一次与太平洋公司会议为十九年四月七日,纪录有云:庄司长说:运用水线为一事,管理水线营业为另一事,公司可以运用水线,而管理之权须完全在中国政府之手。公司代表说:我们可以在上海运用吗?庄司长说:当然可以。按现在水线之终点为宝山,由马尼拉到宝山,属诸公司,由宝山到上海,属诸政府。在十九年十月交通部密呈交涉经过,尚有倘交涉不得要领、则将该公司等在我国登陆水线暂行撤除之决心。庄氏有何根据!竟于同年四月七日第一次会议席上,即行明白表示让步。此其违法失职,故意陷外交于失败之罪一也。同年六月二十四日第二次与太平洋公司会议纪录有云:庄司长说:我们预备给你们水线登陆期限五年。公司代表 Deegan 说:五年期限未免太短。庄司长说:期满后,你们可以请求延长……公司代表 Dodd 说:五年未免太短,如果别的条件议妥,我请司长将期限较五年稍微延长一点……庄司长说:你们希望多少年?公司代表 Deegan 说:我意二十年并不算多。公司代表 Dodd 说:三十年吧。庄司长说:交通部预备给你们五年,但我们可以从长计议。试考交通部密呈交涉经过,在十九年十月以前对于水线登陆期限,绝无让步至二年以上之意,而庄氏于同年六月之会议席上,有何根据,竟将原定登陆期限至多不得过二年之成案推翻,始既许以五年,继又明言期满可以延长。查公司代表最初之要求不过欲将登陆期限较五年稍微延长,而且当时并未坚持。庄氏向公司代表说:你们希望多少年?公司代表一说:我意二十年并不算多。一说:三十年吧。玩其语意,并非坚决要求,不过试探我方意思。乃庄氏不但未曾严词拒绝,而且允为从长计议。竟于本年一月三十一日附呈关于电信水线交涉节略,谓:公司方面最初坚持其登陆权为永久的,思以三十年之继续登陆权,为放弃永久权之交换条件,以严词驳复后,方无异议。与会议纪录完全不符,饰词蒙蔽,究何居心?此庄氏违法失职,故意陷外交于失败之罪二也。又查会议纪录,并氏与大东大北两公司第一次会议时,坚主收回吾国领海内水线,而与太平洋公司第一次会议则绝不谈此事,已属不合。且三公司并非一体,自不应召集三公司联席会议,使其合而谋我。乃庄氏竟于十九年八月二十六号召集三公司联席会议,其应付方法,已属失当。且于会议席上说从前本委员会曾决定给予你们登陆期限五年,但念及我们过去的友谊,今准延长为十年。违背原则,一再让步,丧权辱国,莫此为甚。此庄氏违法失职故意陷外交于失败之罪三也。又查十九年十一月五号与三公司会议纪录:公司代表 Dahuson 说:为表示我们乐与迁就计,我们愿再让步,要求登陆期限与报务合同期限,均为十五年。庄司长说:好吧!对于第二点若何? Dahuson 说:你已经同意吗?庄司长说:不是,我欲先知一切条件。但直至散会,庄氏并未曾提及登陆期限问题,仅于散会时自动提议:翌日上午九时,将出席者分为两组,一组为普通会议,一组为专家会议。乃第二日早晨各公司代表并未出席专家会议,至十时许庄氏向我国专门委员声称：今天公司专门委员不能到会，专家会议可以不开。旋与吴南如二人与公司代表开普通会议，不令我国其他委员出席。其会议纪录云：公司代表Deegan说：我们很惊奇你在昨日会议席上仍坚持登陆期限为十年之原议，从我们上次会商中，我们记得你说登陆期限可以延长为十五年。Psoctos说：我记得你很明白的说登陆期限可以给我们十五年。庄氏语言含糊，并未明白否认，结语说：好了。对于收发电报权怎么样？查庄氏于五日会议席上并未拒绝公司代表登陆期限十五年之要求，乃自动提议翌日专家与普通分两组开会，又知公司代表不肯出席专家会议，复不令我国其他代表出席普通会议。在六日之普通会议时，公司代表屡言庄氏于上次会商中，已允登陆期限为十五年，而从前会议纪录并无此项记载，庄氏又不否认，则其为私人秘密会商，毫无疑义。查各地电信职工曾控庄氏于六日开会前，潜至下关惠龙饭店往见公司代表，回部后秘不告人。而第二十次会议纪录中，Deegan竟称在九月间与庄智焕在大华饭店讨论过几次，庄氏允许放弃收发权。查会议纪录并无在上海大华饭店开会之记载，则Deegan两称在大华饭店讨论几次，此为庄氏私人秘密接洽，更无疑义。种种让步，不在公开会议之中，反在私人秘密接洽之顷，此中黑幕，可想而知。按十一月六日为庄氏本人与各公司代表最末一次之会议，仍在第三次国务会议核准交通部所拟让步办法之前，庄氏违背初定原则之罪，虽百喙亦莫能辩。此其违法失职，故意陷外交于失败之罪四也。综上数点：交通部前电政司长现任参事庄智焕氏于办理国际电信水线交涉一案，在会议席上既不力争，又复秘密会商，私许权利，制止我国其他委员出席十九年十一月六日之普通会议，以便个人私图，事后又捏称公司方面态度若何强硬，饰词蒙蔽，以至交涉失败，国权丧失。倘不严予彻惩，则嗣后当外交之冲者，均将效尤舞弊，只知献媚外人，不顾丧失主权。国家前途，何堪设想？兹谨依弹劾法第九条之规定，提出质问书，呈请院长速即催促国民政府，将庄智焕交付惩戒，以彰国法，而儆效尤。

犹有进者：庄智焕在电政司长任内，除办理水线交涉丧权辱国外，尚有购置自动电话机器一事，亦有丧权自利之嫌。查自动电话机之装设，原非必要，欧美通都大邑已装设之旧式电话以经济关系，尚多沿用。我国财政困难已达极点，庄智焕竟费美金二百余万，购置自动电话机，无病呻吟，已属不当。而其与美国自动电话机公司所订之合同，尤为损失国权。查该项合同系于民国十七年十一月七日订立，其付款办法已于第二条载明，购主如果不能按期照付，卖主尽可照第七条之规定撤回一部分财产以抵偿之。乃第三条内竟明白规定卖主得派会计员，监理电话局之收入及支出。此项会计员原系卖主派来监督收支，坐索欠款者，纯为卖主服务可知。而第三条内又规定购主每月应以华币二百元，作为该会计之津贴。又工程师之雇用与否主权存我，乃第六条内规定自装置机器完毕后第四个月起，由购主给予每月华币五百元之津贴，其任期以两年为度，倘购主与卖主两方同意时，延长其任期。是不特二年内之工程师，系卖主所委派，二年以后尚须得卖主之同意，于监督财政之外，更涉及用人，不啻成为中美合办之电话事业。至今电话局月租费收据，竟盖有美国自动电器公司会计特派员图章，是我国国营事业之首都电话，财政管理权毫无必要，而断送于外人之手也。查交通部对于国际电信水线交涉一案，在最早时期，即谓水线有完全收回之必要与可能，并称对公司方面欠款不过百余万元，倘移购置自动电话机之款，为偿还水线交涉欠款之用，实有余裕。不此之图，乃将有用金钱，用之毫无必要之地，而于上政府密呈中，反谓水线交涉，外人以欠款为要挟，迫而让步。措置颠倒，致令国家蒙两重之损失。设若庄氏无贪图回扣之款，何得置国家如此之损失于不顾？更有何必要而于汉口上海各处同时购买此项之自动电话机？而交通部长王伯群于奉令查复呈文中，反为庄氏作种种辩护，即非朋比，亦属昏庸。

据上所述，庄智焕所犯违法失职丧权辱国之罪，自应严惩，而交通部长王伯群昏庸失职，亦实有应得之咎也。其他如各地电信

《外交部长王正廷巧于趋奉误国丧权串通日商垄断面粉案》委员李梦庚高一涵刘莪青审查报告书（节选）

（1931 年 9 月）

奉交下高委员友唐提起弹劾外交部长王正廷一案，其巧宦事实，前在广州护法时代，王以参议院副议长资格，竟受伪总统徐世昌勋章。并历充军阀、官僚、卖国政府要职，事实具在，无可讳饰。吉林万宝山案纯系日人唆使挑衅，酿成鲜人惨杀华侨惨案。今春日人居留东省民会自主同盟宣言，偏传各报。其蓄意侵占我国领土，扰乱东方和平，业经迭次实现。而王正廷冥然罔觉，事前既无揭发狡谋、促起世界注意之宣言，临事复无批亢揭虚、严重有力之抗议，甚至处国际情势繁变险恶之际，而驻在美法德等国之公使，虚悬数月之久，至今无正式负责之人。该部所设之情报司，月糜国帑数万之巨，亦不知所司何事？遂使全盘外交现状，陷于盲人瞎马、危崖孤立之势。而日人对我之侵掠，益启其强盗劫夺，席卷包举之心。今且侵掠未已，亡国当前。王正廷失职误国之罪，实属无可宽容。当此对日交涉危急存亡之际，高委员所请自系为紧急救济、惩前毖后起见，应请照案移付惩戒。至该外长王正廷平时与日商勾结情形，路人皆知。高委员所举发之两案，事关外交最高长官勾结外商。该王正廷是否卖身，抑系卖国，并应迅交法院，先行看管，依法侦查，严行究办，以为渎职丧权者之炯戒。

（摘自《监察院公报》第七期—第十二期合刊本《本院呈国民政府文》）

《外交部长王正廷贻误外交丧失国土案》委员高一涵高友唐郑螺生审查报告书(节选)

(1931 年 9 月 28 日)

案奉交下审查李委员梦庚弹劾外交部长王正廷贻误外交、丧失国土一案。委员等审查结果,以外交部抗议文内,谓日军与华军冲突一语,与张副司令迭次电报,衅由日开,我方处以镇静等语,完全不符。即中外报纸所载,亦系日军袭击占领沈阳等处。王正廷未加调查,竟自认日军与华军冲突,授日人以口实,实属丧心病狂,卖国媚外。其平日对于外交,毫无准备,亦属溺职,无可辞咎。认为:应从严惩处,以救危亡。

(摘自《监察院公报》第七期—第十二期合刊本《本院呈国民政府文》)

《行政院院长汪兆铭对于此次上海停战协定不交立法院议决遽行签字案》委员刘三乐景涛高一涵审查报告书(节选)

(1932 年 5 月 21 日)

奉交高委员友唐弹劾行政院院长汪兆铭违法一案,委员等以为国家既号法治，则一切措施，当循法规。反是即为违法，即应受法之制裁，虽有贤者莫能外也。查国民政府组织法规定：凡宣战媾和及其他重要国际事项，立法院有议决之权。此次淞沪停战协定，虽与宣战媾和不同，但为国际重要事项，则无疑义。行政院不交立法院议决，遽行签字，其为违法，彰彰明甚。且事变无常，将来对外援例，随意协定，危险何可胜言？为此佥认高委员申请惩戒行政院院长汪兆铭，实为允当。

（摘自《监察院公报》第十三期—第十四期合刊本《本院呈中央党部监察委员会文》）

《皖北赈务专员全绍武皖北运储主任德瑞芝皖北运输专员杨树诚易粮委员会委员长辛博森委员查良钊等营私舞弊贻误赈灾案》委员周利生高一涵弹劾文

（1932年8月18日）

为弹劾事：查国民政府水灾救济会、皖北赈务办事处，迭被皖北水灾善后委员会，及各县人民代表控其营私舞弊、贻误赈务等情到院。经派利生、一涵分往蚌埠、上海等处实地调查。调查结果，认为有舞弊，及误赈者，约有四事。一、变价。查此次赈品以美麦为主，而摊归皖北之赈麦，被变卖为款者一万余吨。经向皖北运储处，及上海易粮委员会，询其何以有麦不放，必需变价？据其答复，不外有二种理由：（一）各灾区灾民有食麦不惯、请求变价发款者。（二）沪战起后，运输困难，不得不变一部分价，以应灾民急需者。然此二种理由，均与皖北情形不符。就第一点言，皖北地方，素为食麦之区，各县灾民曾数电朱庆澜主任，请求发麦，不必变价；且经复电，允以宜麦发麦，决不变更，往来电稿，尚可复按，是第一种理由不成立。就第二点言，变卖皖北之麦，并非在沪交货，第一次二千六百吨，系由皖北运储处指拨，第二次八千余吨，亦由公家代其运至蚌埠交货；麦既到蚌，何云运输困难？是第二种理由不成立。据此皖北赈麦本不必变价，且不宜变价，而赈务当局必强为变价，其中隐情，已是呼之欲出矣。且查三四月间，上海麦价每担平均约在四两左右，而易粮食运往蚌埠交货者，亦仅售三两七钱，或三两九钱，谓为无弊，其谁能信？又查蚌埠三四月间，麦价每吨总在百元以上（内地尚不止此数），而赈务处发给灾民者，每吨只合八十二元，每吨相差近二十元，仅以皖北被卖之万吨计算，舞弊已近二十万元；若合整个变价而论，其数目当更惊人矣。二、短秤。查美麦一吨，合英磅二千磅；英磅二千磅，合中国曹法秤（正十六两）一千五百七十五斤，而皖北运储处发给灾民之麦，每吨只予曹法秤一千五百斤，每吨短少七十五斤，每二十吨约短少一吨；若以五万吨而论（皖北摊派赈麦共计七万余吨，除变价、变粉外至少尚余五万吨），则短少二千五百吨，每吨以百元估价，舞弊当在廿五万元以上矣。此事已经蚌埠各机关、各团体、各办赈人员（并有美国副领事某某视察处副主任钟可托在场）会同试验，证明实在；而钟副主任且曾当众声明，俟回沪后当据实报告；并请求补发短少之麦。夫补发为一事，舞弊为一事，决不能谓短麦如果补发，即可置舞弊于不问，犹之盗贼已被捕获，决非仅仅追还赃品，即可了事也。三、化粉。查皖北为食面之区，磨具随处皆有，研粉磨面，本无须办赈者为之代劳；乃皖北办赈当局，必勾结当地面粉厂（如宝兴信丰各厂）为之化粉，虽经灾民坚决反对，上海来电制止，然已代磨三日，化去麦子一千余吨矣。查美麦质料优良，每麦百斤，至少可以出粉九十斤（粗粉尚不止此数），而工赈处每麦百斤，仅发面粉七十六斤，两相比较，约差百分之十五；即以一千二百吨计算，灾民已损失面粉一百八十吨矣。为数虽不如变价短秤之巨，然办赈者欲于其中渔利，则情节显然矣。四、延误。查皖北急赈，本应在去冬发放完峻，然延至本年三月，每县急赈，只各发五十吨（皖北二十一县合计只一千零五十吨）。虽经灾民哀呼恳求，催其早放，而赈务当局总以运输困难，粮站无麦为词。然查浦口车站运赈总账，计至四月五日以前，运往蚌埠之麦，已有三万四千五百二十五吨。又查粮站账目，一月底余麦有二千九百余吨，二月底结存二千五百余吨，三月底则结存三千余吨，明明麦已到蚌，故意延不发放，谓非别有作用，其谁能信？且查当地宝兴、信丰两厂，去冬皆因无麦停机，今年则两厂之麦，从未缺乏；宝兴更是美麦山积，并徐州、济宁两处之厂，亦由其运麦开磨矣。何运输不阻滞于商家，而独阻滞于赈品？此中黑幕，隐隐欲现。运输专员李树诚（则宝兴厂主）假公济私之咎，虽百口亦不能辞矣。以上四点系就整个赈务而言；至于赈务专员全绍武办理不善情形，虽不如控告者所言之甚，然其人刚愎颟顸，则固众口一词也。如擅行拘押五河县赈务代表，及任意变更朱主任支配数目，均属事实具在，无可置辩。且查该员经手赈款，除急赈外，余如国府春赈，及基督教协会等义赈，合计不下四十万元，然其如何支配？如何散放？既未商同各县赈务分会，亦未通知地方人士；且在报上亦无只字公布，以至人言啧啧，怨声四起；虽未查有舞弊吞款证据，然其办理不善，有忝厥职，则无论何人不能代为解释也。水灾为何等悲惨之事？救灾为何等慈善之举？办理赈务者，应如何慈悲为怀？廉洁自矢？今竟有人欲从赈款里面扒钱，向灾民头上揩油，此而不加纠弹，影响将来赈务前途甚大。用特依法提出弹劾。请将应负责任之皖北赈务专员全绍武、皖北运储主任德瑞芝、皖北运输专员杨树诚、易粮委员会委员长辛博森、委员查良钊等，一并移付惩戒。并请转呈国民政府，另派大员会同会计专家，将国府水灾救济会全部账目，彻底清算，如果发现舞弊情事，应将赃款追出，负责人员送交法院审办，以重赈务，而昭大信。是否有当？请付审查。谨呈院长鉴核施行！

（《监察院公报》第十六期）

《江苏省政府主席顾祝同违法拘禁江声日报经理刘煜生案》委员周利生高一涵李梦庚审查报告书

（1933 年 1 月 12 日）

为审查报告事：案奉交下刘莪青、田炯锦二委员弹劾江苏省政府主席顾祝同违法拘禁《江声日报》经理刘煜生一案。经会同审查，咸以该省政府主席既违背约法及出版法，拘禁新闻记者至五六月之久；复藐视监察院组织法，及调查证使用规则，对本院调查员加以拒绝。违法滥权，莫此为甚。自应依法将江苏省政府主席顾祝同移付惩戒，并应咨请行政院令饬该省府迅将刘煜生移送法院讯办，以重人权，而崇法治。谨呈院长鉴核施行！

（《监察院公报》第十八期）

《华北军事委员分会委员长张学良热河省政府主席汤玉麟抗日不力失地误国案》委员刘莪青周利生高一涵田炯锦弹劾文

（1933 年 3 月 7 日）

为华北军事委员分会委员长张学良、热河省政府主席汤玉麟抗日不力，失地误国，特行提案弹劾事：窃以张学良在九一八以前身任东北地方长官，以不抵抗而失沈阳、锦州各地，业经本院弹劾有案。此次暴日犯热，我中央政府密令抵抗，并责成张学良负华北军事责任，关于抗日军需各品，亦交由张氏支配。张氏受命之初，虽曾遣兵调将，实无抵抗决心；就其分配军需品之情形，已可表现。开战以后，其主力部队不十日败退六百余里，尤足证明。查我军参加热防者为汤玉麟部约四万余人，张氏直属部队约三万余人，孙殿英部队三万人，统计十万人以上。时当日逆攻热准备，我方早已洞悉，在军事关系上，除滦东必须严防外，热防之重要，实不待言。张已领得中央饷款二百余万元，弹五百余万发，对于参加热防部队，自应公平支配，充分补助，方为有益。然据委员等所知，张对孙殿英部仅给予开拔费三万元、弹三十万发，而孙部所任之防线，则为北路之赤峰，距离后方既远，继续接济自难，乃张氏仅予此数，岂非儿戏？又查此次热防布置，最前方者在北为开鲁，在南为朝阳；其次在北为赤峰，在南为凌源，居其中者为建平，再其次则为平泉、承德。守开鲁者为热军崔旅，守朝阳者为热军董旅，守赤峰者为孙殿英部，在其他各地担任防务者，则为张、汤之主力部队。自上月二十五日与日逆正式接触，至本月四日而承德失陷，所未失者仅一饷弹不足之孙部所守之赤峰。查开鲁至赤峰五百余里，朝阳至凌源约三百余里，凌源至承德亦三百余里，战争开始仅三日，崔旅已退至赤峰附近，董旅已退至凌源附近矣。孙以孤军受崔等败退部队，及义勇军冯占海、刘桂堂等附逆之影响，尚能抗战坚守，直至承德已失而未退。以张、汤之主力守天险之建平、凌源，乃未及三日即行放弃，又三日而平泉、承德亦陷，无论日寇进攻如何神速，果张、汤部队肯抵抗者，决不至未及十日损失六百余里之防地。况张学良任华北军事全责，汤玉麟以热河主席兼任集团军总指挥，自开战以来，均未亲临前线，其无抵抗决心，实可概见。淞沪之战，十九路军尚能坚持数十日，张、汤凭藉天险，手握重兵，应如何努力牺牲一切以赴之？今竟若此。张、汤之肉，其足食乎？兹特提案弹劾，应请转呈中央绳张学良、汤玉麟以国法，以为守土不力者戒。谨呈院长鉴核施行！

（《监察院公报》第十八期）

《上海第二特区监狱典狱长谢福慈营私舞弊案》弹劾文

（1933年9月7日）

为弹劾事，案据江苏省上海第二特区监狱看守□□□等呈诉该区监狱典狱长谢福慈克扣囚粮、压迫看守一案，当经监察委员杨亮功、郑螺生签呈，函司法行政部查复，业经函达司法行政部在案。嗣准司法行政部复称，“业经本部令据署江苏高等法院第二分院首席检察官王振南查明呈复，除该典狱长谢福慈因另案被控，业经免职外，相应照抄查复原呈函复”等由到院。此次委员奉令视察江苏，又准本院秘书处函交该案，附带调查，即于本月十一日亲到第二特区监狱调查，查悉该典狱长谢福慈，对于一零二号犯人黄树祺，即（王树基），二零七号犯人陈连根等，私自用刑，已非一次。计令黄树祺上老虎凳一次（即用绳缚在凳上，并用砖头垫在背后腰上），受反铐二次（即用绳反缚两手于背，每铐十二小时或二十四小时），令陈连根上老虎凳一次，并先用拳打脚踢，后用藤条打，然后才上老虎凳。该二犯经委员亲问，皆云是实，并有自行签字之口供为证。检察官王振南文中，对于该典狱长虽多开脱之词，然亦称，“据陈连根、黄树祺、陆文章供称‘彼等曾被监内看守用绳绑缚凳上，并用砖头垫在腰间，痛苦难受’，名为‘老虎凳’等语。据刘炳生、李如宝供称‘彼等被看守用藤条打过’等语”。王振南并称：“此次调查时,监犯陆文章曾当场自咬手臂皮肉,欲藉以证明其所说非虚。”可见该典狱长之虐待犯人、擅用非刑、私行拷打,已属证据确凿。其他如王振南复称“犯人余少佐死后,遗有银币”,虽据该典狱长声称“屡次通知其家属具领”,然通知书既无底稿,又未挂号,焉能遽信为真。至于将看守扣饷垫用一节,尤为不当。因饷为看守法定薪金,即欲扣存,亦应存储生息,安得以他人应得之薪饷,移作别项开支。其为压迫看守,藉图私利,已可概见。总之,上海特区监狱弊端极深,在司法权未曾收回以前,黑暗情形,早为世人所共见。自司法权收回迄今,为时无几,而第一特区典狱官,因犯侵占罪,而被发觉者,至谢福慈止,已有四起之多。当委员调查第一特区监狱时,该典狱长谢福慈,因在第一特区监狱长任内之侵占罪发觉,尚拘留狱中,以待审判。由此可见该典狱长之营私舞弊,不自今始。兹特提出弹劾,请即依法交付审查,移付惩戒,以重法纪,而儆贪风。谨呈。

(《监察院公报》第二十六期《本院移付中央公务员惩戒委员会文》第二五七号)

《江苏省松江县县长沈庸及法院院长王思贤等违法渎职案》弹劾文

(1933 年 9 月 12 日)

为弹劾事,案查江苏省松江教育会常务委员□□□等,呈诉该县前县长沈庸等,违法渎职,暨松江县党部张寰治等,函控松江银行行长谢良达等,侵吞公款,县长沈庸得贿故纵,及松江法院院长王思贤,检察官祝宗海枉法徇私各案,准本院秘书处函交委员,及书记官黄仁中顺便调查。兹查得松江银行于二十一年二月五日，因上海分行倒闭，在废历年节后，即呈报县政府，停止营业。该县长沈庸（现任青浦县县长）既接到松江县党部二月九日函请将该行所有账目及现款派员查封，及各债权人律师等，呈请迅为查封该行，保存证件各在案，乃竟迁延至半月之久，至二月二十三日，始行查封。纵容该行行员及清理委员会从容消灭证据与伪造证据。及至三月四日以后，迭奉江苏民政、实业、教育、财政四厅会电，令该县长将张啸嵋等看管查办，并严缉该行行长谢良达归案讯办各在案，而县长竟违抗电令，或蒙呈四厅，多方为张啸嵋等开脱，或故为延迟，始将张啸嵋等移送法院。所有该行行员消灭证据，及伪造证据等舞弊行为，皆由该县长纵容坦庇而成。据此，则该县长之串通舞弊，及纵容舞弊之实情，几为有目者所共睹。至于松江法院院长兼推事王思贤，承办债权人控案，先后判决，如出两人，又复狐埋狐搰，改判决为裁定，其审判之任意出入，已可概见。似此枉法渎职，将何以维法律之威信，保法院之尊严，更将何以保障人民之权利利益。兹特提出弹劾，乞将该县长沈庸，及该院长兼推事王思贤，依法付惩，以肃官常，而维法纪。至于该行长谢良达，在任时之舞弊营私，及吞没现金各节，暨该行行员，及清理委员会委员等之消灭证据，及伪造证据各节，应令法院依法严办，以重法治，而儆刁商。谨呈

（《监察院公报》第二十期《本院移付中央公务员惩戒委员会文》第二十二号）

《江苏邳县县长彭国彦兴化县长华振奉贤县长沈清尘等贪赃枉法案》弹劾文

（1933 年 9 月 14 日）

为弹劾事，委员此次奉派视察江苏，风闻被控之贪污县长彭国彦等，业经江苏省政府撤职扣留在案，理应切实调查，以明真相。兹准江苏省政府主席顾祝同函送前任邳县县长彭国彦、兴化县县长华振、奉贤县县长沈清尘、阜宁县县长洪福元等四人，贪污罪案重要节略前来，摘叙各该县长贪污违法之事实，颇为确凿。查该前邳县县长彭国彦勒索四隅征收总书记杜怀芳、梁得中、石鹏年、张明远等例规，计现洋及期票一千八百余元，均经质讯明白。其浮收赋税部分，亦经派员查明，并有该县长所出之布告为凭，均属证据确凿。该兴化县长华振到任十个月内，得不正当收入一万五千元，业经该省民政厅派员查实。其对于盗匪车鹏庆、顾长吉等得贿故杀，及得贿故纵之嫌疑，亦经江苏省政府证明是实。该前奉贤县县长沈清尘伙同秘书杨长佑，得朱锦文之父贿金一案，业经查讯确实。该前阜宁县县长洪福元藉办理烟案，诈索贿赂一款，亦经该省政府查讯，认为确凿有据。该县长等如此贪赃枉法，实为国法所不容，除该洪福元一名，早经本院弹劾，交付惩戒外，尚有该县长彭国彦、华振、沈清尘等，虽由该省政府撤职，尚未经中央明令惩戒。兹特提起弹劾，请一并依法交付惩戒，以正官邪，而警贪风。理合检同江苏省政府主席顾祝同公函，连同所开各节略，一并呈请院长鉴核施行。谨呈。

（《监察院公报》第二十期《本院移付中央公务员惩戒委员会文》第二十三号）

《安徽霍山县前任县长陈立本贪赃枉法渎职殃民案》弹劾文

（1935年5月13日）

为弹劾事，案查前霍山县长陈立本被控贪赃枉法、渎职殃民一案，前经委员签请令行安徽省政府具复，以凭核办在卷。兹据安徽省政府呈复到院，委员详核全卷，(一)该县长接办郭任所移籴款，移筑城堤，以工代赈一案，赈款事前或被各区各保吞蚀，或移作别用，致堤工久延。小民受累，该县长明知之而不追究。(二)该县长经征二十一年田赋，确有裁串催逼，差役勒索情事。又核该县田赋串票，票面仅列附税洋码，附加各次，既未列举，正附税银总计若干，亦复漏填。(三)该县长任内财政科长孙式如，以贱价私购田赋六成预征券，勒令代换现金，或以陈欠串票，代替正款。综上事实，该前县长失职及失察之咎，甚为明显。兹依法提起弹劾，请将前安徽霍山县长陈立本，移付惩戒，以肃法纪。谨呈。

（《监察院公报》第二十九期《本院移付文》第一三三九号）

《湖南长沙地方法院候补推事李向荣违法审判案》弹劾文

（1935年8月17日）

为弹劾事，案查前据湖南长沙县民呈诉长沙地方法院推事违法审判等情到署，当经本署详加审核，对该案第一审是否合于法定程序，发生疑问，即经抄原呈一件，检附原判决书一份，函请湖南高等法院查核见复去后。兹准该院函复略称“查本案第一审未照法定程序，率予判决，自不能辞错误之咎”，又称“查系前该院候补推事李向荣承办”等由。准此，查法官审判案件，自应依照法定程序办理。兹湖南长沙地方法院候补推事李向荣，对于被告汪在位，仅一次传唤未到，遽许到场之原告一造辩论而为判决，殊违反民事诉讼法第三百七十七条第二项之规定，既经本署函准该省高等法院查复属实，自应依法提起弹劾，请予依法移付惩戒，以重审判，而维法纪。谨呈。

（《监察院公报》第四十二期《本院移付文》第二〇一号）

《江汉工程局局长杨思廉等疏忽堤防酿成灾害案》弹劾文

（1935 年 9 月 12 日）

查湖北本年遭受水灾惨烈情形，较之二十年大汛时期，实有过之。全省七十县罹此祸变至达四十九县之多，其酿成灾害之果，实由江汉工程局局长杨思廉废弛职务之造因。凡鄂之人民，自七月初旬直至于今，直间接横受漂没荡析之苦况，无不怒于室而市于色，口有道道杨思廉，耳有闻闻杨思廉，手有指指杨思廉，群情愤愤，以指摘杨思廉责任所在，俨如生铁铸成之事实，不可或有所旁贷。盖防护水患，惟在修筑堤防，而湖北江襄两流域修筑堤防之负有专责者，惟在江汉工程局。该局长杨思廉系于民国二十一年十一月三十日，接办一切工程，在职两年有半，不可谓之不久，而于各干堤堤工之窳败，地方之隔阂情况，漫不经心，以致变本加厉，卒召偾事，使工程方面与地方行政方面，失其联系运用，一遇非常事态之到临，便颠倒仓皇，莫知所措。在险工吃紧之时，一涵曾亲巡该局所辖各干堤堤段，并经迭次令派本署调查科科长安梦周、科员喻正权、张家珏、办事员朱桐生等，分别勘察已破未破各堤垸，兹经该员等呈复调查该局平日设施状况防汛工作情形，及关于张公堤与各干堤防汛期中经过情形，详确调查据报前来。一涵复经搜集各种佐证材料，并博采周咨武汉各机关主要负责人之言论及一般舆论，推究本原，穷其得失利害之故，以及局长杨思廉渎职罪之事实真相与经过，谨分别缕陈如下。

（一）江汉工程局与湖北水利堤工两局之比较

湖北为江汉汇流之区，与堤防相依为命者，计有三十六县。然在民国十五年以前，堤工向无专款，修防之责概委之于人民，迨十五年秋国军奠都武汉，地方各法团始呈奉中央党部、中央政府联席会议议决，于湖北之特税、厘金，暨有堤之武昌等三十六县田赋内，各照正税附征十分之一堤工捐（自二十年起裁撤厘金，故该项厘金附捐，亦随之停止），并于鄂、湘、赣三省海关出进口货按物价百分之一，附征堤工捐，专款存储，由财政部通令施行，俾作鄂省修堤经费，不准移作别用，迭经通令遵行，垂为定案。自十五年十一月以后，专司修防之责者，或设湖北水利局，或设湖北堤工局，皆直隶于湖北省政府。而专司经费保管之责者，则为湖北堤工经费保管委员会。于是修防之责，遂由人民而移归于湖北省政府。至二十一年十一月豫、鄂、皖三省"剿匪"总司令部颁布训令，将湖北水利局、堤工局，及湖北堤工经费保管委员会一并裁撤，所有湖北水利、堤工两局办理之各项水利工程，一并移交全国经济委员会所属江汉工程局接管。其原有堤工经费，照旧征收，另组保管委员会保管。比即订定湖北堤工专款保管委员会章程，令仰遵照在案。于是修防之责，复由湖北省政府移归于全国经济委员会矣。此为湖北堤防水利机关，自十五年起至二十一年止，总计六年之间变迁改革之大略。

查湖北堤防水利事务，在水利、堤工两局办理时代，弊端百出，就经费言，自十六年四月堤工经费保管委员会成立之日起，至二十一年十一月该会裁撤之日止，总共收入堤捐及各项经费计国币一千九百七十万四千余元，支出国币一千五百一十万五千余元，所余四百五十九万八千余元，非为历年湖北各机关所挪借，即为中央银行所倒欠（系民国十六年之中央银行）。又因保管委员会在最初并无稽核权，各征收机关究竟征收若干，无法稽考，以致或征而不解，或解而不清，故挪移亏欠之案，层见迭出。而此挪移亏欠之款，有案可稽者，因公挪移一项，计达六十二万余元，私人亏欠一项，计达七十三万余元，并未列入上项收数总账之内。盖在堤工经费保管委员会保管经费时期，六年之间所有收支数目，从未依会计法列表公布。事前既无完全预算，事后又不办理决算，随意开支，毫无限制，任情挪借，无法归还，悬案迄今，尚未清结。此乃自十六年至二十一年各机关对于防堤专款挪移亏欠之大概情形也。

再就工程言，在水利、堤工两局管理修防时代，对于堤防之修筑，每年分段设工程处，委人承办，三数月以后，工程告竣，工程处即行取消。而竣工与验收，相隔辄在半年以后，故每处所用工款，须待一年之后，方可结束。其或因水涨而工程淹没，或因匪患而交通阻滞者，往往经过二三年之久，尚未验收。故水利、堤工两局历年经支工款，约一千二百余万元，而合法报销者，约计不过三百五十万元。其他浮报开支，及卷款潜逃者，不一而足。因水利堤工两局向保管委员会支领堤款时，从不先定预算，必待支用而后，方造册呈请核销，而各工程处领到堤款，往往随意觅商承包，从不用投标办法。工程处因无预算拘束，故可肆意侵占。而承包人因受层层剥削，又往往偷工减料，百弊丛生。结果，真正用于实际工程开支者不及十分之五六焉。此乃十六年至二十一年水利、堤工两局对于堤防专款浮支侵蚀之大概情形也。

自二十一年十一月三十日江汉工程局接收水利、堤工两局事务以后，动用堤工专款，必遵循法定程序，先经呈准全国经济委员会核发，然后再向湖北省政府建设厅堤工专款保管委员会领取。挪移亏欠之事，自不致随时发生。又因该局内部组织比较完密，每一工程须经过设计、施工、考核各组之手，而凡单价在三千元以上之工程，概用投标办法，招商包修，舞弊机会，自较从前减少。故自江汉工程局接办湖北水利、堤工两局事务以来，对于经费之领支、及工程之举办，均较从前为进步，此为有目共睹之事实，无论何人，均不能轻易否认者也。

（二）江汉工程制度上之缺点

根据上述情形而言，则江汉工程局之优点，即在该局不得自由支领堤款，不得任意修筑堤防，故该局之一举一动，均受法定程序之限制。为除弊计，则手续固不妨繁重，程序固不妨曲折迂回，然一到夏潮秋汛时机危急之时，安危寄于俄顷，成败悬于目前，苟不能当机立断，应变有方，则时机一逝，补救无由，未有不偾事者。故江汉工程局之组织，仅适宜于处常，而不适宜于处变。在常时凡属江汉工程局之优点，一到变时，皆表现为江汉工程局之劣点。盖在闲暇无事之时，用江汉工程局担任修筑工作则可，在危急存亡之时，用江汉工程局担任抢救工作则不可。因该局所行者为包工制，自由雇工，莫能强制，召募不能应时，指挥不能如意，以此应急，未有不贻误事机者。本年七月十二日至十七日张公堤之姑嫂树及禁口堤防塌陷，而该局局长杨思廉不得不避入日本医院，所有抢险工作，必待警备司令叶蓬出而担任，即其明证也。

然江汉工程局亦早虑及此，故由该局及全国经济委员会所拟定之各种办法，大概皆将修筑之责，归之于江汉工程局，将防汛之责，委之于该管地方政府。即关于修筑堤防之事以江汉工程局为主体，关于办理防汛事宜，则以地方政府为主体，该局仅立于指导协助地位（见《江汉干堤防汛办法》第六条）其自为计，未尝不周。然己为其易，责他人为其难，譬如军队，仅愿担任驻防，一到打仗之时，则退居宾位，而欲使其他军队任前锋，天地间焉有是理。且地方政府，对于该局所修筑之堤工，平时既无权可以过问，修筑是否坚实而合度，不得而知，一旦堤防有事，则孰愿挺身而出，代负抢救之劳。在地方政府之啧有烦言，固亦理所应然。此乃工程与行政不相统属之最大缺点，而为武汉各机关当局所共见共闻者。如长此不变，一届夏潮秋汛之来，江汉工程局因无行政大权，不能召集民夫，而束手无策，地方政府亦因平时不负技术上责任，非至万不得已，绝不愿挺身而起，共济艰危。一涵愚见，以为即经费材料偶感不足，尚不足深忧，惟此行政与工程不能打成一片，乃为防汛时期之极端危险现象。为挽救此种缺点起见，湖北省政府遂有汉口市堤工委员会之设，由汉口市政府、江汉工程局、汉口商会等合组而成。然此种采用合议制之机关，仅能议决，不能直接执行，曲折迂回，迁延时日，诿责则有余，负责则不足，欲令负抢险之责，恐会未开而堤先决矣。此制度上之亟应改革者也。

（三）江汉工程局对于堤防之疏忽

上述各节，大都为制度上之缺点。然制度问题之外，人事问题，亦十分重要。故江汉工程局此次所发见之种种弊端，由于制度者半，由于人事者亦半。查江汉工程局所有工程人员，对于水利工程具有精深之学识及丰富之经验者，廖廖无几。该局长杨思廉系学铁道工程者，才具平庸，绝难胜此重大责任。兹就其大者言之，约有数端。

（1）查堤工修防时期，早经三省"剿匪"总司令部公布在案。即关于修筑堤工，"其每届开工日期，不得逾当年之一月底。完工日期，不得逾当年之五月底"（《监督修筑湖北堤防办法》第三条）。关于防汛期间亦规定"以六月十五日至九月十五日为标准"（《江汉干堤防汛办法》第二条）。该局事先毫无准备，即关于屏障汉口之张公堤，其由姑嫂树至晒甲山堤段，应施行建筑压浸台工程，延至四月十日方始开工，至七月二十一日，一涵亲自视察张公堤时，尚未完竣。关于修补张公堤浆砌坦坡之裂痕，直至六月二十六日始向汉口市堤工委员会报告，一则曰"拟择要修补"，再则曰"正派员勘估"，三则曰"一俟估毕，即行兴工"（见本署安梦周科长报告第八段）。其违反修筑堤防办法及防汛办法所规定之期限，彰彰明矣。

（2）自七月十二日深夜姑嫂树及禁口堤段发生塌陷情形时，经汉口市政府工程师吴国柄发觉后，报告驻堤之工程师，因深夜材料不济，及工人不应指挥，拟决定放弃抢救，证以汉口市党部派员到本署报告，及本署所派秘书汪淮、科长安梦周查勘报告，均属相同。斯时湖北省政府张主席及本署皆欲一见该局长之面而不可得，故弃职潜逃之消息，业已遍传武汉中央及上海各报纸，事后探询，始知该局长当张公堤危在旦夕之时，正在托病匿居汉口日本同仁医院，故自十二日至十六日，无论在该局之中，或在张公堤上，皆不见该局长足迹。迨至二十一日，一涵与赈务委员会许委员长世英同勘张公堤时，面询该局长自十二日至十七日是否避居同仁医院，该局长亦面称属实。由此可见此次张公堤之幸未出险，全为武汉警备司令叶蓬抢救之功。该局长当此千钧一发之时，竟托病潜藏，放弃职守，论其罪案，当尤重于军人之临阵脱逃矣。

（3）查该局所管辖之江汉干堤，业经溃决者，计有十五处，尚在危险中者，计有十一处（见本署安梦周科长附呈第四号表）。湖北人民报江汉工程局岁以数百万之巨款，而江汉工程局报湖北人民以四十九县之巨灾，抚衷自忖，何以为情。且钟祥县十一弓之溃决，原因在工务人员一闻水至，即事先弃职潜逃，以至下游人民未闻鸣钟报警，死在梦中者，不知凡几。而江陵之万城大堤，据雷专员啸岑报告，在七月五日午后十一时许，荆江干堤之得胜寺与堆金台一段，即已溃决五十余丈，该荆江堤工局局长徐国瑞竟懵然无知，至七日始称万城大堤漫水。而驻万城之堤工局主任吴锦棠，闻警声，言先往关庙祭奠，旋即潜逃无踪。局内防险材料，一无所有，仅留一职员杨玉龙与众敷衍云云。由此可见该局所属之工务所所长及堤工局局长与工程人员，事先竟毫无防汛准备，事后则多弃职潜逃，置抢救及堵口工作于不闻不问，其废弛职务及酿成灾害之情形，固已铁案如山，百口莫辩矣。

（4）查汉成、新丰垸、东成三垸系本年自一月起开工新筑者，计用经费二十八万（汉成垸十六万、新丰七万、东成垸五万），与最初估计约需经费七十余万者，相差竟至一倍以上。三垸之修筑事宜，由三垸委员会议决，而三垸委员会则由杨思廉兼任委员长，所有会内工程人员，均由该委员长指派。然则该委员长对于三垸之修筑，自应握有全权，该委员长系专门技术人员，担负设计施工之责，既明知经费不足，自应毅然主张，择要修筑一垸或二垸，乃竟曲从无专门知识者之意见，将三垸同时兴工，以致经费一分，三垸皆不能照原定计划修筑，不得已惟有出减低工价及减少土方之下策。垸顶之高，仅定为四十八英尺。查三省“剿匪”总司令部所公布之堤工须知规定，无论缮修或新筑工程，“堤顶高度至少须与该处最大水位平”。二十年汉口之最高水位为五十三英尺六寸，而该委员长所兴筑之汉成、新丰两垸，竟仅定为四十八英尺，与该处最大水位比，相差竟至五尺六寸之多。而且不遵守五月底完工之规定，至夏汛期间，工程尚未完毕，故汉成垸至六月二十六日水位仅高三十六英尺时，其第二十三段即已漫水，及至水位至四十六英尺以上时，该垸即全部淹没矣。新丰垸亦因减低工价，致令承包者多受亏累，做工者发生怠工情形。迨夏汛到来，仍有少许未能完工，致遭漫顶之患。举此二十余万之巨款，尽掷之水中，该委员长自应负完全责任。且新丰垸之漫溢，所缺之款，为数不过数百元，始则因该工程师谢先进携款至堤，惧被包围而返汉，继则因该监工员钱祖源携款至堤，惧被工人擒拿而弃款逃跑（见本署科员喻正权调查报告），一误再误，致全垸俱被没沉。该委员长及工程师等或玩忽职守，怠于防制，或处置失当，督饬无方，致酿成巨大灾害，若从严惩处，自应科以《刑法》第一百三十条之渎职罪，即从宽惩戒，亦应加以《水利官员考绩条例》第七条所规定之处罚焉。

以上所陈江汉工程局局长杨思廉及各工程人员违法渎职各款，仅就其显著者言之。其他各工务所所长及堤工局局长暨工程人员之违法渎职情节，尚不止此。堤防为人民生命财产所系，国家赋税所关，中央历年对于堤防水利负责人员之诰戒，奚止三令五申，乃言之谆谆，而听之藐藐。每届夏潮秋汛，堤防之以溃决闻者，几视如常事。而堤工负责人员之以弃职潜逃闻者，尤比比皆是。若不整饬纪纲，严行惩治，将何以继持法纪而重堤防。特此提劾，请予移付审查。谨呈。

（《监察院公报》第四十六期《本院移付文》第三零五号）

《湖北孝感县县长欧阳洪烈贪污违法废弛职务案》弹劾文

（1935年10月29日）

案准湖北省党部执行委员会常务委员王绍祐等密报，并据孝感县人民，孝感县旅省同乡会常务理事李永耀等，孝感县厨业工会理事鲁祥润等，及孝感县县党部党员先后呈诉孝感县县长欧阳洪烈贪污违法、渎职殃民一案到署。比经派本署科员张家珏前往并案调查。兹核该科员报告，除密报及各书状中所列“收受重贿”、“庇护属员”、“措款渔利”、“行为不检”、“措款牟利”、“账款挪用”、“滥用刑讯”、“袒护属员”、“侵蚀征收经费”、“保甲松懈”、“酗酒抹牌”、“催残党务”、“逸乐殃民”各款，均经查无实际外，至关于“默弛烟禁”、“禁烟诈财”及“出征殃民”各款，据该科员复称：“查孝感县烟禁弛废，乡城众口一词，烟馆领照，混用吸户名义。大者每月交税五元，名为照费，而事实上则按月收钱，并不发给执照，有彭仁安者，开设烟馆于该县第四区第七保（即花园镇）第一甲第二户丁家亭宅后进。据云‘花园一镇，有烟馆二三十家，县府副官费吉六、吴金标来往城乡，月必数起，凡开烟馆者，虽按月纳税，而费等仍不时到烟馆抓人罚钱’。职收其烟照三张，一系元月发，一系三月发，一系七月发，七个月内，三次发照，藉禁烟之名行敛财之实”等情。据此，查该县长以限期戒烟之吸户执照，作为开设烟馆之凭证，证据已十分确凿。再查该县二十四年元月所发之执照，既不填写吸户姓名，又不填写执照号码，及该执照之有效期间，则随人皆可持用，随地皆可转用，尤为显明之事实。查禁烟办法，对于因病不能即时戒断者，发给限期戒烟之执照，而征收照费，原意即在寓禁于征。乃该县长则藉照敛财，因征解禁，以致城区烟馆，竟有一百余家之多，而各乡镇尚不在内。似此阳托寓禁于征之名，阴行因征解禁之实，贪污违法，证据显然。又据该科员呈复略称"在该县花园镇忠义乡肖家港临时行柜，查获浮收钱粮事实，业户董志润应完粮七角九分，该征收生闵家芬竟浮收至一元四角。业户夏代庆应完粮一元七角，竟浮收至二元。又一老妪应完粮七千二百文，竟浮收至八千文"等情。据此，查该科员仅抽查临时行柜一所，时间又极短促，而一次发见浮收之弊，已有三起之多，该县全境粮柜甚多，其浮收之数，当更不止此。查湖北《征收田赋暂行章程施行细则》第四条规定："总柜征收主任员生受县长之指挥监督。"第十三条规定："各项征收人员及催租吏，如有违法浮收，需索陋规，或经征税项侵匿不缴并其他各种情弊者，应按照刑法治罪，并追缴其赃款。"该县长对于征收人员及催租吏等，监督无方，以致政警需索酒资，册生以少收多之事，层见叠出。其废弛职务，证据昭然。奚特提案弹劾，请即依法移付惩戒，以警贪污，而纾民困。谨呈。

（《监察院公报》第五十三期《本院移付文》第四四九号）

《湖北第七区行政督察专员兼江陵县长雷啸岑违反法律滥用职权案》弹劾文

（1935年11月7日）

案据湖北江陵县人民来丽生呈诉湖北第七区行政督察专员兼江陵县县长雷啸岑非法逮捕恳救济等情前来，即经令派本署科长安梦周、科员张家珏前往调查去后。兹据该科长科员等十月支代电[1]略称，"关于逮捕来丽生一案，专员公署以妨害公务罪，于八月二十九日派警将来票传到案，遂即收押，现已月余矣。月前鄂湘川边区'剿匪'司令部令该署将来送交法院审理，嗣沙市地方法院亦函请提解法办，该署藉辞以'呈请湖北省政府派员卜县彻究'之理由，未曾照办。如此有意延耽，似属不合，荆沙各界，舆论颇为不平"等情，并抄附江陵县政府关于本案文卷一册，及检送各件到署。据此，查《中华民国训政时期约法》第八条第一项内载"人民非依法律不得逮捕拘禁审问处罚"，第二项内载"人民因犯罪嫌疑被逮捕拘禁者，其执行逮捕或拘禁之机关，至迟应于二十四小时内移送审判机关审问，本人或他人并得依法请求于二十四小时内提审"，又《刑事诉讼法》第二百零八条第一项内载"右列各员，于其管辖区域内为司法警察官有协助检察官侦查犯罪之职权，一、县长……"第二项内载"前项司法警察官应将侦查之结果，移送该管检察官，如接受被拘提或逮捕之犯罪嫌疑人认其有羁押之必要时，应于二十四小时内移送该管检察官，但检察官命其移送者应即时移送"，各等语。本案该专员兼县长雷啸岑，因其本人被来丽生等控告，并散布传单，认为摇惑观听，及对其故加侮蔑，妨害政务进行（见抄卷内该专员县长呈湖北省政府文、及复沙市地方法院检察处公函所自述之理由），遽将来丽生逮捕拘禁。查江陵县设有沙市地方法院，来丽生为普通人民，纵使其确有犯罪嫌疑，亦系触犯普通刑法，依法自应由该管法院受理，该专员兼县长何得加以逮捕拘禁，且已拘禁至数十日之多，而并不移送该管审判机关审问，约法为国家根本大法，该专员兼县长此种行为，实于约法公然违反。即退一步言之，该专员兼县长，系以县长身份，依上述刑事诉讼第二百零八条第一项之规定，于其管辖区域内，为司法警察官，有协助检察官侦查犯罪之职权，然亦只能居于协助侦查之地位。且依同条第三项

---

① 文代电：指4日代电。

之规定，尤不能将来丽生拘禁至数十日之多。迨来丽生之妻来孙氏状请沙市地方法院检察处提审，该处先曾据以函请查复，继则函请将人卷解处侦讯，并有鄂湘川边区“剿匪”总司令部令饬克日[1]将来丽生解交法院审理（见抄卷内沙市地方法院检察处九月十三日及九月二十日公函暨鄂湘川边区“剿匪”总司令部九月十三日训令），该专员兼县长竟始终抗不将来丽生移送法院，其公然违反法律，滥用职权，尤属至为明显。抑有进者，本案该专员兼县长既被来丽生等控告在先，即为涉及本身之事，所有控案之是非虚实，以及来丽生究竟是否犯罪，自均应依法进行，乃竟如此滥用本身职务上之权力，对呈控人非法逮捕，任意蹂躏人权，且已接法院函请移送，仍复置之不顾，将来此风一开，则法律何以施行，人权何由保障。兹特提案弹劾，请即依法移付惩戒，以维法纪，而保人权。谨呈。

（《监察院公报》第五十四期《本院移付文》第四七三号）

《汉口地方法院检察官兰锡九书记官刘襄违法失职案》弹劾文

（1935 年 11 月 16 日）

案据湖北汉口市住民呈诉湖北汉口地方法院检察官兰锡九，舞弄文卷，滥用诉权，办案舛方，徇情枉法，等情一案，当经令派本署调查员朱桐生前往调查去后。兹据该调查员查明呈复，并检送汉口地方法院检察处原卷及与该检察官谈话笔录前来。查该检察

① 克日：指 14 日。

官兰锡九办理李泽夫等诉薛文青侵占一案，既经向同院刑庭提起公诉，尚在审理之中，则对该案起诉之实质如何，自有法律解决，兹可姑不具论。惟察核该调查员呈复文内所举各节，证以该检察处侦字第四五三一号之原卷(以下简称原卷)，则该检察官兰锡九，与该检察处书记官刘襄，办理该项案件，实有下列之违法失职行为。(一)查《刑事诉讼法》第四十一条第一项内载"讯问被告自诉人证人鉴定人及通译应制作笔录……"，第二项内载"前项笔录应向受讯问人朗读或令其阅览，询以记载有无错误"，第四项内载"笔录应命受讯问人紧接其记载之末行签名画押盖章或按指印"各等语。是此项讯问笔录，应于当庭制成，并应命受讯问人签名画押盖章或按指印，为法定之必要手续，反是则为违法。该检察官及书记官绝无不知。今核阅调查员呈复文内第二项所举各节，并证以原卷第三三页至三四页，及第四三至四四页之情形，暨该调查员与该检察官之谈话笔录，则原卷内所有二十四年七月十二日及七月二十日之两次侦查笔录，实均未经受讯问人签名划押盖章或按指印。而阅其于受讯问人签名处所签之名，竟与该侦查笔录内其他记载各项，及该书记官自己签名之笔迹相同，当系该书记官所代写。再就原卷详加查核，该调查员呈复文内第三项所举原卷页数号码上，印章多不相符，号数多所描改，以及其订卷结线处觉曾有改动各节，均系有如此之情形，则由此推知该两次侦查笔录，均为事后补行添入，亦尚非过甚之词。夫法律上所以规定制作笔录之种种必要手续，即系欲用以证明所制笔录之为真，今乃由书记官代为签名，甚或竟系事后补行添入，其流弊何堪设想？更何以解于伪造之嫌？该检察官及书记官，对于该项侦查笔录之制成，系应共同负责，其违法甚属显然。(二)查原卷内自第二八页至第三一页，系为同一事件，同于二十四年七月十一日所发出，同定于七月十二日传讯之传票回证四张，其回证号数亦同为第一六三号。乃忽于第三〇页及第三一页两张回证之内，既将发出日期改为十五日，复于备考栏内添注有"改传本日(十五日)切切勿误"字样，而其余两张回证，则又未改未添，即该项既改且添两张回证之传票本身（见原卷第二五页及第二六页），亦无既改且添之事。及观原卷第三三页至第三四页之该次侦查笔录，其日期既仍为七月十二日，且补传四人内有三人均经到庭，而所谓“改传十五日”之期，则卷内并无侦查笔录，足见改期之事根本上系属虚无，该调查员呈复文内第一项所举该检察官及书记官办事错乱草率各节，均系实情。夫制发传票，为办理诉讼一种重要事件，应如何慎重为之，今该检察官及书记官，办理该项传票事件，竟有如此之错乱玩忽情形，虽遽难认定其系有何种舞弊之行为，要亦难免同负失职之责任。综观上述各端，该汉口法院检察官兰锡九，及该院检察处书记官刘襄，对于办理该李泽夫等诉薛文青侵占案，实均有违法失职之行为。爰特提案弹劾，请即依法移付惩戒，以维法律，而儆玩公。谨呈。

（《监察院公报》第五十五期《本院移付文》第五一一号）

《湖南安化县承审员张健滥用职权故入人罪案》弹劾文

（1935 年 12 月 16 日）

案据湖南安化县民以被谌及第侵占家产涉讼一案，呈诉该县承审员张健应为不为、贪赃故害等情到署，当经函请湖南高等法院查复在案。兹准函复，略以此案已令据益阳县主任承审员施中谷前往查明呈复，并抄送查复原呈一件前来。察核该主任承审员施中谷查复原呈，除关于谌仇氏所诉该承审员张健收受贿赂，及胁迫和解各节，业经查无实据外，其关于该承审员将谌仇氏羁押并处拘役一事，内称：“关于收押谌仇氏一节，谌仇氏投讯两次，谌及第均未亲自投案，迨第三次讯期，与谌及第对质，审判人员，对于调查证据及辩论理由，自不免有所诘驳。该谌仇氏以张承审员之态度较前稍异，遂疑谌及第有行贿及请人关说情事。迨三月二十三日为四次讯期，谌仇氏于先一日拜神呼冤，语侵张承审员，容或有之，张承审员据传达谭鸿钧口头报告，遂于第四次集讯之后，将仇氏收押。经调阅卷宗，系另一刑事卷，注明辱骂政府及法官之情事。至二十八日提庭复讯，仇氏所供如前，且无谭传达对质之笔录，该承审员遂于点名单内，谕知谌仇氏当街肆口谩骂，任意诋毁，处拘役六日，未决羁押日数，以二日抵拘役一日等语。此张承审员收押仇氏之情形也。窃县政府兼理司法，系以县长司检察职务，承审员司审判职务，当街谩骂，仅违警罚法定有明文，似应由县长检举交办，妨害名誉案件，亦须告诉乃论，谌仇氏谩骂情形，姑无论是否属实，似应经人告诉，或经县长检举交办，方可审判，该承审员仅据谭传达口头报告，即将谌仇氏收押，似觉不合"等语。查该承审员张健，对于谌仇氏谩骂一案，既未经县长检举交办，又未经人告诉，仅据该县政府传达谭鸿钧一人之口头报告，亦复未令对质，遽将谌仇氏先施羁押，继处以拘役之刑，其种种不合情形，该主任承审员施中谷查复原呈，业已言之甚切。惟该承审员所处谌仇氏之刑，是拘役而非拘留，且谕知未决羁押日数，以二日抵拘役一日，是明明适用刑法，而非适用违警罚法，即观查复原呈内谓该承审员系另立一刑事卷，更属可知。查该承审员对于谌仇氏认为究犯何条之罪，并未指明，如认为系犯妨害名誉之罪，则当时刑法上妨害名誉案件，必须告诉乃论，此案既未有合法之告诉，根本上即已无审判之可能。如照该承审员自己所立卷宗，注明为辱骂政府，则当时两度庭讯，谌仇氏亦只供认曾骂谌及第、谌恩荣两人，坚不承认有辱骂政府及法官之情事，何能仅凭该县政府传达一人之口头报告，而遽处人以罪刑。且纵使谌仇氏当拜神呼冤之际，于谩骂谌及第、谌恩荣诸人之中，而间有侵及该承审员个人之语，但其行为之程度，亦与当时刑法妨害公务罪内所谓对于公署公然侮辱者不同。况县长并未检举交办，何能任意故入人罪。其为违法失职，自属显然。查当时刑法第一百三十二条内载“有审判职务之公务员或公断人，明知法律而故为出入者，处六月以上五年以下之有期徒刑”等语。此案该湖南安化县承审员张健，既系身为承审，当然明知法律，乃竟滥用其审判职务之权力，任意故入人罪，则不惟违法失职，且难免有触犯刑事之嫌疑。爰特提案弹劾，请即依法移付惩戒，其刑事嫌疑部分，并请移送该管法院办理，以伸法纪，而儆效尤。谨呈。

（《监察院公报》第五十九期《本院移付文》第五三三号）

《湖南靖县教育局局长龙骧侵款潜逃违法失职案》弹劾文

（1936年2月21日）

案查前据湖南靖县第二学区区立镇宁小学校校长王家儒等，呈诉该县教育局局长龙骧，吞款祸学劣迹昭彰等情一案，当经函行湖南省政府教育厅查复去后。兹准该厅函复内开“查此案前经令据该县县政府呈报该员亏蚀公款一千一百余元等情到厅，业经本厅令将该局长先行撤职，听候核办。旋据该县政府电呈，该龙骧不俟移交，潜逃来省，比经令据省会公安局将该犯缉获在案。本厅迭据该靖县县长周翰宗呈报龙骧亏款捏控情形，附送该县清算教育局账目委员会报告前来，核其情节，嫌疑重大，业将本案全部卷宗暨龙骧一名移送湖南高等法院检察处依法核办”等由。准此，查原呈所诉该局长，摧残乡学，违反厅令，匿账不报，聚赌抽头，酗酒狎妓，短列收入，浮报支出，预支薪俸，侵吞学款，放弃职守，资格不合，不学无术各节，复函内虽未分别叙明，但该局长亏蚀公款，竟有一千余元之多，于奉令撤职之后，又复不俟移交，潜逃到省，违法失职，情节显然。除刑事部分，已由该厅移送法院核办，自应依法办理外，爰特提案弹劾，请即依法移付惩戒，以肃官常。谨呈。

（《监察院公报》第六十九期《本院咨文》第一五九四号）

《湖北房县县长严式超检验吏张金锐违法失职案》弹劾文

（1936年2月22日）

案查前据密报，"查民国二十四年二月间，房县城内东街，发生陈郑氏被婆陈金氏与其夫，共同用铁火钳，烙阴户及全身，致命而死一案，全城公愤。且其夫……前所掳各处财物，余存甚多，县长严式超竟不彻究，而检验吏又受贿改填伤单，云系服毒身死。后经各法团要求公开复验，竟系谋杀身死，而严县长仅将检验吏拘押三日释放，并不判罪，随将此案判决陈金氏与其夫三年有期徒刑而已。对于死者，又无若何安置。此案已由地方公禀，向襄阳法院上诉"等情到署。当以事属司法，且与验断有关，即经密函湖北高等法院查复去后。兹准该院查明函复（并抄附调查纪录十八张，图说一纸，抄件一纸，判决二份）前来，经予详加查核，认为该县县长严式超，及检验吏张金锐，均属违法失职，触犯刑章。（一）该县长严式超，兼理司法事务，自系有追诉犯罪职务之公务员，对于陈郑氏尸身，既因亲往复验之结果，发见检验吏张金锐，原验不实，又复改填伤单，于二十四年三月三日，以“查检验吏张金锐验伤不实，又复改填伤单，实系渎职”等词，公然牌示宣告（见抄件），且同日将其革职收押，是实已明知该检验吏系犯有渎职罪刑，乃竟不加追诉处罚，遽于同月二十八日将其开释。而其开释，既无正当事故，又未用合法程序，仅于题签内批有“交保开释”四字（见抄件），是显然为对于明知其为有罪之人，而无故不使其受追诉处罚，依当时刑法第一百三十三条之规定，不惟违法失职，抑且触犯刑章。（二）根据该县长严式超二十四年三月三日之牌示，以及湖北高等法院复函内所叙竹山县承审员苏式宏之查复，该检验吏张金锐，验伤不实，已属失职，而据牌示所载“又复改填伤单，实系渎职”，且更构成违法行为。关于此点，该竹山县承审员苏式宏，虽谓无有其事，但其所查，仅系根据于事后与人谈话。而该严县长之牌示，则系以当时主办之官员，为正式公示文告，且语气极为肯定，其实在自属显然。至于受贿一节，亦属刑事所关，自应依法讯明办理，爰特一并提案弹劾，请即依法移付惩戒。其刑事部分，并应移送该管法院办理。以儆效尤。

再该竹山县承审员苏式宏查复文内，曾有“惟查县长处理司法事务暂行细则规定，县长并无审判民刑案件之权，严县长竟自行审判此案，未免违背法令”等语。兹查该承审员所引用之章则，系湖北一省所单行，而按诸中央法规现行有效之修正县知事审理诉讼暂行章程第一条之规定，兼理司法事务之县长，对地方管辖案件，有自行审判之权，既有中央法规，自可不受一省地方单行章则之限制。依此原则而言，是该县长严式超，对于此项刑事案件，尚难谓为违法审判，故未将此节列在弹劾之内，合并声明。谨呈。

（《监察院公报》第六十九期《本院移付文》第一六〇四号）

《湖南宁乡前任保安大队队长朱鼎三侵占公款违法犯刑案》弹劾文

（1936年2月25日）

案据湖南宁乡县前保安大队朱任、清查委员会委员吴笛楼等，呈诉该县前任保安大队长朱鼎三，侵吞公款，清查有据等情到署，当经一涵于巡视湖南时，派本署调查员沈爽清，前往彻查具报去后。兹据查明呈复前来，略称，查该县前保安大队朱任、清查委员会委员吴笛楼等，实为行政大会所推举，经县政府之委派，于二十四年十月清查完竣后，比将清查结果，连同证件，赍呈该县县政府，并分呈湖南省政府暨全省保安司令部饬追各在案。该县政府据呈后，旋将该会所赍之清查表册，及各项证件，令发财政委员会，复加审核，以便追缴（抄呈县政府训令）。职在该县时，财委会对于此案，尚未审核完毕具报县政府，故县政府暂亦未予执行。惟据县长杨积荪云"宁乡地方财政情形，过去极为紊乱，该清查会所清查朱前队长之浮报各款，大半均系实在，仍令财委会复行审核者，不过照例手续耳。一俟该会审核完毕具复到府后，当即执行追缴"等语。查该清查委员吴笛楼等，既系由地方行政大会所推举，复经县政府之委派，自系正当合法之清查人员，其清查结果，认为该县前任保安大队长朱鼎三，任内经手款项，除超过预算支出一万七千六百九十八元外，其浮报冒领之款共有一万一千七百一十七元四角九分五厘，又短少枪枝三十四杆，子弹一万三千余发等情，自属证据确凿。且该县县长杨积荪，亦已承认其所查浮报各款，大半均系实在。是该前任大队长朱鼎三，侵占公务上所持有之金钱，不惟违法，且犯刑章。爰特提案弹劾，请即依法移付惩戒，并将其犯刑部

分，移送该管审判机关办理，以儆贪污。谨呈

（《监察院公报》第七十期《本院公函》第一六一八号）

《湖北黄陂县县长丁铮域越权违法任意滥押案》弹劾文

（1936 年 2 月 27 日）

案查本署前据湖北黄陂县民向玉祚、陈王氏等，呈诉黄陂县县长丁铮域，滥用职权，押毙人命，又据陈王氏呈诉该县长，渎职杀人，又据汉口律师公会会长王兆祥呈诉，以转据律师王儒煜函称，为受向玉祚等委托办案，被该县长违法逮捕，妨害职务各等情先后到署，当经并案令派本署调查员张家珏前往调查去后。兹据该员查明呈复，并送各附件前来，经予详加审核。该黄陂县县长丁铮域，因据向玉祚之媳即向长先之妻陈慧文，密函报告，谓被其夫向长先等捆绑禁闭，种种非刑凌虐，身受重伤，请予伸冤营救。该县设有黄陂地方法院，该县长不兼理司法事务，但依刑事诉讼法第二百零八条之规定，县长于其管辖区域内，为司法警察官，有协助检察官侦查犯罪之职权。该县长于据报之后，即派队前往查拿，固为其职权范围以内之事，且遇境内有此种蹂躏人权违背人道之案件，能立时雷厉风行，查拿办理，不可谓非一种尽职之行为。惟查该案究系普通刑事案件，照《刑事诉讼法》第二百零八条第一二两项条文，该县既有地方法院，该县长只能协助侦查，应于获案后讯问案情，移送该管检察官办理，既不能久不移送，亦不能将犯罪嫌疑人，径予滥施羁押，如检察官命其移送，并应即时移送，原条文规定甚明。乃该县长于将陈慧文起案之时，向玉祚、向长先等均不在家，

遂将向玉祚之妻向陈氏（即向长先之母、陈慧文之姑）逮捕到县，开庭质讯，向陈氏即将向长先对陈慧文迭次伤害情形供明，并供称："我待陈慧文如姑娘一样，恨儿子不好。"又称"我为了这些事，只每日啼哭，请人诊治，丈夫在外做事，回来打骂儿子数次"等语。即陈慧文供词内涉及其姑向陈氏之处，亦仅有"我亲娘闻喊声未救，当然就是帮忙"之言，不但未提及向陈氏有何参与行凶之事实，且对于向陈氏所供各节，并无反驳之词。至所称闻喊未救，当然就是帮忙，亦不过系信口推论，姑无论其所谓闻喊未救，是否系属实情，纵使向陈氏当日果有闻喊未救之情形，亦不能认其即系帮忙，尤不能认其即为共犯。况观向陈氏一经到庭，即将其子犯罪情形供出，并不隐瞒，及照其供词内所谓"恨儿子不好"与"只每日啼哭，请人诊治"等情而论，可见其为一良儒之妇人，谓其于其子残暴之行为，无力制止或不敢制止则可，若谓其有意帮忙，犯教唆或帮助之罪，则显然无此情形。即就该县长于讯问后所下堂谕而言，亦仅有"并据陈慧文供称我亲娘闻喊不救"等语之记载，更可见当时侦查之结果，该向陈氏除被陈慧文供为闻喊未救外，实未见有其他犯罪之嫌疑（其后陈慧文所具状词及供语，固亦谓向陈氏在场帮凶，但何以不供述于与向陈氏对质之时，而提出于向陈氏被押及身死之后，其中显有可疑，难资凭信。）。该县长既将案情讯明，理应即行移送该管法院检察处，侦查办理，或将向陈氏交保候传，如欲继续协助侦查，亦可一面移送法院，一面对向长先等在逃人犯，仍予查拿，俟拿获续行讯明移送。乃该县长既不依法办理，复将向陈氏滥施羁押，以致向陈氏竟死于押所之中。迨向陈氏身死之后，向玉祚等向黄陂地方法院检察处，状诉该县长滥用职权，羁押毙命，该检察处于勘验后，致函该县长，要求将陈慧文诉向长先等一案卷宗，移送检察处并案办理。乃该县长竟借口于陈慧文之请求，谓须拿获一般犯人，再行移送法院。又谓据陈慧文供称，已向高等法院，请求移转管辖，遂始终不将该案移送检察处办理（关于勘验向陈氏尸身一事，该县长曾函复该检察处，谓其验断不符，并呈报省府，但亦仅系要求更正，并未以此为拒绝移送该案之理由。至其堂谕内所述不送法院之理由，仅系借口于陈慧文之面请。复查该案向陈氏到县被押，系二十四年十月八日，在押身死，系十月十六日，检察处函请送卷并案办理，系十月十九日，而陈慧文于讯供时面请勿送黄陂法院，则系迟在十月二十五日，至堂谕内谓据陈慧文供称已向高等法院，请求移转管辖，但查其当日供词，虽曾录有此语，而其文字多系添改，且实际上系于十一月一日，始由陈慧文具呈，请县转请移转管辖，故知该县长系不免有借口之处也。）。查依法移送法院，为该县长自身应有之职责，即移转管辖，亦应依法定之手续而行，何得借口于当事人之请求，竟置该管法院检察处之函请移送于不顾。溯自二十四年十月八日向陈氏到案之日起，截至十二月十日本署调查员往查之日止，计已两月有余，在此长久时间，该县长既不依法移送法院，复将向陈氏滥施羁押，死于押中，而向玉祚及陈慧文之伯父陈光宗二人，亦被该县长拘禁多日，此该县长越权违法者一也。又查《刑事诉讼法》第一百零一条规定羁押被告，须认为有同法第七十六条所定之情形，且于必要时，得施羁押。今向陈氏照上述所有案情而论，既非犯罪嫌疑重大，又有一定住所，不至逃亡，且于到案时已将其子犯罪情形供出，可无湮灭伪造变造证据或勾串共犯或证人之虞，更非已有最轻本刑为五年以上有期徒刑之犯罪，是于所谓同法第七十六条所定情形，无一相合之处，依法本不在有羁押必要之中。乃该县长不顾人权，滥施羁押，及向陈氏在押病情日重，甚至水浆不入，生命岌岌可危，迭经该管警官报告，该县长虽有准予交保之批示，犹复有所留难，以致未能保出，竟死押中。虽其后经湖北高等法院检察处派员复验，验得该向陈氏委系生前因受擦伤后患病身死，并无他故。但据该县党部干事刘法向本署调查员所谈，则谓："丁县长将该氏罚跪诘讯，旋即收押于公安科拘留所，禁止家属接见，并不予饮食，该氏因饥愤交迫，在押身死，殊为可惨。"黄陂地方法院检察官谢祖智向该调查员所谈，亦谓："县府略讯后，即将该氏收押，并闻拒绝接见家属，不予饮食，逼交向长先。该氏因被押痛苦及刺激过深，在押身死。”证以该管警官姜宏勋向该县长呈报向陈氏在押所情形文内，有云：“该妇时哭时骂，忽跪忽立，甚至将自己身上，乱撞乱捶。”又云：“该妇乱跪乱拜，有时口念南无阿弥陀佛，有时将吃饭之碗，顶在头上，谓头上之碗，即系天上之佛，如此乱言乱语，实属精神病无疑。”更证以黄陂仁济医院所具之诊断书，谓“向陈氏系患急性心脏病症”各等语，可见该向陈氏致死之故，固应以高等法院检察处派员复验之结果为凭。但其所以病死之速，亦难谓全与被押无关。夫以原无羁押必要之人，而竟始终羁押，且即死于押所之中，此该县长任意滥押者又一也。基于上述缘由，爰特抄同本署调查员张家珏查复原呈一件，检同原送附件全份，并抄附向玉祚、陈王氏原呈一件，陈王氏原呈一件，提案弹劾，请即依法移付惩戒。再此案该县政府原卷，该调查员本已调取来署，以上所述案情，除根据该调查员查复外，并多有取证于该项原卷之处，兹因接准汉口地方法院检察处公函，以陈王氏、向玉祚等诉黄陂县长丁铮域渎职一案，业经湖北省高等法院裁定，移转该院管辖，请将该县政府原卷，径送该检察处办理，已将该卷径送，合并声明。谨呈。

（《监察院公报》第七十期《本院移付文》第一六三六号）

《湖南耒阳县义勇队副总队长唐兴华残杀良民案》弹劾文

（1936年3月2日）

案查前据湖南耒阳县民贺维桢等，又李梁氏等，又梁周氏，又第一区白沙乡乡长梁炳奎等，先后呈诉该县义勇队副总队长唐兴华冒领奖金、坐大匪势、草菅人命、残杀良民各等情到署，当经函行该县县政府并案彻查去后。兹准该县政府查复前来，除冒领奖金、坐大匪势各节，虽非无因，究未确能证实外。至关于草菅人命，残杀良民部分，其复文内略开"查该副总队长自到职后，不时率队出外剿匪，行止方向，事前多未据报知。惟据事后报告，计自九月十六日至十月十六日止，一月内，各区剿匪，已格杀谢立昭、谢立松、王诗笔、刘后友、刘得才、廖谢氏、邓继良、兰召顺、兰祥玉，及不知姓名者一人，共十名。又据十月二十日报告，于十七晚在星子桥陈村围捕，计射杀陈其任、李选丙、梁彦标三名，俘获伤匪陈寿科（即秀科）一名，据供出交通梁育论等四名，于十八日该陈寿科即因伤殒命。十九日午到白沙缉捕梁育论，因其泅水逃走，射杀江中"各等语，当经据情分别转呈在案。嗣据梁育论之妻周氏，李选丙之妻梁氏，以草菅人命，故意残杀各等情，先后具诉该副总队长前来，正拟彻查，适奉前因，当传白沙乡长梁炳奎及保甲长等到府讯问。据称陈其任系于九月十九日夜，在陈村门口被枪射杀，李选丙于二十日黎明，在该家床前枪毙，梁彦标于二十一日，在马家坳枪毙，梁育论于二十二日在白沙家里拿去，带至河边码头枪毙，陈寿科实曾为匪，李选丙、梁育论素来安分，确系良民等语。该原报告虽称梁育论经俘匪陈寿科，供其为匪交通，但陈寿科既已毙命，未由讯证，乃复抄发被杀者姓名，派令本府警长唐云，化装前往各处密查，旋据报告，"所有梁育论、李选丙被杀情形，亦与该乡保长等供词无异"等语。查该副总队长唐兴华，每于率队出外剿匪，行止方向，事前多不呈明县长（查县长例兼总队长），辄于事后报告格杀多人，是其时常任意擅杀，跋扈专横，已可概见。兹姑就其擅杀李选丙、梁育论二人而论，（一）查该副总队长之报告，谓于十月十七日晚，在星子桥陈村围捕，计射杀陈其任、李选丙、梁彦标三名，但该县长讯据白沙乡长梁炳奎及保甲长等供称，则谓陈其任系于九月十九日夜，在陈村门口，被枪射杀，而李选丙则系二十日黎明，在该家床前枪毙，梁彦标又系于二十一日在马家坳枪毙云云。其中月份之不同，或系由于国历与废历之各异，但原报告谓系同日射杀，而该乡长及保甲长等，则供述三人之被杀，计先后共有三天。此可证明该副总队长原报告之不实，尤可证明其所称围捕射杀之语，乃系其事后捏词，冀可归入格杀勿论范围之内。查李选丙既系安分良民，则该副总队长即不能不负擅杀良民之责任者一。（二）查该副总队长之报告，谓系俘获伤匪陈寿科，供出交通梁育论等四名，陈寿科即因伤殒命，于十九日午到白沙乡，缉捕梁育论，因其泅水逃走，射杀江中，但该县长讯据白沙乡长梁炳奎及保甲长等供称，则梁育论系在白沙家里拿去，带至河边码头枪毙云云。此姑无论陈寿科为已死之人，无法证明其生前曾否供及梁育论为匪，即使确有此供，该副总队长亦应将梁育论带回县城，依法讯明办理。乃明明系先行逮捕，而后带至河边码头枪毙，反于事后，谓其泅水逃走，射杀江中，其为捏词掩饰，尤属显然。查梁有论亦系安分良民，则该副总队长即不能不负擅杀良民之责任者二。尤有进者，乡长及保甲长等均为本地之人，且均系担任地方公职，见闻确切，其所言自足为凭。该县长传讯白沙乡长梁炳奎及保甲长后，虽经证实该李选丙、梁育论之惨遭冤杀，犹复派遣该府警长唐云，化装实地密查，又经该警长查明李选丙、梁育论被杀情形，与白沙乡长梁炳奎及保甲长等供词无异，益见该副总队长之擅杀良民，其事证甚为确凿。更就全案情形观之，则该副总队长所报格杀其他多人，恐其中亦难保无惨遭冤杀之事。至该县政府复文，虽亦有“该梁育论、李选丙等，是否匪类，抑系良民，该副总队长是否故意残杀，县长未敢遽行断定”等语。但查该县长虽属兼任义勇队总队长，而其武力实权，系握于该副总队长之手，尤以该副总队长之横行独断，不受指挥，现虽经湖南省政府主席兼保安司令将其先行撤职，但尚未归案讯办。该县长或系因此而不便明白开罪，自不能因其复文内未加断语，而遂以抹杀此案迭经查实之情形。综上论结，该耒阳县义勇队副总队长唐兴华，假借权力，擅杀良民，实属违法渎职，触犯刑章，爰特提案弹劾，请即依法移付惩戒。其关于刑事部分，并应移送该管审判机关办理，以伸法纪，而儆凶顽。谨呈。

（《监察院公报》第七十一期《本院函送惩戒文》机字第一六五四号）

《湖南前保安第八团团长王见龙滥权擅杀泄忿报私案》弹劾文

（1936年2月4日）

案查前据湖南益阳县民妇雷福莲、尹淑贞呈诉湖南保安第八团团长王见龙，擅杀其夫雷国斌、尹海鹏一案到署，比经派本署调查员沈爽清前往调查。兹据该调查员呈复略称："查此案，缘该团长王见龙之侄王林保，在常属之德星垸（即膏梁垸）垦田十余亩，雷国斌亦为德星垸之业户，管有田土一千七百余亩，民国二十三年春间，王见龙嘱其侄往南县之草尾地方垦荒。该王林保因德星垸之田不能兼顾，意欲顶出，而雷国斌以该田系在其一千七百亩之数以内，否认王林保之批顶，事为王见龙知悉，乃即迭函该垸垸首王槐三等，催索顶费，不料彼等竟不之理，遂于是年四月，派枪兵数名，前往该垸，将雷国斌押去，勒出顶费二百元，一场纠葛，至此了事。讵王见龙对于雷国斌，即因是怀恨在心，时思泄忿，无隙可乘，迨是年九月底，雷国斌偕同司账员尹海鹏，在该垸清查所管之租谷数目，时有郭某因与雷有夙嫌，即向该团诬报雷国斌冒充军官，闻郭某与王见龙有旧，加以孕恨在前，会逢其适，爰即令枪兵将雷、尹二人拘解南县团部讯办，枪兵押解雷国斌等到达南县之荷花嘴地方，王见龙乃派一兵骑马前往迎探，嘱令解兵人犯在此等候，马兵旋即折回县城报告，时王见龙在某妓家打茶围，据马兵回报后，即在妓院下一手令，着该团胡连长王连附，率领枪兵十余名，前往荷花嘴，将雷国斌等就地枪决，毋解来部，该连长等奉令，遵即领兵前往，将雷、尹两人押至长兴桥地方（距县城八九里），即行枪决。嗣由湖南省政府主席兼全省保安司令于据控后，委派刘鸿业前往调查，对于雷国斌等被杀原委，访查甚为详尽，并制有查询笔录多件，关于该团长滥权擅杀泄忿报私各点，逐一查明属实，据实呈报在卷。现已将该团长王见龙撤职，送由湖南高等法院检察处，将案发交长沙地方法院讯办"等情，并抄附湖南省政府主席兼全省保安司令所派委员刘鸿业原查复呈文一件、查询笔录一束、高等法院检察处发交该案之训令一件。据此，查该委员刘鸿业查复此案之呈文内，曾叙有王见龙原报雷、尹二人被杀之电文，一则曰"携带枪枝，抢收租谷，纠众抗令，肆意横行"，再则曰："行抵中途，乘兵单夜黑，劫枪图逃，当由该兵击毙"各等语，此实为本案重要关键。兹查本署调查员沈爽清及该委员刘鸿业查复文中，均未查得雷、尹二人有携带枪枝，强收租谷，及纠众抗令，肆意横行等情事。至雷、尹二人之死，本署调查员则查明系王见龙特派官兵，令于中途将其枪毙，而该委员所查各节，亦复大致相同。该委员并称"该案解兵原六名，而枪毙雷、尹时，忽约有枪兵二十名在市，以胡志明与街众所言情形证之，是增加之兵自系来于南县，有所准备，武力加厚，雷、尹二人势难更逃。就该团特务连长胡重民原报告观之，亦直认当夜带兵验明尸伤，不过诿在枪毙雷、尹之后，图卸责任。职再三考查，雷、尹劫枪一层，固绝无事实，即图脱一节，亦无事证"等语，其情节甚属显然。尤有要者，该委员查复文内，曾叙及雷、尹二人尸身，原被绳捆，因绳结太紧，用刀割去，始收入殓云云。夫以雷、尹仅有两人，而被数十枪兵押解，加以身被绳捆，死后竟至用刀割绳，绳始能断，则其当时被捆之紧，可想而知，此尚复有何劫枪图逃之余地。再就该委员全部查询笔录观之，是该雷国斌、尹海鹏二人之死，实由于该王见龙之挟嫌故杀,其事证确凿无疑。查王见龙身充保安团团长,绥靖地方,为其唯一职责,乃竟假借权力,故意杀人,实属违法渎职,触犯刑章。除刑事部分,已由该管省政府主席兼全省保安司令移送法院讯办外,爰特提案弹劾,请即依法移付惩戒,以彰法纪,而儆凶顽。谨呈。

(《监察院公报》第七十一期《本院函送惩戒文》机字第一六八〇号)

《湖南溆浦县前任县长余如愚违法失职案》弹劾文

(1936年3月7日)

案查前据湖南溆浦县民刘意定等呈诉该县县长余如愚残酷贪暴、纵丁杀人等情到署,当经函行湖南省政府查复去后。兹准湖南省政府查明函复前来,经予详加查核。认为该前任县长余如愚,现已调省,实属违法失职。(一)查肉刑久经废止,此次该县人民,因时难年荒,反对该县举办烟苗清丈登记,向该县政府请愿,愈聚愈多,叫嚣怒骂,致县政府秩序不宁,该前任县长为维护治安,如果已依法发布解散命令三次以上而仍不解散,爰得将聚众之人,当场逮捕。但其事为普通之刑事,其人为普通之人民,仅能于逮捕后,依照普通法办理。乃该前任县长竟将其中舒泰源、舒和顺二人,于拘捕后痛加笞责。其后五区复发生聚众之事,曾有捣毁区公所之行为,然仍在普通刑事范围以内,乃该前任县长又竟将其中之陈清泉、陈肖氏二人,于拘捕后各施棰楚。原复文内谓其系援用军法,但于普通之人民,犯普通之刑事,安能援用军法处理，其违法自属显然。（二）查谭德镜、刘桂云等为该县政府护兵，竟敢在外闹娼斗殴，枪杀人命，该前任县长用人已属不慎，约束已属不严，而该护兵等于事出之后，犹得从容将枪送回县政府，由后门逃逸，至今逍遥法外。该前任县长纵非庇纵，要其办理多疏，亦不免有失职之咎。爰特提案弹劾，请即依法移付惩戒，以维法治，而儆效尤。谨呈。

（《监察院公报》第七十一期《本院移付惩戒文》机字第一七二四号）

《湖南益阳县前县长李裕掌护城镇“铲共义勇队”前办公处主任郭镇华违法失职案》弹劾文

（1936年3月7日）

案查前据湖南益阳县民郭章璜、郭枚生呈诉湖南益阳县护城镇恶痞郭镇华（即郭惠卿）挟嫌虐害，私行逮捕，私用笞刑，迭经求县照案依法判决，置若罔闻等情到署，当经函行益阳县政府查询该案案情，及郭镇华究系任何职务。嗣据该县现任县长梅尉南复称：“县长于二十四年九月十六日到任，接收未结案内，并无该项卷宗，遍查已结档案，得悉该郭章璜等，于二十一年春，与郭镇华之胞兄郭雨卿，因祠产纠葛，被郭镇华逮送到府，郭章璜等遂以私行逮捕，擅用笞刑，等情起诉，经李前县长票传侦查，两告均未遵期到案。被害人郭章璜亦未继续进行，以致将该案作为已结，归档移交。再查该案发生时，郭镇华系充本县护城镇‘铲共义勇队’办公处主任，现已卸职，并无任何职务”等语。经核该现任县长复称各节，与该郭章璜等所诉不符，复去函调卷来署，详加查核。认为该县前任县长李裕掌，及该前办公处主任郭镇华，均属违法失职，触犯刑章。(一)该案郭章璜于二十一年四月第一次向益阳县政府起诉时，系以郭雨卿及郭惠卿(即郭镇华)为共同被告，同日第二次续投诉状，且单指郭镇华一人为被告，再郭章璜之伤，亦已验明："左腿排连五伤，右腿排连四伤，其形均横，长约二分，宽约六分，微肿，红紫色，有瘢系竹板片伤"，载在伤单。是郭镇华犯罪部分，必须依法进行。乃该李前县长，不予依法追讯。其郭章璜第二次所递诉状第一页背面，虽注有"状悉，业已票传，仰如期投讯，此批"字样，但遍查卷内，并无一纸传票或送达证书或讯问笔录可寻。迨其后郭章璜向各上级机关呈诉，经湖南民政厅及清乡司令部，令县依法办理，湖南高等法院检察处，并令解卷凭核，该李前县长迫于上令，始于十二月二日发出郭雨卿传票，郭明山、郭明萱传票，及郭章璜、郭枚生传票各一纸，有送达证书可查。但主要被告郭镇华，则仍未列入，即已传诸人，亦并未经过集讯，乃遽将该案作为已结。查该李前县长兼理司法事务，自系有追诉犯罪职务之公务员，明知郭镇华为犯有伤害罪之人，迭经诉请，而竟无故不使其受追诉处罚，依当时刑法第一百三十三条第一项第二款之规定，不惟违法失职，抑且触犯刑章。(二)郭镇华身充该县护城镇"铲共义勇队"办公处主任，据其向益阳县政府呈解郭章璜文所述，郭章璜于决水毁堘后，即被发觉，自系现行犯人，依当时刑事诉讼法第四十九条条文，该郭镇华原得加以逮捕，但应于逮捕后，即时解归该管县政府依法办理。乃竟自行加以讯问，并施用笞刑(伤痕业经验明，载在伤单可考，而郭镇华于迭次被告之后，并无申辩之词，且有该户族及甲邻郭凤德、刘子祥等多人，在县递有公呈证明，则其事当属实在。)。依当时刑法第二百九十三条第一项之规定，实犯伤害罪。并据郭章璜原呈称"殴叔灭伦，私宰尊长"等语，如郭章璜确系郭镇华之旁系尊亲属，则依同法第二百九十八条第二项之规定，应加重本刑三分之一。再查该郭镇华当时既系充“铲共义勇队”办公处主任，当属公务人员，是为假借职务上之权力与机会，而犯伤害罪，又犯有同法第一百四十条规定之情形。爰特一并提案弹劾，请即依法移付惩戒。其刑事部分，并应移送该管法院办理，以伸法纪，而儆效尤。谨呈。

（《监察院公报》第七十一期《本院移付惩戒文》机字第一七二八号）

《湖南前任宁县县长现任临湘县长赵鸿违法滥杀触犯刑章案》弹劾文

（1936 年 3 月 7 日）

案查前据湖南宁乡县民妇胡周氏，呈诉该县前任县长赵鸿，滥用职权，惨杀良民胡保春，又据湖南临湘县农会干事长卢金山暨人民杨道合等，先后呈诉该县现任县长赵鸿，违法渎职各等情到署，当经一涵于巡视湖南时，派本署调查员沈爽清，前往各该县，分别调查具报去后。兹据该调查员查明呈复，并抄附各项证件前来，经予分别核明如下。

关于第一案，即该前任宁乡县县长赵鸿，被诉滥用职权，惨杀良民胡保春案。据复文内略称，“查胡保春自民国二十三年八月被杀后，其妻胡周氏，比即奔赴省垣，具诉于湖南省政府民政厅及保安司令部，而地方激于义愤，相继参加呈诉者，亦有多人。九月，民政厅派委员张祖镐前往调查，查明该胡保春刃伤胡瑞荪，确系由于其父胡有元之死及借索未遂所致，并非盗匪行为，并觅得证据多种，据实呈复（抄呈张委员原呈暨附件），旋又经保安司令部委派法官李华汉，查得该前任县长捏罪滥杀，事属实在。当由该部据情函请民政厅核办在卷（抄呈保安司令部原函暨附件）。时有县民喻国良等，具呈省府，证明胡保春为共党‘暴徒’，复由县府呈赍胡保春被控为‘共暴’档卷一宗，省府爰即据此，仅予该县长以记过处分完案（记过训令照抄附呈）。嗣监察院及司法行政部据胡周氏同样告诉，当经分别函令省府及高等法院查复。惟高等法院于呈复后，奉部令斥其草率，并饬派员复查，遂又委派高等法院第三分院检察官杨善荣前往该县实地调查，亦经查明该前任县长捏罪滥杀，事证确凿，据实呈复（抄呈杨检察官呈复原文）。高等法院爰一面具复司法行政部，一面函请省府将该赵鸿撤职，交法庭讯办（抄呈湖南省高等法院检察处致省府原函）。但省府以案经处分，未予照行。职在宁乡县时，复又按照上述各机关历次所查情形逐一实地调查，情节完全相同。及向该县县政府调阅胡保春民国十六年被控‘共暴’案卷时，据现任县长杨积荪云‘查无该项案卷，或系呈送到省’云云，故未得阅及。惟据一般人云，该赵鸿因案经省委查实，已知法所不容，乃一面假捏县民喻国良等之名义，具呈证明，一面伪造胡保春十六年被控‘共暴’案卷一宗，呈赍省府，冀图开脱”等语。查该前任县长枪决胡保春，其所宣布之罪状，据胡周氏原呈附件所抄，以及湖南省高等法院第三分院杨检察官所查，内有“据政警队长紧急报告，有自江西逃回之巨匪胡保春，即胡八伢子，在城内持械行劫，并杀伤士绅胡瑞生（当即系胡瑞荪）一名，命在垂危，报请拿办到府，当经飞饬干警，立将该凶犯胡保春一名拿获到府”等语。本案主要问题，在于（一）胡保春是否巨匪，及于十六年间，有无曾为“共暴”之事实。（二）胡保春此次刃伤胡瑞荪，是否系为行劫。就（一）点言之，查保安司令部致民政厅函中所叙该部法官李华汉调查报告称：“至该胡保春由江西军队回宁乡原籍后，仍在半仙阁帮厨，经该阁老板钟定辉证明平日系安分良民，是否由江西逃回巨匪，则无事实证据，可资查考。”高等法院第三分院检察官杨善荣原查复呈文称“复查胡保春原居宁乡县城内朝阳团，已历多年，平日系以帮贸为业，间尝出外从戎”各等语。一则消极的谓不能证明其为巨匪，一则积极的证明其非为巨匪。而该杨检察官原查复呈文又称，“民国十六年间，该胡保春确未在家充当该县农协会长，亦未犯有匪案。民国二十年该胡保春虽曾迁往宁乡县城外乌龟坡居住，然该地距城仅有五里，查阅宁乡县地图，无柏林桥名称，其声音相似者只有白泥桥，属第一区管辖，距城三十里，经职驰赴该地，据安庆团团总周鹤松、居民周淑霖述称‘民国十六年夏间，白泥桥发现农协会时，系由宋佑昆、余绍连充当正副会长，并无胡保春其人，本境内居民亦未闻有喻国良之名具呈举发胡保春系本地农协会长’等语，是无论宁乡县其他各地，有无喻国良其人，而当日白泥桥所选之农协会长，既均系该地居民，并非他处之人前往担任，足证宁乡县政府卷内所载，胡保春于民国十六年曾充柏林桥农协会长杀人充产各节，显系与事实不符”等语。是该胡保春从前有无曾被控为“共暴”之情形，姑可不问，而其确无曾为“共暴”之事实，则可断言。就(二)点言之，查民政厅张委员原查复呈文称：“保春自江西回籍后，疑伊父生前为茅屋事败诉，系出于胡瑞生(当即系胡瑞荪)暗中策动，并曾向胡瑞生告贷银钱。”保安司令部致民政厅函中所叙该部李法官调查报告称：“胡瑞荪并未出名告诉胡保春之父强占强毁，然事关同族纠葛，暗中主使，在所难免。胡周氏原呈指其夫胡保春以此仇杀，不为无因。”高等法院第三分院杨检察官原查复呈文，“胡有元身故，其子胡保春归自江西军营，为悲愤胡有元年老被押，疑系该祠族首胡瑞生所主持，兼因向胡瑞生借贷未遂，挟有嫌隙”各等语。是该胡保春所以刃伤胡瑞荪之起意，乃系出于仇怨可知。又查保安司令部致民政厅函中所叙该部李法官调查报告称：“胡瑞荪宴罢，已午后五时，手携二小孩，步回胡祠住宅，该胡保春独候之于大官横巷，见其经过，即持菜刀猛向胡瑞荪脑连砍数刀，比致重伤。据胡瑞荪笔述，当时衣袋内，携有现洋十一元，钞洋三十九元，未被劫去。事后该胡保春仍携凶刀，回经半仙阁原路，转北正街直至县政府投案。询之该县府政警队长彭汉纯面称，并非拿获，亦无报告”等语。是其刃伤胡瑞荪后，犹从容自投县府，可见当时情状，并非急迫，而竟对于胡瑞荪身边现款钞票，分文不取，则其毫无行劫意味，尤属显明。据此而论，该胡保春之刃伤胡瑞荪，实因出于父仇与私嫌，而仅犯普通杀人未遂罪，何得遽处以死刑。况当时自行直至县府投案，尤有合于自首减刑之情形。乃该前任县长，一则捏造政警队长紧急报告与派警拿获之事实，二则诬以柏林桥充当农协会长杀人充产之情节，三则按民政厅张委员以及保安司令部致民政厅函中所叙该部李法官之查报，被害人胡瑞荪之诉状，系于二十三年八月二十二日投进县府，而县府之庭讯笔录，及宣布枪决胡保春之罪状原稿，则先一日已经判行。又查高等法院第三分院杨检察官之调查报告，此案原由该县府承审员陆冠英审理，乃该前任县长竟假案情重大，不能依通常手续处理为名，从该承审员手中提去自办，并未续行讯问，竟于二十三日上午，援用《惩治盗匪暂行条例》，将胡保春提出枪决（见罪状）。证以上种种情形，该前任宁乡县县长赵鸿显系假借职务上之权力机会，故意捏造事实，杀害胡保春，实属违法渎职，且触犯当时刑法第二百八十二条之杀人罪，复兼有同法第一百四十条所规定应加重处刑之情形。

关于第二案，即该现任临湘县县长赵鸿被诉违法渎职案，查原查复内之最已查得确证者，(一)弃城逃走一节，据复称：“二十四年五月十日‘共匪’徐彦刚部窜扰临湘县境内之詹家桥忠防一带（距城约二三十里）时，该县长即率领全府职员及义勇队兵迁逃于路口铺车站，第二日始回县府。据一般市民声称，当赵县长逃去后，县城因无保障，人心极形恐慌，全县秩序因此大乱。查该县虽属无城可守，但股‘匪’距县尚远，该县长闻风先逃，似属有亏职守。经职前往路口铺车站，查得该县长于五月十日在该处福天申旅社住宿一晚是实,并取得该旅社证明一纸(附呈),”等语。是该县长不独有亏职守,亦且违反法令。(二)纵丁敲诈一节内之粮柜浮收部分,据复呈称,“惟于粮柜发觉浮收田赋情事,当场查出征收员胡二曾浮收粮户石金锡大洋五分,又征收员方耕莘浮收粮户谌文正大洋三分(附呈粮卷两张)”等语。是该县长纵无串同纵庇情事,而最低限度,失察亦有难辞。(三)出巡骚扰一节,据复称,“据前任该县聂区区长李勃林云,二十四年六月十七日县长出巡,人夫轿马共十余人,用去招待费洋二十元,并取得李勃林出具证明一纸”(附呈)等语,是该县长扰民有据,亦属失职行为。

以上各案,既经查实核明,爰特并案提出弹劾,请即将该湖南前任宁乡县县长、现任临湘县县长赵鸿,依法移付惩戒,并将刑事部分,移送该管法院办理。

再查第一案,本署调查员沈爽清查复呈文内有,“嗣监察院及司法行政部,据胡周氏同样告诉后,当经分别函令湖南省政府及高等法院查复”等语,是本已另奉行查有案。惟此次既经本署派员实地查明,且有该省民政厅、保安司令部,及高等法院各机关,迭次派委查复可证。该赵鸿假借权力机会,故意杀人,实属情真罪确,县长为亲民之官,其兼理司法之县,尤操人民生杀之权,似此凭藉权威,任意冤杀,若不迅予严加惩办,将何以彰法纪而儆效尤,故仍详提弹劾。合并声明。谨呈。

(《监察院公报》第七十一期《本院移付惩戒文》机字第一七三〇号)

《湖南华容县安息垸湖田庄照经理处主任袁锡之及南华查催湖田契税助理员陈耀坤违法渎职案》弹劾文

（1936年3月7日）

案查前据湖南华容县民呈诉华容县护城安息垸袁锡之，与南华查催湖田契税附征尾欠办公处陈耀坤、刘士贵，奇勾巧诈，民不堪扰等情一案，当经函行华容县政府查复。旋准复文略开，“查袁锡之原系南华查催契税处陈耀坤直接委任为安息垸庄照征收主任，办理催收照费尾欠事宜，因浮收滥用，经谢筱连具控到府，正讯明保外候审查账目，依法核办间，昨据该谢筱连等诉称‘袁锡之勾诈假借将垸中沟港塘堰测丈，派收二千余元之外，复指塌西湖为十二姓所有湖荡，责令全垸业民，出资承受，每亩摊洋二角九分，计可收洋六千余元，擅发通知，勒令三日照缴，恳予制止’等情前来，本府以案关摊款，增重人民负担，未据事先呈报核准，殊属违法，当即据情转呈湖南省政府核示去后。旋奉令以袁锡之假名浮摊，着即立拿到案，会同陈耀坤详切讯明，押解赴省，听候严办等因，业将该袁锡之管押在案，已定期集案研讯”等由。经又函行该县政府，请于该案研讯明确后，详切见复去后。兹准续复内开“查此案前奉省令，比即定期传集谢筱连等，提同袁锡之双方研讯，据该袁锡之供称，‘征收湖荡照费，系奉陈耀坤委令而行，每亩征费二角九分，应共收洋五千七百零二元，是连一切用费附摊在内，并为陈专员所许可’等语，本府以湖荡为国有官荒，照章每亩只收照费一角，该袁锡之竟敢每亩浮收至两倍之多，姑无论其主管有无串通行为，惟其本人藉公诈取，实已无可讳言。因于讯明之后，当即遵令将袁锡之押解赴省，听候法办在案。至陈耀坤系省委南华查催湖田契税助理员，刘士贵即其办公处服务之人，计自此案发生，省府业已另委查复，真相若何，当易明瞭”等语，到署。查该湖南华容县安息垸湖田庄照经理处主任袁锡之浮收照费，已由华容县政府讯明属实。该南华查催湖田契税助理员陈耀坤，为办理该项事务之主管人员，袁锡之征收湖荡照费，系奉其委令而行，已应负连带之责任。况据袁锡之供称，浮收照费之事系为陈所许可，则其串通舞弊，更属显然。该袁锡之、陈耀坤，均属违法渎职，触犯刑章，爰特并予提案弹劾，请即依法移付惩戒。其刑事部分，并应交付该管法院讯办，以儆贪污。谨呈。

（《监察院公报》第七十一期《本院咨送惩戒文》机字第一七一八号）

《湖南攸县第五区区长刘藜魁违法渎职触犯刑章案》弹劾文

（1936 年 3 月 7 日）

案查前据湖南攸县人民李唐等，呈诉该县第五区区长刘藜魁，横征暴敛、违法殃民等情一案，当经函行攸县政府查复。旋准查复到署，以所查尚有未明之处，经又提要再函该县政府彻查去后。兹准该县政府查明续复，同时该民李唐等，亦具呈续诉前来。查该区长刘藜魁任内所收田赋附加及各项捐税，虽经该县政府于复文内叙明，或经义勇总队部呈报区司令部核准，或经该区务会议议决呈请总队部转呈，或经区司令部及义勇总队部，规定抽收标准表有案，但按诸法令，不合已多。更就该区长于田赋带征特务队伙食捐，每正银一两，浮收四分一节，据该民李唐等续诉所称，竟浮收二百余元之多，证以该县政府对此节查复结果，则浮收系属实情。该区长实属违法渎职，触犯刑章。至于其余各节，该县政府复文内虽未详为说明，但据该民李唐等先后呈诉，罗列事实，附举证据，亦殊可信。爰特提案弹劾，请即依法移付惩戒，其刑事部分，并应交法院办理，以纠非法，而儆贪污。谨呈。

（《监察院公报》第七十一期《本院咨送惩戒文》机字第一七二〇号）

《湖南永兴县第五区区长廖光祖区公所助理员曹牧违法渎职案》弹劾文

（1936 年 3 月 14 日）

案查前据湖南永兴县民李联芳呈诉略称，本县第五区区长廖光祖，非刑惨毙民父李亲德，非法拷打民弟李哑子。县长吴崇钦、承审员安吉潜对于此案徇情藐法、袒纵埋冤等情，当经函行永兴县现任县长查复去后。旋准该县现任县长赵宗献复文内开，"查该案发生于吴前任内，经于八月十二日判决，本案卷宗，因于判决后双方声明不服，呈解上述审核办，县长于九月三日到任，仅移存判决书附卷，其事实之经过及办理情形，参考判词，并调查所得情形，缕晰陈复如下。原本年七月十六日，该区长廖光祖，因公赴石枧乡乡公所，以前区董廖维翰任内，曾据区丁曾昆生报称：'去年废历八月间，在该乡金竹岭地方，催征工人，该地居民李亲德出而反抗，唆使其子侄李哑子等，用柴刀、梭标殴击区丁，并抢去提篮工人限字等件'遂于是日午前，由乡公所饬随带之区丁罗富邦、曾昆生、曹球，及区所派驻附近该乡公所碉堡之义勇枪兵贺元坤、曾财生、萧生财等,传李亲德、李哑子前来讯问。乃该区丁枪兵等至李亲德、李哑子家,竟以捆殴种种举动,向李亲德、李哑子吓索,将李亲德捆殴成伤后,经人代出十二元草鞋费限字,该区丁枪兵始将李亲德、李哑子二人,带至石枧乡公所附近碉堡内,未几,李亲德在该调堡内吞服鸦片烟膏,经枪兵陈雄目见,遂以手近卡其咽喉,欲令吐出未果。后由其庚友廖丙喜保至伊家歇宿,至半夜毒发,于次早毙命。兼以十六日夜间,该区长廖光祖,饬助理员曹牧,用竹板笞伤李哑子之腿,李联芳等遂起诉到府,经吴前县长、安承审员验明,李哑子左腿负有竹板伤痕,李亲德尸体,委系生前受伤后服毒身死,并传集该区长廖光祖,及助理员曹牧、区丁罗富邦等,与一干人证到案研讯,仅能认李哑子所负之伤,系该区长廖光祖饬助理员曹牧所加害。至已死之李亲德,只能认受伤后服毒身死,而其尸体上之伤痕,又只能认系区丁罗富邦等,在其家恐吓财物时捆殴,以及在碉堡内枪兵陈雄用手施救吞服鸦牙时所致,不能证明该区长廖光祖有何加害情事。即于八月十二日判决,将该区长廖光祖、助理员曹牧、区丁罗富邦等,分别论罪,其余在逃之区丁曾昆生、曹球,及枪兵贺元坤、曾财生、萧生财等,则候通缉获案另办,实无袒纵情形。兹将本案事实经过,及承办情形,并检同判决书一份,复请鉴核。再本案验断书伤单,因全案卷宗均已呈解桂阳湖南高等法院第二分院核办,无从抄送,合并声明”等由,并抄附第一审判决书一份到署。当以案已上诉,爰又函湖南高等法院第二分院查询。嗣准该分院函复,并检送第二审刑事及附带民事判决书各一份前来。复经函准原县将该案全卷,检送来署核明。查此案第二审判决书内事实证据,即系引用第一审判决书内所载之事实证据,足见第一二两审对此案所认事实,系属相同,而第二审所列理由,则较为详确可采。该湖南永兴县第五区区长廖光祖,身为区长,根本上无拘提人犯之权,李亲德、李哑子既非盗匪,亦非其他现行犯,乃竟以其上年曾有抗拒征工、追打区丁之嫌疑,公然签发拘票,派遣区丁枪兵,加以拘捕,以致该区丁枪兵等,将李亲德、李哑子二人私禁捆殴，横施勒索，而李亲德并于受伤后服毒身亡，虽第二审认定李亲德之死，与该廖光祖之饬令拘提，无因果联络之关系，然其假借职务上之权力，教唆私行拘禁，实属违法渎职，触犯刑章。至该区公所助理员曹牧，受区长之命，讯问此案，并未令其用刑，乃竟擅自将李哑子加以笞责，以致成伤，是其违法渎职，犯假借权力机会以伤害他人身体之罪，亦甚显然。除刑事部分，均已由该管法院办理外，爰特一并提案弹劾，请即依法移付惩戒，以儆效尤。谨呈。

（《监察院公报》第七十二期《本院咨送惩戒文》机字第一七七四号）

《湖北汉口地方法院登记处主任刘大璋登记员许秉源失职案》弹劾文

（1936 年 3 月 16 日）

案查前据湖北汉口市智民房产公司经理人袁子春呈诉，汉口地方法院登记处登记员许秉源，与登记主任刘大璋，勾通枉法，胆大舞弊，渎职妄为，登记黑暗，早经具控在案，已由法院指定为行政处分，应负行政上责任，请予查办等情到署，比经函准承办该案之武昌地方法院函送卷宗前来，经予详加审核。查该院刑庭所为二十四年度诉字第二一二号判决书理由栏节载："核阅汉口地方法院登记处卷宗，被告许秉源受陈德清之委任，于上年十一月十三日，将智民公司智民里第十八、十九、二十、二十七、二十八等号房，申请为抵押权设定登记，该被告未受智民公司经理袁子春之委任，竟于申请书栏内载明：'申请人智民公司经理袁子春，代理人许秉源。'同日又为所有权保存登记，而登记处主任即被告刘大璋，遽依许秉源之申请，允许为两重登记。就代理部分言之，登载固有不实。惟查许秉源提出是项申请书，与刘大璋发给登记证明书，对于上开房屋之所有权，仍注明属于智民公司，查刑法第二百一十四条，第二百一十三条所载'事项'二字，按之下文'足以生损害于公众或他人'一语，自系指关系他人权利义务之事项而言。既均注明该房屋之所有权，属于智民公司，不得谓登载不实之事项，且因而确定产权，于智民公司之所有权，反增一重保障，亦无损于智民公司。如谓抵押权登记之后，所有人不能充分行使其权利，关于此点，当先就抵押是否真实以为审究。查容乾初系智民公司前任经理，于民国二十一年，以该公司所有五栋房屋及股票，向陈德清押借洋一万四千元，既有抵押字据，附加担保契约，及特三区市政管理局登记证与美国保险公司保险单为证，并为该公司代理人袁济华所自承，不过袁济华称系容乾初私人债务关系云云。容乾初在智民公司经理任内，原负有对内对外之责，其代公司订立抵押契约，不得因经理解职而失效。纵令公司认为容乾初私人债务，亦当向容乾初直接交涉，本为该公司内部问题，要难据以对抗第三人。即许秉源申请登记，刘大璋准予登记，更不能谓有损于智民公司。据此论断，被告许秉源未受委任，自称代理，申请为所有权保存登记，在民法上为无权代理，应属民事范围。被告刘大璋接受该项申请书后，不予调查，慨然允许办理，亦属不当，依最高法院上字第五百号判例，仅应负行政上责任。揆以上述刑法第二百一十四条、二百一十三条之构成要件，显有未符，均不负刑事上之罪责，而刘大璋更无渎职可言"等语。查该湖北汉口地方法院登记处登记员许秉源，身任登记员职务，应如何恪守登记规章，今乃未受财业所有权之委任，竟冒称代理，向登记处申请为所有权保存登记，自属失职行为。而该登记处主任刘大璋，于接受此项登记之申请书时，对于授权代理有无证书一事，显有调查之必要。乃竟不为调查，贸然允许登记，按诸民国十一年五月二十一日司法行政部公布现行有效之登记通例第十一条第一项“登记衙门为登记时因必要情形，应调查关于登记事项之证据”之规定，亦属废弛职守。爰特一并提案弹劾，请即依法移付惩戒，以肃官箴。谨呈。

（《监察院公报》第七十三期《本院移付惩戒文》机字第一七八六号）

《湖南长沙县前县长刘裔彬贪污渎职案》弹劾文

（1936 年 3 月 17 日）

案查前据湖南长沙人民杨运泉等，又常治等先后呈诉该县前任县长刘裔彬违法舞弊、贪污渎职、侮圣虐民等情到署，比经派本署调查员张家珏前往调查。兹核该调查员调查报告，除原诉其他各款，或系查无实据，或尚有待于考查者外。其关于浮收闾邻图记工料一款，内开“查该县分自治区十区，计一百四十七乡镇，三千一百九十六闾，一万六千七百二十九邻（见附件一），均经县政府刊发图记，其价格据该县长刘裔彬（现已卸任）谈话，及其呈报民政厅文内，均称照所刻市价二分一字收费（见附件二、三）。查该项图记，每颗由十四五个字至十九个字不等，以二分一字收费，每颗价值在三角以上，照上开闾邻数目平均每颗收费三角，总共可收五千九百七十七元五角。但职在承刻此项图记之同文明刊刷处与蒋文德堂两商号查询（原呈误称为松岚纸店承刻），据各该店主云，每颗仅收洋八分及一角（见附件四），当令该店主等各具证明书一纸，以作凭证。同文明刊刷处之证明书曰：‘查本店承刻长沙县政府刘裔彬县长任内闾邻图记一万三千余颗，每颗实收价洋八分，县府实发九分，介绍人回扣一分，本店开给县政府之收据，刘县长则令照本业公议之价格每字二分开具，每颗图记由十四个字起至十九个字止，计算每颗价洋三角以上，而本店只实收八分。此系遵命办理，工人以营业为目的，非敢串通舞弊，仅据实报告如右，乞恩赐原谅。'蒋文德堂之证明曰：'查本店承刻长沙县刘县长裔彬任内闾邻图记五千余颗，每颗实洋一角，而本店开给县府收据，每字照二分扣价，每颗自十五个字起至十九个字止，如以二分一字计算，每颗洋在三角以上，此系刘庶务命令如此开具发票，工人若不如此办理，则每颗一角之价格亦不付给，工人无法，只得照开，非敢舞弊。'根据该商店等之证明书计算，该县长浮收达四千余元之巨，实属犯刑法"等情。据此，查此案照该湖南省长沙县前任县长刘裔彬呈复该省民政厅文内所称（见原附件三），该项闾邻图记，照章本应由乡公所或镇公所颁发，乃该县长竟以形式字迹不能一致为词，改由县府统一刊发，已属违反法令。至刊刻工料，每颗仅付八分及一角之实价，乃该县长竟强令各该刻字店，照二分一字开具发票（见原附件四），即以二分一字之价，分饬各区具领转发（见原附件二、三），其有意浮收及直接图利之行为，证据昭然若揭，实属违法渎职，触犯刑章，爰特提案弹劾，请即依法移付惩戒，其刑事部分，并应移送该管法院办理，以儆贪污。谨呈。

（《监察院公报》第七十三期《本院移付惩戒文》机字第一七八二号）

《湖南常德县税务局局长陈意遐违法失职案》弹劾文

(1936 年 3 月 18 日)

案查前据湖南常德私立翰文初级中学校长蒋国钧呈诉该县税务局局长陈意遐威捕私禁、妨害校誉一案到署，比经派本署调查员沈爽清前往调查。兹据该调查员呈复内称："遵即驰往该县，会晤县长蔡其璋，详询本案经过情形，据称'翰文中学，乃蒋氏私捐资产所设立，每年学租收入约一千一百余石，房租收入约五百余元，校长一职亦历由蒋姓人充任，并组有校董会监督校务行政，暨保管校产之责。历年田赋，例由校董会完纳'等语(查税务局甫经成立，在未设立税务局以前，田赋杂税统由县政府经征)。复在该县政府查阅档案，该校二十年以前，所有田赋附加，均经豁免。二十年以后仍须照额完纳，系经县政府会议议决，由县政府指令在卷(指令抄呈)。又该校长蒋国钧任事以后，因接管旧欠田赋过巨，曾经呈请县政府严追前校长蒋谟负责清理，当经指令由校董会负责完纳(指令抄呈)。嗣至税务局调阅簿册，该校自十九年起，至二十三年止，共欠正附税一千七百五十六元八角〇九厘(列表附呈)，并据该局长声称，'因该校欠赋过巨，迭经催征，延抗不缴，故根据《田赋征收章程》第十六条之规定，实行拘传押追办法(章程附呈)，爰于二十四年七月二十九日下午将蒋国钧票传到局(传票抄呈)，七月三十日下午即由恒信泰商店具保开释(保单抄呈)，并将押缴情形电呈省政府，奉有佳代电[1]饬令严追在案'(代电抄呈)。此翰文中学延

① 佳代电：指 9 日代电。

欠田赋，及税务局票传押缴之经过情形也”等情。据此，查该湖南常德县税务局局长陈意遐职司经征，催缴欠赋，固其职务以内之事，但税务局仅系经征机关，押追税款，纵为遵章行事，亦应请由该管县政府执行，方合手续。况该校校产，既向归校董会负责经理，则延欠赋税，即应由校董会完纳。又查教育部颁布私立学校规程第十九条之规定，校长只负学校行政上之责任，至学校财务责任，则由校董会负之。是该校延欠田赋，责在校董会，而不在校长，亦属显然。乃该局长既不遵照规程，向该校董会负责人追缴，又将校长蒋国钧径行拘捕私禁，实属违法失职。爰特提案弹劾，请即依法移付惩戒，以维法纪，而儆效尤。谨呈。

（《监察院公报》第七十三期《本院咨送惩戒文》机字第一八〇八号）

《湖南零陵县教育局教育委员罗经违法失职触犯刑章案》弹劾文

（1936 年 3 月 18 日）

案查前据湖南零陵县民蒋南仙等呈诉该县教育局教育委员罗经卖放烟土，私勒巨款，局长郑桂芳失察纵逃，违法渎职等情一案，当经函行零陵县政府彻查去后。兹准该县政府复文，内开，“查此案本府于二十四年十二月十二日奉湖南省禁烟委员会令，据本县公民李孚颙、唐棣芬等呈，为违禁包运，因露纵逃，公恳依法处究，并转请撤惩该局长郑桂芳等情，饬即切实查明呈复到府。当以‘查本府于本月一日据报县属第一区距城十里之大夫庙地方，有人查获私土，中途贿放情事，当经严密侦查，缉获本案有关之周世芹、唐坤、王良权、郭惠堂、唐加友、朱东连等到案讯问。实系王桂林、王良权等多人，集股由邵阳偷运烟土，侨装米贩，经过大夫庙地方，被本县第五区义勇队保信乡中队第十一分队队长唐坤，及唐友生发觉，会同当地保长刘仕国查获，计私土九十一饼，又一大包。适教育局教育委员罗经，随带武装政警周世芹，在该地催收学谷，乃将私土加封，率同政警及唐坤等，并一干私运犯押解来府。行至县城太平门，嘱令唐坤、唐友生二人在某粉馆等候，声称烟土由渠解送县府，竟于孙意顺旅店受贿纵放，罗经当时确得现款八十元，随以洋三十二元送交唐坤、唐友生。诡称烟土已解交县府，现由县府赏洋三十二元，并以洋十六元交政警周世芹，嘱令不得声张。该唐坤等知识有限，信以为真，遂即返乡。贿放之土，业由王桂林运往江华，经勒令王良权等追缴未获，已处罚金洋二百六十元。至教育委员罗经于案发时，闻风畏罪远扬，业经撤职通令缉拿，并查封家产。惟该犯财产无多，仅由其亲属暂行赔缴罚款三百元免予拍卖。此系本案之经过实在情形。核与公民李孚颙等所控事实，甚不相符。前据径呈到府，业经批示未准受理在案。奉令前因，理合备文呈复钧会察核示遵’等情，呈复在案。至该教育委员罗经在该局长郑桂芳未到任以前即供职该局，以前尚无过失。此次犯罪，又为职务范围以外之私人行为，自系该局长意料所不及，失察之咎，情有可原。该公民蒋南仙等所控各节不免误会”等语。查该湖南零陵县教育局教育委员罗经诈得钱财，私放烟犯，既经零陵县政府查明属实，违法失职，触犯刑章，爰特提案弹劾，请即依法移付惩戒。其刑事部分，仍应由该管审判机关办理，以儆贪污。谨呈。

（《监察院公报》第七十三期《本院咨送惩戒文》机字第一八一〇号）

《湖南桃源县第八区区长刘成锷放赈专员李正鑫事务员李正昌失职犯刑案》弹劾文

（1936年3月20日）

案查前据湖南桃源县民胡之休等呈诉桃源县第八区区长刘成锷，伙同属员李正昌、李正鑫等吞噬赈麦，藉军敛财，案经省委查明，久悬未结等情到署，当经函行桃源县政府查复去后。嗣准该县县长胡开材来文答复，略以此案，已由湖南省政府民政厅，派视察员王敬，到县查明呈复，爰将王视察员原查复呈文一件，抄送前来。查王视察员原查复呈文第一项，关于吞没冬作赈洋部分，内称："该项赈款，既称冬作赈款，顾名思义，其种麦应于冬作以前，一律发放，始能实惠灾区，利用农时，补种麦作，否则全失效用。今查去年废历九月间买进之种麦，迄十一月间尚未发出，已误种麦时期，后遇匪灾损失，更为可惜。足见该放赈专员李正鑫放赈不力，实有贻误时机、致遭损失之责。又该区长刘成锷，既负区自治机关领导职责，根据上海筹募各省旱灾义赈会查放细则第八条内，有地方公团派人负责监放之规定。区内放赈，未能事前利时监放，亦难辞其疏忽之咎。"第二项，关于乘机浮报夫费部分，内称，"计卷载二十六师七十八旅旅部副官处正式收条六纸，共收到力夫五十名，又有由旅部拨来力夫十名之该师一百五十三团副官处之收条一纸，又有该师七十六旅一五一团一营营部收到区公所力夫八十名之收条一纸，总共雇送力夫一百四十名，核与李正昌所报雇夫一百六十五名之数，相差二十五名。李正昌既据各师旅团营函条为准，发给力夫工资，今经查验仅一百四十名，核与一百六十五名之数，相差二十五名。设依照上述区务会议第二项之规定(须有军队回条,方得发给),为发资准则,检核军队回条,又更在少数。此数两歧,不无计算失实之处。又查验各工资收条,多由各保董代领转发,未能由力夫一一亲手具领,手续亦欠妥慎。其上述手续所欠妥善之处,据该区长称,全系该所事务员李正昌一手经办之责。然李事务员固属粗疏,该区长亦乏督饬之方也”各等语。兹察核以上所述情形,该区长刘成锷、放赈专员李正鑫、事务员李正昌,均属有失职守。而事务员李正昌浮报二十五名夫费,显系侵蚀公款,绝非计算失实四字可以蔽其辜。然则该事务员李正昌不独有乖职守,实且触犯刑章。爰特一并提案弹劾,请即依法移付惩戒。其刑事部分,并应移送该管法院办理,以儆效尤。再查此案,王视察员原查复呈文内,曾叙及湖南省政府民政厅厅长派查之条谕,中有“六月,监察院亦据胡之休等呈,检发副呈,令饬查办”等语。是已另奉行查有案,合并声明。谨呈。

(《监察院公报》第七十三期《本院咨送惩戒文》机字第一八三八号)

《湖南宁乡县前任财政局长刘宗矩浮报借款息金案》弹劾文

(1936年3月21日)

案查前据湖南宁乡县民呈诉该县前任财政局长刘宗矩贪污有据等情到署,当经一涵于巡视湖南时,派本署调查员沈爽清彻查具报去后。据该调查员呈复,内称:“遵查此案发生后,当由财政厅委员周坞秋,会同宁乡县现任县长杨积荪,召集各清算员于该县县政府组织正式清算会，根据流书簿据，彻底监算。费时三月，始行竣事。其监算结果，该刘宗矩共计浮报借款息金洋三万七千三百余元。又以滥发流通整散局票，溢出原额洋六万余元，嗣由该委员暨县长将监算结果，连同簿据，一并会赍财政厅核办在卷（抄呈周委员会县监算呈复原呈）。该厅委查据复后，尚未遽予追缴，复又指派厅内科员谢素如、文创南等复算，并通知刘宗矩到厅自行清算。复算结果，认为尚有因汇算错误之点，及应准情酌减之处，爰将原结算存数内，分别剔除二万一千余元（抄呈该厅科员谢素如等复算签呈，其剔除数目，系据彼等所云）。该厅即据复算核定之数，令行该县长遵照办理。至对于溢出六万余元之局票，饬其另案查核具报（指令抄呈）。该县长奉令后，当即依照厅令，分别予以剔除，并呈复据该刘前局长呈复并无溢出局票情形，于是该厅于二十四年十一月十二日，始行指令县府，照案执行追缴。至溢出局票一节，仍令该县长另案办理，并谓'如果确系手续错误，应准免予置议'等语在卷（指令抄呈）。嗣该刘宗矩迭次具呈不认存款倒息，均经该厅严令驳斥（批示抄呈）。是刘宗矩贪污浮报之案件，几经核减，至此已算确定，此系卷查财政厅办理此案之经过情形也。复查长沙地方法院于二十四年九月十六日，据刘安泰等告诉后九月十九日及二十一日票传两次，被告均未到案。又于九月二十三日票拘该刘宗矩，至十月二十三日始据法警刘海清等报称'被拘人赴粤无从拘提'等语，旋有被告之妻刘陈氏具状申请展期一月，是此案法院方面，犹在侦查期间，尚未提起公诉"等情，并抄附各件。据此，查该湖南宁乡县前任财政局长刘宗矩，既经湖南省财政厅一再派员清查明确，浮报借款息金，而此种浮报情形之结果，即系为该前任局长自己不法之所有，以侵占公务上所持有之金钱，是不惟违法失职，实且触犯当时刑法第三百五十七条第一项之侵占罪。爰特提案弹劾，请即依法移付惩戒。其刑事部分，仍应由该管法院办理。至其浮报数目，虽曾经湖南省政府财政厅予以核减，但实际上究系若干，亦仍应由该管法院连同其溢发局票部分，通盘彻底核算，依法判断，以儆贪污。谨呈。

（《监察院公报》第七十三期《本院咨送惩戒文》机字第一八四六号）

《湖北江陵县第六区永寿乡联保主任李振之监放委员熊西庚侵蚀赈粮违法渎职案》弹劾文

（1936年3月24日）

案查前据湖北江陵县民沈子周等代电呈诉该县第六区永寿乡联保主任李振之吞没赈米及克扣豆麦种籽等情一案，当经函行江陵县政府彻查见复。旋准该县政府复文内开，“经即分别饬警票传沈子周等，及勒拘李振之等来案质讯。据李振之供称，散放两次急赈，尚剩米七斗余未发，已给搬运急赈之车脚夫领去，至所领种籽，除散发外，尚余三十二石，现存联保办公处，以备补发等语。质之监放委员熊西庚，虽不认有同谋之事，然事前事后均不加以干涉，显见彼此同情，不无侵蚀之嫌。当将该李振之、熊西庚二人暂予看管，并令饬该管第二区公所详查事实具报，一俟查复，即依办赈人员惩罚条例第三条，移送法院侦办”等语。比经再函该县政府，俟该管区分所查报后，仍将查明办理情形函告去后。兹续准该县政府复开，“查第六区公所查报李振之对于急赈一项，所差无几，惟豆麦种籽，实不符十二石四斗三升等情，查核所报不符之数，显系侵蚀无疑，经依照办赈人员惩罚条例第三条之规定，将该案全卷暨人犯一并函送沙市地方法院侦办”等语前来。查该联保主任李振之经领属于赈济性质之豆麦种籽，散发灾民，既经该县政府查明其有侵蚀行为，实属违法渎职，触犯刑章。至该监放委员熊西庚，对于李振之吞赈行为，事前事后均未加以干涉，已属有亏职守，且经该县政府查明其不无侵蚀之嫌，自亦应依法讯明办理。除刑事部分已由该县政府移送沙市地方法院侦办外，爰特一并提案弹劾，请即依法移付惩戒，以重赈务，而儆贪污。谨呈。

（《监察院公报》第七十四期《本院咨送惩戒文》机字第一八六八号）

《湖北羊楼峒营业税局崇通稽征所所长何季豪违法渎职案》弹劾文

（1936 年 3 月 24 日）

案准湖北省捐税监理委员会查字第二五号公函内开，“本会前据密报，崇阳县营业税稽征所所长何季豪，在该县史家渡违法设卡，征收过境米捐一案，当即派临时调查员胡蒲青前往调查属实。惟该所长虽经撤职，而案关经征官吏违法渎职，似应予以重惩。兹特检同本会调查员报告，并公民张少堂等报告，李林卿运米单据各一件，函请贵署查照办理”等由，并附调查员报告一件、证件二纸，准经派本署调查科长安梦周前往该会，调卷来署核明。查该湖北省羊楼峒营业税局崇通稽征所所长何季豪违法设卡，对货物直接抽捐，此种等于厘金之捐税，是明知不应征收而征收，既经湖北省捐税监理委员会派员调查明确，实属违法渎职，触犯刑章。爰特提案弹劾，请即依法移付惩戒，其刑事部分，并应由该管法院办理，以纠非法，而儆贪污。谨呈。

（《监察院公报》第七十四期《本院咨送惩戒文》机字第一八七〇号）

《湖北新堤前任公安局长蔡笃中违法渎职案》弹劾文

(1936年3月28日)

案查前据湖北沔阳县民彭盛纪等呈诉湖北新堤前任公安局长蔡笃中"贪赃枉法,渎职殃民,威施酷刑,拷死无辜"等情,到署,比经派本署调查员沈爽清前往调查。兹据呈复,除原呈所诉其他各款,或系查明不实,或系事过境迁,不易查得实据者外,其关于威施酷刑,拷死船户杨其迪一事,据该调查员呈内节称,"船户杨其迪,被该局长威施酷刑,逼死狱中,群情尤为愤慨。据该镇湖北水上公安局第四分局局员成大云,杨其迪一案,本属水上公安局管辖范围,乃蔡局长越权受理,实有严刑诈财事情,因杨其迪虽属船户,家境尚称小康,至于该局所属之侦缉队队长刘宜新,尤为地方著名痞棍,敲诈成性,横暴异常,杨船户之死,是否为受伤后自缢身死,抑酷刑拷死,尚是疑问。及向一般市民查询,亦皆作不平之鸣,并称盗卖客货,系属受张某欺骗,杨之本人,赋性忠厚,素极安分。嗣至该局查阅档案,杨其迪究系何日拘押,卷中并未注明,仅据该局局员林某声称,审讯后即发交侦缉队管押,原拟八月六日解送沔阳县政府讯办,公事都已办好,适是晚忽起大风,恐船过洪湖,风大危险,故未起解,讵料该犯即于是夜身死,迨该犯死后,比即函报县政府派员前来检验等语。又查阅解案公函,亦无拘押日期,仅有前日字样,此亦该案中之一大疑窦也。职至沔阳县政府调阅检验卷宗,该杨其迪委系受伤后自缢身死,谨将该县政府所派警佐刘子汉,暨检验员颜继湘,报验情形,照抄附呈"等情。据此,查此案,该船户杨其迪所犯嫌疑,仅系盗卖客货,属于通常司法范围,该前局长应即将案移送该管兼理司法之沔阳县县长办理，方为合法，乃竟于审讯后发交侦缉队管押，令其严刑威逼，不解不办，其为意图勒索，甚属显然。若谓八月六日，以洪湖风大，船行危险，致未将该犯解送县府，则杨其迪被押已非一日，即以该局解案公函观之（见附件），亦谓“前日有民人白才章与杨其迪为盗卖客货一案互扭到局云云”，所称前日，至少当为两三日以前，何不早日解送。况该案既与水上公安局有关，该镇设有水上公安局，又何不就近移转办理。复查验断书内载（见附件），该杨其迪遍体伤痕，且多系木器压杠所致，则其为非刑威逼致死，证据尤为确凿。该湖北新堤前任公安局长蔡笃中，实属违法渎职，触犯刑章。爰特提起弹劾，请即依法移付惩戒，其刑事部分，并应由该管审判机关办理，以伸法纪而儆官邪。谨呈。

（《监察院公报》第七十四期《本院咨送惩戒文》机字第一九四〇号）

《湖北孝感县第三区区长严发轫违法失职案》弹劾文

（1936年3月28日）

案查前据湖北孝感县民萧冠群等，呈诉该县第三区区长严发轫“庇匪纵赌滥权渎职诬良诈财囤卖人口”等情，到署，当经委派本署调查员张家珏前往调查。嗣因该呈诉人萧冠群等，前曾以同样案情，向县呈控，经县饬区查复，该区长本已得悉控案内容，迨闻该呈诉人等又向本署呈诉，复闻本署有人赴该县查案，遂具文申辩来署，本署察核案情，认为尚有应予补查之处，爰饬该调查员再往详查。兹据该调查员查明呈复，并抄附各项关系文件前来，经核该湖北孝感县第三区区区长严发轫，实有下列之违法失职及触犯刑事行为。一、原诉庇匪殃民部分。据复文略称："查陈老五居住区公所对面，勾结匪类行劫是实，确由路警在区公所对面破获，该区长申辩文内所称'系由区派事务员唐汉英会同铁路巡警田巡长捕获转送汉口法院有卷，有田巡长唐汉英可凭'质之田唐二人，完全否认（见谈话笔录一、二），足证该区长玩忽职守，诚信未孚。该区公所与陈老五居住，近在咫尺，竟未能察觉其有盗匪行为，虽不能谓为庇匪殃民，然实难辞疏忽失察之咎"等语。该区长显属废弛职守。二、原诉诬良诈财部分。据复文略称："查邱叶氏案，系发生于二十四年元月，据二汉港正绅现任商会常委张心斋云'该氏孑然一身，确系良民，缘邱宅附近，有一小庙，有窃贼徐山者，住在其内，曾往邱家借用脚盆未遂，嗣该贼行窃，被四义镇捉获送区，遂挟嫌诬供，曾在邱家歇过一夜，严区长乃将该氏拘捕，结果罚洋十元释放（见谈话笔录三）'。该区长申辩文所称'徐山到区，据讯曾偷皮花一担，存在邱叶氏家，当将邱叶氏传唤到区，供认窝藏不讳，但该皮花已变洋十元，正拟解办间，适有当地商会常委张百年（即心斋）代其要求，从宽办理，力请依赃物没收入公之例，存为修建区仓之费'一节，显非实在，而查徐山口供单上，并无涉及邱叶氏之词语，徐山亦未签押（见附件三）。又解送徐山一节，县府函称'无卷可考'（见附件一），据该区公所事务员唐汉英云'窃贼解送县府之文，是我写的，严区长先期进城，后一日由区丁周世铭解送，是否解到，则不得而知'质之该区长本人，则称'徐贼解送去县之时，区长以事甚细微，遂中止送县，转送军队充当输卒'云云"等语。查区长并无追诉或处罚犯罪之权。邱叶氏即使有窝藏赃物之嫌疑，该区长亦仅能解送该管机关，依法办理，何得自行罚款。况邱叶氏系属良民，该张心斋能为保证（谈话笔录三），徐山供词，又并未涉有该邱叶氏窝赃之语，更何得处以罚金。又徐山既经窃盗属实，自应解送该管机关办理，该区长乃竟私自释放，均属违法失职，事实显然。三、原诉擅卖人口部分。据复文略称，"查废历二十三年十一月初，该区杨家河义勇队长杨吉甫，在人和店盘获拐犯刘国瑞拐带少女陈喜娅一名，比将刘国瑞送区发落，越数日，严区长复将少女陈喜娅带区讯问，刘国瑞押约一周，即行释放，陈喜娅留押所内，函其家属认领，时隔月余，杳无音信，遂于废历十二月十九日，将该女择配与区民胡新民（胡汉卿）为妻，该女亦甚愿意，该区长计由胡新民手得洋九十元，名为赈灾之用（见谈话笔录四），至刘国瑞释放时，据陈喜娅及唐事务员并云'该区长曾用肉刑（见谈话笔录一、四、五），人证确凿，自非虚语'"等语。查该区长对于刘国瑞，既已明知其有犯罪行为，即应解送该管机关依法讯办，自身固无权加以处理，今乃私禁刘国瑞一周之久，又于用刑后将其释放，是不惟违法失职，抑且触犯刑章。又陈喜娅既有家庭，自应静候其家属具领，乃竟将其擅行择配，且复借此征取款项，尤属假借权力机会，任意为非。四、原诉妨害行旅部分。据复文略称，"二十三年冬季，有黄陂县民六人，每人牵牛一头，路过该区，因无路单，该区长疑为贩卖宰杀，予以扣留，三汊港（即区公所所在地）商会主席敖玉山，出为证明确系耕牛，请释未准，复经牵牛人回籍，持黄陂第四区公所公函前来证明，仍罚洋十六元放行，该款系保长萧禧崇经手交付（见谈话笔录六）"等语。该区长滥权罚款，亦系违法。五、原诉得钱纵赌部分。据复文略称，"二十三年二月间，严区长与区佐理员萧益谦，赴八汊崖监选联保主任，及抵该处，发现赌博，抓获赌犯方某及夏长根二人，夏姓当时罚洋十元释放，方姓即带所究办，拘押三日后，由保长萧禧崇等出为调说，罚洋二十四元开释，质之萧益谦、萧禧崇俱云是实（见谈话笔录七），据该区蒋代区长查复所称，此项罚款，已拨作保长会议经费"等语。查犯赌为刑事案件，该区长乃擅自处以罚金，亦属滥权违法。综上各情，爰特提案弹劾，请即依法移付惩戒，并将刑事部分，移送该管法院办理，以儆效尤。谨呈。

（《监察院公报》第七十四期《本院咨送惩戒文》机字第一九四四号）

《湖南民政厅科长王政诗省会公安局长周翰违法失职案》弹劾文

（1936年3月28日）

案查前据湖南湘乡县民王寿柏等先后呈诉略称，"事缘族中王政诗、王少安、王福乔等，于民国十二年为图葬其一家私坟，恃势谋掘合房祖妣冯氏冢，延未安葬，二十四年，经同族王仲福等在春分祭会中，大加责备，致被王政诗等挟仇在胸，勾结已革家首王克诚等，诬王仲福以'共暴'大罪，具控到县，旋经县府讯明无罪，但未依法反坐，致仲福不服，向湖南高等法院提起上诉，正办理间，王仲福忽被王政诗假借其本身现任省政府民政厅科长之权力，条饬省会公安局于长沙加以逮捕，该局局长周翰，不事查察，竟即派警将王仲福拘捕监禁，嗣更解往常德'剿匪'总司令部，意图置之死地，性命垂危，请即分别制止查究"等情到署。当以事关紧急，除于去年十月以蒸电[①]向湖南省政府查询，已准该省政府电复，谓令饬省会公安局查复外，复经一涵于巡视湖南时，派本署调查员沈爽清前往彻查具报去后。兹据该调查员查明呈复，并抄附各项关系文件前来。其查复文内略称："职驰往湖南省会公安局，会晤该局局长周翰，据称：'逮捕王仲福，据有密报。'质其密报内容，究为口头密报，抑书面密报，及逮捕时，该王仲福究竟有无现行'共暴'行为，彼谓'事隔多日，不能记忆，本局司法科长李祖楙，当能知其究竟'等语。比至司法科晤李科长，据称：'该项密报，始终没有看见，只有局长知道，因本科职掌，惟在审理案件，不负查缉之责。'又询问查缉队

① 蒸电：指25日电。

队长，则曰：'逮捕王仲福，系奉局长谕，有无别情，我等不得而知。'经职调阅案卷，其中并无何项密报，只有王克诚诉请缉拿王仲福呈文一件（按原呈上该局长并未批字），暨审讯供单，及奉省府令查该案呈复文稿一件（原呈抄呈）阅卷毕，因见呈复省府文中，关于王仲福'共暴'嫌疑各点，言之綦详，乃向该科长追询该项情形，究从何处调查得来，彼则答曰：'这是王政诗说的。'当制有谈话笔录一份（附呈）。次致民政厅向王政诗查询究竟，窥其谈话，语多无稽，惟对于族中祭祠葬坟所发生之种种纠葛，叙述甚详，关于王仲福'共暴'嫌疑各点，虽不能举出证据，但语意之中，极尽攻击之能事。再查常德'剿匪'总司令部，对此案咨复省府文中略谓：'卷查湘乡县政府第一审，及湖南高等法院第二审，先后所为之判决，似均未认定该王仲福为"共暴"'等语（原咨抄呈），又陆军第六十三师师长陈光中电复省会公安局，亦证明该王仲福无'共暴'嫌疑（原电抄呈）。是王仲福非系'共暴'，业经证实。总之，此案之主因，实为掘坟葬坟之家务纠葛而起，原诉王克诚乃王政诗之胞叔，则王政诗似亦当事人之一，且明明为民事诉争，忽中途捏王仲福为'共暴'，其中究不无假权压制之处，此职所探得本案之原因也"等语。查该湖南省会公安局逮捕王仲福，一经本署调查员询查，即称据有密报，如果系有密报，则该局司法科长及查缉队长，何以一称始终没有看见，一称有无别情我等不得而知。而质诸该局长自己，何以亦复不能道出其中之所以然。迨经该调查员调阅卷宗，何以卷中仍无密报。尤有要者，该局如确曾据有密报，则在从前纵可诿为事关秘密，未由局长交科，但呈复省府之时，无论如何，自应以该项密报为根据，乃据该司法科长李祖楙之所言，其呈复内容之情形，系从王政诗处调查而得（见谈话笔录），李为主办此案之司法科长，所言应足为凭，虽其对于此层，亦曾设词解说，谓系传单上有王政诗的名字，所以问他（见谈话笔录），但传单自传单，并非诉状。王政诗既无证人资格，如果此事非由彼所策动，则何以即向彼处调查，又何以即将由彼处查得之情形作为呈复省府之根据，而于呈文内仍谎以"曾据密报”为言(该项呈复文内仍有前据密报云云),足见该局根本上未曾接有密报,其报告该局而使之逮捕王仲福者,即王政诗。更就该局呈复省府一节而论,王仲福非系“共暴”,原县及高等法院已有判决证明,而陆军第六十三师师长陈光中所复该局之电,不但证明王仲福无“共暴”嫌疑,且未言有因他事查拿之事,乃该局呈复省府,则谓其“前在六十三师时陷入‘匪’中,为‘匪’工作,暗中回县,勾通枪枝,为师部发觉查拿有案”等语,是不啻故意栽诬。查此项栽诬王仲福之情形,呈文内虽捏称为前据密报,但李祖彬既言系从王政诗处调查而得,尤足见该局系听取王政诗之栽诬。综观上述各情,是该民政厅科长王政诗,因讼案与王仲福结有嫌怨,竟不惜假公济私,设计诬人为匪,以及该省会公安局长周翰,始终未言明密报自何处得来,其为受王政诗之唆使,将王仲福滥行逮捕拘禁,并欲其受军法处分,情事甚为显然,均属违法失职。爰特一并提案弹劾,请即移付惩戒,以正官纪,而儆效尤。谨呈。

(《监察院公报》第七十四期《本院移付惩戒文》机字第一九五〇号)

《湖北通城县县长贾廷申县政府会计何乾违法失职案》弹劾文

(1936年4月1日)

案据湖北通城县旅省人民李汝梅等,及徐方玉等,先后呈诉该县县长贾廷申废弛烟禁包贩烟土等情一案,其原呈略称:“查二十四年四月三十日下午,驻通城之一百一十七师南门防城士兵,检获湖南烟土八百八十两,并拿获通城县政府政警李东海一名,当在该警身上搜出通城县政府贩烟护照一纸，一并解送该师司令部，经吴师长克仁讯究。李东海供称：‘贾廷申伙同协记土膏公司股东王全寿等包贩烟土是实，令我持照迎接进城亦是实。’吴师长讯实后，又拘王全寿等到案讯究。王全寿等供称‘贾廷申等邀我们贩运烟土，如有被缉损失等情，有我负责’云云。吴师长以案关厉禁，非严办不可，一并收押候办，旋以军事旁午，交付通城县政府张承审法办。不料贾廷申扮出伊会计何乾出面招认，贩土者是我，不与县长相干，而张承审亦不研究，只判王全寿等之罪，且对何乾并不法办。查王全寿等判决内云，何乾系本府职员，未便处理，候呈湖北高等法院核示办理，敷衍了事，聊塞众怒。后经通城旅省学会常务杨林晖，以贾廷申抗令违法，呈准层峰饬员彻查，业经湖北第一区行政督察专员虞典书查实，拘提会计何乾、政警李东海、伙贩烟土罪犯王全寿、王丹桂、罗汉廷，及烟土八百八十两到案讯究。何乾改供，矢口不认贩土情事，李东海改供，奉贾县长令往南门拿办烟犯的，王全寿等被贾廷申之运动，亦含糊其辞，以致重大烟案，尚悬未决”云云等语。本署当以案经该管第一区行政督察专员公署办理，爰经去函查询，请其检卷见复去后。兹准该专员公署函送该案原卷，及所附证件前来，经予核明如下：(一)关于该通城县政府会计何乾部分。查何乾身为公务员，既与王全寿等合股开设土膏店，又复商同贩私，并于运到私货时，派警迎护，经湖北省第一区行政督察专员公署讯明拟判，呈经军事委员会委员长行营核定，处以有期徒刑三年，并科罚金二百元，褫夺公权三年，指令饬遵在卷(抄附原卷内专员公署刑事判决及行营指令)。是该何乾违法失职，触犯刑事，事实昭然。(二)关于该通城县县长贾廷申部分。查该县长被诉包贩烟土，虽无确实佐证，但其对于该土膏店之庇护，几无微不至。一则为定补充办法十一条。再则为土膏店印制标记，函达驻军通令各区公所，前后共发标记四千三百一十二枚，并不呈请上级官厅核准(抄附原卷内该县长所订补充办法一份，该县长向专员公署声复呈文一件，关于上述不呈请上级官厅核准一节，该县长于声复文内，亦自承疏忽之咎）。三则为土膏店印制护照，知照沿途军警放行。及至私土被驻军查获后，一则声称官土，以电话知照驻军释放。再则派员到师部交涉发还。三则令何乾持函到师部请将烟土发还（抄附原卷内一百十七师司令部法字第六八号公函，及该县长原函各一件）。其中蛛丝马迹，甚属显然。该县长既不知其为官土私土，何以通电话时遽谓为官土，且该项私土，既已被驻军截获，该县长于据报之后，何以并不经过调查手续，竟毅然为其再三设法，要求发还，如谓事前不知为私土，则从何证明其实系不知，该县长究何以自解于知情故纵。此种情节，可于该县长向专员公署声复文内查阅而知。尤有要者，该县长系兼任戒烟所所长，何乾系以县政府会计而兼戒烟所主任，其在职务内公然不法之行动，该县长平日岂毫无见闻，乃于事发之后，犹复于向专员公署声复文中，为其极力辩护，希图开脱，此非有意袒庇而何，即退一步言之，亦不能辞其重大疏忽与失察之咎。况运土由县印发护照，明知烟禁法规，无此规定（该县长向专员公署声复文中亦曾叙及），乃竟擅自发印，俾土膏店得以便其私图。综上各情，该县长亦属违法失职。除何乾刑事部分，业经判处有案外，爰特一并提案弹劾，请即一并移付惩戒，以儆官邪。谨呈。

（《监察院公报》第七十五期《本院移付惩戒文》机字第一九七八号）

《湖南汉寿县前县长兼“铲共义勇队”总队队长修干中现任“义勇队”副队长刘东苏财政局长熊蛰安乐乡团总袁建等违法渎职案》弹劾文

（1936 年 4 月 1 日）

案查前据湖南汉寿县油盐杂货业同业公会主席曾理丞，呈诉该县县长兼“铲共义勇队”总队长修干中（现已调省），“铲共义勇队”副总队长刘东苏、财政局局长熊蛰“违法勒捐设谋陷害”，又据该县民人袁国栋等，呈诉该县安乐乡团总袁建、“铲共义勇队”副队长刘东苏“背令浮征违法拘禁”各等情，到署，当经一涵于巡视湖南时，派本署调查员沈爽清分别彻查具报去后。兹据该调查员查明呈复，并抄检各项有关文件前来，经予分别核明如下：

关于第一案，即该县油盐杂货业同业公会主席曾理丞所诉之案，据复文内称“查该县箩捐，自二十四年八月一日开始征收，系根据七月抄县政府紧缩会议议决案，未经呈准，即已抽收，因是商民据理反抗，酿起纠纷，迨经湖南省政府八月十八日明令否准（见原诉呈附件）后，乃将箩捐改为盐斤余利，犹继续照征，并未停止（附呈箩捐收据及盐斤余利收据），所有经过情形，湖南省政府视察员孟学思，调查此案，呈复甚详（抄呈孟视察员原呈二件），内称：‘该县扩大县政府会议，于九月三日闭幕之后，各盐店虽已承认盐斤余利捐款四千元，但每包征额，只允二角，并在每包征额未经确定以前，不再向盐号进盐，几经调解，未得解决。九月五号，该县县商会复函县政府，谓各盐店认完纳盐捐，与中央地方法令，均有抵触，愿意牺牲盐斤营业，所有对扩大会议承认捐款一节，请作无效等语，该县县政府接准县商会公函以后，以各盐店推翻前案，意存扰乱，正双方相持不下之时，市面复有无盐购买之谣传，而该义勇队，以饷粮摇动，分向县政府财政局，请发积欠，同时适有市民刘志鸿等，具控盐商陈芳圃阻挠盐捐造成盐荒等情到县，该县政府乃于当晚将陈芳圃逮捕下狱。次日由该县财政局设立食盐公卖处，各盐店停止营业，至是官绅意见，遂告破裂’云云，查陈芳圃九月五日晚被捕下狱之原因，既系根据市民刘志鸿等具控阻挠盐捐，亦并未涉及有‘共暴’嫌疑字样，乃该兼义勇总队长修干中、副总队长刘东苏，忽于六日急电蒙呈湖南省保安司令部，捏谓陈芳圃系著名‘共匪’，扰乱后方，恳饬县拿办等语（原电抄呈）。卷查此电发出后，比有县商会及旅汉长属同乡会暨全县各商店，迭电保安司令部，保证陈芳圃确系正当商人，恳请转饬开释，或提省审明，以保安全（见原诉呈附件），形势严重，似有立被冤杀之可能，嗣经该部于九日电斥该修干中等意气用事，并饬举出陈芳圃为‘匪’证据（原电抄呈），讵该兼义勇总队长等，竟乃无词答复，尤未见举出证据，并经该部迭令指斥在案（摘抄原令四件电令一件）。至湖南省政府，对于该县抽收盐捐，亦迭有严令禁止（摘抄原令四件）。职在长沙调查档案竣事后，旋即驰赴该县，实地访查，首至县商会及盐务验放所暨各关系方面，分别查询，当据商会主席彭连生云‘本县盐商，遭此横暴压迫，实乃财政局长熊蛰、义勇副总队长刘东苏，假借权力，敛财肥己，修县长庸懦无能，受其包围，竟敢曲庇熊刘，违抗功令，以致愈演愈烈，几酿成惨杀无辜商人之案件。乡岸迄今犹在抽收，城内各盐商每日所进盐包，该熊蛰等仍派员秘密登记，以备将来派兵勒索之地步。此案主因实熊刘两人所造成’等语。言次愤慨异常，其陈述情形，查与该会九月十四日呈复孟视察员一文无异（见原诉呈所附全案证据抄件）。又据盐务验放所主任李某云：‘抽征盐捐，不徒违背中央禁令，苛扰商民，亦且影响敝所税收甚巨，迭经呈请湘岸榷运局转请省政府严令制止，而财政局长熊蛰、义勇副总队长刘东苏包围县长，一意孤行，近几月来，税收锐减，因汉寿为腹岸盐区之故也。'及访问一般市民，莫不谓熊刘横暴，暗无天日。嗣至各盐店查询，并调阅枪兵坐索盐捐时各商店供奉之伙食账簿，该义勇副总队长，实派枪兵向各该店坐索多次，旋据该商等具书面申述，并抄附原账前来（原件附呈），所述各情，均经查访属实。复据该县总工会筹备主任冯祖桢、市民饶国柱等面称：'县长修干中，曲徇熊刘之请，地方苛扰不堪'，旋饶国柱等又具书面申述前来（原件附呈），所述各节，经查多属实在。查该项书面所称违反上令集兵糜饷一节，该县有枪义勇队，原为六排，自刘东苏接充队长后，擅将六排扩充为八排，故经费增至三万七千元之巨，要挟兼总队长修干中，呈请保安司令部请予补助，并拟截留省有团款，迭经该部令饬缩编，斥不准行在案（抄呈指令二件）。该刘东苏拥兵怙恶，抗不编遣，复又勾结财政局长熊蛰，怂恿县长修干中，抽收箩捐，并于九月召开扩大行政会议，又议决向各乡摊派捐款三万八千元，不经呈准，竟行勒派（抄呈收据一件）。嗣被县民萧金镕等举发，当经湖南省政府严令斥责制止，并饬将已收捐款如数退还（剪贴湖南《国民日报》一条），乃熊刘等不惟未将已收捐款退还，犹继续遣派枪兵，制发摊款收据，分赴四乡勒缴，更有所谓祠堂捐（附呈原收据一纸），以上两项收入，均不在地方预算之列。又有所谓户总证金抵借券者（附呈原券一纸），名为抵借，实不兑现，职曾持券亲往粮柜，佯为完粮粮户，竟遭痛斥，拒不抵缴，民怨沸腾，苛扰万端。县长修干中，庸懦无能，措置乖方；财政局长熊蛰，贪婪无厌，剥削垂死灾黎；义勇队副总队长刘东苏，尤属横暴凶残，恃权诈索，以上各节，均系调查所得之实在情形"等语。查该县所征箩捐及盐斤余利，皆系盐斤捐税，而食盐一物，向不准地方私擅加捐，该管省政府亦复迭经严令制止，乃该县长修干中、财政局长熊蛰，视法令如弁髦，不但未经停止，且更派兵勒索，变本加厉，其违法固不待言，而此种明知不应征收而征收之行为，应构成《刑法》第一百二十九条第一项之罪。此外，该县所向各乡摊派之款，与祠堂捐，均系未经呈准有案，且并未列入地方预算，而户总证金抵借券一项，名为抵借，实不兑现，均属任意剥削民财，不恤地方疾苦，违法失职，亦甚显然。至考查以上各种不法行为之造成，则泰半由于该义勇副总队长刘东苏，私擅扩充义勇队，为自己筹谋薪饷之故，遂从而怂恿县长与财政局长，有以致之于前，及至所谋已成，又为派兵勒索，是该义勇副总队长刘东苏，事前既犯教唆，事后又犯帮助，律以《刑法》第二十九条及三十各条之规定，实犯有与修干中、熊蛰等共犯之罪刑。再查该县盐商陈芳圃，本属正当商人，反对盐捐，亦系其分内之事，即使有如该县市民刘志鸿等所诉，因其反对盐捐而造成盐荒之影响，该县长亦只能于行政方面，谋适当之处置，何得遽予逮捕下狱。且其逮捕原因，明明仅为反对盐捐一事，乃犹以为未足，更以兼义勇总队长名义，与该副总队长会衔急电省保安司令部，诬以著名"匪共"，扰乱后方之大题，意图其受重大之刑事处分，幸该司令部察悉其情，斥为意气用事，并饬令举出证据，该陈芳圃始获免受冤刑。是该县长滥用职权，逮捕羁押陈芳圃，应构成《刑法》第一百二十五条第一项第一款之罪。又该县长用兼义勇总队长名义，与该义勇副总队长刘东苏，假借职务上之权力机会，以诬告他人为匪，均犯《刑法》第一百六十九条之罪，并有同法第一百三十四条所规定应加重处刑之情形。

关于第二案，即该县民人袁国栋等所诉之案，据复文内称，"查义勇副总队长刘东苏，赋性躁妄，确有假借权力，包围县府，压迫平民，恃势横暴，不可一世之情形，业经职于调查该县盐商具控勒征箩捐一案时，据实呈报在案。兹据该县县党部监察委员王金材、执行委员高德昭等面称：'该队长敢于肆无忌惮者，非徒凭恃武力，更有所谓节食会之组织，党羽分布四乡，藉以上下其手，团总袁建，系与该队长居住一乡，即为节食会重要分子，胆敢诈取包征，实凭恃该队长之权势为保障。当袁案发生，县府开庭传讯时，该队长竟与县长并坐大堂，公然会审，复派枪兵十数名，自县府前街直至法庭，荷枪林立，禁绝交通，复于街前鸣枪数响示威，声称审办匪案，藉以威吓应讯之数十名粮户，以便当庭勒结完案之地步，全城民众共闻共见'等语。复查询市民及邻近县府之各住户,亦众口一词,咸称该队长之横暴,袁国栋等之蒙冤。嗣查县政府档案,该袁国栋等,系于二十四年四月二十七日,因团总袁建,诈取包征,危害国赋,邀集粮户三十四人,于胡占魁家开会,公议举发,有开会签到簿及议决案可证(签到簿附原卷第一宗卷底),并未议及非法之事,又有临时粮券粘单可考(粘单附原卷第一宗卷底),查阅粮券粘单,该团总袁建,实属违令浮征,意图侵占。乃六月二十九日开庭传讯时,竟诬粮户会议为秘密结社,及查原告三十二人供单,亦悉以诈取包征为词(见原卷第一宗第九件),何得当庭勒具不再秘密结社之甘结(见原卷第一宗第十九件)。袁国栋、胡占魁因不甘勒结,当被拘押下狱(见原卷第一宗第十三件点名单堂谕),迨至七月一日,始有袁建呈诉袁国栋等秘密结社,及袁福田报告袁国栋等秘密结社之诉状呈递(原卷第一宗第十件第十二件)。再查袁福田报告各节,并无事证足据,而原报告书第一行第十二字下,竟有另一笔迹添注'著名地痞曾犯抢案'八字,显系有事后串证,架词虚构,藉图高压袁国栋等之情形。再查九月十七日,胡鹿苓等具呈申诉,内称:'袁建畏究,商渠党赤痞李绍白、袁子赋等,贿勾袁芳种即福田,反水谎告民等秘密结社,行为不轨等语,密告民等以图欺蒙钧府,是时民等尚不知悉,庭讯时突提出密告案件,当蒙义勇刘总队副将胡占魁、袁国栋等管押,经历七十余日之久,又限民等出具秘密结社甘结,希图巩固斯案'(见原卷第二宗第三件),所称'当蒙义勇刘总队副将胡占魁、袁国栋等管押',此点实足证明六月二十九日开庭时,该义勇副总队长刘东苏公然坐堂会审,包围县长,滥权收押各节,系属实情,在表面上虽属县政府传讯,实际上即为该副总队长之主谋,蛛丝马迹,处处可寻。该原呈又称:'民等呈诉袁建诈取包完,危害国赋大案,现尚高搁,而袁建贿勾之诡报,当庭勒结,又有义勇队下乡沿户围捉,鸣枪示威,恐吓良民,必欲具结欺朦钧府,而袁建竟一手办成,恃党诬陷,民等将何以堪,民等正当商告不法团总,并非秘密结社,并非不轨行为,再欲民等具结,民等决不甘心',此又为该副总队长刘东苏坐堂当庭勒结，及嗣后派兵下乡骚扰之又一证，原词虽未明言，当系畏势而不敢指陈也。袁国栋被禁后，七月二十三日，有其族长袁延震等七十余人，具呈力保，乃该县府当批以‘此案业已委查，仰候复到再行核办’等语（见原卷第一宗第二十三件）。遍查全卷，并无受委人员查复只字。九月三日，又有第十九小学校长黄鹤龄等之十一人，据实证明袁国栋确系良民，请求开释，该县长仅于原呈批‘不准’二字（见原卷第一宗第二十八件），果系秘密结社，应即侦查，依法审判，乃既不讯办，又不开释，其非滥用职权而何。查袁国栋自九月十一日由该义勇总队部逃赴省府控告后，乃该副总队长于九月二十二日，又勒令排长黄龙云，将袁国栋之弟袁顺成，逮捕到县，拘禁于队部内（见原卷第二宗第十一件），声称作抵，计拘押五十余日，湖南省政府据诉后，因一再令县查复不得真相，乃于十一月八日，复令派视察员邓镕渠，前往该县实地调查，适职于十一月十一日亦行抵该县，邓君先职二日抵县，故已将案情调查明白，晤谈之下，义愤非常，对于袁国栋之弟袁顺成无罪被押五十余日，尤为不平，比乃邀职同赴义勇总队部拘留所，将袁顺成提出讯问，讵该袁顺成冤押过久，身染重病，头面浮肿，状极可危，当即伏地呼冤不止。比又与邓君同至县府质诸县长修干中、义勇副总队长刘东苏，何以拘押无辜，彼等互相诿卸，无词可答，旋经邓视察员严词谓其枉法，嘱其开释，始由修干中条谕，将袁顺成释放出狱，关于此点暨全案冤抑情形，邓君当已呈报在卷。又查袁国栋自九月十一日，赴省控告后，比经湖南省民政厅饬县查复（见原卷第二宗第十五件），而该县长呈复文中，竟谓：‘据袁福田报告，袁国栋等秘密结社，查系实在，故将袁国栋、胡占魁二名收押。’又称‘不意该犯在义勇总队部，病势稍痊，于九月十一日乘间潜逃，据报后将该部负责看守之排长黄龙云开除’等语（均见原卷第二宗第十六件）。查袁国栋、胡占魁，系于六月二十九日第一次传讯时，因不甘勒结，即已被押入狱，袁福田报告，乃七月一日之事，日期前后，显然矛盾，至所谓查系实在，但遍阅全卷，并无调查字样，排长黄龙云，亦未开除，职于该县，曾亲见其尚在供职，足证捏词虚构，蒙蔽上峰。嗣省政府暨保安司令部，及第二区司令部，迭经令饬查明呈复（见原卷第二宗第十七件第十九件第二十件），乃该县长仍以浮词朦呈，又经民政厅第六八三号指令驳斥，其原令内称，‘至称袁国栋秘密结社，希图捣乱，查系实在一节，究竟袁国栋所结何社，宗旨何在，情形如何，来呈未据申叙，案关秘密结社，不容含混，仰即详实具复，以凭核办’等语（见原卷第二宗第二十三件），该县长接奉是项指令后，不但未能举出事证，明白具复，竟将原令附卷，置之不理，显系词穷理屈，无以答复上峰，枉法滥权，诬陷良民，尤可证实”等语。查该粮户袁国栋等，于胡占魁家开会，确系共商举发该安乐乡团总袁建诈取包征之事，并未有非法情形，乃该义勇副总队长刘东苏，为欲庇护该团总袁建，设谋架词，诬以集众秘密结社，公然与县长修干中坐堂会审，向该袁国栋等勒取不应出具而出具之甘结，因袁国栋、胡占魁二人不从，竟以拘禁强施胁迫，考其传讯及堂谕发押之日，为二十四年六月二十九日，查该项取结性质，与取供相同，该县长为有追诉犯罪职务之公务员，其意图取供而施强暴胁迫之行为，应犯当时刑法第一百三十三条第一项第一款之罪。该义勇副总队长，本非有追诉犯罪职务之人，乃竟假借其身任义勇副总队长之权力机会，以强暴胁迫之手段，使人行无义务之事，应犯当时刑法第三百一十八条之罪，且有同法第一百四十条所规定应加重处刑之情形。再查刑事法规，并无犯罪抵代之办法，该兼义勇总队长及义勇副总队长呈报将袁顺成抵押追缴文内（见原卷第二宗第十一件），美其名为“押弟交兄”，夫袁顺成虽系袁国栋之弟，但各自具有独立之人格，其对袁国栋脱逃之事，固无若何责任之可言。况县府指令只准勒交，未言准押，乃该义勇总队长及义勇副总队长，竟将袁顺成羁押队部，至十余日之久，至使身染重病，性命垂危，若非湖南省政府邓视察员嘱令释放，其不死者几希。是该兼义勇总队长修干中，及该义勇副总队长刘东苏，对袁顺成私行拘禁，均应构成刑法第三百零二条第一项之罪，而其假借职务上之权力机会，亦具有同法第一百三十四条所规定应加重处刑之情形。再该安乐乡团总袁建，于二十四年四月二十七日，被粮户发觉违令浮征，意图侵占，至少应构成当时刑法第三百六十三条第三项之欺诈未遂罪。

以上各种情形，既经本署派员查实，一涵于审核之下，深觉政治黑暗至此，良可痛心。其一，废除苛捐杂税，中央久已三令五申，而盐捐向不准地方私擅加捐，即湖南省政府，对该汉寿县，亦复迭有严令制止。乃该刘东苏，仅凭一县"铲共义勇队"副总队长之地位，居然挟持权势，为所欲为，该熊蛰执有专司，竟与之狼狈为奸，不惜破坏国家财政，而该修干中身为县长，亦竟与该刘东苏通同作恶，暴敛横征，法令不足凭，长官不足重，至所谓民间疾若，更不足在其一顾之中，迹彼等违法渎职之所为，均实系出于故意，此而不予严惩，吏治安望澄清。其二，人民遇有受害之时，全赖有该管之公务人员，执法为之保障，若公务人员不能执法，反假借其职务上之权力机会，以故意诬陷人民，为排除异己之工具，其为害何可胜言。此案该修干中、刘东苏等，因陈芳圃反对盐捐，故意诬以"共匪"，因袁国栋反对袁建诈取包征，故意诬以秘密结社，此等为常人所不屑为所不敢为之卑劣手段，乃竟出之于假借权力机会之公务人员，且出之于兼理司法事务之县长，此而不予严惩，则人民尚有何保障之可言。爰特一并提案弹劾，请即依法移付惩戒，其刑事部分，并应移送审判机关，依法从严办理，以伸法纪，而儆效尤。谨呈。

(《监察院公报》第七十五期《本院移付惩戒文》机字第一九八〇五号)

《湖南宁远县县长汤日新失职前承审员袁邦彦滥用刑讯案》弹劾文

（1936年4月6日）

案查前据湖南宁远县第一区逍遥乡乡董李荣仕等呈诉，略称“民弟李年发，缝纫为业，毫不非为，衅因黄锦云遗失锡樽，买通窃盗黄荣仔供扳李先治为窃盗一案，宁远县政府于二十四年十月三十一日夜十时，派武装政警八名，拥至民村，将民弟妄行拘到县政府羁押。次日，承审员袁邦彦提庭讯问，因黄锦云曾与袁承审员预约贿赂，希图利取赔偿锡樽厚金，遂不分良莠，不辨真伪，肆行笞杖，希图取供。民弟李年发因饱受酷刑，即于是日午后八时毙命。民等即状诉汤县长日新，依法检验。不料汤县长与袁有亲戚关系，一意袒护，竟将民之诉状掷于地下，不予受理。民等冤抑难伸，不得已向各公法团哭诉，经齐向县府请求检验，并公开提讯在押监犯黄荣仔。据供称：‘我供的是李先治，并未供李年发的名字，李年发我实不认识他。’汤县长自知违法，迫于公论，始与各公法团，公开检验，计验得右脚一伤，横长一寸七分，宽二寸，赤白红色，系竹片伤，左脚腆脉有青红一处，围圆六分，横九分，后骨道有伤一处，青肿，长一寸，宽一寸三分，填具尸格，由检验吏与民互盖私章，各执一份在案。恳请依法究办”等情到署，当经函行湖南高等法院彻查见复去后。兹准该院查明函复，并抄附该院第二法院书记官萧钟查复原呈一件前来，经予详加审核，认为该湖南宁远县前承审员袁邦彦（现已被湖南高等法院撤职）实属违法渎职，触犯刑章。该县长汤日新亦有失职之咎。（一）查湖南高等法院第二分院书记官萧钟查复文内，节称：“往晤该县区党部委员萧汉雄，据云：‘当日验看李年发尸体，其两腿各有伤痕一处，红紫色，未破皮，尸骨有无伤痕，则未详视。袁承审员讯问李年发，听说确曾施用笞责。’复至旧监狱，令黄管狱员成签提与李年发同监之何正玉、陈人和，及在押与本案有关之黄荣仔讯问。据何正玉、陈人和均称：‘系与李兴志（即李年发，县卷载为李兴志）同居一房，李兴志入监第二日，县府提讯，旋即还押。视其两腿，均有伤痕未破皮。’陈人和又供：‘别处有伤没有，我未看见，他没有说，我也没有问，他喊是喊腿子痛，他入监时本有点病。’黄荣仔供：‘袁承审员讯问李兴志，曾提我对质，他腿子上有伤，未破皮。’该县政府传达欧阳纪洪亦谓：‘袁承审员讯问李年发，确曾施用笞责，系其公丁吴梅卿掌刑。’又该县教育局长萧志仁，及第一区区董黄战福亦谓：‘验看李年发尸体，其两腿及尸骨上各有红紫色痕一处，未破皮，然其致死之因，是否由于被笞，则不敢臆断。’萧局长并谓：‘袁承审员笞讯李年发，闻系其公丁掌刑，名姓未悉。’”等语。是该前承审员袁邦彦刑讯李年发，已属证据确凿。按刑事诉讼法第九十八条明白规定，讯问被告应出以恳切之态度，不得用强暴胁迫利诱诈欺及其他不正之方法。该前承审员身任审判职务，明知故犯，不惟违法失职，而此种施用刑讯意图取供之行为，实构成刑法第一百二十五条第一项第二款之渎职罪。至李年发之死，与笞责是否有相当因果关系，湖南高等法院复函中，曾叙明已将该前审员撤职，移送该法院检察处侦查，自可依法判明办理。（二）查县长对于承审员有监督之权责，该前审员袁邦彦违法施用笞刑，该县长汤日新，事前未能加以注意，事后经人告发，又以谊属同乡，多方为之维护（见湖南高等法院复函），失职之咎，自属难辞。除袁邦彦犯罪部分，已由湖南高等法院办理外，爰特一并提案弹劾，请即依法移付惩戒，以肃官方。谨呈。

（《监察院公报》第七十六期《本院移付惩戒文》机字第二〇二二号）

《湖北当阳县县长熊明春渎职失察废弛烟禁案》弹劾文

（1936 年 4 月 10 日）

案查前准钧院秘书处，先后奉谕函交湖北当阳县民朱拱辰等，呈诉该县县长熊明春贪污卑鄙，渎职殃民，又任子麟等呈诉该县长渎职纵匪，酿成团变等情各案，应即调查核办，嘱查照办理等由。正核办间，又迭据该民等各诉同前情到署，当经先函行湖北省第九区行政督察专员公署并案彻查去后，兹准该专员公署查明函复前来，察核查复各节，除经查明不实，或系事属过去，无从考查之各款不计外，（一）关于刑讯取供部分，其复文内略称："查二十四年七月三日，第二区长尚信安，被县党部干事朱国栋、张初龙等勾通匪犯朱光忠、万有宽等杀害，继续掳勒，及破获各情形，迭由县府呈报行营省府专署各在案。朱光国、张道轩、朱希孔等，均属案内要犯，其中以朱光国为最狡猾，因该犯不肯招供，始加以刑讯，遂各供认实施情形不讳"等语。查《刑事诉讼法》第九十八条规定，讯问被告，不得用强暴胁迫利诱诈欺，及其他不正之方法，该县长身兼审判职务，明知故犯，不惟违法，且因意图取供，而施强暴胁迫，实触犯《刑法》第一百二十五条第一项第二款之渎职罪刑。（二）关于浮收税契纸手续费部分，其复文内略称"查该县府对于税契一项，均系遵照纳税定例核算后，给予正式收据，所报手续费五角改六角之数，据民人云，间或不免有之，此项额外需索，虽系出于承办人员，但县长亦有失察之过"等语。此项额外需索事宜，该县长至少应负失察之咎。（三）关于包庇贩售鸦片部分，其复文内略称："当阳县属各镇市（如河溶双莲市淯溪河等处）烟馆，虽经县府三令五申，严行禁止，一般烟商竟置若罔闻，虽不敢大肆经营，秘密开灯者，在在皆是，虽云鞭长莫及，该县长办理不严，实有失察之处”等语。该县长废弛烟禁，亦于职守有亏。爰特提案弹劾，请即依法移付惩戒。其刑事部分，并应移送该管法院办理，以纠非法，而儆效尤。谨呈。

（《监察院公报》第七十六期《本院移付惩戒文》机字第二〇五六号）

《湖南溆浦县第三区区长兼义勇队支队长舒德求违法渎职案》弹劾文

（1936 年 4 月 16 日）

案查前据湖南溆浦县民罗尚勋等呈诉该县第三区区董（即区长）舒德求、龙角团团董郑昌贵擅用体刑、违法私罚等情到署，当经函行湖南高等法院转行就近法院或邻县承审员详查见复去后。兹准该高等法院函，以已饬据辰溪县承审员王鲁安前往查明呈复，并检附有关各项文件前来。查原函叙王承审员查复呈文内称，“查被告郑昌贵供称‘充任龙角团团董兼义勇队分队长，舒区董兼义勇队支队长，旧历二十四年十月初三日，为……事宜，备席召集团内壮丁开会，因到会人数过多，菜不敷给，争相夺取，发生口角，罗尚勋拿碗打伤舒老二的手，罗宽众拿梭标杀伤舒老二的胸膛，罗宽炽拿梭标打毁器具，我即着人告诉舒区董。初四日舒区董到来，将罗尚勋、罗宽众、罗宽炽带至场上，召集壮丁训话，均称罗尚勋等破坏团规，应予责罚，即将罗尚勋、罗宽众、罗宽炽各打两百板子，解送县政府羁押，开会议决罚洋七十元，交义勇队常备排作军服之用，罚洋十二元，交团赔偿损失，断洋三十六元八角，交舒老二调伤，至初七日兑清款项，即予释放'等语。与被告舒德求之书面报告，对于告诉人罗尚勋等呈诉擅用体刑，违法私罚，及解送县府羁押数日始释各情，均承认属实。即会同检验员易汉纲，依法检验本案受伤人，填注伤单"等语。查肉刑久经废止，该区长虽系兼充义勇队支队长，有整顿团队纪律之责，但该罗尚勋等均为地方壮丁，原属普通人民，究非与兵士可比。壮丁纵有滋闹杀伤情事，亦只能依通常检举犯罪手续，送交该管审判机关，依法办理，何得直接加以处分。乃据查明该区长兼义勇队支队长舒德求，对壮丁罗尚勋等，一则擅行痛加棰笞，再则私自科处罚金，是不惟违法渎职，而其棰笞行为，已经验明有伤，载在伤单，实构成《刑法》第二百七十七条第一项之伤害罪刑。其罚款行为，据查系以送县羁押之方法相恐吓，实构成同法第三百四十六条第一项之恐吓取财罪刑。同时，以上两种犯罪，又系该区长兼义勇队支队长假借职务上之权力与机会而为，亦复具有同法第一百三十四条所规定加重犯罪之情形。爰特提案弹劾，请即依法移付惩戒。其刑事部分，并应移送该管审判机关办理，以儆效尤。谨呈。

（《监察院公报》第七十七期《本院咨送惩戒文》机字第二〇八四号）

《湖北沔阳县仙桃镇公安局长沈文英违法渎职案》弹劾文

（1936年4月18日）

案查前据密报湖北沔阳县县长闻百之纵令属员，在该县仙桃镇包宰耕牛、包庇烟馆等情到署，当经连同该县长被控其他各案，一并函行湖北省政府查复去后。兹准该省政府函，以已饬据第六区行政督察专员石毓灵查明呈复，并抄附查复原文一件前来。经予详加审核，除该县长闻百之被控各节，应予另行核办外。其包宰耕牛、包庇烟馆部分，查与该仙桃镇公安局局长沈文英（现已调省）有关。其查复原文节称，“（一）查仙桃镇宰杀耕牛，实有其事，宰户为钱连春、傅女娃、刘十斤等，因事关违禁，恐各机关干涉，不能不略为敷衍，对联保主任邱耀堂、甲长李松柏，以本地人关系，不过应酬酒食。对公安局长沈文英馈送，闻每月达二三十元，营业税所长张锡麟次之。但此种情形，均系向当地民商询得，确切证据，则遍寻不获。（二）仙桃镇鸦片烟馆，实未完全禁绝，亦未公开售卖。因营此业者，均系一般穷苦烟民，明则请领吸户执照，自己吸食，暗中则仍供人吸食。沔阳县政府查缉员蔡师程等，以该民等既经领有吸户执照，未予深究。又该民等穷苦无赖，照费不能按季缴纳，只能分期筹缴，间亦由李松柏代收，外人未明真相，云系收取灯捐，实系收取执照之误会。至查缉员清查烟馆，逮捕羁押烟犯，事事依赖公安局协助，该民等以系地方土著，情形熟悉，乘机请托公安局说项，不领吸户执照者，间亦不免。至报酬沈文英与否，及报酬数目之多寡，殊难查确。查缉员蔡师程、梁中钰，因县府监督甚严，尚无舞弊情事”等语。查宰杀耕牛，久有禁令，开设烟馆尤为法所不容，该局长俱不加以禁止，已属违法失职。而据查该局长于宰杀耕牛，每月受人馈送达二三十元，是其受贿罪嫌，尤为重大。爰特提案弹劾，请即依法移付惩戒。其刑事嫌疑部分，并应移送该管法院侦查办理，以儆效尤。谨呈。

（《监察院公报》第七十七期《本院咨送惩戒文》机字第二一三四号）

《湖南衡山县政府前任科员唐克艺违法犯刑案》弹劾文

(1936 年 4 月 18 日)

案查前据湖南衡山县民胡和清等呈诉该县第四区区长陈继舜,暨前衡山县政府科员唐克艺等阴谋贿委、贪污败露等情一案,当经函行湖南省政府严密彻查去后。兹准该省政府省民三字第二三七〇号公函内开,“案前准贵署第一六六号公函,以据湖南衡山县民胡和清等呈诉该县第四区区长陈继舜,暨前衡山县政府科员唐克艺等阴谋贿委、贪污败露一案,嘱严密查明见复,并将原检抄呈相片,随复见还等因,经将密令衡山县长任家淇彻查情形,先行函复在卷。兹续据该县长函称:‘此案前据胡和清等由本府司法告诉,县长正在督同司法员司,依法侦查。嗣经迭次集案侦讯,据胡和清等提出凌者致胡铁铮等原函,指供系前科员唐克艺化名索贿之信,核对笔迹,该唐克艺实有藉端敲诈重大嫌疑,且假借钧府民政厅信纸信封,冒称在厅服务,尤为不法已极。当经分别函请该唐克艺原籍零陵县政府,暨长沙地方法院,第十九师司令部各处查传,复经函请前县长郑天演追保交案。该唐克艺藏匿无踪,迄未获案,除依《刑事诉讼法》第八十四条第八十五条制具通缉书,呈请湖南高等法院检察处通令缉拿归案讯办外。至陈继舜、胡铁铮二人,既经本府迭次侦查,并未得到相当证据,即告诉人胡和清等亦不能举出别项事实,确切证明,仅据前项近于敲诈信缄,似未便即谓有行贿情事。奉令前因,理合将侦查情形,备文呈请察核’等情。据此,相应检送原呈附抄呈照片,函达贵署,请烦查照为荷”等由。准此,查此案除该区长陈继舜暨胡铁铮两人,业经该县长迭次集案侦查，关于行贿一节，未能得到确实证据外，该县政府前科员唐克艺，化名凌者假借湖南省民政厅信纸信封，并冒称在厅服务，致函索取报酬，显属意图为自己或第三人不法之所有，以诈术使人将本人或第三人之物交付，不惟违法，实构成《刑法》第三百三十九条之欺诈罪。爰特提案弹劾，请即依法移付惩戒。其刑事部分，仍应由该管审判机关办理，以儆效尤。谨呈。

（《监察院公报》第七十七期《本院咨送惩戒文》机字第二一三六号）

《湖南湘阴县前任县长曾晙失职案》弹劾文

（1936年4月25日）

案查前据湖南湘阴县民谭鼎新等，呈诉该县县长曾晙，贪枉渎职、苛敛殃民等情到署，当经令派本署调查员张家珏前往彻查具报去后。兹据该调查员查明呈复，并检附有关各项文件前来。其查复文内就引用私人部分称："原呈称：'县府秘书曾衮衡，即曾晙之子，会计即曾晙之婿，政警队长即曾晙之甥。'查据县政府传达王子林云：'秘书曾衮衡确为曾之子，会计李某确为曾晙之婿，政警队长周正林确为曾之甥，该员等少年浪漫，嫖赌逍遥，皆系事实'。"就驭下无方部分称："原呈称'县府科员罗竹贤之妻，见其夫行为不检，愤而用剃头刀自杀于县政府内'一节，据传达王子林云：'实有此事'，此事轰动全城，妇孺皆知，败坏官箴，莫此为甚。"就违令纵欲部分称："原呈称'县政府曾秘书与重要职员，联络地方一二商人，合组戏院于城中，并常携眷流连消遣'等情，查系事实，据传达王子林云‘戏院确有曾秘书之股东’”各等语。该员所查，虽泰半出诸该湘阴县政府传达王子林之口述，但该传达在县政府服役，已有十余年之多(见调查员原呈附件一)，其所言当日情形，自系实在，该前任县长曾畯(现已离职)，身任一县主官，不能约束其属员奉公守法，以致玷辱官箴之事，层见叠出，失职之处，殊有难辞。又查复文内就得贿纵凶部分称：“二十二年十一月间，财政部湘岸湘阴盐务验放处拿获盗卖引盐正犯丁三保一名，送请该县政府暂予羁押，该县长将其押在县政府待质所内，该犯在押未久，乃串通在押犯人杨炳生，藉患病为由，以五元贿赂看守瞿长卿、甘毓泉等，要求与该看守等同居养病，并请铺保吉茂仁旅社及顺松木行担保，该看守等以既有铺保，复得五元贿金，遂蒙蔽长官，准如所请，不料该丁三保心怀叵测，乘隙脱逃，该县长据报后，即将政警队长刘庄免职，看守瞿长卿、甘毓泉等看管，判处徒刑四月，并将行贿人杨炳生判处徒刑六月”等语。看守得贿纵逃人犯，情节如何重大，该前任县长事前竟毫未察觉，亦属有亏职守。又查复文内就纵兵殃民部分称：“此案发生于去年废历五月，缘该县北正街有商民任福昌者欠少萃生福号大洋十元，条批五月兑付，废历五月初三日，该萃生福号将条据交义勇队敖副队长请代索兑，敖副队长乃派兵前往兑现，该任福昌因节关紧迫，请求暂缓，被去兵带回队部，敖副队长大加申斥，该民迫于淫威，允于初五日兑现，至初五日晨，向其妻佯言出外筹款，投河自杀，据其妻任江氏云‘曾至县府喊冤，曾县长曾派人勘验，后忽有一李姓名丙炎者，出为说和，给洋一百五十元为夫料理后事，案遂和解’”等语，义勇队副队长身为军人，何可以武力非分干预商民债欠。该前任县长事前疏于约束，事后发生人命，又未能依法讯究，听任刑事案件，私和了给，尤为失职玩公。爰特提案弹劾，请即将该湖南湘阴县前任县长曾畯，依法移付惩戒，以肃官方。谨呈。

(《监察院公报》第七十八期《本院移付惩戒文》机字第八六九号)

《湖南桃源县第五区区长龙升汉违法犯刑案》弹劾文

（1936 年 5 月 30 日）

案查前据湖南桃源县民萧同文呈诉该县第五区区长龙升汉因在甘汉升家失去眼镜，疑系民子春华所窃取，竟将其酷刑拷㧅等情到署，当经函行湖南高等法院转行就近法院查明见复去后。兹准湖南高等法院函复，谓已饬据该院第三分院院长钟馥呈复，经派常德地方法院候补推事黄元前往查明，抄同高三分院钟院长呈复原文，并检附有关各项文件前来。查高三分院钟院长呈复文内所叙黄候补推事原查复情形，节称："查二十四年十月二十一日（即废历九月二十四），萧春华往保长甘汉升家贺喜，翌晨，被桃源县第五区枪兵笞责，此为甘汉升、龙升汉所不否认之事。其原因，甘汉升、龙升汉虽诡称，事后闻系萧春华赌博，不服制止，与枪兵发生冲突，被枪兵笞责。龙升汉是日来甘家，亦无失去眼镜追赃之事。惟查原县本年二月二十七日讯据证人张玉祥、张群生、李有成、张长生，及黄柏青等，佥称同在甘汉升家作客，眼见龙升汉已至甘家，因失去眼镜，指为萧春华所窃取，勒令交出原物，因萧坚不承认，龙升汉遂喝令枪兵用笞刑，言之凿凿。又询据原县政警罗国袖称，前奉县令，亲至甘保长家，调取喜事礼簿，曾向甘保长探询当日打人情形，甘保长起先还不肯说，以是日客人过多，招待事忙，没有工夫关心此事，即诘问纵然客多事忙，难道隔你家不远，打了人也不曾听说吗？甘保长才说有此事，不过本人没有看见，再问送礼多少，都是你家的客，为什么你不出来排解，要区长来用刑呢？甘保长说，他也曾向区长劝过，眼镜所值不多，不应是这样做，随又往打人的地方甘兆九家，查问情形，都不肯说。即在调取礼部内甘兆九名旁，批了用刑人家云云。元晤甘汉升时，询至区长何日来汝家贺喜，如何失了眼镜，虽答称均无此事，但说至此时，忽然带笑，言语吞吐，观其神色，实有代为隐瞒，欲瞒不得之意思。根据以上各种证明，足见龙升汉确至甘汉升家，因追还所失眼镜，命枪兵笞责萧春华之事，亦信而有证。诡称不服枪兵制止赌博，发生冲突云云，显系捏词掩饰，诿过他人。萧春华受笞伤后，延至十一月十八日，始至县府报伤，其间相距有二十八日之久，验后即寄住歇户萧金桥家中，于同月二十六即在该歇家身死。又经原县两次检验尸体验断书载，两腿生前笞责伤，皮肉溃烂，未损骨，两手腕，左无故，右青黑一片，无晕斜长，系生旧痕，两脚腕，左有微紫色形痕一条，不连接，类似绳痕，右无故（右手腕旧痕，左脚腕绳痕，均系复验验断书内填注，第一次验断书无）。又载手脚心黄，身瘦，手足甲微黄，肚腹低塌，委系受伤后，因病身死等语，先后检验，并未发见致命伤痕，即生前之笞责伤。亦非致命要害。至原抄呈内，萧同文所诉扳罾踩杠，至内部受伤一节，卷查萧春华初至县府报伤，仅验得两腿各有笞责伤，两脚腕各有横红痕一道，系捆痕，余均无故，验伤笔录内，该萧春华亦仅报被打，并无板罾踩杠内部受伤之语，随又补具诉状，始云被告龙升汉复饬令板罾，以绳索绑于两足踝骨边，中夹木棍，纽紧旋转，亦未言及内部受伤。萧春华死后，复经两次检验尸体，其手腕与两足膝盖骨及其他要害处，均未发现伤痕，是萧同文之诉词，纯系空言主张，无确切证据，可为因伤至死之证明，原县验系受伤害后，因病身死，当系实在情形”等语。查该湖南桃源县第五区区长龙升汉，在甘汉升家失去眼镜，是否萧春华所窃取，尚不可知。纵使萧春华确有窃取嫌疑，亦只能请由该管审判机关依法办理，何得直接加以处分。乃竟擅作威福，饬枪兵将萧春华酷施棰笞，虽经验明萧春华之死，由于伤后患病，但其笞责行为，既已形成伤害，是该区长龙升汉实犯《刑法》第二百七十七条第一项之伤害罪刑，同时，其所犯又系该区长假借职务上之权力与机会而为，亦复具有同法第一百三十四条所规定应加重处刑之情形。爰特提案弹劾，请依法移付惩戒。其刑事部分，并应移送该管审判机关办理，以惩横暴，而儆效尤。谨呈。

（《监察院公报》第八十三期《本院移咨送付惩戒文》机字第二五七二号）

《湖南湘岸盐务稽核处第二分区税警第五队队长黄凯违法失职触犯刑章案》弹劾文

（1936 年 6 月 12 日）

案查前据湖南邵阳旱灾救济委员会常务委员刘钥等代电，呈诉湘岸盐务稽核处第二分区税警第五队长黄凯，开枪伤毙邵阳第八区义勇队士兵暨商民数人等情一案，当以据称已分呈军政当局，爰即函行湖南省政府主席兼全省保安司令查复去后。兹准湖南省政府主席兼全省保安司令保三字第一三〇一号公函内开，“径复者，案查前准贵署二十四年九月十七日第九五号公函，请将湘岸盐务稽核处税警分队长黄凯，被诉枪杀民兵一案审理结果，详赐函知等因。准此，当饬保安处积极侦讯。嗣该处侦讯结果，认定黄凯尚无故意杀人意思，依法判处有期徒刑四年又十月。核其判决罪刑，尚属相当，随检卷判呈赍国民政府军事委员会核复。兹奉指令，核准照判执行，经饬通知陆军监狱署执行在案。准函前因，相应检同原判，函达贵署，请烦查照为荷”等由，并附判决一份。准此，查该判决理由栏内，略载，“查本案被告人黄凯，枪伤邓丙南、王明训致死，及伤害王春池、胡春秋、刘金斗等各情，坚称系失慎走火所致，并非故意杀人，即用枪示威一点，亦不承认。但证以稽核处所派课员赵昕吉调查报告所云，黄凯闻报杨警长不能领回人枪，始愤愤不平，带队冲出，对何乡长不无责难，气躁心浮，未注意枪机，以致走火伤人。犹忆晏区司令（保安第六区）听得调查经过报告时，曾言黄凯开枪虽属有意，杀人决出无心，仁者之言，极近情理”等语。足见用枪示威，已无疑义。该被告人身为队长，明知枪弹为危险物品，乃逞一时之忿，用枪示威，又不注意枪口方向，至肇惨祸，虽属误为杀害，其刑事责任，按之法律，亦不容许幸免。至何慰夏等呈诉被告人有意杀人，果如所言，被告人所愤恨者，即为扣留人枪之呈诉人，其枪必向呈诉人射击，今不伤及呈诉人，而伤及自带之队警，及毫无关系之商民义勇兵等，其当场无故意杀人情节，已属明显。且此种德造新式驳壳，经第四路军总指挥部军械修理处验明，确有触动快机，可使多数藏弹，尽行放出之效能，尤足证明并非连续扳机射击。兹就种种考察，只能认被告人有用枪示威举动，尚无杀人故意。何慰夏等所诉，殊难凭信”等语。查该黄凯身为队长，应如何恪守军纪，爱护人民，乃竟躁妄行事，逞一时之忿怒，用枪示威，虽讯明尚无杀人故意，但既已酿成伤害多人之惨祸，而该案内被害人邓丙南、王明训等且因伤致死，是不惟违法失职，亦且触犯刑章。除刑事部分，业经该湖南省保安处依法判处，呈奉军事委员会核准照判执行在案外。爰特提案弹劾，请即依法移付惩戒，以儆效尤。谨呈。

（《监察院公报》第八十五期《本院移付惩戒文》机字第九七九号）

《湖南沣县荣市乡乡长吴植三假权擅杀违法渎职案》弹劾文

（1936 年 6 月 16 日）

为弹劾事，案查本署前据湖南沣县人民杨王氏等，呈诉该县荣市乡乡长吴植三，滥权擅杀杨王氏之夫杨科培等情一案，当以据称业向沣县地方法院告诉有案，即经函行沣县地方法院查询去后。兹准该院函复，并检送判决正本一份前来。查判决正本理由栏，节载："查已死杨科培，左颊一伤斜围六公分，深穿彻骨里，皮肉骨质破裂，骨芒斜监向外，伤口焦黑有血痕。脑后近右一伤围圆二五公分，深透骨里，皮肉骨质破裂，骨芒斜监向里，伤口焦黑有血污，系一枪弹自脑后射入，经脑室从右颊透出所致。两膀各二伤，均斜长微青紫，有血癊，系木器伤。两手腕各有捆痕二道，微破粗皮，系麻绳捆伤。两大姆指各有捆痕一道，微破粗皮，红色，系麻绳捆伤。两膝左右各一伤，均斜围紫赤色，有血癊，系垫伤。两脚腕左右各微破粗皮一片，有血痕，系擦伤。两大脚趾各有捆痕一道，微破粗皮，红色，系麻绳捆伤。左后胁肋接连三伤，均斜长微青紫，有血癊，系木器伤。腰微破粗皮一片，有血痕，系擦伤。委系生前受伤后，被枪弹射击身死，业经本院检察官率吏前往验明，填具验断书在卷。查阅检察官本年一月十七日侦讯笔录载，被告吴植三供称：'我捉杨科培是问了供的，但没有用刑，一问就招了后，是我解往县府的时候，杨科培借名小解，就将壮丁打倒想跑，我们追赶，他抵抗，他抵抗不过，又跑，所以才把他枪毙了'等语。足见吴植三对于审讯及枪毙杨科培各节，均已供认不讳。惟以审讯杨科培并未用刑，及枪毙杨科培，系因脱逃为辩解。本院讯据证人胡佑轩供称：

‘讯问的时候，对于杨科培都是用索子捆着一双脚板詈，又用鞭子打背，和我一样的惩法。第二天押解我们出街口，不上一里路的地方，就把杨科培枪毙了，枪毙以后，杨科培的索子还是捆在身上的。当时我没有看见杨科培跑。’又证人赵祖让在侦查中供称：‘我和杨科培几个人，都是受了酷刑的，现在还是遍身的伤痕，没有好，二十二日解送县里的时候，吴植三是在我们后面督同来的，走到荣家河下首树行旁边，就把杨科培毙了，我们都是捆了的，杨科培并没有想脱逃。’而证人谢代顺、刘绪执、刘少化等所供，亦一致无异。核与检验情形，又适相符。则被告吴植三对于人犯，施以凌虐，及假借职务上之权力而故意杀人之犯罪事实，已足明确认定，无狡卸之可能。至被告罗祖富对于枪杀杨科培之犯罪事实，迭经自认不讳，但亦以杨科培系于押解时因脱逃而枪毙为辩解。本院查杨科培被杀时，身体系有捕绳，并无脱逃之事实，已据同时押解之赵祖让等证明确切，其非因脱逃而枪杀，已属显然。则刑事上之罪责，该被告亦无推诿之余地。惟查该被告等平日与杨科培并无深怨，其所以枪毙杨科培者，纯系狃于‘剿匪’时期格杀无论之积习，致身罹法网而不自觉，审按犯人犯罪之情状，殊堪悯恕，自可酌减其刑。且其于犯罪后，均知悛悔，情节亦有可原，科刑尤应从轻”等语。是该乡长吴植三凌虐人犯，假权擅杀，违法渎职，已属实情，夫以一有区区乡长地位之人，对于其所应行解送之人犯，始而横施凌虐，继则故加枪杀，其职分虽小，权力甚微，亦竟能假借职权，以行此重大不法之事，若不严予惩处，何足以儆效尤。除该乡长触犯刑事部分，业由该管沣县地方法院依法判处外，爰特提案弹劾，请即依法移付惩戒，以维法纪而保人权。谨呈。

（《监察院公报》第八十六期《本院咨送惩戒文》机字第二七五〇号）

《湖南桃源县县长胡开材承审员施中谷违法失职案》弹劾文

（1936年6月30日）

案查本署前据湖南桃源县民萧同文等，呈诉该县县政府兼司法判决该县第五区区长龙升汉（即文明），饬丁伤毙其子萧春华一案，罪刑不当等情，并抄附湖南桃源县政府兼司法判决书一件到署，当核该项判决，颇有不当之处。惟以据称业于法定期间内，请由湖南高等法院第三分院检察官提起上诉，即经函行湖南高等法院第三分院将上诉审判决书抄送参阅去后。兹准该第一分院函送判决正本一件前来，经与桃源县政府兼司法所第一审判决，对照审核。除该桃源县第五区区长龙升汉违法犯刑部分，前已提劾有案外。认为该桃源县县长胡开材，及该县政府承审员施中谷，对于该案第一审之判决，实有失出及失入之行为。（一）查上诉判决书理由栏，节载，"龙文明身充区长，当场喝令队兵用刑，即系直接实施正犯。原审论以教唆，且未依身份加重其刑，均有违误。应将原判决撤销，予以改判"等语（见抄附上诉审判决书）。该区长龙文明喝令队兵（即区丁）笞责萧春华，其队兵只知照令而行，毫无自由意志，不过假其手而为之。该区长自系直接正犯，而第一审论以教唆，已属不无违误。况查此种犯罪行为，完全系以区长地位，假借拥有队兵之权力机会，以故意而构成无队兵则无以施其笞责，非区长即不能指挥队兵，其犯有《刑法》第一百三十四条所定加重处刑之情形，至为明显。该县长身兼司法，该承审员身任法官，对于此项明明应行适用之法条，自无不知之理，乃竟违背该条加重处刑之规定，而不予加重其行，更属难免失出。（二）复查第二审判决书理由栏，节载，“至附带民事部分，萧春华之死，既非由于伤害之结果，显与《民法》第一百九十二条第一项之规定不合。原审判龙文明赔偿安埋超荐费洋二百元，于法无据。龙文明此部分上诉，非无理由”等语。第一审判决既已认定萧春华之死，系生前受伤后，因病所致，与龙文明笞责行为，无因果之关系，乃又判令龙文明赔偿安埋超荐费用，自与上述《民法》条文之规定不符，亦难辞失入之咎。综上二端，该桃源县县长胡开材，及该县政府承审员施中谷，对于该案第一审之判决，既有此失出失入之行为，均应负违法失职之责任。爰特提案弹劾，请即依法移付惩戒。以纠玩法，而儆效尤。谨呈。

（《监察院公报》第八十八期《本院移付惩戒文》机字第一零四一号）

《湖南桂东县前县长奉文晶违法渎职触犯刑章案》弹劾文

（1936 年 6 月 30 日）

案查前准钧院秘书处第七零八号公函内开，“奉院长交下监察委员田炯锦签呈称，‘据湖南桂东县民吴雄呈诉该县县长奉文晶受贿埋冤、非刑压体、禁锢尸亲一案，经加审核，应请由秘书处函交两湖监察使调查核办’等语。奉谕，‘秘书处照办’等因。奉此，相应抄件函送贵署查照办理”等由，附抄呈送吴雄原呈一件到署，当经函行湖南高等法院转行就近法院详切查复去后。兹准该高等法院函以已饬据该院第二分院派书记官皮振鹍前往查明呈复前来。查原函叙皮书记官查复呈文内称：“遵即前往该县，适奉县长文晶已先期卸任回省，当与现任县长黄震中接洽，并调取该案卷宗详细查阅。该已死吴美珠，系二十四年古历八月十四日，由龙溪外家归来，陡患痧症，经其子方楚堂报知方焱奇，邀请邻人吴报元为之掐痧救济，竟无效验，是晚天明因病身死。十五日早即赶报美珠之胞弟吴茂槐到场，并无异议。随后吴雄亦来方家，谓美珠系被方焱奇等胁嫁凶毙，须方出洋二百元，因方未允，遂即唆使吴茂槐等出名具控。案经奉县长查悉前情，并传案集讯明确，以吴美珠之死，确非逼命所致，因劝令双方休讼。其时吴茂槐等均遵令具结，惟吴雄一人不服，遂被收押，数日后亦经具结开释完案。至该民所称身受非刑，因久已释归，无从查验。经职一再调查，询据该县在职政警副目易永钰声称'奉县长讯问此案时，我已因事外出，旋后闻及吴雄一人，对于奉县长劝谕，匪独不遵，反当庭诬蔑县长受贿埋冤，致触其怒，被踩杠子'等语。理合将调查所得情形呈复"等语。查该湖南桂东县前任县长奉文晶，为有追述处罚犯罪职务之公务员，吴茂槐等当日具控方焱奇等胁嫁凶毙吴美珠，纵系由于吴雄之唆使，亦必须俟审明判决，认定吴茂槐等确系成立诬告罪名，始能先办吴茂槐等诬告之罪，再办吴雄唆使诬告之罪。乃该前县长竟以吴雄不服休讼之谕，将其收押，是直以羁押勒令休讼。此种滥用职权，而为羁押之行为，不惟违法，实犯《刑法》第一百二十五条第一款之渎职罪。而据该书记官一再调查，从该县在职政警副目易永钰口中，询悉该前县长因吴雄匪独不遵谕，反当庭诬蔑其受贿埋冤，致触其怒，复被踩杠等云云。即使吴雄确有当场侮辱情事，亦只能依法办理，乃竟妄施非刑，尤属违法渎职。爰特提案弹劾，请即依法移付惩戒。其刑事部分，并应移送该管审判机关办理，以纠非法。而儆效尤。谨呈。

（《监察院公报》第八十八期《本院移付惩戒文》机字第一零四三号）

《湖北沔阳县田赋征收处北柜征收员谢藻棠吴性成征收舞弊违法渎职案》弹劾文

（1936 年 6 月 30 日）

为弹劾事，案查本署前据湖北沔阳县民刘兆元等呈诉该县田赋征收处北柜征收员谢藻棠、吴性成等浮收苛索，吞没粮款等情一案，当经函行湖北省第六区行政督察专员公署（旧制第六区、新制第三区）查复去后。兹准该专署复文，内开："案奉钧署行字第八六号公函，以据沔阳县民刘兆元等，呈诉该县田赋征收处北柜征收员谢藻棠等，浮收苛索，吞没粮款等情，检附原副呈，请查明复核等因。奉此，遵派本署职员李纯厚前往彻查在案。"兹据该员回署报告称，"窃奉钧令饬查沔阳县北柜征收员谢藻棠吴性成等违法各节，遵即前往详细侦察，谨将查得情形，分呈于后。'（一）垄断旧赋——旧赋之未能扫数带征本属实在，阳九下查两里旧赋完纳者实居少数，亦非完全未征，其有无贿卖情形，不得而知。但现奉县府令专征新赋，将旧赋暂行停征，故旧赋现在概未征比。（二）任意浮收——浮算固在所不免，但多由征收生从中舞弊，该征收员之督饬不严，实罪有应得，而征收生之狃于积习，则又非该征收员力量所能挽回。（三）吞没粮款、措留券票——据查亦或有之，但多由征收生与钱粮贩子之行为，至于尹先桃之券则业经裁给。（四）擅收券尾——收钱粮贩子尾子洋，亦有其事，此系钱粮贩子计图速写券票，不能不运动征收生，并非该征收员整个收取。以上查得情形，理合呈报鉴核'等情。据此，理合备文呈请鉴核"等情。准此，是原呈诉该征收员谢藻棠、吴成性等，垄断旧赋，任意浮算，吞没粮款，擅收券尾各节，不特多系事实，抑且积弊甚深。似此病民害政，实属违法渎职，触犯刑章，爰特提案弹劾，请即依法移付惩戒。其刑事部分，并应移送该管法院办理，以儆贪污。谨呈。

（《监察院公报》第八十八期《本院咨送惩戒文》机字第二八九八号）

《湖北衡阳县县长宋鋆非法受理私行拘禁渎职犯刑案》弹劾文

（1936年7月3日）

案查本署前准钧院秘书处第一三四八号公函内开，“案奉院长交下监察委员杨谱笙、李嗣璁签呈称‘据前湖南衡阳县民妇伍谢氏，呈诉该县长宋鋆违法渎职，捕禁伍镇湘强令代伍崇臣偿还万隆号债款等情一案，经加审核，应请交湖南湖北监察区监察使署调查核办’等语。奉谕‘由秘书处函交’等因。奉此，相应抄件，函行查照”等由，计抄附伍谢氏原呈一件到署，并据该伍谢氏向本署诉同前情。当以据称业向衡阳地方法院检察处告诉有案，即经函行衡阳地方法院检察处查询去后。兹准该检察处函复，并检送起诉书一份前来。查起诉书内证据并所犯法条一栏，节载：“查被告将伍镇湘、伍崇臣先后羁押于县政府，业据当日送饭之罗云品、李陆氏，及送衣服之谢维福到案，指供历历。又据张瑞卿到案，证明伍镇湘被传收押情形，并指述羁押处所，系在县政府进门右侧政警办公室内之一间，房内有栅栏铁锁等设备，外系政警看守，纪供在卷。被告函复本处，固谓仅传伍镇湘来府质讯，随予交保，并未羁押。但查其财字第六十六号草研委员会请追永丰和债款一案卷宗，二十四年十二月十八日讯案之到单，批明伍镇湘暂住队上，同月二十日到单，入批明伍镇湘交保，是其羁押伍镇湘二日之事实，证据确凿，殊难委卸。而同月二十五日伍崇臣被传到案，亦谕知暂住队上，批明在卷。直至本年四月十七日，始行函解本处开释。是伍崇臣被押三月又二十余日，亦属非虚。至被告查封债务人财产，曾经被告呈复湖南省政府，奉令执行错误，迅予启封，被告犹违抗不遵，有卷可按。查伍鼎臣、伍崇臣等如果系永丰和股东，亦仅对万隆号，乃至草碲委员会负担，民法上之履行债务责任，纵令赖不偿还，依正当手续，应由法院判令付给，而后强制执行。被告职司行政，其复函本处，亦知明为债务关系，乃权宜受理，将债务人财产查封，甚至滥押债务人至数月之久，又株连其子伍镇湘，实不免有《刑法》第一百二十八条'公务员对于诉讼事件明知不应受理而受理'，及第一百三十四条第三百零二条第一项'公务员假借职务之权力及机会，私行拘禁等嫌疑'"等语。查衡阳县既设有地方法院，该伍鼎臣、伍崇臣等与万隆号乃至草碲委员会为债务发生纠纷，属于民事范围，自应归衡阳地方法院民庭管辖。该县县长宋鋆，职司行政，且已明知该案为债务所关，何得假借职权，擅行干预。乃据衡阳地方法院检察官侦查结果，该县长竟予非法受理，私行拘禁，甚且株连他人，事实显然，证据充足，殊属违法渎职，触犯刑章。除刑事部分，已由该管衡阳地方法院办理外，爰特提案弹劾，请即依法移付惩戒，以儆非法。谨呈。

（《监察院公报》第八十八期《本院移付惩戒文》要字第一号）

《湖北鄂岸盐务税局第三队前队长周之明暨前分队长戴尧天违法犯刑案》弹劾文

（1936年7月14日）

为弹劾事，案查前据鄂岸盐务税警局第三队前队长周之明，呈诉鄂岸盐务稽核处处长刘宗翼与调查员张邦永、税警十队三分队长丁植楷朋比为奸，共谋陷害等情到署。当以此案据该呈诉人周之明自称，业由鄂岸盐务稽核处，将其送经湖北汉口地方法院检察处收押侦查在案。究竟该周之明被送法院检察处收押，是否有如原诉所称，系由于刘宗翼等挟嫌诬陷，抑或该周之明本有应得之罪，而于被押后，对刘宗翼等砌词攻击，希图为自己开脱罪名，即经致函汉口地方法院检察处查询去后。兹准汉口地方法院函复，略谓，本案业经侦查终结，提起公诉，并检送周之明等侵占及妨害自由案起诉书一份前来，查该起诉书犯罪事实栏内载，"缘周之明系鄂岸盐务税警局第三队队长，戴尧天系该队第三分队长，本年一、二月间，在虾子沟地带驻防时，先后缉获盐犯多名，所收罚款，计有杨全安、王朝庭六十元，万和清十二元，程一忠十元，刘仙明、朱炳人各一元，孙西生一元三角，李长发三元，叶大运、冯海林、冯明韩、郭得霖、刘云生、王保娃、陈二忠等，亦皆交有罚款，数目未详，船户运盐先后计有五十余船，每担交有一千零五十文，因斤数不明，难计总数，被告等均隐匿不报，侵占肥己。民人黄恩寿在虾子乡所有住房，因被水淹没，被告周之明即令戴尧天指挥队士，将其基地拖毁，妨其建筑。民人叶泽亮、叶泽纯、祁仁甫等田亩近旁之沟涧，复令戴尧天指挥队警，填断水流，妨其浇灌。经鄂岸盐务稽核处派员查明，遂以前情函送本署侦查”等语。是该呈诉人周之明向本署呈诉各情，显系于被押后砌词攻击，而其自己及该鄂岸盐务税警局第三分队队长戴尧天迭次侵占罚款，及妨害他人自由之所为，既经法院检查处侦查明确，提起公诉，自属违法犯刑。除刑事部分，现正由汉口地方法院办理外，爰特提案弹劾，请即依法移付惩戒。以儆效尤。谨呈。

（《监察院公报》第九十期《本院移付惩戒文》要字第一七号）

《湖北保安第二团团长胡协南留守处主任陈右平违法渎职案》弹劾文

（1936 年 7 月 15 日）

为弹劾事，案查本署前据原籍安徽泾县、现住湖北武昌人民胡有程呈诉湖北保安第二团团长胡协南等假借公力，滥用权威，私擅捕禁，蹂躏人权，弁髦约法等情到署，当经函行湖北省政府彻查去后。兹准湖北省政府保法字第五三九九号复函内开：“案准贵署行字第四〇号公函，以据安徽泾县人民胡有程呈诉湖北保安第二团团长胡协南等假借公力，私擅捕禁一案，嘱彻查见复等由。准此，查前据湖北保安团第二团留守处主任陈右平，报告胡有程图骗该团公积金，解请押追，并据该团长胡协南电同前情到府。经讯据胡有程供称，胡团长夫妇自民国十七年起，用其子祖畿名义，陆续存款一万二千八百元，并非公积金等语，提出胡协南亲笔信函及电报作证。比以双方情词各异，是否公款，抑系私人债务，经电胡团长并批示陈右平提出证据呈缴，被告书立胡仲池、胡祖畿名义存折各一扣，胡祖畿存据二纸，经审核该项折据，均无保安第二团公积金字样，显系私人债务，依法未便受理，案关民事，自应移归法院审理。除被告胡有程由铺保郑善生保释出外候讯，并饬原告依照普通司法程序进行诉讼外，业已检齐本案卷宗，函送湖北高等法院依法办理各在卷。准函前由，相应将办理本案经过情形，复请查照为荷”等由。准此，查此案该湖北保安第二团团长胡协南，与胡有程为存款发生纠葛，既经胡有程提出该团长之亲笔信函及电报作证，复经湖北省政府调阅该项存款折据，均无保安第二团公积金字样，则其为私人债款，极属显然。乃该团长为追索私人债款，竟不惜假借职务上之权力机会，指私债为公款，并从而施以非法之行为。观于省政府复文内所言，“前据湖北保安第二团留守处主任陈右平，报告胡有程图骗该团公积金，解请押追”等语，夫既云解请押追，则该呈诉人胡有程所称被陈右平私擅捕禁，自属非虚。陈右平系该团之留守主任，乃忽假借追缴公款之名，为该团长代索私人债款，并将债务人胡有程私擅捕禁，解送省府，蒙请押追，是其种种非法之行为，自系出于该团长之指使，观于省政府复文内所述“并据该团长胡协南电同前情”之语，益足证明。综上各情，该团长胡协南，及该团留守处主任陈右平，委系假借职务上之权力机会，以妨害他人自由，均属违法渎职，触犯刑章。爰特提案弹劾，请即依法移付惩戒。其刑事部分，并应移送该管审判机关办理，以惩非法，而儆效尤。谨呈。

（《监察院公报》第九十期《本院函送惩戒文》要字第一五八号）

《湖北房县县长严式超违法渎职案》弹劾文

（1936 年 7 月 26 日）

为弹劾事，案查本署前据密报湖北房县县长严式超违法舞弊，当经函行湖北省政府查复。旋该县长于调省后，复据房县人民程松卓等呈诉该县前任县长严式超蒙上欺下、贪污虐民等情，经又函行湖北省政府并案查复去后，嗣准湖北省政府先后函复，并抄附第十一区行政督察专员关麟书原查复呈文三件，暨省政府指令一件前来。兹经并案核明，该湖北房县前任县长严式超，实犯有下列违法渎职各事。（一）田亩浮收——查征收田赋亩捐，除额定数目而外，不能多收一文，此系为县长在所明知之事。该县二十三年田赋亩捐，系合券征收，每亩应征正附税各一角二分，亩捐二角五分，共应征四角九分，系属额定数目。乃该县长未经呈准，竟每亩共征五角，计每亩共浮收一分，是明知不应征收而征收，已犯刑法上渎职之罪。嗣经该区行政督察专员公署于行政会议规定，只准照额定数目，每亩征收四角九分，而该前县长借口于券票业已印就，仍继续每亩共征五角，每亩浮收一分，更是明知故犯，实属违法渎职，触犯刑章。至于该项浮收之款，虽据查系交由地方财务委员会收支，但该前县长既为经征之官（该项田赋亩捐，既系合券，应属县府经征），又负监督财委会之责，自不能以款未经手为词，而可以有所诿卸也。（二）摊派军用各款——查中央严禁苛捐杂税，何止三令五申，而向人民任意摊派款项，自亦在严禁之列。乃该前县长竟藉名招待驻军需费一次，即摊派一次款项，且有派员守提，及带县勒缴之举动，违法失职，甚为显然。（三）自制屠宰税牙帖税捐临时收据及民刑状纸——查征收屠宰税应给正式税票，征收牙帖税捐应发正式收据，均属久有定事。乃该前县长于征收屠宰税，则置领到之正式税票于不用，而另行由征收人员自制临时收据，给与缴税之人，其于该县金生义字号缴纳牙帖税捐三十元一案，亦系不给正式收据，而仅给临时收据。至于民刑状纸，本可预为购领若干，存县备用，乃该前县长亦竟借口距省窎[①]远邮件稽迟，先行自制状纸售用。虽原查复对于该前县长自制屠宰税牙帖税捐临时收据，及民刑状纸各事，或为解释原因，或谓事后均已依照正式手续办理，但舞弊既有嫌疑，按章尤多不合，违法失职，亦属难辞。以上所举各条，原查复各次呈文及湖北省政府指令文内，言之均甚详明，自可资为凭信。爰特提案弹劾，请即依法移付惩戒。其刑事部分，并应移送该管法院办理，以儆效尤。谨呈。

（《监察院公报》第九十一期《本院移付惩戒文》要字第三十三号）

《湖南高等法院第三分院兼常德地方法院院长钟馥审理案件违法失职案》弹劾文

（1936年10月6日）

为弹劾事，案查本署前据湖南常德监狱官狱员张瀚，密诉湖南高等法院第三分院兼常德地方法院院长钟馥贪污渎职，滥权违法等情，复准钧院秘书处，奉谕函交该管狱员张瀚呈同前情，检卷过署，当经函行湖南高等法院严密查复去后。兹准该院函

① 窎（diào）：深远，很远。

复，并抄附该院推事汪珏及梁峻查复原呈各一件前来。除查非事实，或查无实据各点，毋庸叙述外。照该院梁推事查复原呈，就原诉该院长钟馥承办杨陈氏妨害婚姻上诉一案，对于有罪判决，竟不记载事实部分，内称"民国二十三年三月，钟院长承办杨陈氏妨害婚姻上诉一案，认第一审论处罪判，为无不合，将其上诉驳回，而判决内漏未记载事实，以致第三审因其程序违法，予以撤销，发回更审。按科刑判决，依法本须认定事实，第二审为审理事实法院，判决内尤无不记载事实之理。原呈第十款指其办事疏忽，尚非无因"等语。查该项上诉案件，其第二审判决日期，系在旧刑事诉讼法施行有效时代，按诸该法第一编第一审程序第三百二十一条："判决书除第一百八十三条第一项规定之事项外，并应记载左列事项，一、主文，二、事实。"及同法第三编第二审程序三百七十九条"第二审程序，除本章有特别规定外，准用第一审审判之规定"等语之规定。该法第二审程序章内各条，关于判决书内容记载事项，并未设有特别规定，其应准用上开第三百二十一条，于判决书内记载事实，毫无疑义。乃该湖南高等法院第三分院兼常德地方法院院长钟馥，对于杨陈氏妨害婚姻上诉一案所为判决，竟不为记载事实，致于第三审上诉时，被认为程序违法，发回更审，况第二审为审理事实法院，判决书内尤不应漏列事实之记载。是其违法失职，至为显然。爰特提案弹劾，请即依法移付惩戒。以纠非法，而儆效尤。谨呈。

（《监察院公报》第一〇二期《本院移付惩戒文》要字第一九九号）

《湖南衡阳前县长陈颖心现任财政局局长万树楷渎职犯刑案》弹劾文

（1936 年 10 月 8 日）

为弹劾事，案查本署前据湖南衡阳县民刘士棻等呈诉该县救灾委员会救灾舞弊，财政局局长万树楷违令征收田赋民欠息银等情到署，当经函行衡阳县政府查复，并经函催去后。嗣准复文，内开，“呈为呈复事，案奉钧署二十五年一月十七日行字第九号公函开，案据衡阳县民呈诉衡阳县救灾委员会救灾舞弊，衡阳财政局长万树楷违令征收田赋民欠息银等情到署，查本案究竟情实如何，均应予以彻查，相应抄附原呈，函请贵政府详予查明见复，以凭核办为荷等因，计抄附原呈一件。奉此，窃查本县民二十三年惨遭大旱，统计全县收入，不达三成，经全县士绅组织救灾委员会，办理赈救事宜，自二十三年八月成立起，至二十四年九月结束止，共计收入各种款项二十七万四千一百六十元零六角五分五厘，支出款项二十三万零二百一十六元九角七分四厘，收支两抵外，存洋四万三千九百四十三元六角七分九厘，前经该会常委刘醉评、宋征文、全雄贺、陈倓等造具收支清册，检同单据，函送本府。当即提交第八次县政会议讨论，比推凌云汉、刘星炜、欧方莹、潘国瑞、仇兰舫等五人，审查收支数目，尚属相合，原呈所诉救灾舞弊，殊属误会。又查本县田赋，向系年清年款，二十三年田赋，因被旱灾，人民滞于完纳，欠赋甚多，正供一项，省府已照原额扫解，所有民欠，全数拨作地方附加。二十四年九月奉湖南省政府训令，自十六年至二十三年旧欠正附田赋，均从十月一日起至十二月三十一日止，免征息金，本应遵照，惟本县所收息金，向归财政局、教育局、图书馆支配应用，作为正当收入，列入年度预算。且本县情形特殊，民欠田赋，纯系地方附加，与正供绝无关系，当然不受省令之拘束，以故仍照旧征收。县长于是年十月十八日，由安仁调署衡阳，到任之后，考察情形，当饬财政局、教育局、图书馆遵令停征，比已遵照办理。原呈所诉私擅加赋，未免失于谅解。奉令前因，理合将查明情形，具文呈复钧署，俯赐察核，指令只遵”等语。复以该县在奉令免征旧欠正附田赋息金后，而仍旧照征息金时期之县长及财政局局长姓名，仍属未能确悉，经再函准该衡阳县政府复文开，“呈为呈复事，案奉钧署二十五年七月十六日行字第二九九号公函，饬将奉令免征息金后，而仍旧照征息金时期之县长姓名，及在该时期内之财政局长，是否确为万树楷，抑或另有别人，查明函告为荷等因。奉此，窃查上年十月间，衡阳县县长系陈颖心，财政局长即现任财政局长万树楷。奉函前因，理合具文呈复钧署察核”等语。除该衡阳县救灾委员会被诉救灾舞弊部分，既据查明不实，自应免予置议外。查田赋附加，应随正赋办理，此为人人所明知。该县二十三年田赋，因旱灾多有滞纳，既奉省令明白规定，凡系十六年至二十二年之旧欠正附田赋，均从二十四年十月一日起，至十二月三十一日止，免予征收息金。则关于地方附加部分应征之息金，当然在随同免征之列，此理亦属甚明。乃该县前任县长陈颖心，现任财政局局长万树楷，不顾人民疾苦，仍然照旧征收，若谓为维持地方预算，则维持预算系属另一问题，自应另定办法。且后任县长竟能停征而未闻有所妨害。若谓事关地方附加，不受省令拘束，则省令系明定旧欠正附田赋，均予免征息金，并未闻有所除外，自均系借口之词。况该县所谓民欠田赋，纯系地方附加，亦系因正供之款，业已照额解省，故将所有民欠之数，悉抵作地方附加，不过为行政方面一种挪款移解之办法，实则此项旧欠仍系正供及附加均有，并非专属地方附加，更无可以借口之余地。缘此情形，显属故违省令，明知不应征收而征收，实连带犯有《刑法》第一百二十九条第一项之渎职罪。爰特提案弹劾，请即依法移付惩戒。其刑事部分，并应移送该管审判机关办理,以儆效尤。谨呈。

(《监察院公报》第一〇二期《本院移付惩戒文》要字第二〇五号)

《江汉工程局派修襄阳老龙堤技士陈璞冒支公款违法失职触犯刑章案》弹劾文

(1936 年 10 月 19 日)

为弹劾事,案查本署处理湖北汉口江汉工程局派修襄阳老龙堤技士陈璞被控滥支公款一案经过情形,业经于七月寒代电[①]呈报钧院,并奉有三二六号指令在卷。嗣后曾接准湖北省第五区行政督察专员公署八月感代电[②],并抄附襄阳县水灾救济分会会议记录一份到署,然查此项记录内甲项报告,仅略载"郑视察员报告兄弟借此机会,得与诸位见面,是非常荣幸的。至于视察老龙堤工之经过及缺点,以及陈主任工程草率,开支浮滥,业由书面答复"等语。复经函请该署郑视察员在书面答复原文抄寄来署去后。兹准函复,并抄附郑视察员函复调查老龙堤工施工情形,并附补救办法意见原文一件前来。照该项书面,就第二项"陈主任经支 A 段土方公款计一万九千余元,其中浮滥冒支,前经本会制就质嫌表指示,并经陈主任承认赔偿,旋即不辞而去"一节,载称"查此项账目,其中不无浮滥,业经水灾分会列表指出。但查原表所提'否认'、

① 寒代电:指 14 日代电。
② 感代电:指 27 日代电。

‘疑问’两点之数，是否完全准确，尚有问题，拟将此项‘否认’、‘疑问’各项细账，再交陈璞逐项自行声明一次，以昭平允，俟声复后，经由水灾分会公开审查，呈候行政督察专员核定，果有不应列报，稍涉浮滥者，为尊重公帑起见，应由陈璞如数赔偿，以充补堤之用”等语。是该湖北汉口江汉工程局派修襄阳老龙堤技士陈璞浮滥冒支公款，显属实在，不惟违法失职，抑且触犯刑事。至其浮滥冒支为数若干，依法自可讯查明确。爰特提案弹劾，请即依法移付惩戒。并将刑事部分，移交法院办理，以儆效尤。谨呈。

（《监察院公报》第一〇四期《本院咨送惩戒文》要字第一〇三〇号）

《湖北广水区营业税局应山县稽征所前所长田珍收受贿赂侵占税款案》弹劾文

（1936年10月24日）

为提案弹劾事，案查前准湖北省捐税监理委员会查字第四四号公函，举发前湖北广水区营业税局、应山县稽征所所长田珍违法收税、收受贿赂等由一案，业经本署令据调查员张家珏查明呈复前来。经加审核，除将查无实据者，免予冗叙外，谨将查实各部分，分陈如次。

（一）关于收受贿赂部分——据原呈复称：“窃职抵广水时，该所长业已离职。又查广水为平汉路南段之大站，因交通便利，及有复康、宏顺、义兴诚、胜昌、同记等五大花庄关系，故枣阳、随州各地棉花运至该地售卖者，为数甚多。有花行四十余家，专代各花庄收买棉花。除同兴发花行早年领有长期牙帖外，其余各行或系临时开设，或因资本过小，俱未领帖，嗣以应山营业税稽征所所长田珍出而干涉，乃由邓德顺、盛丰、同心协等花行老板邓善卿、易献廷、胡心钿，及广水商会常委尹乾三等，出面与田所长接洽，由各行共筹洋贰百元（各行出六元、四元、二元不等），以六十三元合领短期牙帖一张，命名同复永，以二十四元代同兴发花行完纳长期牙帖税，盖该行领有长期牙帖，如各行不代其完纳帖税，即请营业税稽征所取缔故也。其余之款，悉送田所长（以上见附件一、二）。该款分两次缴纳，计第一次缴现款七十元，由邓善卿、易献廷等经手交付，第二次缴一百三十元，由行商请宏顺花庄代出期条（二十四年十一月三十日期），交与田所长，直接向宏顺花庄兑取（见附件三）。后田所长又嘱行商增加十四元，作为该所勤务'跑路钱'，行商无法，遂又筹洋十四元，交由邓德顺、李源太、盛丰、杨宏顺等花行老板邓善卿、李悌君、易献廷、杨松轩等经手，交与田所长，但被邓善卿等扣下二元，作食夜餐之用（见附件二、三）"等语。查该前所长田珍，非法收受贿赂，既由经手人胡心钿等多人确切证明，其为违背职务，收受贿赂，而触犯《刑法》第一百二十二条所定之渎职罪，实属事证明确。

（二）关于违法侵占税款及变更税率损害库收部分——据原呈复称，"据广水复康花庄经理龚香山称：'本庄于二十四年九月十日开张，至二十五年元月五日止，共买棉花二千一百二十包，内七百包因新旧所长交替，未代扣营业税。其余一千四百二十包，自二十四年十月七日起，奉田所长请托，代扣营业税千分之四，共计扣税洋六百十元有零，所有税票，均已陆续发给。'（见附件七）又据义兴诚花庄股东易瑞霞、杨道中等称：'本庄于二十四年十一月九日开张，二十五年一月十四日收庄，共买棉花四百八十件，计十二万〇四十三斤，成本洋五万三千七百〇一元八角九分，受广水营业税稽征所所长田珍请托代扣卖方营业税千分之四，总共代扣税洋二百〇七元五角九分，均已如数交由田所长收讫。内一百五十八元八角给税票,其余四十八元四角未给税票。惟所发税票,田所长系照规定税率千分之八填给,本庄买花五万三千七百〇一元八角九分,折为二万六千八百五十元九角四分五厘,按千分之八征税,合洋二百〇七元五角九分。'(见附件八)又据宏顺花庄经理尹乾三称:'本庄于二十四年十一月一日开张,二十五年元月二十二日收庄,共买花五百九十包,计重十四万七千八百五十斤零六两,值洋六万六千四百六十五元七角七分。奉广水营业税稽征所田所长请托,按千分之四代扣营业税,总共代扣税洋二百五十九元四角四分,均缴由田所长收讫。内二百三十七元六角给税票,其余二十一元八角四分未给税票。所给税票,田所长均照千分之八填给,譬如棉花若干包,值洋二千元,照千分之四征税,仅得八元,因税率规定为千分之八,故田所长填给税票则以二千元折为一千元,照千分之八征税给票。'(见附件九)胜昌同记两花庄,非广水本地人开设,庄主久已收庄他去,其买包数,经在广生、利源成两转运公司调查,计胜昌买花六百十二包,同记买花六百七十包(见附件十、十一),但两庄代扣营业税数目,则无从调查。复至营业税稽征所,调查田所长任内棉花营业税票根,计填发复康花庄税票六百一十元八角二分,宏顺花庄税票洋二百三十七元二角六分,同记花庄税票一百五十四元二角四分,义兴诚花庄税票一百七十七元二角,胜昌花庄税票一百八十元六角四分(见附件十二)。依据票根与各花庄扣税数目精确计算,除同记、胜昌两花庄因庄主早已收庄他往,无法查核,暨复康庄尚属相符外,其余义兴诚、宏顺两花庄,共有五十二元五角七分(义兴诚扣税二百零七元五角九分,给税票一百七十七元二角,宏顺扣税二百五十九元四角四分,给税票二百三十七元二角六分)未给税票。此项未给税票之款,既经该两花庄代扣缴清,自为该所长侵蚀无疑"等语。查广水棉花庄,共计五家,原呈仅就复康、义兴诚、宏顺等三家予以核计,除复康花庄,其款票两相符合外,其余义兴诚、宏顺等两家,其已收税款未给税票者,已达五十二元五角七分之多,若依此类推,则为数自必更巨。总之,税款已收,税票未给，款且不报解，是该前所长田珍为自己不法之所有之侵占行为，已触犯《刑法》第三百三十六条所定之罪，实属事证确凿。再查湖北省财政厅颁行之《湖北营业税征收章程》所附《物品贩卖业税率表》内节载“棉花业千分之八”等语。乃该前所长田珍竟敢请托复康花庄等，代扣营业税千分之四，其为违章变更税率减削比例之半，以便从中渔利，损害库收之行为，亦属显然。

综上情由，理合将该前湖北广水区营业税局应山县稽征所所长田珍种种不法行为，一并提劾，并检同原附各件，呈请钧长鉴核，依法移付惩戒。所有关于刑事部分，并应转司法机关办理，以儆非法，而惩贪污，效尤。谨呈。

（《监察院公报》第一〇四期《本院咨送惩戒文》要字第一〇九六号）

《湖北宜昌公安局局长金广印滥征苛捐第三分局局长陈文进违法拘押案》弹劾文

（1936 年 10 月 26 日）

为弹劾事，案查前据密报湖北宜昌公安局滥征苛捐、累及穷民，暨宜昌公安局第三分局违法拘押等情一案，当经派本署调查科科长安梦周、调查员张家珏前往彻查去后。兹据该员等呈复，查明该公安局局长金广印，暨该公安局第三分局局长陈文进（原密报误为陈文焦）俱属违法渎职，事证昭然，谨分述之于后。

（一）关于该局长金广印滥征苛捐部分，据该员等复称：“查宜昌县城及附郭西坝地方，有康贯祥、谢济东二人，家中婚丧事不久，比即前往查询。康贯祥为子完婚，于本年二月十三日向公安局缴纳洋一元二角，领结婚护照一纸（见附件第一号）。又有谢济东父死出柩安葬，于二十四年八月十九日向公安局缴纳六角，领丧葬通行证一纸（见附件第二号）。据该康谢二人声称，此项婚费一元二角，与丧费六角，名义上谓系收作印花费，实则并未贴印花（见附件第一号及第二号角上附注），查验彼二人所领护照与通行证，确无印花粘贴其上（见附件第一号及第二号），复询据该处保长罗仲清、张觐臣等，所答亦复相同（见附件第三号及第四号）。再查有李协泰米店主人李正贵出殡，请领通行证时，亦曾缴费六角（附件第五号及第六号）。就以上康谢李等三人经过领取照证之情形，是该公安局确有征收婚丧照证费，而其收入该项费款并非为印花之用，情节至为显明。职等为慎重详密起见，又访该地联保主任黄华清查询，据答称：'宜昌地方，凡民间有婚丧大事，均须向宜昌公安局请领执照，方可通行，并藉贴粘印花名义，收取照费，计结婚执照每张收纳一元二角，出柩执照每张收费六角，实际上全未粘贴印花'等语（见附件第七号）。该公安局藉口粘贴印花征取婚丧照证费，既属众口一词，而又有照证可考，自属事证俱在。然此仅系密查所得情形，容或有所未尽，爰再从正面向公安局查询。当职等初赴公安局时，化装成普通领照市民，径至该局传达室声称前来领取执照，并详询近日婚丧领照人多寡，请将登记簿交阅。该传达室信以为真，果将登记簿检出交阅，比即持簿进局内查询，因该局局长金广印外出，遂与主管科第二科长胡权（字耀庭）接谈，并调阅案卷册籍。查该局所立领照登记簿内载，结婚照每照实缴印花税款一元，丧葬照每照实缴印花税款六角，并于领照人姓名下之'贴花人盖章，与主管科加印盖章'两格栏内，分别盖有该局传达室及第二科主管科或科长印戳私章（见附件第八号），则该局婚丧照证费之征收，已为不争之事实矣"等情。据此，查该局长假借贴用印花税名义擅自发行结婚护照及婚丧通行证，向人民收取费用，欺罔人民，使其如数缴纳，而此种入款，实际上并未贴用印花，纯系自饱私囊，似此情形，不但犯有《刑法》第三百三十九条“意图为自己不法之所有，以诈术使人将本人之物交付者……”所规定之罪责，并应依《刑法》第一百三十四条之规定，加重其刑至二分之一。是该湖北宜昌公安局局长金广印，不惟违法渎职，实系触犯刑章。

（二）关于该公安局第三分局局长陈文进违法拘押部分，据该员等复称：“至关于罗发彦丧葬其母，与公安局第三分局纠纷部分，缘罗发彦之母罗朱氏病故，于去年旧历冬月初九日安葬，因贫寒无力，请领通行证，乃向宜昌公安局西坝分驻所央求免费发给通过证，以便通过路线，不受岗警阻拦。西坝分驻所以其贫苦属实，遂准如所请，由该所发给免费便条通行证一纸。不料灵柩经过公安第三分局境内大北门时，该公安局第三分局岗警检查，以其未缴照费，领取正式通行证，不准放行，发生口角，随将该罗发彦与抬夫工头陈开富一并带局羁押。旋经罗发彦再三哀求，并请吉成商店具保，始获放行，将柩安葬竣事。该抬夫工头陈开富，并被拘押半月（见附件第十号）。该罗发彦之子罗其华肆业于县立第五小学，随将安葬祖母与三分局纠纷事实原委，作成日记（见附件第十一号《西坝儿童》第九、十两期），在该校所办之刊物《西坝儿童》上发表（见附件第三号）。事为公安局第三分局知悉，二十四年十二月十四日传讯罗其荣（即作日记人罗其华之兄），查询刊物文字登载之由来，并具保限交其弟罗其华到案（即在刊物上作日记之罗其华，见附件第十二号暨保单）。次日罗发彦（即罗发燕）率子其华到案，审讯之下，因该罗其华不承认刊物上日记为己所作，堂谕暂行外押，经具保释放（见附件第十三号）。此为案情经过之原委也”等情。据此，查该罗发彦因安葬母柩，无力请领通行证，业经宜昌公安局免费给证，准其通行，嗣以灵柩经过该分局境内，岗警不准放行，发生口角，竟将抬夫工头陈开富押至半月之久，已违反违警罚法第三十八条之规定，况该罗发彦之子罗其华年仅十岁，依法尚无违警责任，乃该分局长以其发表日记于《西坝儿童》刊物，叙述其家境贫苦，因葬祖母，未领丧葬通行证，致与该分局发生纠纷之经过，竟被勒令到案，讯后复堂谕暂行外押，是犹认其有违警责任，显与违警罚法第三条“未满十三岁人违警者不罚”之规定相反，则该分局局长陈文进违法渎职之事实，亦至昭然。

综上论断，该湖北宜昌公安局局长金广印，暨该公安局第三分局局长陈文进，均属违法渎职，触犯刑章，爰特一并提案弹劾，请即依法移付惩戒。其刑事部分，并请移送该管法院办理，以纠非法，而儆效尤。谨呈。

(《监察院公报》第一〇五期《本院咨请惩戒文》要字第一一一〇号)

《湖南常德县第八区区长全浩然侵占公款违法犯刑案》弹劾文

(1936年10月29日)

为提案弹劾事，案查前据湖南常德县民王伯琴等及黄子春等先后呈诉该县第八区区长全浩然贪赃枉法等情一案，节经本署先后函准常德县政府函复，复经函准常德地方法院检察处函送起诉书一份过署，经加审核，对于该区长所犯侵占及伤害两部分，应予提案弹劾，爰将其确实情由，分陈如次。

(一) 侵占部分　兹就原起诉书称“被告全浩然系常德第八区区长，上年废历九、十月间，协助县禁烟委员会办理禁烟，于其管辖周家店地方，搜得刘伯林烟土二十五两四钱，皮望生烟土四十七两零，二共七十二两四钱零，被告呈缴禁烟委员会仅六十五两五钱。又处罚烟民曾宪哲罚金三十元，呈缴禁烟委员会又仅二十元。合共侵占烟土六两九分零，及罚金十元。又被告于本年二月间向县政府科员罗福臻（现去职）购买连枪子弹三卡，每卡二元，计算费银六元，又有当地农人陈某拾得炸弹一枚，因惧祸投赠被告，由被告予以奖金两串，连同收受县政府刘姓政警之炸弹二枚，亦共仅费茶一元零二串，被告开销公家款项，竟浮报买连枪子弹费十二元五角，炸弹费九元二角，并藏匿一枚炸弹归已，合共侵占公款二十元零三角余，与炸弹一枚”等语。呈则该区长所犯侵占烟土烟案罚金暨浮报购买枪弹公款之不法行为，至为显明。

（二）伤害部分　兹就原起诉书称“假借职务上权力，伤害沈德沛身体……于告诉有效期间，出头告诉，自未便以事过境迁，未经验有伤单，置而勿论”等语。查该沈德沛以领照衍期，既被该区长全浩然拘罚，复擅用体刑，掌责成伤，是该区长假借职务上之权力，并犯伤害罪，事证又属显然。

综上两部分，既经常德地方法院检察处函准常德县政府派员详细查复，复经该处传集人证，侦讯明确，该区长确属违法犯刑，理合依法提出弹劾，并抄附原起诉书，呈请依法移付惩戒。所有刑事部分，既经该管常德地方法院检察处提起公诉，仍应由该院办理，仰祈鉴核施行。谨呈。

（《监察院公报》第一〇五期《本院咨送惩戒文》要字第一一三二号）

《湖南汉寿县税务办事处主任华承亨违法失职案》弹劾文

（1936 年 10 月 30 日）

为弹劾事，案查本署前据湖南汉寿县民刘正卿呈诉该县税务办事处主任华承亨违章苛敛，民不聊生，暨该办事处田赋催征吏彭裔碧等呈诉该主任薪留势迫，枵腹从公等情到署，当经函行湖南省政府财政厅并案查复去后。兹准该厅函，以该前主任华承亨（因税务办事处已被撤销）被诉违章苛敛，民不聊生之第一案，已饬据科员王厚基查明呈复。其被诉薪留势迫，枵腹从公之第二案，亦令经该前主任自行呈明，并分别抄附原呈各一件前来。除该前主任华承亨被诉第二案，就其自行呈明之文观察，原诉多与事实不符，难于论究外。兹照财政厅王科员查复第一案原呈内略称，"查该县田赋，积弊颇深，粮册户名多系堂名不载的名，又有飞洒之习，往往粮户居住甲乡，而赋银列入乙乡，甚或散见乙丙各乡，错综复杂，莫可究诘，其真实底册，藏在册书之手，彼等操纵把持，视为私产。民国初，县议会主张取销册书，然于册书所持之真实底册，未能追出，故催追时仍须雇用司事及催征吏下乡催追，名额多至二百余人，其薪资旅费全系取之粮户，每两正银加征洋三角，作为征收员及司事津贴。又粮户每户正银五钱以内者，加征洋一角，正银洋五钱以上者，加征洋二角，作为催征吏津贴，二者皆厅令规定以外之需索。然过去在县政府及税务局主办时，均沿用之，有案可稽。全县设东南西北四分柜，开征时由各柜征收员在分柜征收，因之各征收员常有亏欠公款之弊发生。洎办事处成立，主任华承亨乃将分柜收回，在县城设立总柜征收，每日征收税款，全部缴处，避免经征人员之亏欠，然于每两加征洋三角，及每户加征一、二角之陋规，仍旧存在。据云接办之初，本欲废止，因法定催追费收入无多，已发给县政府政警队及保安团所添催追枪兵等旅费，而该县司事及催征吏，虽经裁减，尚有司事八人，催征吏六十人，薪饷旅费无着，不能下乡催追，县地方法团以附加关系，函请仍维原状，故未即时取缔，至四月一日乃悬牌停止征收。职遍查该处征收员账目，则四月一日仍在继续征收，至四月十七日始行停止。以上系查明刘正卿呈控该主任违法浮收催追费之情形。其次关于浮收尾数一节，亦经职查明该处征收田赋，由银两折合银元时，系将厘作分，致每张券票洋浮收一、二分，当即责问该征收员等何以如此浮收。据答称，田赋柜人员所用笔墨纸张，全系自备，藉此尾数赢余收入，以资弥补。职乃转问华主任，查该处田赋部分有额定公费，何以不发给笔墨纸张，而任其浮收尾数，华主任答谓该处全部公费月仅三十六元，不敷开支，故未发给"等语。查该汉寿县田赋积弊甚深，田赋每两正银加征洋三角，作为征收员及司事津贴，粮户每户正银五钱以内者，加征洋一角，五钱以上者二角，作为催征吏津贴，其加征之数，殊属骇人。虽属在过去县府及税务局主办时代，均沿为用，然二者究皆系财政厅规定以外之需索，该前主任接办以后，既曾欲加以废止，是实已明知此项额外加征，为有害人民，有违法令，应即毅然废止，乃又藉口于法定催追费收入无多，催征吏薪饷旅费无着，不能下乡催追，以及县地方法团函请维持原状，不能即时取缔，竟不果行，然即使事实上有所需要，亦应呈候厅令核示，或另筹他种补救办法，何可瞻徇各公法团之要求，认作征收根据。按该前主任为依据法令征收赋税之公务人员，明知不应征收而征收员司津贴费用，实不惟违法，应犯有《刑法》第一百二十九条第一项"公务员对于租税或其他入款，明知不应征收而征收"所规定之情形。次查汉寿县税务办事处，既有办公费用，对于田赋柜人员所用笔墨纸张，自应按时发给，即使公费数额有限，不敷开支，亦应呈厅核示，或另筹他法，而该前主任乃遽行抑留不发，又复犯有同条第二项"公务对于职务上发给之款项物品，明知应发给而抑留不发”所规定之情形。同时田赋柜人员，以其抑留不发之故，竟致藉每张券票浮收洋一、二分，以资弥补之犯罪结果，纵不能谓该前主任有教唆情事，要为其间接促成，则可断言。犯刑情形，需当加重。再查湖南财政厅《田赋征收章程》规定正赋催追费，应由催征吏临门征收，而该前主任竟在柜附带征收，亦属违法失职。综上所论，该前湖南汉寿县税务办事处主任华承亨浮征田赋，抑留物品等等之所为，既属违法失职，且又触犯刑事，爰特提案弹劾，请即依法移付惩戒。并将刑事部分，移交法院办理，以肃官方，而儆效尤。谨呈。

（《监察院公报》第一〇五期《本院咨送惩戒文》要字第一一三四号）

《湖北钟祥县第七区区员胡荫生非刑勒索聚众殴警案》弹劾文

（1936年10月30日）

为弹劾事，案查本署前据湖北钟祥县民张云梯等，呈诉该县第七区区员胡荫生非刑勒索、苛捐害民等情一案，当经函行钟祥县政府查复去后。兹准复文内开：“案奉钧署本年七月二十四日行字第三二七号公函内开，案查前据湖北钟祥县民张云梯等，呈诉该县第七区区员胡荫生非刑勒索，苛捐害民等情一案，业经于二十四年十月间，函请贵政府查复，迄未准复前来，相应再请查照前函，迅予查明见复为荷等因。奉此，查此案前奉湖北省政府省民二字第二六一六号训令，以据该县第七区和平乡联保主任李楚风等呈诉该区区员胡荫生钻营要职，冀图乘机窃发，恳予撤职惩办等情，附抄发原呈，饬即按照原诉情节，查明依法办理具报。并奉湖北第六区专员公署精字第七四二四号训令，事同省令。暨图字第九一三五号训令，事同前因。同时并分据该联保主任李楚风等暨公民张云梯等径呈前来。正办理间，复奉钧署第一四一号公函，并抄附张云梯等原呈一件下县，经并案令饬本县财务委员会委员长张壁华即日前往，按各原诉情节，分别彻查明晰，据实具复，以凭核办去后。嗣据该委员长呈复称：'兹将查得所诉两案情形，分别缕陈于后。(一)据和平乡联保主任李楚风等，所控胡荫生于张区长述南任内，私充区员，经地方反对，匿迹城内，自该区水灾以后，三德乡壮丁队，因无食宿，曾劫掠船上布匹西药，藏在胡荫生家中，显系早有勾结'等语。查该区前遭水灾之际，该胡荫生确已离所晋城，有如原诉所云指为早有勾结，似近欲加之罪。三德乡壮丁队，当洪水弥漫之际，顿起变乱，劫掠船只，事诚有之，至赃物运藏胡荫生家中，查无实据。且该三德乡壮丁队，与胡荫生居处之胡家岗，相距二十余里，山湖各不相牟，何肯将所劫之物，运藏于户主远去之家，揆诸情理，似有未实。(二)据和平乡公民张云梯等，原诉胡荫生在快活铺抽收肩挑负贩落地税二百或三、五百文等语，查该区公所移至快活铺，设有公安警两班，其经费来源，洵系仰给各商号之门面捐，诉谓抽收肩挑负贩落地税二百或三、五百文，经侦诸当街各小负贩，咸称并无其事，原诉或有误会，亦未可知。又诉不论民刑诉讼，一经先发，不问是非曲直，即派丁绑捆押所，非刑拷打，如欲止刑，须纳手续费洋五元或十元不等，并勒索纸烟鸦片等物，有杨保长秀廷、农民蔡志三、商民王玉亭等可以足证'等语。查上项情事，各当事人均已正式起诉，一经鞫质，自成信谳。又诉该区所领急赈洋一百五十余元，蚕豆六十袋，另仓谷三十六石，迄今月余，均未发放等语。查上项赈品及仓谷前奉饬到达该区时，均已监放清楚，并无舞弊情事。总之该胡荫生在本区之内，迭任要职，处事待人，均有未洽，以故地方人士，责有烦言，此不能为该被告讳者。奉令前因，理合将并案所查情形，具文复请钧长鉴核，等情。据此，当将蔡志三等,所控伤害自由部分,交由司法办理,并已分别呈报湖北省政府,暨湖北第六区专员公署在案。嗣因胡荫生抗传不到,聚众殴警,以致时日延长,案悬未结,亦经呈请通缉有案。兹奉前因,理合将查明第七区区员胡荫生被控非刑勒索,苛捐害民,暨办理经过情形,备文呈复钧署鉴核”等由,准此,查该区员胡荫生被控伤害及妨害自由部分,既经该县交由司法办理,自应投案应讯,乃竟敢抗传不到,致被通缉,其情虚畏罪,已甚显然,加以聚众殴警,尤属违法犯刑。爰特提案弹劾,请即依法移付惩戒。其刑事部分,仍应由该管司法机关办理,以肃法纪,而儆效尤。谨呈。

(《监察院公报》第一〇五期《本院咨送惩戒文》要字第一一三八号)

《湖北枣阳县县长张锡典违法犯刑财务委员会委员长王云阁违例失职案》弹劾文

(1936 年 11 月 14 日)

为提案弹劾事,案查前据湖北人民马伯援函略称:“枣阳棉花,年产六万包,棉花捐每包二角,应收万余元,乃县长张锡典第一年委其私人办理,分文未缴,第二年委劣绅征收,仅缴征七元余,该县长非伙同分肥,即治事不力。”正核办间,又据湖北枣阳县民陈国阳等呈略称:枣阳县财务委员会委员长王云阁,(一)去岁违令擅制一元借券,按户勒派,陈国阳家资不满千元,竟摊四十元,小商佃农,均不得免。(二)团捐附加,自二十年起,每两带征十元,二十三年始减八元,计收十万余元,而保安队薪饷,至去年四月份仅发三成,其余不知如何支销。(三)将公款存放县城豫庆泰生息,悉饱私囊。(四)挪移公款,开设启明书店。(五)在县府包揽券票印刷。(六)恐吓屠宰税主任陈东明迫捐洋一千元。(七)吸烟聚赌各等情。据此,业经令本署调查科科长安梦周、调查员张家珏会同查明呈复,并分别检抄原卷及证件前来。经加审核,认为该县长张锡典,及该委员长王云阁等违法犯刑,证据昭然。兹将调查属实部分,分叙如次。

(甲) 关于湖北枣阳县长张锡典之违法刑事项

(一) 违法征收棉花改进捐部分。兹据原呈复称:“查棉花为该县出品大宗,年产约十万包(见附件一第一页)。二十三年该县县政府第一次县政会议议决,设棉业改进委员会,推定余鸾笙、杜新民、姜蕴璞、靖融五、王尔济等五人为筹备委员(见附件一第七页)。筹备成立,由县政府委任姜蕴璞为主任委员,王云阁、杨元松、余鸾笙、靖融五、杜进德、王济、朱汝翰等为委员(见附件二第八页)。该会于是年十一月十一日召开第一次会议,并议决每包棉花向棉商抽收改进捐一角五分,如有赢余,则悉数拨作教育经费(见附件二第二页)。复于十一月十六日第二次会议,确定该会员役名额及经费数目,决议设文牍兼书记一名,司账一员,月各支十六元,事务员五员,月各支十二元,工役二名,月支六元,厨役一名,月支四元,主任委员月支夫马费三十元,办公费三十元,各事务员每月下乡旅费十元,总共月支经费一百七十八元(见附件二第九页),呈经县政府备案(见附件二第十三页)。二十四年春,湖北省棉花搀水搀杂取缔所第三区分所在该县设立,该会即于是年元月撤销。查该会成立数月,毫无建树,据主任委员姜蕴璞面称,共收改进捐九百余元,计拨付棉业公会二百余元,公共体育场四十元,代县政府垫付中心小学二百元,其余均用为该会经费开支,业经呈报县政府准予核销(见附件三)。然据县长张锡典面称,该会所收捐款,用途尚未呈报,县政府正在严催中。并称,此项改进捐,未经呈报省政府核准(见附件四)。该县长未经呈准,滥委人员,擅收改进捐,实属违反中央废除苛捐杂税之法令。而棉业改进会撤销，业经年余，其所经收捐款用途，究竟曾否呈报县政府核销，虽情词各异，然退一步言，即果如该县长所称未报，为何迄今竟任其不报，其玩忽职守，尤属显然”等语。查前豫鄂皖三省“剿匪”总司令部于二十一年十二月二十二日颁行之《“剿匪”区内整理县地方财政章程》第十八条明定：‘遇有增减税捐之必要，应先由财务委员会拟定办法，再由县政府征集各法团意见，依次递呈财政厅省政府核准，不得向人民征收任何税捐。’依此规定，该县长张锡典如认为有征收棉花改进捐之必要，应先由财务委员会拟定办法，再征集地方各法团意见，并呈报财政厅省政府核准，方合定章。今不遵照定章办理，仅根据棉业改进委员会之议决，遽予批准备案，是该项改进捐，虽由棉业改进委员会征收，然不经该县长核准，该会决不敢贸然征收，是即与该县长直接征收无异。况该项改进捐之征收时期，又在“剿匪”区内整理县地方财政章程颁行之后，则该县长明知不应征收而竟征收，其触犯《刑法》第二百二十九条所规定之渎职罪，更属显然。

（二）违令征收棉花教育捐部分。兹据原呈复称：“至二十四年度开始，有政府核定该县地方岁入预算，将屠宰税附加县政教育两项，由二万头改以四万头计征，原定屠宰税附加每猪一头，附征县政捐二角，教育捐一角，全年以二万头计算，共征六千元，以四万头计算，则增一倍。该县营业稽所，以由二万头骤增至四万头，地方附加县政教育两项，共列一万二千元，计超过正税四千元，值此市面萧条，民穷财尽之际，实难如额征解，呈县请为转呈层峰，仍照原额征解。该县长以所呈尚属实情，而支出预算，又均指有用途，乃呈请省政府以准在棉花行所收之佣金内，每元抽收行用捐二角，以资抵补。并称召集地方各机关法团开会讨论，佥以此项捐款，系向各花行所收之佣金内，每元抽收二角，在花商方面并未增加负担，在花行方面不过少得佣金，亦无损失，事关维持地方各项事业，各行商均甚乐从等语（见调卷第一页至第三页）。省政府以抽收棉花行佣捐，类似厘金，且涉及苛细，未予核准，饬将佣金定率及行商自愿捐资证明文件，暨缴款手续，呈明再核（见调卷第六页）。该县长遂即呈称，该县花行所抽行佣，并未超过法定三分通案范围，各行商鉴于地方教育落后，经费困难，自愿就所收之佣用内，每元抽出二角，将名称改为‘枣阳县棉商乐输教育经费’。其缴款办法，责由财委会印制三联收据，会同棉业公会，按月向各行商收缴，以免苛扰，并取具棉业公会自愿捐资志愿书，一并呈核（见调卷第七页）。省政府以既系行商自愿乐输，并于呈内叙明缴款办法，及棉花行佣未超过法定三分通案范围各情形，遂以省财三字第一三五八八号指令照准（见调卷第八页）。不料省政府核准后，该县长不照呈准办法办理，忽委陈大祥为棉花教育捐稽征所主任，向花商设所专征（见调卷第十页），并准其在该县第一区所属之随阳店，第二区所属之陈家店，各设分卡一处，征收花挑捐，每挑重量在五六十斤者，概以半包计算，收捐一角。县政府除布告晓谕挑花小贸易商人遵照纳捐，不得违抗外，复通令各设卡所在地联保主任切实协助（见调卷第十一页至第十四页）。查此项棉花教育捐，该县长呈准省政府，系以各花行自愿在所收佣金内每元乐输二角，规定由财委会会同棉业公会，按月向花行收缴，自不得向花商收捐。今该县长忽于呈准省政府后，委陈大祥设所专征，并准其在各乡镇设卡征收花挑，几于变相厘金，不惟与省政府原旨违背，且与中央裁撤厘金废除苛杂功令抵触，公然违法，事实昭彰。复查该陈大祥于去年十一月奉委，本年四月初卸事结束，在职四个多月（见调卷第六十五页至六十七页）。正值花市畅旺之际，依据湖北棉花搀水搀杂取缔所第三分所统计，自二十四年十二月起，至二十五年三月止四个整月，该县棉花土机包共为一万二千〇八包（见附件五），按包二角收捐计之，应收捐洋二千四百〇一元六角。然核阅该陈大祥卸事后造报县政府‘收支款项数目清册’，仅收七百八十三元五角，则有一千六百十四元一角不符。即就该所收入之七百八十三元五角，报解仅九元七角二分，其余七百七十三元七角八分，悉截留为所内开销（见调卷第六十五页至六十八页）。查该项棉花教育捐，既经设所征收，而（一）变更省令在各乡镇设卡，将应取之于花行者取之于花商，并有县府布告及通令，事证确凿。（二）依据该县全县棉花运销（二十四年十二月至二十五年三月）包数与应收捐数，陈大祥报告收数已不能达到三分之一，县府并未查究，已属可异。（三）即此未达三分之一之收数，复几于全数供机关之开销，仅报解数元，名为抽捐兴学，实则抽捐维持征收机关，商与民既交受其病，而教育经费终未增加分毫，既违反中央废除苛杂之法令，复违背地方抽捐兴学之本意，该县长身为主管长官，对此项棉花教育捐，宜如何认真督促，以求核实，乃该县长事前对稽征所组织与经费，既不予以规定（见附件四），事后复不详加查察，听凭该主任陈大祥任意滥支呈报，竟然准予备查（见调卷四十三页）。地方人士多谓该县长与陈大祥有所默契，伙同分肥，虽经查无实据，然不能谓事出无因。该县长督责不严，考察不周，致演成此种徒苦商民，无补教育之结果，谓为废弛职务，似已百口莫赎矣”等语。查阅枣阳县政府棉商乐捐教育捐案卷，该县长系于二十四年十二月二十三日奉到湖北省政府省财三字第一三五八八号指令核准棉花教育捐按照每元棉花行佣抽收二角，并由该县长就原指令批示办法，则该项捐款之开征，自应在奉到省令以后，乃该县长竟先于二十四年十一月二十五日令委陈大祥为棉花教育捐稽征所主任（见原卷第十页），同日开征（见原卷第十三页），并于同年十二月三日，发出布告叙明业经湖北省政府核准，是则不待省政府核准指令到县，遽敢先行开征，其责任应与未经核准者同视，此其违令者一也。查该项捐款之缴纳办法，原定由财务委员会印制三联收据会同棉业公会按月向各棉花行收缴，曾经呈准湖北省政府在案。乃该县长竟敢不遵呈准办法，私设稽征所，令委陈大祥为该所主任，并准其在各乡镇设卡征收花挑捐，使各棉商不堪其苛索，直等于变相厘金之设立，此其违令者二也。再查原卷，该项捐款办法，先后两次呈报湖北省政府，文稿（见原卷第一、二、三及七页）均经该县长分别划行，签名盖章，而湖北省政府省财三字第一三五八八号指令（见原卷第四、五、六及八、九页），亦由该县长批明迅速出示，并经其盖章，是则该县长对于此案情节，已了如指掌，其所发出之布告及训令，自应遵照省令办理，不料该项省令准向棉花行每元佣金抽收二角，而该县长发出之布告及训令，竟改向棉花商每包（重二百斤）征洋二角，并谓其业经呈奉湖北省政府核准，是该县长明知其为不实之事项，仍敢捏造情节，登载于职务上所掌之公文书，而使一般棉商受其损害，此不仅违反湖北省政府之指令，亦已触犯《刑法》第二百十三条所定之公务员虚伪登载罪，至为明确。

（三）违反征收田赋教育捐部分。兹据原呈复称“该县长于二十三年九月召集临时县政会议，不惜增加人民负担，议决凡花户完纳二十二、三两年田赋者，一律随征教育捐一角，计自二十三年五月至二十五年四月止，共收洋五千六百七十八元。因此项捐款，未经呈报省政府核准，不能公开载于票面，遂另制收据（见附件六），于各花户完粮时收据随票发给，乡民无知，均受其愚。该项教育捐之收入，虽谓为补助本县教育经费之不足，其用途究否真正名副其实，因无案卷细账可查，殊难明悉底蕴”等语。查该县长征收田赋教育捐，事前既未呈请湖北省政府核准，事后又无案卷细账可查，其征收之当时，且不敢公开载于票面，另制收据，随票发给，此不仅愚弄乡民，任意苛索，实亦违背前豫鄂皖三省“剿匪”总司令部颁行之《“剿匪”区内整理县地方财政章程》第十八条之规定，其有渎职行为，已无疑义。

（四）浮收团捐及田赋部分。兹据原呈复称“该县田赋亩捐，额外浮收，花样繁多，众口一辞，当职等到该县查案时，对于该项税收情形，曾特别注意，予以密查。查得花户武德堂应完二十一年亩捐六角，征收员实收一元二角，浮收六角。应完二十三年亩捐九角六分，实收一元，浮收四分（见附件七甲）。又花户齐永刚应完二十四年上下忙田赋一元三角六分，征收生唐功勤实收一元四角，浮收四分。又花户齐宏道应完二十年、二十三年、二十四年等三年上下忙田赋一元六角八分，实收一元八角八分，浮收二角（见附件七乙）。又该花户齐宏道应完二十一、二、三三年亩捐三元四角五分，征收生王立生实收四元，浮收五角五分。齐永刚应完二十四年亩捐二元二角四分，实收二元三角，浮收六分（见附件七丙）。以上三花户，应完田赋亩捐十元二角四分，共计浮收一元四角九分，此不过就一时调查之发觉者而已。以十元二角四分之捐赋，竟浮收达一元四角九分之多，由此例推，平时之不实不尽，更可想见。该县长职司何事，漫然不察，自属责有攸归”等语。查该县征收生唐功勤等，浮收团捐及田赋，不仅事实真确，且成为普遍现象。该县长对于此等行为，漫不察觉，纵无朋分之事实，断难免失察之过咎。

（乙）关于湖北枣阳县财政委员会委员长王云阁违例失职事项

兹据原呈复称“因职等在豫庆泰调查该会存款时，曾查出该委员长王云阁私人在该号存款三千九百九十元业已付讫之账中，内有七百八十五元，注明系该委员长陆续作打牌之用，中有五十元系注明在财委会内打牌，由该号派人送去者（见附件十三）。该委员长身为地方财务委员会主要人员，竟在公立机关财委会公然打牌，殊属非是”等语。查该委员长王云阁，身为公务人员，竟敢以公共机关之财务委员会作为聚众打牌之处所，其行为违反《公务员服务条例》，已属显然。

综上情由，该枣阳县县长张锡典，实属违犯刑法，该枣阳县财务委员会委员长王云阁，亦属违例失职，爰特依法提起弹劾，并检同原送卷宗及证件，一并呈请依法移付惩戒。所有关于刑事部分，并祈移送法院究办，以惩不法，而伸纲纪。谨呈。

（《监察院公报》第一〇七期《本院移付惩戒文》要字第二八九号）

《湖南湘潭县县长刘绍诚乡长马汉良王德周违法渎职案》弹劾文

（1936年11月24日）

为提案弹劾事，案查前准钧院秘书处第二六七〇号公函交办以据湖南湘潭县民马光奎等呈诉该县县长刘绍诚等不经呈准，藉编组保甲名义，再筹租捐殷实捐等情一案，并检附马光奎等原副呈一件到署。查此案前据湘潭县民朱绍文等以湘潭县长刘绍诚，第五区区长马元珍藉名苛捐、贪污殃民等情呈诉到署。当经函准湖南省财政厅财四字第九五一号公函节开，“查此案，曾据该县人民朱绍义、马光奎、黄超然等以同由呈经省府，先后委派本厅视察员赵乃明，民政厅视察员龙之瑞、王潜恒等前往彻查，并根据呈复情节，分别处理于下。（一）县长刘绍诚筹措编组保甲经费，不切实遵依法令，致起纠纷，应予记过一次。区长马元珍，乡长马汉良、王德周均属咎有应得，应予撤职。（二）该县租捐殷实捐二种，既未经核准备案，应即立时停止征收，其已收者，如仅收租捐，或殷实捐之一种，而未同时收取门牌捐，应由原经手区乡长，列数公布，惟款已使用，据查尚无中饱情事，各输捐人不得藉词索还，以息纠纷。（三）其已抽收门牌捐，而又重收租捐或殷实捐者，应将重收之捐发还，并着该县妥拟办法，呈准施行。以上三项，业经令县遵照在案，准函前因，相应查案函复贵署请烦查照”等由。准查本案既经该厅视察员赵乃明呈复，为求明了全案情节起见，实有查阅原呈复文之必要，爰再函准该厅将视察员赵乃明、龙之瑞、王潜恒等呈复原文抄送到署。经加复核，认为该湖南湘潭县县长刘绍诚，暨该县花萼乡乡长马汉良确有违法渎职、触犯刑章之行为，该县天马乡乡长王德周确有违法犯刑之行为。爰就查得之事实，分陈于次。

（甲）关于湘潭县长刘绍诚部分

据湖南省民政厅视察员王潜恒原呈复节称，“曾调阅该县关于本案全部案卷，得悉该县府于上年一月奉令编组保甲，经于一月十六日召集各区区长及县属各法团举行编组保甲会议，议决所需印刷及事务等费，均由各区就地筹摊，旋奉钧厅二十四年一月三十一日人字第八八二三号指令准予备查。三月十五日该县府复召开第三次编组保甲会议，讨论具体筹款办法，经议决采用抽收租捐殷实捐门牌捐三种，由各区斟酌地方情形，择一抽收，即一面专案呈请钧府备案，一面通令各区拟定抽收捐款标准，及收支预算呈核。及至同年五月六日该县府奉钧府五月四日民人字第一〇一五五号指令，对于保甲经临各费，饬遵照四月二十九日省民人字第一二八一号训令，以二十四年度团款附加减征八角，充作保甲经临各费一案办理。该县府以二十四年田赋照例须至二十五年一月方有收入，而此项编组工作，需款迫切，事实上缓不济急，且该县府自召集各区区长及各法团议决就地筹措之办法呈奉钧厅指令准予备查，各区即以着手编组抽收，该府并于五月一日布告晓谕人民踊跃输缴。惟此次筹措编组保甲临时经费所采三种捐款，在钧府尚未批准以前，即布告施行，虽曰限期急切，迫不及待，究不免擅专之病，及奉钧府四月二十九日省民人字一二八一号训令，及九月十三日省民三字第三〇一号，及十一月十九日省民三字一二三〇号指令，明白指示纠正后，又不遵令办理。虽曰中途变更，事实上诸多困难，究不免玩忽上令之嫌”等语。

查增加人民负担，应先呈准，早经中央通饬遵照有案。该县长刘绍诚筹措保甲临时经费，自应遵令办理，乃对于租捐殷实捐门牌捐三种捐款，未先呈准湖南省政府，擅行通饬征收于前，复不遵照湖南省政府三次令文，立即停止征收于后，此不但有违省令，亦与中央功令抵触。况该县政府抽收租捐殷实捐门牌捐三种，交由各区斟酌情形，择一抽收之办法，系经三月十五日第三次编组保甲会议议定，而湖南省政府以二十四年度团款附加减征八角，充作保甲经临各费之有民人第一二八一号训令，系于四月二十九日发出。湖南省政府饬照上项训令办理之民人字第一〇一五五号指令，该县则在五月六日奉到。两相核计，相距仅四十余日，为时尚属甚短。又查该县晓谕人民踊跃输缴之布告，系于五月一日颁发，其时各区乡尚未实行征收，已可想见。而距五月六日奉到省府指令之时，仅有五日，距奉到省府四月二十九日所发训令之时仅有二日，在此极短时期内，该县长如果奉公守法，则遵令更正，事实上当无困难，即以该县长认为二十四年度田赋，照例须至二十五年一月，方有收入，而此项编组保甲工作，需款迫切，事实上缓不济急，不难设法抵借应用，渡过难关。该县竟不此之图，一意孤行，举行各项捐款，事先不经呈准，已属咎无可逭，违令擅征苛捐，更属责无旁贷，是其明知不应征收而征收之行为，足以构成《刑法》第一百二十九条所定之渎职罪，已属明显。

（乙）关于湘潭县花萼乡乡长马汉良（即原诉所称之为马翰良）部分

据湖南省民政厅视察员王潜恒原呈复节称，“职以访问该区花萼乡乡长马汉良曾被控于财政厅与本案有关，因于本月二十一日径往该乡访查，果查得该乡第三保甲第四甲马兰初、马恒升、马大均等家，及第六甲边作良家，均经抽收殷实捐门牌捐两种。质之乡长马汉良，始犹否认，及传出捐人对质，提出收据（各执收据两纸经验明发还）并具切结后，乃不能再加解辩。职犹恐由于经手人舞弊与乡长无关，故又经传当日协同收捐之乡警马道纯，及保证马松亭与出捐人对质，证明系先后奉了公所令抽收，且无中饱情事。至该乡同一保内，或同一甲内，并行两种捐款，尤为普通现象。虽加征之捐，该马乡长并未中饱，但一地甚至一家，并抽两种，显违该县县政府规定各区斟酌地方情形择一收捐之原则”等语。

查该乡长马汉良奉令收捐，自应遵照湘潭县政府令，就租捐股实捐门牌捐三种之中，择一抽收，乃竟违背县令，并行征收股实捐及门牌捐两种，是其明知不应征收之行为，亦已触犯《刑法》第一百二十九条所定之渎职罪。

（丙）关于湘潭县天马乡乡长王德周部分

据湖南省民政厅视察员龙之瑞原呈复节称，"滥用体刑之点，该乡长（即王德周）等对于讯问窃盗犯李富梅及李大荣（即告诉人所称牛贩）实施笞责，系属实在。至于彭桂生、刘宗一（即刘四篾匠）、陈文兴（即陈日星）未被笞责，众口同音。除陈文兴已回祁阳原籍，不及传讯外，其余均先后具有切结，事实正确"等语。

查法官讯问被告时，依照《刑事诉讼法》第九十八条之规定，尚不得用强暴胁迫利诱诈欺及其他不正之方法，该乡长王德周，仅以自治人员之身份，对于讯问窃盗犯，竟敢擅用体刑，实属触犯《刑法》第二百七十七条所定之伤害罪。

综上情由，该湘潭县长刘绍诚，暨该花萼乡乡长马汉良，均属违法渎职，触犯刑章。该天马乡乡长王德周，亦属违法犯刑。理合一并提出弹劾，并抄同湘潭县民朱绍文等呈诉原文，暨湖南省民政厅视察员王潜恒呈复全文，呈请钧长鉴核施行。所有关于刑事部分，并应依法移付司法机关办理，以惩非法，而儆效尤。谨呈。

（《监察院公报》第一〇九期《本院移付惩戒文》要字第三〇七号）

《湖北麻城县第三区区长晏志强违法渎职区员李艺圃违法犯刑案》弹劾文

(1936年11月24日)

为弹劾事,案查前据湖北麻城县第三区区员李艺圃,呈诉该区区长晏志强,挟忿谋杀,捏诬罩制等情一案,当经函行湖北麻城县政府查复去后。旋准函复,除该区长浮收印花费业经证实外,该区员李艺圃尚有强奸谋杀之情由,仍在侦讯中,复经函行该县请将李艺圃强奸谋杀一案之侦讯结果详告,兹续准该县司法处来文,并检同该案判决书前来,经加审核,对于该区长浮收印花费,及该区员妨害家庭两部分,应予一并弹劾。爰将其确实情由,分陈如下。

(一)关于晏志强浮收印花费部分。兹就麻城县县长原查复文观之,该县长是否包庇烟馆,尚未证实,而浮收印花费一节,则已成为事实。该原查复文,谓该署自五月半以前,每禀收洋二角,五月半以后,每禀收洋一角。查人民投递书状,印花税法既未明定须贴印花,受理书状之官署,自不得强制粘贴,即使依照旧例,呈文须贴印花一角,亦由人民自购粘贴,受理书状之官署,不得征收印花费。该区长对于人民书状,在本年五月半以前,竟假借印花费名义,限令每种收洋二角,是其诈欺行为,已触犯《刑法》第三三九条之规定,至为明显。

(二)关于李艺圃妨害家庭部分。查该区员与该区长晏志强,均系麻城第三区区政人员,本年五月八日,该区长因往绥静乡召开保甲会议,午夜迟归。该区员携带手枪,乘夜潜入其卧室内,与该区长之妻晏凌氏相奸。适该区长从外返家,当场闯见,随以磁瓶向该区员掷击,将头部打伤数处,当由区绅解散,旋即互诉于麻城县司法处。嗣经处侦讯前情，于本年八月八日，判决该区员妨害家庭，处有期徒刑六月，缓刑二年。是该员违法犯刑，尤为昭著。

综上所陈，该区长晏志强确有违法渎职，该区员确有违法犯刑，理合一并提案弹劾，并抄附原查复文及原判决书，呈请依法移付惩戒。所有刑事部分，除已由麻城司法处判决者外，其未经处刑之部分，应请移送该管法院办理，以惩非法，而肃官常。谨呈。

(《监察院公报》第一〇九期《本院咨请惩戒文》要字第一三二八号)

《湖南华容县税务局局长彭南先查催员刘承鼎违法渎职触犯刑章案》弹劾文

(1936年12月21日)

为弹劾事，案查前据湖南华容县第二区江白乡乡长王政等，呈诉该县税务局局长彭南先，查催员刘承鼎等，违法舞弊，纵兵扰民等情一案，当经函行湖南省政府财政厅查复去后。兹准函复并抄同该厅先后令派视察员李如九、萧铸新等查复原呈到署。经加审核，该局长彭南先及其所属查催员刘承鼎确有不法情事，谨胪列其事实如下。

(一) 关于查催员刘承鼎部分。该查催员刘承鼎对于杨对廷一案，始而以恐吓勒款，继而以泄愤捣毁，其经过之详实情形，据财政厅视察员李如九之原查复文内开，“杨案发生情形，本年二月十一日华容税务局派查催契赋委员刘承鼎，率查催兵彭亿臣、彭汉臣、张以成等持粮票二张，至第二区墨山铺高陶乡催查新旧欠赋，声明奉令查催，各保须缴查催费用七元，当即前往侯乡长光照家，意欲请其会同协助。适侯出外，乃至杨保长怀湘家(杨对廷之次孙），其时杨之祖父对廷正卧床上，闻有查催员兵来家催赋，怒火中烧，责来人之非是，正言厉色，侮语频加（查杨对廷现年七十余岁，前清武秀才，为地方前辈，其长孙现充行营少将参议，次孙杨怀湘现充保长，在当地为一强有力之士绅）。该员兵等以催查费用尚未到手，而招此大辱，遂申言带区公所法办。杨当不仅不惧，反挺身前行，员兵以言出恐慌，并非真意，现杨自愿前去，深恐事体扩大，乃改口不带案。彼时杨之孙媳，以其祖父被捕，遂至邻右召集多人，手持梭标短棍，将查催员兵围殴，并将彭亿臣、张以成等捆悬柳树，丛集横殴，均明暗受伤，经县府司法官验明有案，事后，复将催兵缚解区公所。查催员刘承鼎目睹情形严重，次日即回局报告，请局派枪兵六名，会同深夜赶至墨市，到达时杨对廷全家已闭门逃避一空，枪兵等以泄愤在即，乃破门而入，见物捣毁，并捕左右邻人犯七人带局，分别审问口供，均属从犯，次日乃交保开释。复由县府票传主犯杨对廷、杨运太等到案，旋以杨对廷年老力衰，一再诉苦邀免监禁，遂交保随传随到，现押县府者有杨运太等二名。此杨案发生经过”等语。根据上述事实，该刘承鼎于本年二月十一日率查催员兵下乡，意图不法之所有，对杨对廷实行恐吓，申言将带至区公所法办，因而招致殴辱，次日即请领枪兵六名，深夜赶至杨对廷家，破门而入，见物捣毁，并捕左右邻人七人，以图泄愤。究该案之所以发生，非因杨对廷抗纳正当赋税，仅以不堪受其额外需索而起。该刘承鼎身为征收租税之公务员，是其恐吓滥捕行为，显已触犯刑章，而假借职务上之权力，以泄一时之愤恨，更应加重处罚。

（二）关于局长彭南先部分。据视察员萧铸新查复文观之，该县契税查催员薪饷，已规定在截留契纸工本及地方附加之项下开支，乃仅因契税不旺，收数无多，遂致查催员刘承鼎率队下乡，而有责令供应之事。又据视察员李如九查复文略称，该局长查催契赋委员刘承鼎率查催兵至第二区墨山铺高陶乡查催新旧欠赋，声明奉令查催，各保须交查催费用七元等语。是其所谓奉令云者，自非尽系藉口于局长之授意，而实由该局长平日有所纵容。该局长果一向奉公守法，该查催员何敢动称奉令，迫令每保缴纳查催费用至七元之多，其所带之查催兵，又何敢间有浮收诈索欠赋招待费一二元之行为，则该局长纵容部属，违法贪污，已非一朝之故。至因其苛索而引起杨对廷案之纠纷以后，该局长仍不约束部属，经厅令始将该查催员刘承鼎撤职，而对于杨对廷，复科以赔偿局派员兵旅费医药费物品损失费及伙食马租等费五十二元八角，墨山铺员丁伙食费二十一元。苛索名目，层出不穷。以杨对廷在地方本属强有力之士绅，其所遭受尚且如此，则一般人民之被苛索，何堪设想。该局所用人员，既有固定薪饷，该局长乃任其苛索敲诈，懵然罔觉，及至杨案发生，又纵而回护部属，不尽监督之责，其失职之咎，实所难辞。

综上论断，该湖南华容县税务局局长彭南先纵容部属苛索，暨该局查催员刘承鼎恐吓滥捕，俱属违法渎职，触犯刑章，爰特提案弹劾，请予依法移付惩戒。关于刑事部分，并请移交法院办理，以肃法纪，而儆效尤。谨呈。

（《监察院公报》第一一二期《本院咨请惩戒文》要字第一五六二号）

《湖南零陵县义勇队副中队长彭汉明渎职违法案》弹劾文

（1936年12月26日）

为提案弹劾事，案查前准钧院秘书处奉谕交办湖南零陵县民张耀南等呈诉该县义勇总队部副总队长眭镇华、书记胡德堂、副中队长彭汉明等诬报藏枪，串害架诬等情一案，又据该民等以同一情由，分呈到署，当以原呈称曾经诉由零陵地方法院判处有案，即经函行该院查询。兹准函复，略谓，本院检察官起诉彭汉明（即彭汉民）渎职恐吓，妨害自由一案，业经刑庭依法判决等语，并抄送判决书一件前来。查判决书理由一项，略称“查张九如、张柏青、张九孝、彭方松、彭正刚、张祝亨在本院及检察处指攻彭汉明得钱情形，言之确凿，证人张斌轩、张九夏、张有镒、张奢华、张华德、曾衍远、曾衍森、贾朝颜、张荣华、张敦轩亦将交过情形，证明无误。并谓须出草鞋费非给不可，核与张九如等之言，无不吻合。而彭汉明曾率队丁至张九如等家，又已自承不讳，虽谓不曾得钱，然既经证人张斌轩等证明，当然应负刑责”等语。该副中队长彭汉明不惟违法失职，实属触犯刑章，除刑事部分已由湖南零陵地方法院依法办理外，爰特提案弹劾，请即依法移付惩戒。以儆效尤。谨呈。

（《监察院公报》第一一三期《本院函送惩戒文》要字第一六四六号）

《湖南华容县县长熊宏楷密查员彭续言科员毛孟常违法渎职触犯刑章案》弹劾文

（1937年1月9日）

为弹劾事，案查前据湖南华容县注市市商会主席任湘渠呈转商民何华昌等呈诉该县县长熊宏楷，法外处分，受害难堪，又据该县注滋口商民何国钧等呈诉该县长滥罚滥捕各等情到署。查此案系因该县注滋口市、北景市两市发行市用角票商店，仍多有未经依法查禁，该县政府派员处罚，复收受贿赂，致生纠纷。当经并案函行湖南省财政厅查复去后。嗣准该厅函复，略以已饬据视察员赵迎明呈复，谓该县长对于查禁市票案之禁发纸币处罚办法，不以发行纸币商店为单位，而以地方为单位，共同处罚，以致发生派款收多报少诸情弊。又禁发纸币费用，应遵照《禁发纸币暂行办法》第十条由罚款内提五成支给，该县长于罚款之外，在注市取清偿旅社伙食等费三十余元。又县派密查委员彭续言、在贿款内支伙食费三十余元，均属非是。且彭续言既系密查，应将发行市票之商店查明后呈报县长处办，乃忽拟带案，又收受关说贿款，实系藉案敲索。究竟彭续言收款若干，注市及墨山铺等处，派款多少，收支经手人侵蚀若干，复经据情令饬华容县政府彻底严究等语。本署爰又函行该厅，请其将令县彻究之结果续予函告去后。兹续准函复，并抄送华容县政府原呈，及湖南省政府指令各一件前来。经加审核，该县长熊宏楷及其所派密查员彭续言、科员毛孟常，办理查禁市票案件，确有违法渎职，触犯刑章之行为，兹将其确实情由，条列于后。

（一）关于该县长熊宏楷部分。查华容县政府呈复省政府原文略谓，“遵即传彭续言提同前往注市，与商会主席任渠湘亲面质讯，据彭续言称，我在注市动身的时候，任会长送了一百块钱，他说这笔钱作罚款，或作夫马费，随你作主，我们只要无事就是了。据任渠湘称，派了一百九十多元，送了委员一百是实，当时并替彭委员开销伙食旅费。该商人初以强夺账簿等词要挟恫吓，临行复贿送百元，请求遮饰，察其与受，各有不是，姑念彭续言返府时，即自举发，不无可原，从轻予以记过处分。又上年十月间，派科员毛孟常到北景市查禁市票，访闻该市商人有赠送夫马费情弊，经令据北景市商会主席陈维岳呈复内称，所送夫马费五十元，又招待费用去二十四元，系由永生隆刘复泰等八家，按照发行市票多寡，自动派送。总之，此五十元虽系商人自动派送，在毛孟常不应接受，本应依法惩处，惟该员因事撤职已久，并经通缉在案，无从追缴”等语。查该县长处罚商人发行纸币，不以商店为单位，致发生收多报少之情弊，而其禁发纸币费用，又不在罚款内提成支给，竟于罚款之外，在注市令商人清偿旅社伙食等费用，已属违法扰民。而对于所派密查委员彭续言、科员毛孟常收受贿赂两案，竟不依照兼理司法程序办理。对彭续言仅予行政上记过之轻微处分，复不依照法定手续，作成处分书，送达本案受损害人（见湖南省政府指令），不啻直接剥夺受损害方面之上诉或诉愿之机会。对毛孟常，仅谓该员因事撤职通缉在案，无从追缴，以如此彰明较著之受贿案，亦不予依法追诉，尤为不合。查该彭续言、毛孟常均身为公务人员，竟公然收受贿赂，应为违背职务上之行为，确系触犯刑章。该县长以兼司法检察官身份，为有追诉犯罪职务之公务员，而对于所属之彭续言、毛孟常，竟明知其为有罪之人，而无故不使其受追诉，是不惟违法失职，实已触犯《刑法》第一百二十五条第三项之渎职罪。

（二）关于该县政府密查委员彭续言部分。该彭续言，奉华容县政府委派密查该县注市商人发行市票案件，违法收受贿赂一百元，并由地方供给伙食旅费三十余元等情形，已于前项说明。查彭续言身为县政府委派密查，显系公务人员，其违法收贿，触犯刑章，极为明显。

（三）关于该县政府科员毛孟常部分。该毛孟常奉华容县派往该县北景市查禁市票，收受该地商人贿赂五十元，又招待费二十四元，已于第一项说明，违法渎职，亦至昭然。

综上所论，该湖南华容县县长熊宏楷、该县县政府密查委员彭续言、科员毛孟常，均属违法渎职，触犯刑章，爰特一并提案弹劾，请即依法移付惩戒。其刑事部分，并请移送法院办理，以纠非法，而肃官常。谨呈。

（《监察院公报》第一一五期《本院移付惩戒文》要字第四〇五号）

《湖南省会公安局督察员黄沅甫平江县邮政局局长张纪万建设厅视察员刘谷书伙同伪造文书印文侵占公产案》弹劾文

（1937年1月11日）

为提案弹劾事，查本署前阅报载中央社电传长沙市政府破获燕子岭伪造县契据侵占公产巨万之案，当以案关侵占公产，并牵连多数现任公务人员在内，比经派调查员张家珏前往彻查具报去后。兹据该员查明呈复，并抄同有关之各项证件前来，其原呈略称，"遵即驰抵长沙，前往市政府访晤市长何元文，详切查询，当准该市长函称：'案查本市附郭东南一带义山公地，范围辽阔，本府保护公产，顾全人道起见，一面布告严禁侵挖，一面设法清理，讵当此进行清查之际，竟有不肖之徒，乘机侵占混争，甚至盗迁盗卖，罔不畏法，实深痛恨。前据市教育经费保管委员会函，以市区教育，日渐扩充，经费困难，无法维持，请将南城外马厂巷白沙井附近左右一带义山，迁葬标卖，以所得价值，全部拨充教育基金，化无用为公益。当经本府勘察，布告限期迁葬，时逾数月，忽于六月间有四顺堂出契强争，并有律师周建业登报代表该堂声明产权，称系该堂买得鳌山庙（即自在庵）住持僧宏亮之业。本府调契详加考究，疑窦滋多，经派员警多名，分途密查，并设法与该地住民接洽，虚与委蛇，暗中侦察，久之，始由科长陈时和结识与该地秘密组织通声气之杨道南、陈福生、李三和等，多方侦察，为时两月，始得线索。一面另派化装员警，以德新堂名义，携带现款，请托刘裕泉、罗福生等介绍，向六合堂彭扬祖、黄沅甫等，购买二里牌山地，不论多寡，一律承受，约定于十月二日下午二时在青石桥奇珍阁书立议约，预缴定金一千元，清火后照算。一面在约定地点，密布探网，届时该六合堂股东经理黄沅甫（即泽融，现充省会公安局督察员）、彭扬祖、龚义和（即岳斌）、沈春泰、唐桂华、刘谷书（即仲麟，现充建设厅视察员）均先后到场，当由该堂公推彭扬祖出笔书立议约，并出具一千元定金收据（附卷），各自书名盖章。议既成，由化装员警，将各从场人犯一并带案，一面派队会同岗警，前往各犯家逐一搜查，果在燕子岭三十四号彭扬祖家搜出伪善化县官印三颗，伪造各种不同约据数十张，天心阁游路唐桂华家，搜出四顺堂合约及包迁坟墓字约多纸，又在黄沅甫皮包内搜出六合堂合约一纸，此侦察破案之经过情形也。查四顺堂合约，内载合约人为周建业（律师）、唐桂华、凌厚勋（即七七师参谋长凌震苍）、周荫寰（律师）等四人，比即按名票传，除凌厚勋现未在省，周荫寰住址不明外，当将周建业传唤到案质讯。据唐桂华供称，四顺堂由四人各凑股本二百元所组成，本人无款可凑，只按月认息二分，合约系本年七月在周荫寰家订立，追上年月为二十二年十月，系周建业所主张，当凌未在省，由周荫寰代表签字，四顺堂契据，系周建业以四百元买得魏家冲老契，携至湖北用药水将人名地名洗去，再行改填，其余四百元，作为一切开销等语，直供不讳。质之周建业，始犹抵赖，经唐桂华当堂指实，则俯首无词，此中情节，已可概见。又查四顺堂前缴呈契据照片，为同治四年八月九日所立，由鳌山庙僧宏亮出笔，经详细调查，该庙洪亮和尚确早年物化，兹拓得该僧墓碑，所载为同治二年五月二日所刊立，佐证确凿，其为纠合伪造，已属显明。复阅凌震苍八月二十五日来函，仍云早年以四顺堂名义价买自在庵山地等语，则周建业所谓以律师资格代表四顺堂声明产权一节，足以证明全为虚构。又查六合堂合约，内载原股为黄沅甫、张纪万（现充平江邮局局长）、龚岳斌、彭扬祖、刘福生、沈春泰六人，又批明因增加股本，除原股外增加四股，刘谷书一股、唐秉义（唐桂华）一股，不出资，只出力，称为人力股，周益义（即周建业堂名）二股，一股作律师报酬，称为律师股，一股由周垫款百五十元，称为垫款股，合为十股，有利均分。复经逐一讯明，唐桂华供称，六合堂所买秦椿树堂即秦何氏二里牌山地契业，并无秦何氏其人，秦何氏即秦李氏。又即彭扬祖之姘妇，实系假托所为，其老契概系彭扬祖印税等语。彭扬祖供称，六合堂原为六股，各凑股本三十二元，嗣因向法院登记，及开辟山场，在在需费，又法院遗失我等契约，难以应付，决计解体，后周建业闻知情形，愿意加入，并称可负责办理，所有诉讼垫款等事，概归伊承担，印税契约一节，人赃俱获，岂敢不承认，此事完全受周建业及内人之害等语。周建业支吾抵塞，经彭扬祖指证，仍无词脱辩。龚义和黄沅甫供略同前。查此次破案迅速，一网成擒，全由杨道南、陈炳生、刘裕泉、彭学恒、李三和等天良发现，告密引线之力，虽在本案内不无牵连之处，将功自赎，为锄奸奖善起见，似应从宽免予置议，此应特为声明者。除将马厂巷白沙井鳌山庙二里牌一带义山公地，依法先行收回，刊碑立界，以资保全，并将四顺堂、六合堂两案卷宗，人犯，证据，移送长沙地方法院办理，其余牵涉各案，情节复杂，正在继续侦讯’等语（见附件一）。旋赴长沙地方法院调卷详查，该市所称，仍系同一情形（见附件二），法院方面，因甫经送到，尚未正式传讯。复查阅四顺堂与六合堂（见附件四第一页）合约内容，与该市长函称，亦属完全相同”等情。据此，查案内所有犯事人，其身为公务人员而伙同违法舞弊者，计该四顺堂合约内之凌厚勋（即凌震苍，现陆军第七十七师参谋长），六合堂合约内之黄沅甫（即黄泽融，现任湖南省会公安局督察员）、张纪万（现任湖南平江县邮政局局长）、刘谷书（即刘仲麟，现任湖南省建设厅视察员）等四人。除凌厚勋关系证件尚须继续调查，应予另案办理外，查该六合堂合约内载明黄沅甫管契约账项，张纪万经管银钱，均系该组织内首要负责人员。至刘谷书虽只为股东之一，未曾担任何项事，但于市政府密派员警以德新堂名义乔装假做买卖时，竟以出笔人资格到场，显亦本案之主要分子。又长沙市政府破获此案时，计搜出伪善化县县印三颗，伪戳记五颗（见附件五），契据数十张（见附件六),均系该四顺堂与六合堂所伪造。综上所论,该黄沅甫、张纪万、刘谷书,伙同伪造善化县公印暨私文书,实行侵占长沙市市有公产,实构成《刑法》第二百一十条、二百一十八条之伪造文书印文罪,及第三百三十五条之侵占罪。除刑事部分,业由长沙市政府移送法院办理外,爰特一并提案弹劾,请即依法移付惩戒。以正官纪,而儆贪污。谨呈。

(《监察院公报》第一一六期《本院移付惩戒文》要字第四一一号)

《湖南耒阳县第四区区长刘秉钧违法渎职案》弹劾文

(1937年1月23日)

为提案弹劾事,案查据湖南耒阳县民周杰等呈诉该县第四区区长刘秉钧违法贪污、侵吞公款一案到署,当以原呈称,曾经诉请县政府组织清理区款委员会,已将指驳款数,逐一呈报核定,请予追缴在案,爰即函行该县县政府,请其将办理该案之经过及其结果,查复去后。兹据该县政府复文,除原书状B项所列侵吞"区公租"、"增设区丁工资"、"副支队长薪饷"、"游击费"、"侦探费"、"建筑仓廒"、"勘界"、"添置木器"、"旅费"、"贫民工租收租费"、"招待灾民粥米费"各款,均经查无实据外。至关于"贫民工租"、"恤金"两项,其复文略称"惟被控变卖贫民工厂租谷一项,该区长报价每石为二元,本府调询各粮食商店,其时价亦不只此,虽当时城乡谷米价格不同,而事前并未通过会议,事后又未经临时审计员审核,难免有少报价数之嫌,已令饬每石补足三角归公,以彰公道"

等语。查该区长动支区款，既据称非经区务会议之通过，及临时审计员之审核，而对于贫民工厂租谷，竟敢擅行变卖，又不依照时价，任意短报，虽于发觉后令其补足三角归公，然绝不能因此而取消其犯罪行为，该区长所为，实属意图为自己不法之所有，而侵占自己持有他人之物，应构成《刑法》第三百三十六条第一项“对于公务上或因公益持有之物犯前条第一项之罪者……”之侵占罪。查复文又称“至‘剿匪’恤金一百元，尚未分发给领，迹涉贪污，本应彻惩，姑念该区长平日尚少过犯，从宽记大过一次，以示惩处”等语。查该区长领到上项恤金时，应即转知“剿匪”伤亡士兵之家属或其本人具领，乃竟抑留不予发给，显可构成《刑法》第一百二十九条第二项“公务员对于职务上发给之款项物品，明知应发给而抑留不发……”之渎职罪。总上论断，该区长违法渎职，事实昭然，该县县政府虽予以记过处分，然关于刑事部分并未依法办理，故特提案弹劾，请即依法移付惩戒。其刑事部分，应请移送法院办理，以儆贪污。谨呈。

（《监察院公报》第一一七期《本院咨送惩戒文》要字第一八九八号）

《湖北咸丰县前县长王建国暨保安队中队长王兰泽等渎职犯刑案》弹劾文

（1937年1月29日）

为提案弹劾事，案查前奉钧院第一六五一号训令，以据湖北咸丰县县民卢采芹等，呈诉该县长王建国刚愎躁妄、劣迹多端等情一案，抄发原呈，饬即调查核办等因。奉此，遵即函行湖北旧制第十区行政督察专员公署查复去后。旋又据该县县民刘煜斌等，呈诉该前县长王建国浮收苛罚，草菅人命，违法刑讯，庇护私人等情前来，经又函行该专署并案查复。兹准湖北现制第七区行政督察专员公署先后函复，并抄录原查复文连同附件到署，经加审核，该前县长王建国及该县保安队中队队长王兰泽等，确有渎职犯刑之所为。兹谨分陈其确实事由如下。

（一）关于该前县长王建国渎职犯刑部分

（1）浮收税捐。查田赋既有税率，捐输更有限度，均不得在额外有所索取。据该县县民何绍光、兰裕和、颜文卿、王卓然、曾道谦、李藉田等切结所称，该民等应纳之田赋及应捐之木材，多已分别完付，或因无力滞纳，该前县长除纵令会计主任蔡惠彰额外苛索外，并假借名义，浮收田赋，苛索罚款，其行为已构成《刑法》第一百二十九条之渎职罪，至为显然。

（2）侵蚀项款。查该县人民种烟罚款，该前县长对于被罚者，既不给与罚款收据，县府卷宗，又无罚款登记及公布用途文件，以致实数多少无法证明（见冯百谦委员二十五年五月四日呈文），是其已有侵蚀无疑。又该前县长提用团饷商铺捐三百元左右，退还时仅面谕派员接收所收款项，实则并未退还分文（见该县财委会致卢采芹等函），其被侵蚀，事实昭然。此等行为，已触犯《刑法》第三百三十六条之规定，毫无疑义。

（3）收贿纵犯。据湖北第七区行政督察专员公署查复文件册所载："李西成因有当匪嫌疑，曾以一骡馈王令，王令受之是实。"查贿赂罪之成立，并不以收受金钱为限，即取得其他不当利益，亦可构成。该前县长对于李西成案，纵未受收金钱，而已受领其不当利益如骡马者，当已触犯《刑法》第一百二十二条之规定。又该县保安中队队长王兰泽包运烟土，并有搕诈行为，本已拿获收押，因该县府会计主任蔡惠彰受贿纵逃，该前县长不但对于逃犯及受贿者不加追究，反将已受重伤之看守李宝廷收押，以抵充王兰泽之逃案，如此处理，非仅事后有所庇护，亦可见其有受贿嫌疑（见李宝廷甘结、王仲衡笔据），是应律以同罪。

（4）苛罚滥刑。查该县第二区第三十六保联保主任黄举，以违抗县令，不缴军谷之故，该前县长既经罚至三千余元，后又杖以数百（见湖北第七区行政督察专员公署署字第五八三号公函），此不仅苛罚巨款，抑且妄加体刑，其为违法已极。又该县县民陆耀钦等二十一人，以其族女陆玉莲适忠堡彭敬廷为妻，自缢身死，遂邀集多人，拥至彭家，欲讲人命，原有不合。该前县长为取缔恶习起见，自不妨予以适当处置，乃将该民等尽行拘押，毒打痛骂，并逼令具结永不控诉（见陆耀钦等切结），如此措施，实有失察之处。

（5）纵属杀害。据湖北省第七区行政督察专员公署查复文件册所载："财委会委员王受安、第二区区长王翔龙，同率保安队士一班，至甲马池催索月捐，代冉子伝讨索吴国权赌账，以致互相斗杀，债务人吴国权、队士黄云程，均受伤毙命（见彭云程报告）。王县长对于死者伤者，未加抚恤，对于受安、翔龙亦未加以法律制裁。"查该前县长以身居县政府监督地位，对于王受安等之借公图私，事前既未予以防止，事后又未加以惩戒，其纵属为非，已甚显明。

（6）包运烟土。据该县书记吕章甫切结所称："王县长建国包运禁物一案，曾于八月十四日甫奉县府令，随同大队部军需张伟华，将川商徐子清一行二十余人烟土十余担，护送出境，所具是实。"是该前县长包运烟土，已甚确凿。以一县行政长官，尚公然包运禁物，则其胞侄王翔龙包运烟土，以及屠宰税收税员吕子清强抢烟土（见李春芬切结），全由其庇纵而成，尤无疑义。

（7）忽视教育。据冯百谦委员二十五年五月四日呈文略称，该县学谷，既经清理学款学产委员会议决，不得移作他用，又经鄂西教育专员办事处袁视察员提议，应令归还借谷，乃该前县长仍未予以执行，并移用税契附加学捐，以致全县仅设小学一所，尚欠薪金九百余元，民教馆暨乡村小学均不能筹办，如此情形，实为失职。

（二）关于王兰泽蔡惠彰渎职犯刑部分。查该县保安队中队队长王兰泽，包运烟土，贿赂出狱，以及该县府会计主任蔡惠彰受贿纵犯（见李宝廷切结及王仲衡笔据），受贿减税（见王受安致冯百谦函），额外苛索（见王卓然致冯百谦函及颜文卿切结），均属渎职犯刑，至为明显。其经过情形，已有于王建国违法渎职部分中之第一款及第三款说明，故不赘陈。

（三）关于王翔龙王受安渎职犯刑部分。查该县第二区区长王翔龙运土受贿，奸占民妇，私押勒款（见唐文才切结），纵役横行（见邓永恒切结），强借枪枝（见邓森齐报告）等行为，已属不法之至。其与该县财委会委员王受安率领保安队伍，代索赌债，以致毙杀人命，枪伤士兵（见彭云程报告），尤属触犯刑章。其经过情形，已于王建国渎职犯刑部分中之第五款说明，故不赘陈。

（四）关于沈瑞霖、吕子清等渎职犯刑部分。查契纸费业经修正改订契税办法规定，每张五角，卖典一律，该县府抄账甲项所载，亦记明每张五角，而该县府第二科科长沈瑞霖经手收税，则间有每张收洋六角者，殊与定章不合，其中显有浮收，已可证实。又该县屠宰税收税员吕子清假借漏税名义，抢去大批烟土（见李春芬切结），以及多收少报、侵蚀屠税（见湖北省第七区行政督察专员公署署一字第五八三号公函）等行为，均经证实，殊属不法。此外，为该县府职员刘雄宇公开吸烟，烟灯登记委员刘春如擅收灯费（每灯一盏收费二角），派往黔江联络员喻益仁拐款潜逃，田赋征收员李楚屏裁粮苛索、逼毙人命（见刘建亭、许云卿等切结）等情节，亦均为不法。

综上所陈，该前县长王建国及该县保安队中队长王兰泽、县政府会计主任蔡惠彰、第二区区长王翔龙、财委会委员王受安、县府第二科科长沈瑞霖、屠宰税收税员吕子清、县府职员刘雄宇、烟灯登记委员刘春如、派往黔江联络员喻益仁、田赋征收员李楚屏等之违法犯刑，均经一一证实，爰特依法提案弹劾，并检送原送各件，一并请即依法移付惩戒。其刑事部分，应交由法院分别办理，以惩非法,而肃官常。谨呈。

(《监察院公报》第一一八期《本院移付惩戒文》要字第四四九号)

《湖北江陵县政府科长金锡贤渎职犯刑案》弹劾文

(1937 年 1 月 30 日)

为弹劾事,案查本署前据湖北沙市福兴营造公司呈诉江陵县政府科长金锡贤(即前第七区行政督察专员公署科长)串供诬害贪污渎职等情到署,当经令本署调查科长安梦周、调查员张家珏等查明呈复前来,经加审核,认为该科长金锡贤,实属违法渎职,触犯刑章,谨将其事由分陈于次:

(一) 关于该科长金锡贤虚构物证部分。查该科长判处彭经武等盗窃罪,其主要之物证即系该专员公署所摄"涂福兴建筑沙市新法院偷拆城砖运至施工所在地堆积后摄影一、二"及"涂福兴建筑沙市新法院偷拆城砖地点摄影"两项照片。但经本署调查科科长安梦周等会同沙市地方法院张院长、荆沙商会代表吴继贤及双方当事人等前往实地查勘,城墙上并未拆动一砖一石。嗣经该科长称:"上项所摄照片,其一系侦查时误摄,作废未用,其二本照片所说城砖指碎砖而言,整砖并非城砖。"(见原呈所附照片 A(2×1))是彭经武等受刑事处分,纯以拾取碎砖为犯罪根据。然其拾取碎砖能否构成犯罪,须视该县政府曾否有明令禁止以为断。据该县府秘书谈话笔录所载,该县府对于碎砖,并未出示禁止人民拾取,则该科长仍据此以判处彭经武等之罪刑,殊无根据。若以在沙市新法院建筑地点堆积砖渣内，拾出有“鄂城”二字之砖头，则认其为城砖，以为处刑之物证，然据本署调查科科长安梦周等查复所称，不但城墙上之城砖，并未发现“鄂城”字样，且已证实碎砖出自鄂城书院，而为建筑马路时所抛弃之城砖（见附件八）。该科长明知其为鄂城书院之壁砖，而仍指为城砖，依《刑法》第三百二十一条第二项第三十七条第二项等规定，判处彭经武等有期徒刑二年又八个月，并剥夺公权全部三年，是其显系虚构物证，故入人罪，实构成《刑法》第一百二十五条第一项第三款前半段——明知为无罪之人而使受追诉或处罚——之渎职罪。

（二）关于该科长金锡贤捏造证言部分。查彭经武翻供后，该科长判为与涂耀庭显有彼此串通情弊，其主要之佐证，系依据监提人犯之备补警黄孝云及看守所长陶建章所声称。据该判决书略载：黄孝云曾谓“涂耀庭来案后，即往接见，当面嘱托彭经武等过堂时不要牵及该厂，以后总给彭等设法，接济彭等生活，并递纸烟一盒，纸币一元”等语。陶建章曾谓“数日前该营造厂曾遣一李先生前去接见，亦曾面嘱彭经武等于庭讯时务必翻供”等语。但据本署调查科科长安梦周等查复之结果，黄孝云、陶建章等对于该判决书所记载之声述，均已完全否认（见附件（一、二）），则涂福兴教唆彭经武等翻供情事，自属子虚。况据陶建章所称，彭经武、谢记桂二名因看守所人犯拥挤，已于二十五年一月十九日转送监狱暂禁（见附件九），而该县本年二月七日讯问笔录，仍记明陶建章曾谓“本案在未庭讯以前数日，即有涂福兴来人到所与彭经武、谢记桂接见，教他们的供”等语（见原卷第四十五页），是彭经武等移押监狱，已逾十八日之久，仍可派人至看守所教唆翻供，不但不近于人情，其词语亦前后矛盾，当系捏造证言，已可证实。犹有甚者，该科长始而私提彭经武、谢记桂等到其房里，面嘱供出涂福兴令其拾砖，即可释放，继以彭经武、谢记桂等不肯昧良，未遵所嘱供述，遂拍案大骂，并将伊等二人各打屁股二百（见笔录附件三）。按《刑事诉讼法》第九十八条明定“讯问被告应出以恳切之态度，不得用强暴胁迫利诱诈欺及其他不正之方法”，该科长身任审判职务，明知法有禁条，仍敢施刑取供，实触犯《刑法》第一百二十五条第一项第二款——意图取供而施强暴胁迫者——之渎职罪。

（三）关于该科长金锡贤枉法裁判部分。查彭经武、谢记桂所拾砖渣，原系卖与李云记，而由其转售于涂福兴，其间既订有购买砖渣合同，并经查实无异，则涂福兴与本案并无关系，自不负任何责任。即使依法须有处分，亦应由彭经武等与李云记共同负责，决不能开脱李云记，而令涂福兴代受处分。今该科长竟弃真正事实于不顾，而依《刑法》第三百四十九条第二项之规定，科处涂福兴罚金一千元，是其显有颠倒事实、陷人于罪之罪嫌。况涂福兴与彭经武等均系普通人民，不可目为军人，即有偷拆城砖、收买赃物之行为，亦系触犯普通刑法，应由沙市地方法院审理，乃该科长竟敢滥用职权，妄用军法审判。及经省政府察觉其违法，于本年三月十日，令饬移送法院办理，又复无故迟延，至本年五月二日，始将该案移送该管法院，是该科长枉法裁判，有意稽延，实触犯《刑法》第一百二十四条——有审判职务之公务员或仲裁人为枉法之裁判或仲裁者——之渎职罪。

综上论结，对于该科长金锡贤违法渎职、触犯刑章之所为，应予提案弹劾，理合连同附件，备文呈请钧院鉴赐一并移付惩戒，其刑事部分，并应转咨主管机关办理，以惩非法，而儆效尤。谨呈。

（《监察院公报》第一一九期《本院咨请惩戒文》要字第一九七八号）

《湖北枣阳县县长张锡典违法失职案》弹劾文

（1937年2月2日）

为提案弹劾事，案查前据湖北枣阳县民呈诉该县县长张锡典浮收状纸抄录费等六款，暨前准钧院秘书处奉谕交办据湖北枣阳公民马波等呈诉"该县长张锡典贪赃纵匪违禁殃民"等情两案，业经本署三次函准湖北省第五区行政督察专员公署先后查明咨呈前来。经加审核，该枣阳县县长张锡典，确有违法失职之所为，兹将其情由分陈于次：

（一）镣押联保主任刘诚斋部分。查该县人民傅鼎信前向枣阳县政府控诉联保主任刘诚斋写演花鼓演戏，并砍私有松树十余株，供其搭台之用，以及凌辱伊弟媳等情，嗣经传案质讯，该县长以刘诚斋身任联保主任竟敢演唱花鼓，强伐人民树株，应即斥革，堂谕先行镣押，听候惩办。查《刑事诉讼法》第一百〇五条第三项明定："被告非有暴行或逃亡自杀之虞者，不得束缚其身体，束缚身体之处分，由押所长官命令之，并应即时呈报该管法院或检察官核准。"该联保主任刘诚斋所犯者仅写唱花鼓，强伐人民树枝两事，案情既属不重，又无暴行或逃亡自杀之虞，自不得束缚其身体。即使有处分之必要，亦应由押所长官为之。乃该县长竟不顾案情之轻重，予以堂谕加镣，实属越权。

（二）违法开释史南宫部分。查该县长以第六学区教育委员会委员长史南宫对于谢"匪"叛变有重大嫌疑，曾交警押质讯办，嗣由史南宫自愿罚洋二百元，以赎前衍，并由史锡胤等负责担保回家改过，是该史南宫既已承认有衍有过，即不无通"匪"之疑嫌。查通

“匪”案件，事非寻常，该史南宫果有通“匪”嫌疑，即应详加研究，依法治罪，否则即可无条件开释，不应滥科罚款。乃该县长竟对有重大通“匪”嫌疑暨有衍有过之史南宫，不经依法判结，率予开释，实属违法。综上情由，对于县长张锡典违法失职之行为，应予提案弹劾，理合连同附件，呈请钧院鉴赐依法移付惩戒，实为公便。谨呈。

（《监察院公报》第一一九期《本院移付惩戒文》要字第四六九号）

《湖南浏阳县第一区区长罗德铭违法犯刑案》弹劾文

（1937 年 2 月 2 日）

为弹劾事，案查前据湖南浏阳县民妇刘蔡氏呈诉该县第一区区长罗德铭私擅监禁苦刑毙命等情一案，当经函行湖南浏阳县政府查复去后。兹准该县政府函复略称“查刘蔡氏已故夫刘润生，于民国二十三年经人告发在前驻军陶旅长部下，陶饬前区长黎仲贤拿获，旋又逃脱，该区队兵李遐初因看守不严，曾经斥革。本年九月十六日，刘润生因事来城被李遐初撞见，即行捕拿，送第一区公所，区长罗德铭因无案可查，未便处理，即羁押该区待质所迟延数日，既未讯明，又未解府以致畏罪自缢，死后报府，当即派本府承审员带同检验吏前往依法相验，委系自缢身死，余无别故，填单在卷”等语。查区自治施行法，既未明定区长有受理民刑诉讼之权，自不得任意羁押人民，即依同法三十九条第二项之规定，对于触犯刑法或与刑法性质相同之特别法，确有证据者，遇有必要时，区长得先行拘禁之，然于报告区务会议及与报县政府以外，并应即函送该管司法机关。该区长罗德铭，于刘润生被捕时，既已明知其无案可查，是该刘润生曾否有被人告发与被押脱逃等情事，尚未证实，即使认为有拘禁之必要，亦须依照法定程序，立即将其送县核办。乃该区长竟不出此，擅将该刘润生羁押于该区待质所，迟延数日之久，既不讯明，又不送县，以致该刘润生自缢而死，是该区长已触犯因拘禁而致人于死之罪刑。爰特提案弹劾，请即依法移付惩戒。并将刑事部分移送该管法院办理，以惩非法，而儆效尤。谨呈。

（《监察院公报》第一一九期《本院咨请惩戒文》要字第一九九四号）

《湖北潜江县营业税稽查所所长杨金榜违法失职案》弹劾文

（1937年2月5日）

为提案弹劾事，案查前准钧院秘书处第一〇二六号公函交办湖北潜江县营业税稽征所所长杨金榜，侵蚀税款等情一案，业经本署令据调查科科长安梦周、调查员张家珏会同查明呈复前来，经加审核，爰将其查实情由，分陈如次。

（一）征收税款不给税票部分。兹就原呈复称："依据营业税册，查出城区有余太和、杜义记、胡玉香、仁懋永、康大、李兴隆、陈万泰、熊裕茂、李裕顺、易兴发等十五商号，每月各纳税一角二角不等，合共二元四角，均未给税票（见附件一第二页）。又依据该所二十四年五月立之账簿，查得南乡赵家台、范新场、周矶、莲花寺、西乡王家场、蚌湖、义兴场、钟滚垱、长老院、东城乡区、梅家咀、大北乡、泗港、张港,及小北乡左家桥、三江口等处,三、四、五等月份收税款八十元零三角八分,俱未给税票(见附件一第三页)。又依据该所二十五年元月立总账簿,查得本年三、四月份征收城区、南乡、西乡,及大小北乡,摆摊营业税二十三元三角七分,亦未给税票(见附件一五页)。又棉花营业税,查阅该所账簿,以本年三月份征收城区棉花税计之,即有十三元三角,未经填给税票(见附件三第四页)。仅城区一个月未给税票之税款,印有十余元之多,由此类推,其他各月与乡镇各处之不给税票之税款,更可想见。再牙帖税,查该县城区行商裕泰成每季纳税三元,庆生福每季纳税六元,刘永兴每季纳税五元,既无牙帖,亦不给予税票或收据(见附件五)。凡此种种不法之情事,即该所长在其所出之书面报告节略内,亦已言之不讳(见附件四第二页)。"等语。查征收税款,不给税票,此中浮滥舞弊,病国病民,已不待言。且既经该所长杨金榜自行承认暨各行商分别用书面证明,事证已属确凿。营业税则不给税票,牙帖则全不给帖。烟酒牌照税则俱无牌照,任意征收,为所欲为,该所长意图为自己不法之所有,实属触犯《刑法》第三百三十六条之侵占罪,事实至为明显。

(二)违章征税变更税率部分。兹就原呈复称:"营业税,依据该所二十五年元月立总账簿,查得本年三、四月份征收城区、南乡、西乡、及大小北乡摆摊营业税二十三元三角七分……(见附件一第五页)。查《湖北省营业税征收章程》第十五条载称'凡负贩小贸,不在商行店铺营业者,一律免征营业税'等语。是负贩小贸,资本既微,获利又薄,复不在商行店铺内营业,自不得在征收之列。乃该所长竟公然征收,已属违法。又棉花营业税率之规定为千分之八,但该所长每包只征二角,据称'查棉花税率,每包规定征收四角八分(每包成本六十元,按千分之八抽税),劳前所长任内……顺徇商会及商民请求,每包减收二角,本所长到任仍沿前规。但此项变通办法,并未呈经总局转呈湖北财政厅核准'云云(见附件三第三页)。查棉花营业税率,湖北省财政厅所颁《营业税征收章程》之

《物品贩卖税率表》内，已有明白规定，该所长未经照章呈准，擅自减轻税率，固已违法渎职。”等语。查摆摊云者，当系负贩小贸，不在商行店铺营业者而言，依照《湖北省营业税章程》第十五条之规定，应在免征之列，今该所长竟尔征收，非但与前项章程相违背，且与中央《整理营业税办法》第五条严守征税之限制（营业额不满一千元，资本额不满五百元）保护小本商业实益之规定，大相抵触，洵属剥削摊贩，损害小商。且该所长身为办理税务之公务员，对于上项章程及办法，在所必知，而于上项税款，明知不应征收而竟征收，实属触犯《刑法》第一百二十九条所定之渎职罪。至于该所长未经呈准，擅将棉花营业税率改变，每包应照千分之八抽收四角八分，减征为每包二角，既属违背章程，而所减去之每包二角八分税款，又系损害库收，其意图不法所有之罪责，亦属显然。至于上述不给填税票而收入各税款，据该所长杨金榜自行证明（见附件一第一页附注），既未将收数列入册簿，而所有未填给税票收入各税款，概截留为补助该所经费之用。按该所原有固定经费，而竟籍口补助，以遂行其侵占之实，如营业税已收而短报之税款至一千三百九十三元八角之多，牙帖则不全给帖，烟酒牌照之实收数绝对超出报解数，其未经报解而一根究其原因，无非为该所长不法所有之收益，犯刑之情节綦重，尤不待言。

综上各情由，该所长杨金榜不给税票，变更税率，实属违法渎职，触犯刑章，理合依法提出弹劾，并检附原送各件，一并呈请钧长鉴赐依法移付惩戒。所有刑事部分，并应交司法机关办理，以惩非法，而儆来兹。谨呈。

（《监察院公报》第一一九期《本院咨请惩戒文》要字第二〇一二号）

《湖北汉阳县公产清理处处长粟伯隆违法犯刑案》弹劾文

(1937年2月8日)

为提案弹劾事,案查前据湖北汉阳县民李芥厚呈诉该县公产清理处处长粟伯隆,虚糜公帑,成绩毫无等情一案,业经令据本署调查员张家珏、周自曾会同查明呈复前来。经加审核,该处长确有违法犯刑之所为,兹将其情由分陈如次。

(一)虚委人员侵占俸薪伪造公文书部分。查该处共有职员二十一人,而其到处办公者,则在十三人以下(见附件二、三)。内有初任股员,继升第二股股长冯叔如暨股员王毅卿、张荣连、办事员刘学义、赵友三等五员,从未签到办公,又不遵章请假,已经该处长公然承认矣(见附件四)。该冯叔如等既系从未到差,既无具领薪俸之权利,自不应发给未到差以前之薪俸,更不应发给未委任以前之薪俸,乃该处长在职员名单上亲笔注明冯叔如、刘学义、赵友三等三人系二十四年十月一日委任(冯叔如聘函底稿系二十五年二月十九日判行,见附件五),王毅卿、张荣连等二人系二十四年十月一日到差(见附件一),而于职员薪俸单上则又注明冯叙如等五人自二十三年十一月一日开始支俸,并于其末端添注"以上各职员薪金,自委任日起,均按月支薪"等语。按此所谓自委任日起,当系二十三年十一月一日,并非指二十四年十月一日而言,如果冯叔如、刘学义、赵友三等三人,确系二十四年十月一日委任,则发薪应在实行到差以后,何以该员等始终未曾到差,而又具领未委任以前之薪俸。王毅卿、张荣连等二人,确系二十四年十月一日到差,则发薪应在开始办公以后,何以该员等始终未曾签到一次,而又具领未到差以前之薪俸。若谓冯叔如等五人之委任,实在二十三年十一月一日,并同时发给薪金,则冯叔如等三人既经委任,何以至二十四年十月一日又为委任。张荣连等既已领薪,何以延至二十四年十月一日始行到差。该处长前后表示,自相矛盾,究其内情,冯叔如等五人显系虚委人员,实际上并无其人,已可推知。复经本署调查员张家珏等查阅该处造送湖北审计处,及湖北省财政厅审核之二十三年二月份起,至二十五年九月份止经常费支出计算书类,列有冯叔如、王毅卿、张荣连、刘学义、赵友三等五员俸薪单据,合计俸薪二千零五十九元五角。冯叔如等五人,既为该处长所虚委,自无其人具据领俸,则其所支出之俸薪,当为该处长所侵占,而其所粘附之单据,亦必为该处长所伪造,是其已触《刑法》第三百三十六条之加重侵占罪及同法第二百十三条之公务员虚构登载罪,甚为明显。

(二)侵占公款及蓄意侵占登记费部分。查该处二十三年十月份呈报湖北省财政厅之经常费支出计算书类,内有单据第五十五号,列支该处长送谢瑞兰川资十五元,十一月份单据第五十号,列支该处长送苏森川资二十元,十二月份单据第五十二号,列支该处长送李修川资十八元,以上三人,均非该处职员,自无在公款项下开支川资之情理。而其所具之各收据,字迹又属相同,全系出于一人之手笔,是该项单据实属伪造列报,从中侵蚀,至为显然。再查二十三年七月份该处长呈报湖北省财政厅之经常费支出计算书类,内有单据第三十四号及十月份单据第四十五号所列蓝花大碗、蓝花边汤碗等件,共计洋十四元四角,经本署查案人员亲往该处点验,既未发现上列之用具,而承包伙食之厨役,又谓其所用之炊具,均由伊自置,则该项购置费,当亦由其负担,乃该处长竟借购置炊具名义,列据报销,虽为数无多,而侵占公款亦已证实。又查该处长前于鹦鹉洲公产清理处任内曾附设登记所,自二十三年四月起至同年十月止,依据登记费收据存根计算,实收六百三十七元三角八分三厘(见附件十),而其登记簿则仅有三百六十余元(见登记簿)。至其报厅之数目,则仅有四、五、六、七各月份所收五百八十三元五角四分三厘(见附件十一),而八、九、十各月份所收五十三元八角四分,迄今两年,仍未呈报,是该处长蓄意侵占,甚为明显。

(三)违背规程擅委职员部分。查湖北省汉阳县公产清理处组织规程,并无秘书之设置,乃该处长竟函聘该处第一股股长敬元善兼任秘书,实属违背规章,擅委职员。

(四)纵容属员额外征收照费部分。查湖北财政厅发出之公产承租执照一联,并无收取执照费一角五分之规定,乃该处毛股员及蔡收租员于掉换承租执照时,竟敢每张索取执照费一角五分,业经当地保长鲍洪太、承租人鲍兴洪、刘昌恩及保证杜光胜证明确实。该处长对于毛股员及蔡征收员等之额外征收,虽无朋比舞弊之实据,而其平时纵容之咎,当属难免。

综上情由,该处长粟伯隆违法犯刑之所为,应予提案弹劾,理合连同附件,呈请钧院鉴赐依法移付惩戒。其关于犯刑部分,并请转送法院办理,以资儆戒,而整官纪。谨呈。

(《监察院公报》第一二〇期《本院咨请惩戒文》要字第二〇四四号)

《湖北沙市营业税局局长李杰等扶同贪污违法渎职案》弹劾文

(1937年2月9日)

为弹劾事,案查本署前准湖北省捐税监理委员会查字四十号公函举发沙市营业税局局长李杰等横征暴敛、舞弊侵蚀等因到署,当经令据本署调查科科长安梦周、调查员张家珏等前往查明呈复前来。经加审核，该局长李杰及该局所辖荆门稽征所所长宗霖确有扶同贪污、违法渎职之所为，兹将其事由分陈如下。

（一）关于该局长贪污渎职部分。据本署调查科科长安梦周等呈复所称，该局长李杰确有贪污渎职、触犯刑章之事实，分陈于次。

（1）勒令津贴饬支员薪。查税捐既有一定比额，自不得额外苛索，从中取利，员薪亦有固定来源，更不得派令下级机关负担，希图转嫁。乃该局长一面令潜江、荆门两县营业税稽征所津贴总局每月一百一十九元，藉以增加总局之额外收入，一面饬潜江、荆门两县营业税稽征所负扣总局派往服务之调查员黄治寰、陈家祥、事务员余蔚生、周民等四人薪金，每月一百零四元，藉以节省总局之必需支出。该局长如此行为，不但利用上级机关之权限，公然舞弊，亦且破坏下级机关之预算，逼使贪污，实已触犯刑法上之渎职罪，至为显然。

（2）滥设冗员侵蚀公款。查该局长自民国二十三年九月到差，即滥设坐领干薪，向不到差之冗员，如邱一山、刘子山、程廉斋、黎天民、华仁寿、江爵希、江葆初、刘明修、苏心如、傅金山等十人，每月共支薪金三百元正。该员等既系从未到差，未必俱有其人，想该项员薪已有被其侵蚀矣。犹有异者，该局长派往潜江、荆门两县营业稽征所服务之黄治寰等四人，薪金业经令饬各该稽征所按月支给，总局即不应再行发薪，然查阅该局二十四年九月、十二两月份及二十五年一月份薪饷存根，该黄治寰等四人，仍旧按月支薪，是同一人在同一时期内，而有重支薪金之事实，已甚确凿。究其重支薪金之归属，当必为该局长所吞没，是足构成刑法上之侵占罪，至为显然。

（3）串通舞弊纵属为非。查监利稽征所所长林佛心，即曾经被控撤职之石首营业税稽征所所长林维德之化名，该局长当已知其经过，仍将其更名委用，是难免串通舞弊之嫌。又该局长之弟李倬充任总局庶务,曾在外荡游宿娼,该局长既为主管长官,又系家长地位,竟任其流连忘返,显系素有纵容,殊为失职。

(二)关于该稽征所所长宗霖违法渎职部分。据本署调查科科长安梦周等呈复所称,该所长宗霖确有贪污渎职、触犯刑章之事实,分陈于次。

(1)擅改税率从中侵蚀。据该所长宗霖面称,查棉花税照章每包应收四角八分,本所迫于事实上之困难,平均每包实改二角五分至三角五分不等,但此种变通办法,并未呈经总局核准等语。查该所长未经呈准总局,竟敢擅改税率,殊属违法。究其所以如此,其目的纯在以少给税票之方法侵蚀税收,实触犯《刑法》第三百三十六条第一项之侵占罪。

(2)短解税款少给票照。据该所长宗霖来函称,本所经费,定为每月三百四十一元,支出需银五百余元,其不足之数,概以短解税收为弥补。查二十四年下季牙帖税短解三百三十二元五角,秋冬两季烟酒牌照短解二百二十元,同年六月至十二月止屠宰税短解五百一十四元,总共短解一千零六十七元四角九分,又短解之税收,均未给票照等语。查向来税政机关所谓短解税款,系指按照比额收不足数者而言,今该所长经征二十四年下季牙帖烟照牌照屠宰等三税,竟藉口于弥补财政厅规定经费预算以外开支之不足,而于实收税款之中,匿报一千零六十七元四角九分之巨,并且公然自认其匿报之税收,悉未给税票,是其显系实行侵蚀,而与短解税款者不同,应再依《刑法》第三百三十六条第一项之规定,律以加重侵占罪。

(3)变更税制不给票照。据《营业税法》第九条明定,营业税应由纳税者向征收机关直接缴纳,不得由他人承揽包办。该所长对于乡区税收,悉改用包税制度,已属违法。况经本署调查科科长安梦周等亲往面询包税人刘维福及生裕花行,据称,烟酒牌照税包额为八十五元,该所长仅发牌照八张,合洋十四元,屠宰税包额为一百九十五元,该所长仅发税票七十张,合洋二十八元,牙帖税包额为二百五十元，该所长全未给帖，棉花三百七十五包，照千分之八收税，应收洋一百八十元，该所长乃改以每包收税三角，复有六十二包，计洋十八元六角，未给税票，上列未给税票牌照牙帖之各项税款，共有五百零六元六角之多，悉为该局长所侵蚀。该县第三区十里铺镇，查有徐万盛、刘锐记等商号，大小共计三十余家，每月缴纳营业税，向来不给税票，均属实在，是该款亦必为其所吞没。如此行为，实已触犯侵占罪，至为明确。

综上所陈，该局长李杰及该局所属之荆门稽征所所长宗霖，委系扶同贪污，侵蚀税款，违法渎职，触犯刑章，爰特一并提案弹劾，即请钧院鉴赐依法移付惩戒。其刑事部分，并请移送该管审判机关办理，以惩贪污，而儆效尤。谨呈。

（《监察院公报》第一二〇期《本院咨请惩戒文》要字第二〇四八号）

《湖南绥宁县第三区区长谭宗壁滥收调解费用案》弹劾文

（1937年2月19日）

为弹劾事，案查本署前据湖南绥宁县民苏镇国等，呈诉该县第三区区长谭宗壁，蠹吏殃民，苛政如虎，黑暗蔽天，民不聊生等情到署，当经函行绥宁县政府查复去后。兹准该县政府函，以已饬据该府科员高凡前往查明呈复前来。除查非事实或查无实据各点，毋庸叙述外，照该府高科员呈复文就原诉该区长谭宗壁苛取进纸费部分，内称"查该区所每一申请调解事件收取原被告各一元，尚属实情，此外并未另有索取"等语。查民国二十年四月三日司法行政部、内政部会同公布之部颁《区乡镇坊调解委员会权限规程》第十二条规定，办理调解事项除查勘费由当事人核实开支外，不得征收费用或收受报酬。第十三条规定，办理调解事项违反本规程第十条第十一条第十二条之规定者，各依刑法本条论罪等语。该绥宁县第三区区长谭宗壁，每一申请调解事件，收取原被告各一元，既经查明属实，按诸上述规程之规定，实属违法犯刑。爰特提案弹劾，请即依法移付惩戒。并将刑事部分，移送法院办理，以纠非法，而儆效尤。谨呈。

（《监察院公报》第一二一期《本院咨请惩戒文》要字第二一一六号）

《湖南安乡县县长张余汾义勇队队长雷大勇失职案》弹劾文

（1937年2月25日）

为提案弹劾事，案查前据湖南安乡县安化南垸佃农姚映辉等呈诉该县县长张余汾、义勇队队长雷大荣等“违法渎职枪杀佃农”等情一案，业经令据本署科员喻正权查明呈复前来，经加审核，该县长张余汾暨该队长雷大荣等，确有失职行为。兹将其情由分陈如次。

（一）关于该县长张余汾失职部分。查该县东七佃三堤费，初经湖南建设厅令准试办，继由佃农呈准该厅令县彻查，并嘱其在此案未解决前，暂缓执行，以免纠纷。未久，该县长复准据各垸堤局主任所请，电奉该厅电复，准在此案未解决前，着暂行查照二十一年旧例办理，该县长奉令后，即转饬各垸堤局遵照，并布告周知，各堤局遂又继续催征堤费。无如各佃农仍抗不缴纳，该县即徇安化南垸堤务局主任曾纪友等之请求，初派政警二名前往协助无效，继派枪兵四名，亦经失败。厥后该主任曾纪友等向县报告，其时该县长既不审查以往经过，复不查明目前实情，更不知以双方兼顾之方法，而为持平之处理，乃竟徇一面之请求，听一面之报告，遽令枪兵第二大队队长雷大荣，率兵两班，驰赴安化南垸，将鸣锣聚众抵抗政府命令之首要黄东生等拿部转解法办，以致激成所派第二大队队长雷大荣率领之枪兵伤害农民杨锡凡等多人之事变，实属处置失当，难免失职之咎。

（二）关于该队长雷大荣失职部分。该队长奉令率领枪兵二十余名，于出发前，即令士兵实弹，乃为水灾救济委员会安乡查放长李鸿祥所亲见，此种行为，实为预谋伤害之准备。入垸时适在深夜，即至各农家搜捕，并鸣枪示威，居民疑为匪至，竟聚集二百余人，由三岔河追随，其中有看热闹者、有系被捕之父母妻子追随请求释放者，将近丁家渡，人多纷扰，极少数农民，仍持枪械，形势颇为紧张，难免不无误会。该队长当此时机，未能妥善处置，和平应付，竟发令放枪，伤害杨锡凡等多人，是则该队长既已准备伤害于前，又复发令实施于后，虽为情势所迫，究属处置失当。检其所为，非系违法，即属失职。

综上情由，对于该县长张余汾暨该队长雷大荣等失职之所为，应予提案弹劾，即请钧院鉴赐依法移付惩戒。以儆效尤。谨呈。

（《监察院公报》第一二二期《本院移付惩戒文》要字第五〇九号、《本院函请惩戒文》要字二一八四号）

《湖北监利县第一区区长贺昆山违法犯刑案》弹劾文

（1937年2月25日）

为提案弹劾事，案查前据湖北监利县第一区人民武凤鸣等呈诉该区区长贺昆山“违法舞弊，激成祸变”等情，据此，兹经本署函准监利县政府呈复，以“查此案前据公民武凤鸣等以同一案情径呈，即经饬据委员江云程驰往彻查具复，经逐一审核，拟具处分，于本月六日具文呈请湖北省政府核示在卷。兹奉前因，理合抄录原呈，具文呈复鉴核”等由，计附抄呈省府原呈一件。准此，经加审核。除查不实在，或查无实据者应予免除不计外，对于该区长贺昆山，违法没收私土等四部分，应予提案弹劾。敬将其情由，分陈如次：

（一）违法没收私土部分。据监利县政府所抄呈省政府原文节称（以下系原查委员呈复语）：“原控没收烟土盐斤部分，查有张汉福者，本年七月由柳关乘轮抵毛家口，携有烟土十两、法币六十元，经巡查队查获报告联保主任杨丞仕转解区署，该区长以张汉福确系在柳关收账，烟土系抵账之物，非贩卖烟土者，复经地绅证明，当将烟土没收，法币发还”……（以下系监利县政府考语）“据查明该区长将张汉福法币发还，烟土没收，应即将烟土悉数报解，并专案呈明，以凭核办”等语。查《禁烟治罪暂行条例》第二十四条规定“犯本条例各条之罪者，由军事委员会委员长兼禁烟总监，指定有军法职权之机关审判之，或委任各级地方政府代为审判”，是则区长无权审理烟案，已甚明显。乃该区长对于业经查获之携带私土人张汉福，不行转解主管机关办理，已属违法。至于查获之私土，该区长既不立即转解，又不当时呈报，而竟擅自隐匿没收，非但触犯《刑法》第三百四十六条第一项之罪刑，更属触犯《禁烟治罪暂行条例》第十三条第二项之罪。

（二）违法处罚私盐部分。据监利县政府抄呈省政府原文节称（以下系原查委员呈复语），“行商武家煊代客卖盐，区署指为私盐，罚洋八元，盐斤是否没收，查无确切证明”……（以下系监利县政府考语）“至行商武家煊，代客卖盐，既经该区长处罚，即已认定私贩，其盐斤如何处置，亦应专案请示，乃均未据呈报有案，实属不合已极”等语。查地方官协缉私盐，固为《缉私条例》第一条所赋予之职责，惟同条例第四条规定“缉私营队，缉获人犯，应移送该管司法官署，或兼理司法事务之县知事审理。”又同条例第五条规定：“缉私营队，缉获私盐，应解交就近盐务官署，或解由司法官署及县知事转解盐务官署没收”各等语，是则区长无权审理或处罚贩卖私盐人犯及没收私盐，已属至为明显。乃该区长对于行商武家煊，既不转解讯办，复不即时呈报，竟擅自罚洋八元了事。至于盐斤，既经认为私盐而处罚，则为该区长所没收，实无疑问。察其行为，系属假借权力，勒令而行，使人不敢不交付其财物，实属触犯《刑法》第三百四十六条第一项恐吓取财之罪刑。

（三）违法擅派款项部分。据监利县政府抄呈省政府原文节称（以下系原查委员呈复语），“原控又称每联保勒派临时费洋六元，公民证运费洋一元。查毛家镇联保处缴洋七元，确有区署收据”……（以下系监利县政府考语）“又摊派各联保临时费用，据查亦有收据，但此款共有若干？系何用途？应即分别呈候察核，在未呈奉核准以前，不得私擅勒派任何捐款”等语。查该区长，未经呈准，竟向联保派款，实属违法。

（四）滥处罚金部分。据监利县政府抄呈省政府原文节称（以下系原查委员呈复语）：“原控罚金部分，查董友华、萧佑贤等罚洋三十元，张家新罚洋十元，裴家铺董姓罚购渣箱五元，曹玉清、杨厚培等罚金，均属实在。”（以下系为监利县政府考语）“据查明董友华、萧佑贤、张家新等罚金属实，是否分别给与罚金收据？曾否按月公布？作何用途？均未据报有案”等语。查区署虽能执行警察职务，但该区长对于张家新夫妇匹配不均，曹玉清募买衣服，均分处罚金，核诸违警罚法，并无如前项之规定，而所处上项罚金，均不呈报，其违法滥罚之行为，实属显然。

综上情由，该区长贺昆山，没收私土，处罚私盐，擅派款项，滥处罚金，均属违法犯刑，理合依法提出弹劾案，并连同附件，请即依法移付惩戒。关于刑事部分，亦请移送法院办理，以惩不法，而肃纲纪。谨呈。

（《监察院公报》第一二二期《本院咨送惩戒文》要字第二一八〇号）

《湖北枣阳县第二区区长丁文容擅理案件违法犯刑案》弹劾文

（1937年2月25日）

为弹劾事，案查本署前据湖北枣阳第二区刘升店联保主任习道和等呈诉该县第二区区长丁文容“（一）浮派公款月捐、（二）越权勒罚、（三）克扣中饱、（四）鲸吞缉土”等四款一案，业经本署函准枣阳县政府查复到署。经加审核，除原诉第一第三第四等三款均查明认为证据不足应予免议外，所有原诉第二款“越权勒罚”部分，据该县政府原复文内节称，“据告诉人等供称：民人李富显地中曾野生烟苗数株，被该区区队附陈启元发见拔出，报由丁区长，将李富显拘署。复经任子良等要求，免送县府，罚洋六十元了事。据丁文容供称：‘当时据报发现烟苗，我即亲往验看属实，饬由该管保长邱云山将李富显拘送区署，后来跑了，经陈宰均等竭力要求不报县府，叫我作主罚办，我受他们包围，结果罚洋六十元，以三十元拨充鹿镇实用农校经费，以十元提赏陈启元，其余二十元购买盒子枪弹五十粒'语，并缴出实用农校陈启元收据，及移交后任代理区长吴敏懋所出之接收盒子枪弹五十粒收据（上注明系李富显罚款所购买）各一纸，核与所供相符。查发现烟苗，事关重大，该丁文容竟敢匿不呈报，擅自处罚，虽藉口于受人包围，罚款并未入己，而违法专擅之咎，要无可辞"等语。查《禁烟治罪暂行条例》第三条规定："意图制造鸦片而栽种罂粟者，处死刑无期徒刑二十年以上有期徒刑。"又同条例第二十四条规定："犯本条例各条之罪者，由军事委员会委员长兼禁烟总监指定有军法职权之机关审判之，或委任各级地方政府代为审判。"是则区长无权审理烟案，该区长当所明知。该区民人李富显地中，既系发现烟苗，经人拔出向区报告，无论该烟苗是否野生，李富显至少已犯有栽种罂粟之嫌疑，该案即已成为刑法上所称之诉讼事件。乃该区长于明知不应受理之案，竟于拘获人犯后，不将其转送该管审判机关而擅自受理处罚了事，且始终匿不呈报，实属违法犯刑。爰特提案弹劾，请即依法移付惩戒。其刑事部分，仍应由该管司法机关办理，以资儆戒，而肃纪纲。谨呈。

（《监察院公报》第一二二期《本院咨送惩戒文》要字第二一八二号）

《湖南永兴县县长赵宗献违法失职案》弹劾文

(1937 年 3 月 16 日)

为提案弹劾事,案查前据永兴县民李用忠等呈诉该县长赵宗献庸笨颟顸、贪污渎职等情一案,业经函准湖南省政府函以已饬据该府民政厅视察员龙之瑞前往查明呈复,并附送各项文书证据一本前来。经加审核,认定该湖南永兴县县长赵宗献,确有违法失职触犯刑事之所为,谨分别陈明如下。

一、关于原诉第一款吞赃枉法部分。查盗匪郭巨卿等劫杀陈苏氏一案,该县第一区区长李英翰向县府第一次呈解赃款一百七十一元五角,在二十四年十月六日,第二次呈解赃款六十七元。在同年同月十日(分见检附证据册第一页至第三页及第四页至第五页),该县长赵宗献拟就判决,于同年同月十一日呈请湖南省政府主席兼全省保安司令呈转,国民政府军事委员会委员长行营复核文内,并未申叙此项赃款之处分问题(见前揭证据册第十页),即判决书中亦且未提及(见前揭证据册第十一页下半面湖南省政府主席兼全省保安司令保三字第四四七四号训令)。即如民政厅龙视察员所称,该县长曾有另文呈请核示处置办法(见抄附湖南省政府复本署函),但从二十五年三月三日湖南省政府主席兼全省保安司令保三字第八〇七号指令中"至赃款洋一百七十一元五角,一俟邵阳县政府咨复确实无人具领准用作地方公益事宜"等语(见前揭证据册第十五页)以观,该县长之请示,实止于第一次李区长呈解之赃款数目,其第二次所获赃款并未呈报在内。而其呈报第二项赃款,乃在二十五年六月八日(见前揭复函及证据第十七页),距李区长呈解时期达八个月以上。具为疏略失职，至为显然。

二、关于原诉第三款坐长匪祸部分。查该县第四区树头市李亲爱及李龙集家，第五区朱毓涛等及邓培兰、曹声扬各家，或被匪劫杀，或遭强夺（见前揭复函），虽云该县兵力单薄，不敢远道分防，常施游击，然而县长有守土保民之责，理应设法请求援助，邑有匪迭次杀人越货，自无辞于玩忽失职之咎。

三、关于原诉第四款违令苛征部分。查湖南省政府通令各县对于旧赋积欠，自二十四年十月一日起至十二月三十一日止，免征息金。该县长奉令，已经分别转令布告遵行，乃率尔根据田赋征收主任邓裕昆之片面呈词，即行提交县政会议议决准予据情转请收回成命，并在未奉指令以前，仍行照旧征息。嗣遭湖南省政府否准，并斥其违背功令（均见前揭复函，并分见前揭证据册自第三十五页至第四十一页），虽云该县长奉令之后，立即停止征收息金，并将已收者扫数报解。但其在未经上峰指示照旧征息之所为，显系违背上令。且据民政厅龙视察员所称，员警催征，需索招待，在所不免（见前揭复函），该县长亦有失察之处。

四、关于原诉第十款滥用体刑部分。查该县第一区东南乡观下军用电话树折倒，该区第五甲甲长邓开甲，负有属地之责，固不应不为报告，乃该县长竟加以笞责，并罚洋二元四角（见前揭复函）。无故勒罚，已属不当，妄用体刑，尤为违法。

五、关于原诉第十一款滥用威权部分。查该县人民马骥，上年旅居长沙中山路新新旅馆，短欠旅费洋七十余元，该县长凭该旅馆主人函托，遂传马到府令其偿还。据民政厅龙视察员所查，该马骥所欠旅费，内多牌账，已先后缴县十五元（见前揭复函）。该旅馆主人如需索债，应投该永兴县政府正式起诉，该县长接有正式诉状，方能依法办理。况此项债款，多系赌账，本为自然债务，不得于诉讼上主张，乃该县长竟凭一纸书函，不惜认真传唤马骥勒令偿还，不惟违法，亦且显有《刑法》第三百零二条以非法方法剥夺人行动自由之犯罪情形。

六、关于原诉第十四款诬蔑人道部分。查该县商民轻视卫生，对于街道向不清洁，该县长以新生活规定綦严，责成保甲长认真晓谕市民扫除，本无不当。但即令不能遵行，亦仅依违警法酌加惩处，乃据民政厅视察员所查，该县长对于犯者，或则令着红衣游街，或则罚跪街心（见前揭复函及证据册第八十二页）。查此两项处罚，法无规定，该县长亦显属触犯《刑法》第三百零二条以非法方法剥夺人行动自由之犯罪情形。

综上所陈，该湖南永兴县县长赵宗献，违法失职，触犯刑事，已属事证确凿。爰特提案弹劾，请即依法移付惩戒。并将刑事部分，移送法院办理，以纠非法，而儆效尤。谨呈。

（《监察院公报》第一二五期《本院移付惩戒文》要字第五四九号）

纠举《甘肃隆德县县长栗智等案》

（1943年，本案经由甘宁青监察使署径送甘肃省政府核办）

查本署前派秘书沈爽清赴陇东第二第三两行政区各县，作一般视察，及专案调查，并谕令于到达各县工作时，如临时遇有案件发生，人民呈递书状时，准予接收调查，兹据该秘书呈称，“职此次奉派视查，于二区之平凉，据三民主义青年团甘肃支团隆德县宣传队队员王致信等，报告隆德县盘山镇第五保保长杨世英贪污案确，逍遥法外，等情前来，当经遵谕接收，于该县视察时，施行调查，谨将查得情形呈报于下，‘调阅隆德县政府本案卷宗，陇东师管区司令部曾据该县盘山镇第五保甲杨文元等呈诉该保长，借公营私，鱼肉人民，经转电该县长栗智查办报核，该县长派指导员刘青云彻查，其查复报告略谓：上年储蓄券款，该保短交五百元以上，民间所欠者不足百元，此足证该项储蓄款，完全存于保长手中，应即拘府押追，并以贪污惩处，运固军粮运费，该保长分文未发给花户，并未有账目公布民众，殊失政府体恤民艰之至意，应予传府讯办。'等语；该县长一面将杨世英先行撤职，一面传集两造庭讯，堂谕：'着杨世英限五日内将所欠储蓄款如数交清，并将一切手续办理清楚。'嗣杨世英呈送清算款项清折，谓系召集全保甲长详细清算，收支相符，并无长摊浮派情事，而该保各甲长王治通、杨文元、王致和等，同时具呈声明该保长账项不清，无法清理，略谓甲长等经手各款，俱交保队附方志道经收登账，方杨串通一气，竟将所收各甲之款，多无入账，交多入少，有意蒙混，恳予派员或传具监算，并附经手收交各款账单一纸，经予批示'传县清算'；查该保长所具清算清折，谓收支相符，无长短浮派情事，但该甲长等附呈收交各款账单，其收支两比，竟有两千元以上为该保长杨世英所干没，未数日该甲长王治通、杨文元、王致和等(即原告)，忽具切结，谓经当地乡老张升堂等从中以无条件调处，双方均愿和平了结，以息讼案，同时该张升堂等，备具和解状，请求县府核准，以息讼端，各等语；该县长爰批示：'姑准和解。'(以上见所附原卷)职阅卷后，发生下列疑义，(一)该指导员刘青云查明该保长已收未交之储蓄券款及克扣未发军粮运费，未见如何发落，竟予了案。(二)该保长杨世英所具清算清折，显系蒙呈，果真召集全保甲长实行清算，收支相符，何该甲长王治通等反具呈声明该保长账项不清，无法清理，就其所附收交各款账单计算，该保长经手公款又有两千元以上未曾支出，案未清算，虽未可确定其侵蚀之数，但该保长违法贪污，可以断言，既经批示'传县清算'，乃于未清算前，竟准和解，殊不知是何用意。(三)直属主管上级长官，对于所属所犯贪污案件，是否可以'姑准和解'四字结果，法律规定详明，无待赘述。(四)原告王治通、杨文元等始则大事控告，忽又甘愿作无条件和解，其中必有原因。缘上种种疑窦，当嘱盘山镇公所传唤该王治通、杨文元、王致和等查询，王治通、杨文元因事未得前来，当据王致和结称：‘为出具切结事，窃民前以借公营私鱼肉乡民等情，上诉保长杨世英一案，经本保花户开会清算，诈去款项共计数千元之巨，原清单所开各项款项，均系依照该保长诈条录下，确系实在，此种贪污大案，民本拟追述到底，后因县政府孙科员光祖前往本保嘱令调解，民当时因案情重大，不告由民，告则由吏，将来此案如果上级机关追究时，如何办法，孙科员光祖说，如果上级机关追究，自有县政府负责，民等无知，爰具切结，呈县和解，该保长所诈各款，至今尚未吐出，以上所陈，如果虚伪，愿甘反坐，所具切结是实’（切结附呈）等语，理合备文呈报鉴核”等情，并缴赍原卷一宗，切结一纸前来，经加审核，该保长杨世英扣发储蓄券款，与军粮运费，业经隆德县政府查明属实，其经手其他各项公款，亦多有不实不尽情事，违法贪污，已甚明显。该县政府科员孙光祖竟私自到保，嘱令调处，并谓如果上级机关追究，自有县政府负责，等语，袒庇贪污，从中舞弊，亦甚昭然，该县长栗智，身为上级主管长官，对于该保长等贪污舞弊之所为，事前未能觉察，已应负疏忽失察之咎，乃案经派员查明，复经批示传县清算，竟又于未清算前，准其和解，实属知情故纵。综上以观，该县长栗智及科员孙光祖等袒纵贪污，事证确凿。爰依据《修正非常时期监察权行使暂行办法》第三条之规定，除电奉监察院核准外，特提案纠举，请即依法办理，并请将保长杨世英贪污部分，移送该管军法机关审判，以儆效尤，并希将办理情形见复为荷。此致

甘肃省政府

监察院甘肃宁夏青海监察区监察使高一涵

（《监察院公报》渝版第一期）

纠举《甘肃庄浪县县长马文江等案》

（1943年，本案经由甘宁青监察使署径送甘肃省政府核办）

为纠举事，案查前据庄浪县旅平学生柳汉卿等，及该县民人薛冠雄等，先后呈诉该县县长马文江等“贪污枉法，鱼肉乡民”等情，到署。当经派本署秘书沈爽清，前往并案彻查去后，兹据该秘书查明呈复，并缴赍附件前来。经加审核，除隆德县邮政局局长董作新部分另案办理外，该县长马文江，及民政科长王回澜、财政科长马完白、收发主任马宝珍等，确有共同贪污违法情事；该县仓库保管员李干卿，及吴指导员、李合作指导员等，亦均有贪污之行为。兹分述于下：

一、关于运粮舞弊私收运费部分。据原呈复文略称，该县奉令运送原军粮四千石，每石规定运费八元七角二分五厘，由县仓征实项下，装运二千石，余二千石，由县属之通垫镇仓储拨运。时秦安亦奉令运送隆德军粮七千石，当时秦安粮价，高于隆德，适有隆德邮政局局长董作新，前往秦安承包营运，将秦安应运之粮，粜出一部，携款三十余万元，一面由当地粜粮入仓，一面与该县长密商，将距离隆德较近之通垫镇仓储，拨运之二千石，改运隆德，抵作该局长承包营运秦安军粮一部。再由该局长携款赴固，为庄浪粜粮交纳，并商定由各乡镇派驴运送，每驴驮运一石，加派运费一百五十元。召集各乡镇长开秘密会议，饬令照办施行，未久该县长赴省参加行政会议，将经收运费事宜，密交民政科长王回澜、财政科长马完白、收发主任马宝珍等承办，县仓二千石，由马完白经手，将粮由仓打出，在本城及水洛城出粜，提款赴固，粜粮交仓，当时每粮一石，粜价一百三四十元，至一百五十元，并所加派之一百五十元运费，计约三百元左右，固原粮价一百六七十元即可粜入，每石渔利，当在百数十元之巨，通埜镇仓储改运隆德之二千石，由马宝珍监视打粮，亦须先将一百五十元运费缴纳，始准装运。并逼令各脚户声称所运之粮，系属秦安之粮，不准谓系庄浪之粮，粮运隆德交纳军粮局仓库所制奉安运粮收据后，再由该邮政局长换给收到庄浪粮石临时收据，有该庄浪县政府前任秘书赵光照之书面密呈(见附件册第一页至第四页)，云台乡民人李炳坤之愿甘反坐书面报告(见附件册第五页)，及通埜镇各保长所具甘结(见附件册第六、七两页)足资佐证等语。又此案发生后，该管专员兼保安司令公署派员查明将该财政科长马完白，着交该县长扣押看管，并□明该县长系九月十五日由兰返庄，民政科长王回澜系于马县长回县之第三日请假赴察，但该县长对专署呈报看管马完白签条，则称王回澜于九月十三日请假，复经多方调查，该王回澜确系在该县长回庄后请假离县，事实不符，显系预为放纵(见查复文及附件册第八页至第十一页)。嗣省府一再电传专署将该马完白、王回澜解省，该县长稽迟甚久，始电专署谓马完白已派警察叶兴礼起解，旬日后专署忽接该警士叶兴礼由静宁寄到报告，谓解送马完白到平后，不料乘大便脱逃，遍寻无踪，乃将解带至静宁邮上，警士自投方便云云。查庄浪至平凉，必须经过山河镇，及隆德县城道路，职于平凉至隆德时，沿途访查，并未闻有警士解送马完白之事，由隆德赴庄浪经过山河镇，询问该镇镇长吴德新，及查询各宿店，亦据程未见解马之事，纵如该警士所称解抵平凉后脱逃，何以解送呈文，不于平凉或较近之隆德付邮，乃携至数百里外之静宁邮寄。或谓马县长给与马完白一万五千元，使其潜往重庆某处匿迹，信属不诬(见查复文及附件册第十一页至第十二页)，等语。综上以观，该县长马文江、民政科长王回澜、财政科长马完白、收发主任马宝珍等，藉运军粮，共同舞弊贪污，及其纵放王回澜、马完白潜逃，冀图诿卸责任，事实明确，无可遁饰。不但该马县长应负《刑法》第一六三条第一项之罪责，且共有《惩治贪污暂行条例》第二条第三两款之罪行。

二、关于违法征收牲畜山货各学佣部分。据原呈复文略称，该县各乡镇畜佣秤佣斗佣以及山货佣，仍在一律派员征收。在云台乡岳家堡查询牲畜市一般牵售骡马牛羊之乡民，及该市附近之店铺主人杨文卿，均称买卖牲畜学佣照三分抽收，其征收人员呼谓陈佣官，系庄浪县府所派，询诸斗秤行，亦称学佣归陈佣官稽征。通堑镇之通边，征收员系何子珍，亦一律按三分征收。水洛城斗行李国香称，无营业牌照，系由县府包来。王骏卿称油秤亦系包来，无有牌照，学佣平时按二分抽收。嗣后该镇中心小学校柳嘉善及各教员称，本镇由货斗秤各间，系地方土劣孙占鹤以巨款向县府包办，明以二分，实际征收甚重（见查复文及附件册第七页及第十三页）。复经嘱由该镇公所岳镇长传集斗秤各行首领，询据斗行李明厚携来营业牌照纸，照上仅填字号及领照人姓名等级，年纳牌照谷一栏未填数字，且全镇斗行有四十余家之多，据称仅此牌照四纸，又显有舞弊之嫌，查甘肃省政府颁发各县市局三十一年度行改征或废除各项捐税种类表，载明斗秤捐改办营业牌照税，并于备考栏内，注明斗佣在内；牙行捐亦改办营业牌照税，备考栏内，注明牙佣在内；畜税附加及学捐，暨其他各项杂捐，载明一律废除。该县长接奉上项命令后，并获呈本省府严令，限将所有各项捐佣立即停止，以符法令。乃一意操切，玩忽功令，迨至现在，犹复仍旧照收，等语。是该县长之违法征收各学佣，亦属事实，应犯有《惩治贪污暂行条例》第二条第六款之罪状。

三、关于暴虐跋扈及纵使员警敲诈部分。据原呈复文略称，该县长因通堑镇运粮收据未被收去，愤怒在怀，对该镇县民薛葆观，即藉抗兵抗粮大题，痛加拷打，并带县管押多日，经行贿八百元，由靳作楫经手交付（见查复文及附件册第十四页），又水洛镇乐盛和店史照明，因乡公所开会未到被拷，其管账先生贾子厚，前往请人说情，史虽放走，却将贾子厚拘捕顶替，于万马乡公所共花二千五百元，经查询乐盛和店，实有其事；又柳锡寿因与柳逢春嫌怨，诉柳逢春为匪抢劫，该县长派警长白耀洲等，将柳逢春父子捆至水洛镇，需索三百余元（见查复文及附件册第十五页）。他如县府委员王执信于通埜需索路费五百一十元；彭警长于该镇两次需索二百八十元；催丁委员任国栋磕索五百元，嗣又向该镇四保居民藉故敲诈五百元；催柴草委员张俊德，低价强买第六保农民陈常德牝马一匹；便衣队长王志远，藉烟案敲诈该镇商民吴鸿安一千七百四十元，又磕去王正清一百元；收发主任马宝珍，向该镇各保需索一百六十元；吴指导员向该镇镇长朱效祖索洋三百三十元；政警马映德磕索第六保花户陈万仓四百元；合作指导员李某，需索第二保花户李光烈一百四十元，又向一、四、五、六、八保索去二百一十元；政警秦生财磕索第二保花户苏满地二百元各节，经予传集各该被诈人等询问，并从旁调查，均属实在。除由各该保长出具负责书面答复外，并由多数被诈人加盖私章，以资证实（见查复文及附件册第六页至第七页）等语。是该县长已身不正，贪污磕诈，相习成风，实触犯《惩治贪污暂行条例》第三条第一项第二款之规定；该马宝珍、吴指导员，及李合作指导员等，亦皆应负同条第一项第二款之罪责。

四、关于浮征扰民扣发粮价部分。据原复文略称，该县长委任该县劣绅李干卿充当仓库保管员，通埜镇各保交纳三十年度军屯粮时，一石三四斗，只能交上一石，且不发粮价，直至二区保安许副司令到县后，每石始发价洋三十元（见附件册第六页），该镇第六保，共送军屯粮十四石，仅交上十石零六斗；又云台乡第二保张家大院，送交军屯粮九石，仅上交六石七斗；又乱庄李姓送交军屯粮十五石，仅交上十一石五斗，蹊非亲见事实，但据云台乡绅民李炳坤、岳贵卿等异口同称，且有通埜各保长所具结证，应非虚构等语。是该县长、保管员等浮收军屯粮扣发粮价，亦属非虚，系触犯《惩治贪污暂行条例》第二条第二款之罪责。

综上所述，该庄浪县长马文江、民政科长王回澜、财政科长马完白、收发主任马宝珍，暨仓库保管员李干卿、吴指导员、李合作指导员以及上述其他各员警，贪污违法，均属确凿有据。爰依据《修正非常时期监察权行使暂行办法》第二条之规定，除电奉监察院核准外，特提案纠举，请即依法办理。所犯刑事及惩治贪污暂行条例部分，并请交由军法审理，以儆效尤，而维法纪并希将办理情形见复为荷。此致
甘肃省政府

监察院甘肃宁夏青海监察区监察使高一涵

（《监察院公报》渝版第一期）

纠举《甘肃永昌县田赋管理处副处长薛得位等案》

（1943年，本案经由甘宁青监察使署呈准径送甘肃省田赋管理处办理）

为纠举事，案查前据永昌县农会干事长王仲儒等，及该县民众杜杰等，先后呈诉该县田赋管理处副处长薛得位等“违法渎职、薪公诈财”等情，到署，当经函行甘肃省第六区行政督察专员兼保安司令公署查复去后，兹准该专署明电复，经加审核，除查无实据部分，姑予免议外，该副处长薛得位，确有违法失职情事，该处第三科科长薛品三，科员刘步云、常耀奎，会计张实等，均有违法贪污之行为，兹分述与下：

一、关于副处长薛得位部分。据原电复略称，“永昌自清末以来，迭遭兵燹，人口递减，耕田面积缩小，故近岁虽粮价激增，而地价不能与之比例增加，据调查永昌土地，以宁远乡南部为最佳，年来价格，每亩仅百数十元，至二百余元，其他鸾鸟、永安二乡土地，大半为

碱滩，每亩价格，有低至十元以下者，该处原定地价，最高者为永宁堡中中、暖泉二地，计每亩二百五十元，宁远每亩一百三十元，呈报后，奉省令姑准备查，该处乃复将地价增报，计最高者为碱草沟，每亩至二百元，其余递增，此项地价决定后，即行宣布”等语。是该处原定永昌地价，已切合地方实际之价格，案经该副处长呈奉省令核准后，复又擅行增定，殊属违法，虽此项地价，现已经省府划一规定，消失主要原因，但该副处长违法之行为，仍难辞其应负之责任。

二、关于科长薛品三等部分。据原电复文略称，“该处于全县土地丈量完竣后，曾以赋三寅字第七号，及赋三呈字第十五号，前后布告各乡镇，听其申请复丈，乃该处第三科科长薛品三，并不遵照此项规定，私自下乡，以复丈为名，而为贪污之实，各保长所具之结，多可证明；又该处代印失契证明单，每张规定收工本洋二角，惟编查员在乡亦有多收者，收得之款，均交会计张实收存，仅垫交规定工本，又违背省令，勒索总甲停限费，以该处人事未臻健全，容有其事，所有贪污情事多系该处第三科科长薛品三、科员刘步云、常耀奎等所为”各等语。是该科长薛品三，假借复丈名义，私向乡民磕诈，及该处多收失契证明单工本，勒索总甲停限费等，均属违法贪污之行为，此项贪污行为，虽属该科长薛品三、科员刘步云、常耀奎等所为，但该副处长身为直接监督长官，疏忽失察，殊难辞咎，会计张实，对于多收失契证明单工本，竟予收存，仅垫缴规定工本，其串通舞弊，亦甚明显。

综上所述，该永昌县田赋管理处副处长薛得位，违法失职及该处第三科科长薛品三，科员刘步云、常耀奎，会计张实等，违法贪污，均属确凿有据，爰依据《修正非常时期监察权行使暂行办法》第二条之规定，除呈报监察院外，特提案纠举，请即依法办理，以儆效尤。并希将办理情形见复为荷。此致
财政部甘肃省田赋管理处

监察院甘肃宁夏青海监察区监察使高一涵

（《监察院公报》渝版第一期）

建议《取缔天水秦安两县违反限价发生黑市案》

（1943年，由甘肃宁夏青海监察使署径向甘肃省政府提出并经本院备案）

为建议事，案据本署秘书沈爽清呈称，“窃职此次奉令赴陇南各县工作，一月二十五日出发，适在政府限价法令颁布未久之时，外县多数商人知识短浅，乃沿往昔一县一邑因平价而操纵物价之惯技，查秦安天水两县自施行限价后，日用必需品如大米、面粉、清油、木炭等公开交易，顿形没落，黑市买卖，随处可见，最近两旬来，天水大米由六十余元一斗竟已暗地涨至每斤七元，面粉由三元五六一斤，涨至五元以上，清油由七元一斤涨至十三元，木炭由每百斤七十余元涨至二百元，均超出限价三分之二或一倍有奇，尚属有钱无市，其它各项物品及工资，亦莫不波动甚大。天水如此，秦安亦然，似此情形，殊有急速取缔之必要”等情；据此，查限价政策，关系抗战前途至巨，该天水、秦安两县，在实施限价之初，即发生黑市交易，其他各处，恐难免相率效尤。似应严行惩处，以符限价法令。特依法提案建议，请即查照令饬天水、秦安两县县政府，对于违反限价法令之黑市买卖，严密取缔依法惩办，以儆效尤。并希将办理情形见复为荷。此致

甘肃省政府

监察使高一涵

附录：甘肃宁夏青海监察使署呈文

查本署前据秘书沈爽清呈报甘肃天水、秦安两县违反限价发生黑市情形，经向甘肃省政府提出建议书，请转饬该天水、秦安两县政府严加取缔以儆效尤一案，业经本署于本年三月六日以呈字第三六八号呈缮同原书副本报请，鉴核在案。兹准甘肃省政府平三丑字第三零四号公函开，“查天水实施限价后，食粮菜油发现黑市，自应从严取缔，以期贯彻限价法令。前据天水县长呈报前来，经饬粮政局先饬天水县政府刻即出卖征获田赋粮叁千石，目前救济民食，此外，并指拨秦安、甘谷、清水、武山、天水等各县田赋粮四万八千石，设法运济。关于运输办法，经决定将划拨外县仓粮，交由运输工具机关自运，其无运输工具机关者，着由商人往运，以求迅速在各县田赋粮尚未运到前，着由面粉厂赶速供给面粉，如面粉厂一时不能开工供销时，则将前由粮政局拨购之小麦一万石，先行借供市场销售，以济需要，而安民生。除令饬第四区张专员赶速前往主持办理，并另电天水、秦安两县长对于违反限价法令之黑市买卖，严加取缔依法惩办外，兹准前由相应函复查照”等。由此理合备文呈报仰祈

察监谨呈

监察院院长于

监察使高一涵

（《监察院公报》渝版第二期）

纠举《甘肃通渭县县长贺凤梧案》

(1943年,由甘肃宁夏青海监察使署径向甘肃省政府提出并呈经本院备案)

为纠举事,案查前据甘肃通渭县民孙效武、杨海清、马义圆等以“贪婪无厌迭次磕诈滥用威权横行报复”及“贪污渎职违法殃民暨捏情陷害刻毒报复”等情,呈诉该县县长贺凤梧等,经本署秘书室先后函通渭县司法处查复,嗣复派本署秘书沈爽清前往彻查。兹据该秘书并案呈复,并缴赍附件前来,经加审核,除杨海清、马义圆等呈诉各案查无实据,应免置议外,孙效武呈诉部分,该秘书呈复称:查郜冬子(即郜思文)原系孙效武之邦备,据孙耀武称,上年一月间,因债务口角,郜冬子母亲持刀拼命,孙效武将刀夺下,打了几下,郜冬子即始以孙效武等率领行凶殴打重伤等情,状告于县政府,继又以孙兑卿(即孙耀武)等吸卖鸦片续行控告,县卷内该郜冬子原状有“胆敢久吸鸦片出卖烟棒等物,以致将民父母二人恶讨烟债私行毒殴”等语。该县长受理后,关于孙效武被控伤害部分,以孙效武保释后,赴省告状,避不到案迄今搁置未结;吸卖鸦片部分,将孙耀武判处有期徒刑一年,呈经省保安处核准执行。嗣该孙耀武申请调服劳役,该县府准如所请,于八月二十八日交保释外服役。时该县长晋省出席行政会议,秘书李如台代行。迨孙效武屡以拘捕苛诈等情,在省控告不休,该县长于十月二十二日又将孙耀武拘传到县,略事讯问,复予逮押,堂谕,“孙耀武指使其弟孙效武以拘押苛诈等情向省府控告,现奉命所告子虚,由其兄函召回县质对以便结案”等语。质之该县长复行管押孙耀武理由安在,据称在使其将孙效武召回归案再行释放。而甘肃省政府据该孙效武控告后，曾迭电该县长将案内有关之周全德、孔怀麟（即孔获麟）、郭玉海、田奉祖、郭恒基及该府政警魏天才等八人妥为解省质记，迄至职于该县调查时，该县长尚未将上述各关系人传集起解，该县长复会具呈省府将孙效武传获命示派警提县质对，经指命略谓，此案已据孙效武提出证据并电该县长将有关各人证解省质讯饬即遵照。以上系调查案卷之情形。嗣复分别传提孔获麟、郭玉海及在押之孙耀武等，于该县司法处亲加讯问，除孔获麟据称抱病未能传到外，据孙耀武称"保出去服役，花八百元出六百元帖子，二百元钱送秘书情的，期帖是郭玉海出的，孔获麟送秘书的，从前季秘书在郜家沟验尸，在孔获麟家住了一夜，所以认识的，帖子是七月初十日出的，二十日限期到，十九日我就给孔获麟六百元钱。"据郭玉海称："打帖子六百元属实，是孔获麟说为他拔麦子用的，送谁不送谁不知道。帖子是一月的限期，期满孔获麟拿六百元兑过帖子就回来了。我忘记了是哪一日，大约是七月间"各等语。该孙耀武对该警佐龚学坚等迭次率警骚把诈索情形所供亦颇详细（以上见附件），复经博访舆论，据谓该警佐政警对孙效武多次藉案磕诈委属不虚，该秘书李如台素性贪污无钱不要，收受孙耀武八百元贿赂亦属人言啧啧。综观本案情节：（一）郜冬子状告孙耀武久吸鸦片出卖烟棒因向该民父母恶讨烟债，私行毒殴，是郜冬子的父或母必系吸食鸦片之人。况据孙耀武供称郜冬子父亲吃烟（见附件），是其吸食鸦片更无疑义。该县长复将孙耀武一人判处徒刑，而郜冬子父亲竟不加以依法讯究，实称疏忽。（二）孙耀武既经保外服役，竟因其弟孙效武赴省告状，复行管押，若谓其将孙效武函召回县归案再行释放，而省府迭卷经电饬将案内各关系人传集解省质讯，是非曲直应候省府判断，况省府指令该县长尚不允将孙效武传获提县归案，孙耀武有何权力可勒令其弟自动回县。原诉滥用威权横行报复，殊难谓无因。（三）就孙耀武、郭玉海所供情节互相参证，证之舆论，该秘书李如台收受孙耀武八百钱贿赂，虽孔获麟未能传到当庭质对,而蛛丝马迹已甚明显等情。据此查该县长身兼检察及军法职权,该郜冬子原状既称孙耀武出卖烟棒,因向其父母恶讨烟债私行毒殴,是其父母有吸食鸦片罪嫌至为明显,乃竟不予侦查究办,实属违法。该民孙耀武既准保外调服劳役,应无再事管押之理,该县长竟以孙效武避不到案,而将该民复行管押,亦未免滥用职权,该秘书李如台收受贿赂,虽无确据,但就调查情形观之,殊有贪污之重大嫌疑。爰特一并提案纠举,即请依法办理,关于该秘书李如台贪污嫌疑部分,仍请于该案各关系人提省后质讯明确,交由军法机关审理,以儆效尤。并希将办理情形见复为荷。此致
甘肃省政府

监察使高一涵

(《监察院公报》渝版第三期)

纠举《甘肃秦安县县长刘景纯等案》

(1943 年,经由本院电准甘肃宁夏青海监察使署径向甘肃省政府提出)

为纠举事,案查前据秦安县民人马宪章以“贪污枉法”等情呈诉该县县长刘景纯等,经即函准甘肃省第四区行政督察专员兼保安司令公署查复,正核办间又奉监察院训令交办秦安县民人马子亨呈诉该县县长刘景纯等“残害无辜”等情一案到署,当以本案呈诉人马宪章、马子亨呈内所述该县长等索贿刑讯各情形颇为详细,第四区专署查复简略,复经派本署秘书沈爽清前往彻查。兹据呈

复并缴賫附件前来，查该秘书查复原呈本案经过情形颇为复杂，其初因马子清之妻于氏难产身死，其娘族于姓与马姓发生口角，并毁损门窗桌椅多件，中经士绅调解，以二千元作为亡人超度费用，马姓坚不应允，逐致双方决裂。马姓以损坏建筑物及动产为由，于姓以伤害致死为由，赴县互控，适因马子青兄马子祥与高庙乡乡长周铭三、龙山镇镇长王介丞李不相能，加以周铭三之妻与死者于氏系属姐妹，对于于姓讼事暗中主谋，以期扩大事态，藉泄私愤，又舆论方而或谓该乡镇长及于氏家属等内控告伤害，势必检验尸体，于氏因产身死，自无伤痕，一经检验，必归失败，于是启坟盗匿尸体，使官厅无尸可验，更可以杀人弃尸，加重马姓罪刑，迨县府委派警佐刘振军前往发坟检验空穴无人，遂将该马子青及其分家另住之兄弟马子祥、马子亨等一并逮捕拘禁押解回县。县长刘景纯不问情由，亦即一律予以管押。该马子祥所控警佐县长等勒索贿赂虽未得实据，但据马彦荣、马万清所称，马子祥送该警佐一千元因钱不够，又将金戒指一个补足数目之言，及马子祥因此案发生后，曾米明福借卖茶款六千元，又将山平地六垧价卖马进德五千五百元之事实（见附件第二册第一页至第五页）互为参证，究不无有重大嫌疑，马子祥兄弟三人被县管押后，该乡长周铭三及该镇长王介丞又暗中帮助于姓代为罗致马子祥种种罪行，密函县政府秘书力请严办（见附件第五册第十页及第十一页），一面利用该龙山镇一保前保长李生桂分向专署及县府出面控告马子祥贩卖鸦片杀人越货及马子青吸食鸦片等罪状。该县长听信谗言早有成见在心，又因马子祥赴省控诉其贪污诈贿，成见更深，经以据报押犯马子祥贩卖鸦片并吸食鸦片及据密报龙山镇商民马长烈，常由凉州为马子祥购买大批烟土运县贩卖，并谓马子祥私藏枪枝、结伙凶杀等语，分令监长于怡庭及龙山、高庵两乡镇长暨巡官王宝严密调验解县法办。巡官王宝等搜查马子祥、马长烈住宅，并未查得枪枝鸦片，仅于马长烈家中查得凉州额商马翰章等私函数件（见附件第五册第二十三页至二十六页），遂将该马长烈逮捕，在该镇秦安小店严刑吊拷，由马万德、马德全经手支付王巡官鞋脚费及店账开销共国币五百九十五元，带致龙城镇，又被王巡官诈去二百元，并在龙城所住太和店开销店账四百五十七元（见附件第二册第六页至第七页）。又马子祥雇工老王因此案被县府拘传两次，第一次被警长高长禄拷索二百六十元，又开销店账一百七十元，由兰蕴玉经手。第二次被巡官朱国体拘传，开销店账二百五十元（见附件第二册第八页及第九页）。又马子祥伙计邵登科因与马子祥往来送饭，被看守警张生仓举发，其为马子祥许款五百元，贿请其证明马子祥送与警佐一万三千元之事，并有警长马援德从旁作证，向县府报告，由是该邵登科亦被拘禁。办理结果该县长对于司法部分之于姓所诉杀人弃尸提起公诉，马姓所诉损坏建筑物及动产不予处理，迨司法处审判官备面查询时，事隔数月始饬据该警佐呈复予以不起诉处分，对于军法部分，判处马子祥贩卖鸦片，马长烈帮助贩卖鸦片，马子青吸食鸦片，邵登科贿买诬唆证人等罪刑（见附件第五册第一页至第九页）。经加审核，本案除司法部分已由司法机关依法审理而无不合应予免议外，该县长刘景纯警佐刘振军确有滥权渎职情事，该乡长周铭三、镇长王介丞及巡官王宝、警长高长禄，暨前保长李生桂等亦均有串通设陷贪污之行为，兹申述于后：据原呈复文略称：查该县长兼军法官，所为军法判决所依据之事实理由与职调查结果颇有不符。据龙山镇一般人士云，李生桂前充该镇第一保保长，原系马子祥一手保举，嗣马子祥因该李生桂贪污恶劣，亏蚀兵款粮款达数万元之巨，无法再事庇护，爰即清算账目，撤销其保长职务，因是与马子祥结怨甚深，迨马子祥因案管押后，该乡镇长周铭三、王介丞等因欲乘机打倒马子祥，但又不欲亲露头角，将该李生桂招之为镇公所自卫队司书，利用其出面告状。该李生桂亏蚀巨额兵粮各款，不惟不加追究，反引为有用干部人员，至其所告马子祥杀人越货访之舆论……及亲向该李生桂、张万虎、李虎等查询，窃其语言神态显有诬妄（详见呈复文及附件第二册第十三页至第十六页），该判决事实栏所谓密报马长烈常由凉州购买大批烟土运输来县贩卖云云，查阅卷内并无密报，据秦安县党部多数工作同志声称，该县长对马子祥兄弟被控之命案，始以被乡镇长之欺蒙，以致枝节横生，继以气量狭小，因马子祥控告勒索贿赂，与民争气，以致形成冤狱，所谓密报皆系该乡镇长口头密报，乃即据以审理，又谓马长烈曾一度被该县长施用严刑，勒逼于其预书口供上捺盖指印等语。理由栏内，所谓讯据马子祥伙计马长烈供称有赵松选的大烟砖四十七片，把二十片放在马文周布店内，二十七片放在马子祥家云云，征诸该乡镇长会衔，致该县府秘书密函内有赵松选大批烟土密存伊家（指马子祥）……在张家川被清水县张科长捕拏未获，已向店主要人等语。又查该管专署卷宗，赵松选烟砖案原系甘肃省政府先据报以民三未字第六九三零号密令该专署查办，该专署一面派科长贾俊彦调查，一面令饬该县长将马子祥严加侦讯，从速报核，办理结果，终成悬案。该专署声复文中有“究竟有无其事，应请令饬清水县政府据实声复”（见附件第五册第十二页至第二十二页），即该县长对此竟亦莫知所以，经予多方调查及参证密函所列事实，省府所得密报亦自不外该乡镇长等暗中之所为。职于秦安县司法处提出马长烈询问后（详见呈复文及附件第四册第三页至第五页），又于天水高二分院提出马子祥询问（详见呈复文及附件第四册第十六页至十七页），核对上述各节可证明（一）该乡镇长对马子祥设陷经过与破绽。（二）省府所据密报七月七日马子祥收存赵松选烟砖与马长烈九月十八日供词相同，是先有密报而后有马长烈口供，该马长烈、马子祥所称是乡镇长开的单子，县长照着单子问的，殊为可信。（三）九月十八日供词显非出自马长烈供述，必系施刑胁迫后捺盖手印。又查该判决所谓由马长烈家搜出在凉州购买大烟信件四封，内有与缉私队嗣历记载情形可证等语。询据马长烈供称：“缉私队姓拜的因我早认识，在凉州碰见，人家先请我洗澡吃饭看戏，以后我也请他吃饭看戏，是因为同乡的关系……”又查该项档件内内载多系货物商情，并无可疑暗语。商人文字词不达意者乃属平常之事，况拜某系彼同乡，异地相逢，其往还酬酢亦系人情之常(见附件第四册第五、六两页)。该县长遽加认定,该项信件为购买大烟信件,未免张冠李戴出自悬揣。又原判所谓讯据马长烈供称,马子祥曾派我去凉州卖棉花一万斤,每百斤以上,百元出售,卖款完全购买大烟,因为我当时抱病,一手由马子祥伙计常兴元经办购买,由脚户马占荣负责驮运秦安出卖云云。职于该项县司法处询据马长烈所供(详见呈复文及附件第一、二两页),又于高二分院询据马子祥所供(详见呈复文及附件第四册第十五页),是马长烈出售棉花之款业已汇回,经买骆驼客高尚科之复核,对该马长烈、马子祥两人两地所供情节相符,应属非虚。所谓卖了棉花之款完全购买大烟,其非出自马长烈供述甚为明显。又据马[子祥]供称:县长把马长烈的供与我念了一遍,我说没这事,请与马长烈对质,县长不许可,只说马长烈业已了供就对了(详见附件第四册第十七页)。是该县长九月十八日庭讯马长烈笔录,虽对马子祥朗诵,但既经当庭否认(见附件第五册第二十七页至第二十九页),理应详加质讯,以证确实,乃竟不予当庭质对,显系施刑勒逼盖印,是则该项笔录自不足援为判决之根据。原判所谓据马子青九月五日供称:"我吸烟是实在,但这烟具烟棒不是我的。"职于高二分院询据马子青供称:"二十四年因病吃烟的,病好我就戒了,前后不过几个月……"(见附件第四册第二十一页及第二十二页)舆论方面亦谓马子青昔曾吸食鸦片,业已戒绝,烟具烟棒系为乡镇公所做赃栽害。又查原县卷宗,三十一年九月一日该乡公所原呈略谓,副镇长杨端于三十一年五月十三日率同保长李生桂清查户口,见马子青夫妇吸食大烟,即将烟具送所保存,本人交该保长听候处理等语。查该镇公所果系当场抓获马子青夫妇吸食鸦片,理应即将重要烟犯连同烟具,送县法办,何以迟至数月之久,待马子青兄弟因案管押后始行发动,纵谓镇长出外游击"剿匪",其重要公务应由副镇长代行处理,亦不得因此停顿,实难谓无做贼诬陷之嫌。原判所谓马子祥诬控县府公务人员籍端勒索受贿一万五千五百元一案,既经第四区行政督察专员兼保安司令公署派员彻查,全属虚伪饬即依法反坐。查职调查结果，虽无确实证据，该警佐县长等究难免有重大嫌疑(见本文前段及有关证件)，及该专署所派科长贾俊彦调查结果亦只谓“互有出入并无实据”(见附件第三册第十五页至第十六页)。夫既谓互有出入并无实据，则至少亦不能谓非无因何得谓为全属无虚伪，该专署指示反坐既属处置失当，而该县长身为被告，纵使反坐亦应依法回避，况人民诬告公务员，仍应交由司法机关审判，司法院解释有例。该县长并无审判职权。原判所谓邵登科贿买诬唆证人张生仓假作见证，询据该邵登科坚决否认，并称：“张生仓时常同马子祥见面，何用我给他们说这些话(指许给五百元的事)……”所供颇有理由。再询据张生仓、马援德虽谓实有其事，但云五百元的话是说过并没有给我钱(见附件第四册第八页至第十四页)。查邵登科乃一送饭之人，竟无辜遭受株连，纵使有许给张生仓五百元之说，而款亦未交递，遽处重刑，显见该县长情虚设陷各等语。是该县长判处马子祥贩卖鸦片及马长烈帮助贩卖鸦片等罪刑，所援为判决之根据马长烈口供，既迫于刑讯，而所谓凉州购买鸦片应酬之信件，又出自揣瀾，其所认定之证据已不足为犯罪事实之证明。故入人罪，已甚明显，马子青吸食鸦片查获与呈报期间相隔数月之久，究竟是否当场查获已不无可疑，更参证以致该案发生之情形与所查地方之舆论，显系串通陷害殊有诬告之重大嫌疑，邵登科贿买伪证之举发人及证人均系县府长警，于理已难置信，而此案系属普通司法范围，该县长越权处理擅判罪刑，其所为亦属违法，况有马子祥呈诉该县长勒索贿赂，有看守张生仓见证之事实于前，即有该看守警张生仓等举发邵登科为马子祥贿买伪证之报告于后，该长警等既在县府威权之下，而该县长又因马子祥控告索贿之故，与民争气处处可见，其中冤抑更不无有因果关系。

综上所述，该秦安县长刘景纯情虚设陷、滥权渎职确属事实，该警佐刘振军对于马子青被诉伤害案件，竟将其无关之兄弟一并逮捕拘禁，乘机敲诈，又有马子祥因案借筹巨款之事实旁证，不但滥权渎职且并有贪污之嫌疑；该高庵乡乡长周铭三、龙山镇镇长王介丞挟嫌设陷，处处均有事实可证，其行为殊属不法；该巡官王宝、警长高长禄等藉案磕索，及该龙山镇第一保前保长李生桂侵蚀兵粮各款，均经查属确凿有据，贪污行为亦已证实。爰依据《修正非常时期监察权行使暂行办法》第二条之规定，除电奉监察院核准外，特提案纠举，请即依法办理，所有该县长所为之犯法判决，并请详密查核，依法办理，以儆贪渎而昭平反。并希将办理情形见复为荷。此致

甘肃省政府

监察使高一涵

（《监察院公报》渝版第三期）

纠举《甘肃定西县田赋管理处副处长沈立中等案》

（1943年，经由本院电准甘肃宁夏青海监察使署径向财政部甘肃省田赋管理处提出）

为纠举事：案查前据定西县各乡镇公民代表安惟僧等呈诉该县田赋管理处副处长沈立中“营私舞弊误公祸民”等情到署，经令据本署秘书沈爽清查明呈复并缴赍附件前来，经加审核，除查非事实及无确据部分应予免议，该定西县田赋管理处副处长沈立中及陈报组组长穆杰三等确均有违法贪污情事，兹分述于下：

一、关于浮丈地亩及违法收复丈费部分。查定西县可耕地面积原为六十三万一千六百一十亩，陈报列为有收益之总亩数共为

二百二十二万四千二百九十五亩九分计超出原额地亩几至四倍(见呈复文及附件第一页),陈报地亩图册内关于申请复丈之户,有十亩改为五亩者,八亩改为三亩者,其丈量不实情形,不但前经该处兼处长王澜生及主管科马科长,会同省田赋管理处王督导员,于秤钧平四两乡实地抽丈属实(见呈复文及附件第二页),即本署秘书沈爽清会同该马科长,亲赴安睦营后各乡抽丈结果,亦均以少丈多一倍至数倍,或川地变为山地(见呈复文及附件第三页)。又该处征收各乡业户复丈费,经该秘书抽查结果,与各该申请书复丈费栏内所载数目均不相符,如于安睦乡,据第二保业户韩世成称,缴纳陈报组组长穆杰三复丈费六十元,但仅载明征收二元五角,计浮收五十七元五角。据业户喜世雄称,借筹复丈费三百五十元,交伊兄转交组长穆杰三,但仅载明三元,计浮收三百四十七元(见附件第六、七两页)。并据该乡第二第五两保保长声称,曾各被该组长诈去减轻地价及收益科则款数百元(见附件七、八两页),又于营镇张第四保,据业户郭玉魁称缴纳复丈费八元,但仅载明征收二元,计浮收六元;业户善果称缴纳复丈费十五元,但仅载明征收一元,计浮收十四元;业户任生虎称缴纳复丈费十五元,但仅载明征收二元,计浮收十三元;业户李重华称缴纳复丈费二十二元,但仅载明征收一元,计浮收二十一元;业户曾科称缴纳复丈费十元,但仅载明征收二元,计浮收八元;业户王克明称缴纳复丈费三元,但仅载明征收一元,计浮收二元(见附件第九、十两页)。又于营后乡,据第二保保长刘也荣称,该保复丈土地约一千二百余亩,共缴纳复丈费六百余元,缴由顾组员收讫,但仅载明征收该保二十八元;该乡第七保保长王志智称,该保复丈土地约五百余亩,缴纳复丈费五百余元由王得本收讫,但仅载明征收该保二十九元,计各浮收数百元巨(见附件第十一页至第十四页)。据此情形,是该田赋管理处办理土地陈报亩数,与实际数目既属错误离奇,复又利用复丈机会,大事浮收复丈费及藉减轻地价与收益科则等元诈款,均属确实。该副处长沈立中身为主管长官何至毫无察觉,其不但失职,是明有串通舞弊贪污之嫌疑。

二、关于贻误修仓要公部分。查三十一年七月十八日,甘肃省田赋管理处汇发该县建仓费五万元,令饬克日动工。九月十二日又续拨二万元,该处竟迟至一月十八日开工,直至本年二月下旬仓库尚未盖瓦。至去年所征实物仍散漫各处,不能归纳新仓存储。经查甘肃省银行定西办事处账簿,该处七月三日存入五万元,同日支出五千元,八月一日支出五千元,八月十五日支出一万元,八月二十四日支出一万五千元,九月二日支出一万元,再查该处修仓现金出纳簿,九月十四日始交付打土基三千五百元(见复呈附件第十七页至二十二页)。据此情形,是该副处长九月二日以前所支之四万五千元并非修仓支用,其系假借公款发放,生息贻误征储要政确属事实。

三、关于勒具空领据侵蚀各乡镇公所应发津贴费部分。经查据前代理安睦乡乡长陈耀文声明,去年七月间,办理土地陈报后,田赋处所发三百元津贴,只具空条,并未得到实款;又据前任营镇乡乡长周尚文声明,去岁丈土地时,在田赋管理处呈领编查经费款三百元领据一纸,但此款已由田赋管理处直接发给编查队顾组长领取,未曾经手云云。有各该任乡长所具之甘结为证(见复呈附件第二十五页)。据此情形,是该副处长侵蚀各乡镇公所办理土地陈报津贴费亦属实在。

四、关于私为豁免富户摊购军粮部分。查该县上年开征前曾召开田军两粮大会,决议贫户田赋粮在纳三市斗以下者,一律免于征购军粮,即由全县各中、上之户分担。青西乡富户纪峻列为三等,应为贫户分担军粮十市石,当分配催征,该副处长竟于分配单上将纪峻名字勾销,谕令免于分配(见附件第二十六页至三十二页)。据此情形,是该副处长徇情私为豁免富户摊购军粮,亦属非虚。

综上所述,该定西县田赋管理处副处长沈立中及陈报组组长穆杰三等,违法贪污均属确凿有据,爰依据《修正非常时期监察权行使暂行办法》第二条之规定，除电奉监察院核准外，特一并提案纠举，请即依法办理，关于贪污部分，并应交由该管军法机关审判，以儆效尤，而肃法纪，并希将办理情形见复为荷。此敬
财政部甘肃省田赋管理处

监察使高一涵

（《监察院公报》渝版第三期）

建议《为甘肃平凉囤积居奇之风日甚银行提高放款利率请转达主管机关办案》

（1943年8月5日，以设字第一九〇四三号公函送请行政院核办）

院长于钧鉴：屹密据报甘肃平凉近来买空卖空囤积居奇之风日甚，银行暗中放款利率涨至二角二分，刺激物价上腾，破坏限价政策，拟请转达主管院令行甘肃省府及兰州区银行监理官迅即依法查办。

甘宁青监察使高一涵

（《监察院公报》渝版第四期）

建议《军事委员会严办王家骥案》

(1943年9月17日,以设字第一九六四七号代电送请行政院核办)

重庆监察院院长于钧鉴:据报农林部祁连山林警总队第二支队第二大队第五中队分队长王家骥,率部在甘肃宁定县接收壮丁,临行向该县府索派大车,并派兵二人前往催取,对县府职员侮辱备至,县长闻讯,以来兵无理取闹,下令扣留,一兵被押,另一兵则乘隙逃出,回队报告,该分队长随即派武装兵士十余人,鸣枪闯入县府,并将县府大门关闭,迫令开放看守所,时审判官适在看守所门前,见状危急,遂将收押之兵士释出,该分队长复直趋县长办公室,逢人打骂,时省府视察王北屏正在县府出席座谈会,见状乃出面排解,并说明系省政府派来之视察员,该分队长无理可喻,即以木壳枪向该视察射击,幸为县党部郭书记长所阻挡,未肇祸事,其另一士兵乃用长枪向该视察左膀捣击两下,致负重伤。事后,该视察已将经过情形电呈谷主席核办,现该视察业已回省,经派本署秘书张家珏前往该视察王北屏寓所,查询属实,并见该视察臂伤红肿,正在医治中,理合电请钧院转函军事委员会严办,并通令各部队,以后对于县府不得行凶侮辱,以维法纪,实为公便。

甘宁青监察使高一涵

(《监察院公报》渝版第四期)

建议《改善西北公路运输局对于旅客行李保管及损失赔偿办法案》

（1944年11月13日，以法字第二四四七七号公函送交通部公路总局核办）

为建议事：案查前据甘肃省保安处参谋杨伯达呈，以该员于三十二年六月十五日，携带多年心血换来之一大行李包，乘坐西北国营六一六五号班车，持有第九五五号行李票，由平凉赴兰中途遗失行李，路局照规定每件偿赔三百元，损失重大，请予彻究，饬令估价赔偿等情到署，当经派员查明究竟，兹据查复略称，"查公路总局规定行李铺盖损失偿赔价目，三十二年四月一日至三十三年四月十六日，每件为三百元，三十三年四月十七日到同年四月二十一日，每件为三百八十元，三十三年四月二十二日到同年八月十五日，每件为七百元，九月份起，又改为一千三百元，价目虽迭有修正与递增，然以物价波动情形而论，显属过低，该县诉人损失行李一件，如就其失物清单估计，价值实甚可观。西北公路运输局因限于定章，不能估价赔偿，固属事实，而按照当时规定，仅赔偿三百元，虽另饬司机加偿五倍，其不能弥补受损人之损失，亦可断言"等语。查值兹交通困难物价随时波动之际，旅客遗失行李，路局照章赔偿，不惟公私受损非浅，抑且易滋纠纷，惹起旅客对路局之怨言与失其信仰，亟应谋改善之道，兹就所见略述如次：

一、提高赔偿价格。查路局规定对于损失旅客行李赔偿价额，按诸目前物价，实觉过低，似应酌予提高，以符实际，而觉旅客损失过重，并可促使路局员工司机加强对旅客行李之注视，减少损失事件之发生也。

二、恢复宿用行李票。查西北路局过去为便利旅客起见，除普通行李票外，另制有宿用行李票，凡旅客须在中途取用之行李，均制给宿用行李票，到达宿站凭票取用，如此旅客既称方便，中途各站亦可减少麻烦，更无流蔽发生。惟查此种宿用行李票，已早不使用，旅客携带行李，无论件数多寡，一律制给普通行李票，譬如旅客携带行李三件，到达宿站时，拟取用一件，即将行李票交与车站，取回应用，其余二件，仍由车站保管，次晨开车前，再将取用之宿用行李交还车站，换回行李票。此在道德上表示彼此互信，固无问题，万一车站不肖员工以为旅客损失行李，规定赔偿甚微，私将旅客未曾提去之行李，藏匿其一件或全部，当旅客交还宿用行李时，而谓其曾提去一件或全部，不肯换回行李票而发生争执，斯时车站方面，在法律上因有行李票可恃，而不顾道德，则振振有词，旅客在道德上，固明明只提回行李一件，但在法律上因有力证据殊难辩白，此类事件，固属罕有，然为保障旅客安全防备万一起见，似仍应恢复宿用行李票之使用也。

三、责成车站对旅客行李之装卸特别注意。查该局各路客车，每至中途餐站停车时，司机与旅客均一拥下车进餐，此时因停车较久，各站人员其能负责照料车辆，与中途搭车下车旅客之行李装卸者，固属甚多。而玩忽职守，漫不注意，任由旅客及站夫办理者，亦属不少，不肖旅客及站夫，往往即利用此种机会，窃取行李，迨至发觉行李短少，询及各站人员及司机，均莫明其妙，以致责任不明，互相推诿，具诉人行李之损失，虽经查明系司机不慎，颠簸失落所致，然以全车行李数十件之多，恰巧颠簸失落一件，实不无论令人可疑，故今后似应由路局责成各车站，对于客车过站停留，以及中途搭车下车旅客行李之装卸，均须特加注意也。

基上所述，爰依《修正非常时期监察权行使暂行办法》第五条之规定，提出书面建议，即请查照令行该局切实改善，以杜流弊，而便行旅，并希见复为荷。

甘肃宁夏青海监察区监察使高一涵

（《监察院公报》渝版第五期）

《甘肃静宁县前县长张声威等案》弹劾文

（1944年12月14日）

为弹劾事，案查前据甘肃静宁县政府弃职职员张自新等，检举该县县长张声威等贪赃枉法、包庇分肥，等情到署，当经函行甘肃省第二区行政督察专员兼保安司令公署彻查，兹准函复到署，经加审核，认为该静宁县前县长张声威（现任甘肃民乐县县长）、城关镇镇长王维桢等，确有贪污违法之行为，谨分述如次：

（一）据查复治平乡烟犯宋象贤（即象乾）任该乡乡公所事务员，确由静宁县政府抓获审讯属实，遂于三十一年六月二十九日，正式判处有期徒刑三年，经呈报甘肃省政府，因公务员吸烟情节重大，遂改判为五年，于同年九月三日以保法未字第一零一三二号指令饬即遵办，并将送监执行日期具报在案。但实际上该宋象贤于三十一年七月十六日由治平乡乡长王效勤呈请保外服役，经县府批准。由县城衙门巷店户任焕章等具保于七月十八日开释，至宋象贤既保外服役，但实际上在该乡公所充任额外职员，复于本年三月间，改委为该乡国民兵队队附，仍充公务人员，嗜好不减于前等情。查该县长审理治平乡公所专务员宋象贤吸烟案，既经呈奉甘肃省政府判处徒刑五年，自应依法执行，乃该县长于执行未满刑期十分之一际，即将该员以保外服役名义准予保释，仍充任乡公所额外职员，继复改委为该乡国民兵队队附，显然违反《军犯调服劳役暂行办法》第二条第一项第一款之规定，有包庇放纵之嫌疑。

（二）据查复前威戎乡乡长李锦成，名竞成，将领得运送固原置粮价四千一百元，有取得去年向县府呈控之保长民众切结一纸为证，未发民人，有人密告县府，经调查属实，查得将二千余元侵吞，遂勒令将款吐出，如数发给条保，并提县拘禁七月，即予撤职，于八月十二日，由县府以民未字第三九五零号呈报省府备查，八月十三日民未字第三九五号训令，饬各乡值知照各在案，但不久复为云萃乡副乡长。本年该乡乡长李林钟，由专署撤职，即派代乡长，至副乡长刘万庆、干事何思明、书记王维敬，磕诈行商五百元、羊毛二十余斤，经调查确系实在，此案被人举发，由县府传案审讯属实，于本年元月十二日庭判，刘万庆罚金二千元，王维敬、何思明各一千元，职务撤销，款交水利委员会，等情。查该县长对于乡长李锦成侵吞军粮运价，副乡长刘万庆等磕诈行商之贪污行为，一仅予以撤职之处分，一除撤职外，并科以罚金，皆未依法判处徒刑，且继续委李锦成为云萃乡副乡长，并派代理乡长职务，亦难辞违法轻纵之咎。

（三）据查复城关镇镇长王维桢，借购骡马贪污二千元一节，经调查任国柱言定，以六千元实付五千元左右，卖骡一项与仁当乡公所，由该乡前国民兵队长陈国举，仍以六千元转卖于城关镇镇长王维桢，王维侦实向城关镇各保收价八千元，此中长收二千元是实，等情。是该乡长王维桢，征收购骡价款浮收两千元，实属犯《惩治贪污条例》第三条第六款之规定，罪无可逭。

基上论述，该静宁县前县长张声威、城关镇镇长王维桢，贪污违法，事证确凿，爰特据案弹劾，请即移付依法惩戒，以维法纪而儆效尤。

（《监察院公报》渝版第五期）

《甘肃西和查征主任白宗周案》弹劾文

（1944年12月30日）

为弹劾事：案查本署前据密报甘肃西和查征所主任白宗周，冒领薪津贪赃舞弊等情一案，当经函行两和县司法处查复，兹准函复到署，经加审核，认为该主任白宗周确有违法失职之行为，谨分述如下：

（一）关于捏报职员姓名冒领薪津部分。据查复，"捏报职员姓名一节，据该所主任称，关于经费部分，前任（指白宗周）仍未给他交代，是否提报，无从查考"等情，查该主任是否提名冒领薪津，姑不具论，乃对其任内经费部分，不为后任交代，显系违反《公务员交代条例》第二条（前后任交代事项如下）第二款（经费实销实与及其余存数）之规定，应负交代不清之责。

（二）关于勒扣员工薪津及侵吞薪津部分。据查复，"查此两款有退职工王汉业称，去年欠他的米金六个月，屡经讨要，置若罔闻，迟至卸任时，仍信儿支吾，经他起诉后，始行发给"等情。查该主任对于员工津贴，（米金）延迟六个月之久，经起诉始行发给，虽不能证明有侵吞情事，要难免于处置失当之咎。

（三）关于任意浮算营业税部分。据查复，"查商人敬信和去年每季纳营业税不足千元，给该号冒算三千余元，经控县府核算，减为七百余元"等情。查该主任对于敬信和号营业税，冒算为三千余元，经控县府核算，始减为七百余元，虽该主任是否意磕诈图，不便悬揣，而其疏忽错误之咎，实足认定。

基上论述，该西和查征所主任白宗周违法失职，咎有应得。爰特提案弹劾，请即依法移付惩戒，以维法纪，而儆将来。

（《监察院公报》渝版第五期）

三

呈监察院报告、总结

江苏各县监狱警政自治田赋等情形视察报告

（1933 年）

监察院监察委员高一涵氏，奉派视察江苏。经于七月九日前来本省各县实地视察，迄八月十九日回京，除将关于江北运河及江南塘工危急情形，另文呈复，关于各县烟赌娼等弊政，另文密呈，暨关于各县公务人员违法失职查有实据者，分别另案弹劾外，已将关于监狱、警政、自治、田赋等情形制定报告书呈报监察院，并转呈中政会，并已由中政会转送行政院交由司法部、行政部、内政部及江苏省政府办理，高氏对于本省各项情形，视察极为详尽。其列举应行挽救各点，尤中肯要，兹承函送报告书原文，特为披露于下，以供参考。

一、监狱情形

监所拥挤　查各地监狱及看守所，如镇江、无锡、高邮、宝山、淮安等县，屋宇陈旧，房间过少，光线空气，均感不足。总计吴县等处十七监所，平均约超过定额一倍（见附呈各县监所超过容额人数表），而吴县之江苏第三分监，及高等法院看守所，现押人犯竟超过容额两倍，故各监所房屋，每间仅能容四人者，今竟住至七八人之多，或仅容八人者，竟住至十五六人之多，天气炎热，类多露宿院中，仰卧湿地，饮露餐风，既无秩序，复碍卫生，至于医房浴室，大都空有其名，事实上一无设备，而教诲做工亦仅少数监狱实行，多数则概未举办。查监狱之设，原以禁锢犯人之身体，并非用以戕贼犯人之生命，今观监所，几如地狱，法律上所予之痛苦颇轻，而事实上所予之痛苦极重，无论就法律言，就人道言，均不禁为犯人呼冤，然改建新监，在镇江、高邮等县，亦曾有此计划，惟省政府及高等法院均未拨款，而仅责令各县县长自行筹募，以致年复一年，无从着手。窃维国家建设经费，应比例平均，似不应偏重某项，致其余各项事业，一律停止进行，应请中央速令司法行政部筹定的款，专为建筑新监或修补旧监之用，以解监犯之倒悬。

办案迟缓 查各地监所，往往有人犯押至数年之久，而从未加以审讯，或虽加审讯，而未予以判决者，如淮安县看守所之未决犯中，有十七年入所者八名，十八年入所者四名，十九年入所者十名，二十年入所者三十名，二十一年入所者七十七名，经过四五年之久，尚未判决确定诚属骇人听闻；又如吴县江苏高等法院看守所上诉第三审案中，有包礼文一名，于十五年上诉北京大理院，北伐后，因大理院终止行使职权，至今七年之久，竟无人过问，此外上诉时间经过五年两个月而未判决者一人，经过四年十个月而未判决者三人，经过四年九个月而未判决者二人，经过三年五个月而未判决者一人，经过二年而未判决者一人，其余经过一年以上而未判决者计四十七人（见附呈江苏高等法院看守所造送上诉第三审花名册）。查《刑事诉讼法》第七十三条，对于羁押被告之侦查审判期间，早有严格规定，今羁押人犯至四五年之久，延不判决，殊与法令相抵触，至于上诉之案，由犯人自行提起者，原冀或可减轻，今迟延至数年之久，则不但不能减轻，反往往延长在监时期，而使之加重，致有刑期已满而尚监禁狱中，以待上诉案之判决者。查上述第三审案所以迟缓者，原因在最高法院庭少案多，最高法院原有民刑正式庭各四，临时庭二，现改为民事五庭，刑事七庭，每庭庭长一人，推事四人。本年六月份刑庭推事每人最少结十八案，最多结二十九案，共计是月总结五百零四案，因全国上诉案件过多，而结案如此之少，则积压旧案，当然日益增多，故普通上诉案，多非经过二年不能判决，今欲使上诉第三审案，迅速判决，非再行扩张最高法院刑事法庭，势难办到。再查各地羁押较久而判决者，类多为盗匪犯，盗匪案多由军事机关移送而来，法官对于此类既无原告亦无确证之嫌疑犯，侦察审判，均感困难，被害之家，既不愿或不敢出入法庭，而与盗匪对质，而盗匪自身，又百般狡赖，不易招供，故起诉判罪，既无证据可凭，交保释放，又恐纵匪为患，援罪疑惟轻之例，则恐不能稍息盗匪之风，援治乱世者用重典之例则又恐造成冤狱，而令无辜者受累，事出两难，故不得已只有押而不讯、讯而不判之诿过办法，于是各县看守所中，多年未决之盗匪犯，遂因而日增。再查各地法院推事月结案件，虽例定为二十六案，然考其实，则月结五十案者居多，甚至有结至六七十案者，办案过缓，则押所有人满之患，办案过速，则审理又有潦草之嫌，凡此种种困难情形，似皆中央所应慎思熟虑而设法挽救者也。

各县司法弊端　查本年司法行政部对于法官办案迟延，曾有纠正之明令，令法官在未开庭前，须有充分之准备，在开庭时尤须相机审问。今查各地法官，因审理不得其法，再三开庭，法院多开庭一次，则诉讼当事人即须多留住城内一周，法警下乡多传讯一次，则诉讼当事人即须多破费一次，故人民因涉讼而倾家者，几于习见不鲜，又法庭中所用之书记官，多无经验，往往在审讯完了时，即以白纸一张，令被审讯者签名或画押于纸尾，退庭之后，始追记两造口供，错误与否，被审讯者往往无法过问。再查有少数县政府，往往不卖状纸，人民告状，即以状稿交收发处，而由收发代抄，籍以图若干钱一百字之收入，谓为调济收发，如淮安县司法，即有上述等弊，此亦应请中央令饬司法行政部严令纠正者也。

（二）警政情形

查各县警政，内容腐败者居多，考其通弊，约有数端：（一）薪饷其微，不足维持警士之生活。（二）缺少训练，不知行使警士之职权。（三）以本县人为本县警士故多偏重情面，尊重势力，而不能守法奉公。（四）分驻所散处乡镇，县政府监察不周，时有敲诈乡民之事。查各县警饷，类多月仅六七元，甚或不能按月发给，除支伙食，所余无多，而烟赌娼之查禁，又为公安局之职掌，故不良警士，其包庇烟赌娼也，固可藉以自肥，即查搜烟赌娼，亦可藉以敲诈，至于缺乏训练之结果，站岗时概无一定纪律，或坐店门谈天，或倚电柱打盹，或见行人殴斗，袖手旁观，而不知其自身职司何事。再因警士一为土著，则违法徇情，势所难免，而分驻乡镇者，因人数无多，又往往维持治安则不足，为害乡镇则有余。至于江苏各处之水上公安，或有欠饷积至年余者，政府既无以维持其生活，又将何以责其清廉，如欲设法整顿，似宜增高其待遇，统一其训练，名额不必过多，驻所不必滥设，此中央所应特别注意，而严令该省限期整顿者也。

（三）自治情形

训政时期之要政，首在促成各县之自治，查江苏各县之自治机关，均先后筹备成立，但多数县份，自治机关，仅到区公所为止，区以下之乡镇公所，多未设立完备，即呈报设立，亦不过为纸上之空文，即就区论，大概只有行政费而无事业费者居多。惟因事业费无着，故区公所之一切事业，不能举办，而区长唯一职务，仅在传达县政府之公文书而已。间有不肖区长，勾结地方土劣，籍机关之权力，以图私人之利益者，所到之处，亦微有所闻，在自治建设之初，即令人民感到只享受自治之累，而不能享受自治分毫之利，则自治前途，何堪设想，查自治法规定下级自治机关任务，未免过于周密，事实上欲推行无阻，殊感困难，人民之程度过低，实为自治事业之障碍，中央似应根据人民之教育经济等程度，以为次第实施自治政策之方针，若欲在最近期间，令下级自治机关，依法一律成立，则县政府惟有设词虚报，以蒙蔽中央而已。中央此时似应切实考虑，根据实际情形，另定自治政策之方针，对于法律及事实双方，务须统筹兼顾，若欲于最近一二年内，强令各县下级自治，一律完成，以符法令，则适足演成虚伪政治，此亦中央所应深思熟虑，早定方针者也。

（四）田赋情形

查江苏田赋，江南江北迥然不同，江南地较肥美，故正税颇重，江北地多硗确，故正税较轻，因此江南之田赋附加税，不过超过正税二三倍，而江北则多数超过八倍，或十倍，甚至于有超过十五六倍者，故江北如高邮、宝应、淮安各县，每开县行政会议，人民方面，多提议要求减轻附加。惟人民之利益，与公家之事业，必须兼顾，各县附税，其额虽多，然皆确定用途，量出为入，设依行政院最近整理田赋办法，使各县附税，不得超过止税一倍，则不惟江北各县，拟难实行，即江南各县，亦势难办到。如欲照办，则恐地方事业，将一律破坏无余，且减税若不与减租并行，亦只能使地主及自耕农稍得利益，至于佃农，则仍不能少沾国家减税之恩惠，故为农民利益计，中央如能严厉宣布，此后在三年或五年之内，各省不得再行增加田亩附捐，更不得临时照田亩摊派捐款，及负担保安队或军队等给养，则即不减税，而民心亦可稍安。今日人民所痛苦者，不在合法之赋税，而在非法之摊捐，赋税之额有定，而摊派之数无穷，故中央如顾念民穷财尽，似不应仅注意于减税之一途，而其害更千百倍于赋税者，例如军队征发车辆、驴马、柴草、米粮，及县政府之强制摊捐等类，尤应严行禁止。万一在禁止后，犹有此类事项发生，应准被害人民，开单呈报中央政府，要求中央政府严令各省如数赔偿，方可稍苏民困，即以减税论，土地如何丈量，地价如何估定，正税税额如何厘定，皆为减税之先决问题。不然而言减税，则田赋不均之弊，依然未除，似非公平办法，此亦中央所应深思熟虑者也。

（《江苏月报》1933 年 1 月专载）

监察院湖南湖北监察使署二十四年度工作概况

（1935 年）

（一）组织成立

查一涵自奉令特派，并与各区监察使在京就职后，即将设署事宜，于二十四年五月一日起，在京着手筹备，选用人员，购办物品，一面实施组织，一面规划进行，并派员前赴武昌，布置一切，嗣复亲到武昌督率，筹备完成，遂于六月十二日，将本署在武昌正式组织成立。关于署所方面，因一时无相当公有房屋，暂赁民房住用，拟俟将来如有公有房屋可以迁移，再行置备固定之署所。关于组织方面，系遵照监察使巡回规程及监察使署办事通则之规定，署设秘书处，秘书处置总务、调查二科，所有秘书、科长、科员、办事员等职员，均依定额分别任用，并另行聘任参赞三人。惟自组织成立以来，署务日臻繁重，原有职员太少，时感分配不敷，虽经增用书记员二人，仍觉难敷分配，每观各职员忙于工作，多不免有过度之劳，此则似有待于根本组织上，将来得有可以补充之办法也。

（二）处理案件

查本监察区内湖南、湖北两省，辖有两市及一百四十五县之多，区域既广，案件綦繁。计本署自成立日起，截至十月底止，为期四月有半，共有收文一千三百余件，其中属于人民书状性质者陆百余件，而此陆百余件之中，已有三百余件，经过派查或行查之程序，余则或系正在核办，或系审核结果，认为应予存查。惟查本署处理案件，因手续较为详密，故需时亦难免较多，除通常文件，系照通常处理公文手续办理外，对于人民书状，因系本署中心工作，故以格外郑重处之，其办法系于公文拆封时，即按其性质，分簿登记，凡属于书状性质之案件，经监察使核阅后，分配或指定人员，先行详细审查，逐项签注意见，拟具处理办法，如系应行调查，并将案内要点之所在，证据之所关，以及调查时应行注意之事项，应行采用之方法，均予详细签明，呈报监察使加以核定，再行交科办文。良以书状内容，虚实既属不一，性质亦复有殊，其有显属虚无，或非属于本署职权范围以内者，自不必空费调查。至于应行调查之案件，既经过如此审查签注，则调查时先已得有纲领，再加以实地临机侦察，自不难洞悉真情。迨查明复到之时，仍经过审查签注，再由监察使核定办法，故本署对于每一属于书状性质案件之处理，其先后颇费工夫，即一般认为应予存查之案件，亦均系经过审查签注，再由监察使核明存查，以免疏误而昭郑重。

（三）防水救灾之察勘

查水利堤防，关系国计民生，至为重大，本署成立之始，适值夏汛水涨时期，对湖南、湖北两省之防汛事宜，即予以极端之注意。计自六月中旬以后，阴雨连绵，江汉湘资沅澧诸水，同时逐日增涨，凡属有堤区域，大都险象纷呈，一涵目击心忧。爰先赴湖南巡视，一面沿途察勘指示，一面商由政府当局，迅将防水工作，加紧督属施行。回署后，复因武汉附近之张公堤及武丰、武惠各堤，关系异常重要，迭次亲往察勘督促，并随时派员调查，卒因军警及地方官民，抢救努力，得以转危为安，而于其他各地之防险事宜，亦复迭次派员，前往查察，几于全体动员，并不断与政府方面，往返行文，促其注意。迨各处水灾发生之后，一涵因救灾工作，极为民命攸关，爰一面亲出视察，并与赈务委员会许委员长同乘飞机勘灾，一面继续派员，分赴各地查勘，尤注意于各处负责人员，有无违法舞弊，有无失职误公，至今查勘之人，在外未有间断。最近因各地正在办赈，尤须监察从严，除仍不断派员调查外，复由一涵再赴湖南巡视，注重于此项之察勘事宜，并将关于两省赈务事项之调查，特交各参赞担任办理，以期监察更为严密，兼藉以督促救灾工作之进行。至本署对于防水救灾之察勘，历来详细情形，均经呈报在案，而关于负责人员之奖惩，及对于水利行政条陈兴革事宜，亦均经另呈有案，兹不赘陈。

（四）地方情况之调查

查本署调查事项，除关于公务员违法失职及上述防水救灾等事项之特别调查外，即重在地方情况之调查，爰经依照《监察使巡回监察规程》第七条之规定，将关于本监察区内各官署及公立机关之设施事项，本监察区内各公务员之行动事项，本监察区内人民疾苦及冤抑事项，逐项拟订计划，制成表格，分别普遍调查，而对于有关民生利病之各项重大事宜，又复分类特别调查，制成统计，以便就调查统计之所得，研究改善方案，以贡献于中央，期能于积极方面，使地方多促成一事之改善，即为人民多减去一分之疾苦，而尤注意于整个制度改善之促成。例如各处水灾之迭见，其原因固属甚多，然水利行政制度之未良，实为主要原因之一，若能整个加以改善，自足为减轻水患之要图。又如各处捐税之病民，其原因固亦属非一，但对于各种捐税之制度，如能得有整个改善之办法，则自可减除不少之弊端。现关于水利一项，前已就调查研究之结果，专案上有条陈，而关于捐税一项，亦正在调查研究，将来对于其他有关民生利病之调查研究，仍当随时依次进行，期能继续贡献中央，以有助于监察权之行使。再本署办理各项调查，工作甚为繁重，爰于署内组织调查工作研究委员会，以研究调查工作之进行，而为调查科之辅助，至于调查工作之实施，则仍属于调查科之职掌也。

以上所举四端，系就本署所有工作情形，撮要加以概述，至详细工作状况，另按月编具报告，合并陈明。

高一涵谨呈

（《监察院公报》第五十八期特载）

调查长沙市火灾案报告书

(1938年)

窃一涵前闻长沙市发生大火,比经派员往查。旋奉命亲往调查,遵即起程前往。计自十二月五日之夜,到达长沙,至十三日离去该市,费时七日,始查得一切情形。惟此次调查本案,有最感困难者数端:一则起火时直接负责,及亲身在事之人,或已死亡逃避,或已离散迁移;即当时担任放火工作之员兵,亦或经拨编他处,或经逃散远方;事过境迁,均难以得其质证。而起火适在深夜,已少目击之人,火后又多流亡,即旁询亦非易事,一则各机关均值迁移,复遭大火,凡属有关文件,或已运往他处,或经被火所焚,多无法加以搜集。至于善后工作,因其正在进行,亦尚未得有具体之结果。故本报告书所述各节,均系由于尽量设法,实地调查,再加博访周咨,衡情度理,参以公平之舆书壹份。至关于慰问一节,亦经联叙及之。理合备文呈送,仰祈鉴核!谨呈

监察院院长于

计呈送调查长沙市火灾案报告书壹份连同附件。

(监察院湖南湖北监察区监察使高一涵)

监察院湖南湖北监察区监察使署呈字第322号

案查前奉钧长十一月敬电[①]，略以湘垣大火，损失甚巨，其中情节，尚有调查未尽，未经处分者，饬即亲往调查并慰问，等因；遵经亲往调查，并为慰问。所有起程暨回署日期，以及在长沙与沿途所查概况，曾经迭电呈报在案。兹查一涵此次赴长，系先由乾城所里，带同原在乾城永绥一带调查之本署科长安梦周、调查员张家珏，经沅陵驰抵长沙，奉行使命。嗣又亲往湘潭、湘乡等县，视察一切情形。并于归途经过宁乡、益阳、常德、沅陵等县，亦均加以视察。除视察各县情形，容俟另行呈报外，谨先将调查长沙市火灾案之详细情形，缮具调查长沙市火灾案报告论、证诸现存之文书，并为其追溯原因，详考经过，而尤注意于该管机关人员之责任问题。爰分为：(一)火灾之酿成，(二)火灾之责任，(三)火灾之损失，(四)火灾之善后，依次缕晰陈之。

(一) 火灾之酿成：

此次长沙火灾之酿成，考其最大原因，约为下列二种。

(甲) 由于事前地方之慌乱：自我军放弃武汉以来，咸宁、蒲圻、临湘、岳阳、崇阳、通城等县，相继失守。迨至十一月初旬，通城之敌，前锋已迫近距平江以北六十公里之九岭；粤汉路之敌，前锋已迫近距汨罗以北三十五公里之新墙河。汨罗距长沙八十公里，故沿铁路线之敌，距长沙不过一百二十公里。因前线逼近长沙，故在长沙起火之日即十一月十二日以前，人心即已异常惶恐，秩序几于不可维持。其情状之最为显著者：

---

① 敬电：指24日电。

(1) 中产以上住户，几于完全迁移，所遗住宅，仅留一二人看守。

(2) 商店门多半掩，仅于夜晚营业，迨至十一月十一日，十之八九店门，均已完全关闭，以致旅客之饮食居住，均极困难。

(3) 因后方医院负责者率先退走，故伤病兵之颠沛流离，不绝于道。

(4) 民用交通工具，如汽车、人力车等，均无从雇乘。

(5) 市内收容之难民，全部步行迁出，络绎于途。

(6) 至十一月十二日午后，省市政府及其他党政军各机关人员，大都仓惶撤退，沿街沿路行人，更摩肩接踵。

(7) 十二日为总理诞辰纪念，预定于是日之晚，举行火炬游行，乃届时参加者不及千人，所过之处，观者更属寥寥。

观上述各种情形，可知当时长沙人心，已惶恐至如何程度。因其如此惶恐之故，遂致一时风声鹤唳，草木皆兵，人人心理之中，以为旦暮即将放弃。再加以该管军警机关，种种慌张躁率，举措乖方，更使人心益见惊慌，秩序益趋紊乱，竟即于此惊慌紊乱之下，酿成空前未有之火灾，其情节仍于后文详述。

(乙) 由于军警举措之乖方：战时前方情报，在在与后方秩序有关，愈当战争紧迫之时，其关系亦愈为重大。地方军警机关，负情报交通责任，应如何严密审慎，俾情报悉为真实，应付悉洽机宜，方不至于偾事。而其本身一举一动，尤关局势安危，更须镇定周详，以资维系。该省政府主席张治中，既不兼任野战司令，所得情报，多系间接而来，在危急之时，自不免稍嫌迟缓。乃该管军警机关，平日对于情报，布置既属多疏，致难得有真实之消息，临时又竟将得诸传闻，甚或以敌方之虚伪播音，为情报根据，更从而张皇失措，自误误人，以致铸成大错。据当时在长沙者口述，军警机关在十一月十一及十二两日之间，所得前方之消息如下：

(1) 传闻得有前线某指挥官电话，谓在岳阳附近之某某师，不服指挥。

（2）传闻汨罗方面，我方无一兵一卒防守。

（3）传闻平江、汨罗，均为敌人占据。

军警机关既误信上述流言，竟即张皇躁率，举措乖方，而市内遂更有下列之现象：

（1）警察局未奉命令，遽将警察先行撤退，十一及十二两日之长沙城市，已无警察站岗，至十二日晚，张主席限定省会警察局长文重孚，令警察在两小时内复岗，届时竟未遵办，及再以电话询问，而该局电话已不通，该局长已不知去向。

（2）十二日下午，军警机关以警备司令部名义，到处抓车，中央通讯社及中央日报社之卡车，都曾被扣，即第九战区司令长官传令兵之汽车，亦曾被扣留一次。

（3）十二日晚间，因秩序无人维持之故，市内已闻到散兵枪声，以盘查为名，劫掠行旅。

（4）十一及十二两日，大街之墙壁上，每见有用墨笔所写之日文标语，在认识日文者，知此为即将放弃长沙之表示，其不认识日文者，且以为汉奸或敌人便衣队，已在城内活动，更即将放弃长沙。

市内既有如此情形，自更足增加地方之慌乱。然彼时军警机关，如能将准备放火一事，格外精密筹划，慎重施行，尚不致遽招奇祸。乃竟一味慌张躁率，其举措愈益乖方，于是空前浩劫，遂酿成于顷刻间矣。

缘长沙既为重要城市，又系已临战区，我军为应付战略转移，而速由政府事前准备，俾遇放弃时，即将该城市及有关军事之建筑物，施以破坏，免资敌用，原为作战之必要，亦属事实上所当然。观于蒋委员长对此案所致行政院之电文，暨中宣部与政治部对此案所发之说明，可以明瞭（蒋委员长电文，暨中宣部政治部说明，均抄附，见附件一、附件二）。惟所谓准备破坏，乃系先行准备，届时实施，并非即可实施破坏也。该省政府主席张治中，承办此事，即密交长沙警务司令酆悌，及该省保安处长徐权，拟订计划，速为准备，免临时贻误事机，但并未发有实施破坏之命令。酆悌接受此项任务后,即交由该司令部参谋长石国基、参谋处长许权,拟具破坏计划,并准备破坏工作。惟因其时误信流言,正在张皇失措,故一面拟具破坏之计划,一面即分配准备破坏之工作。酆悌于十一月十二日午后,将所拟计划,送呈张主席核阅,张主席当时即认该计划为未妥,令其详加改订,仍于次日呈阅。但分配准备破坏工作之事,亦已正在进行,连夜即令警备第二团,担任放火事务,编为二十四队,分布全市各区,武装自卫队亦经加入。并令同时以卡车装载汽油火油等引火之物,散在街头巷口,专候放火工作之实施。当十二日夜间起火之时,有人亲见枪兵与武装自卫队,佩带放火队之臂章,挨户驱走人民,发油放火。一涵此次调查时,曾面询长沙青年会门房勤务,所言亦与此相符。可见该警备司令酆悌等,在拟订破坏计划,尚未呈经主席核准之时,即先自实行分配放火之工作,编队分区,遍布街市,引火材料,放火徽章,亦均发给齐全,俨若迫不及待。夫以如此庞大之组织,聚则传令较易,散则传令实难。且当准备破坏之时期,即假以实施破坏之工具。其在上级机关,固知准备与行动系为两事。而在下级员兵,根本未明真相,徒见情势如此汹涌,谣言如此繁兴;政府机关人员,多已仓皇步行而去;昔日繁盛街市,亦已大都寂然无人;至于军警抓车,警察撤退,其事实又早为大众所共闻。今独令彼等守候街中,既无严密纪律之防闲,复无高级长官之督率;而对于彼等所担任之破坏工作,究竟系为准备,抑即实行?以彼等思想简单,亦属难以辨别;遂致惶惶无主,更增躁急之心,且以为情势如斯,行动已不容再缓,一唱百和,顿成吠影吠声。夫以当时如此情形,实已如矢在弦,一触即发,但使稍有误会,或有一人一处开端,则一发即不可收拾。况闻当彼等出发之初,对于施行放火之信号,曾告以或以举火,或以传令,或以警报,尚未确切定明。在群情惶惑之中,既未责以有一定信号之遵守,则只须有一人一处,有类似发布信号之行为,便即可引起全体之动作,则中宣部与政治部所发说明内,谓系由于从事准备破坏之人,将准备变为行动,于是一处起火,到处发动,系属可信之词。一涵访察之时,舆论亦大都如此。至放火时究竟有无命令一节,除省政府查未发有实施破坏之命令外,其警备司令部等机关,亦未查出有曾发此命令之证据。惟即照上述情节言之:此次长沙大火之酿成,实系由于事前地方之慌乱,及军警举措之乖方,而推究地方所以事前慌乱之原因,亦大都系受军警举措乖方之影响。况担任放火工作,实以该警备第二团为主力之人。则所谓酿成火灾之两种原因,仍系二而一也。

(二)火灾之责任:

长沙火灾酿成情形,已如上述。而其中最为主要之关键,则在该管军警机关,始则情报多疏,误以流言为实;手忙脚乱,派队四出抓车,警察撤岗,秩序无人过问;甚至市内机关电话,亦竟拆卸不通;种种惊扰情形,益陷地方于慌乱。继则奉令拟订计划,准备破坏,竟于计划尚未呈准之际,遽将放火工作,擅自分配多人,并给以实行放火之工具;而又无严密纪律,资以防闲;以致空前火灾,遂发动于其所分配诸人之手。虽未查出其有实施放火命令之证据,但其种种慌张躁率,举措乖方,实足以酿成巨变,与曾发命令者无殊,其责任实最为重大。查此次最应负责之军警机关,系为长沙警备司令部、警备第二团、湖南全省保安处,及湖南省会警察局。现警备司令酆悌、警备第二团团长徐崐,已以“误信谣言,惊慌躁切,辱职殃民,罪无可逭”;省会警察局长文重孚,已以“未奉命令,放弃职守”,均经军事委员会高等军法会审,判处死刑,并经发交长株警备司令部执行暨布告在案(布告抄附,见附件三)。保安处长徐权,亦以“惊惶失措,摇动人心”,经军委会予以革职查办之处分。惟警备司令部参谋长石国基、参谋处长许权,均已在逃通缉。此外该省政府主席张治中,业经军委会查为“用人失察,防范疏忽”,呈请中央,予以革职留任,责成善后,以观后效。长沙市长席楚霖,亦由该省政府以其“对于此次火灾,疏于防范”,免职留任。观于上述处分,责任均已分明,惟一涵于调查之后,觉对于该省此次惩办负责人员,尚有应行补充意见者:

(1)此次事变酿成,上述长沙警备司令部、警备第二团、全省保安处，及省会警察局等军警机关，最应负重大之责任。今警备司令酆悌、警备第二团团长徐崐，及省会警察局长文重孚，均已明正典刑，洵属罪有应得。而保安处长徐权，则尚在查办期内。查保安处负全省保安之责，在敌军业已侵入本省境内之时，对前方情报交通，其责任当更为重大。乃该处长平日布置多疏，致情报不能真实；反更将得诸传闻，甚或以敌方虚伪之播音，为情报之根据；遂从而张皇失措，作种种惊扰行为。颇闻派队四出抓车一事，虽系用警备司令部名义，而其实则系由该处一同为之。至于拆除电话，断绝交通，闻该处亦曾参与。且闻误传情报，摇动人心，亦多由该处宣传不慎，实属罪有攸归。其尤为重要者：关于准备破坏一事，该处长实与酆悌二人，奉令同负准备之责任。虽当时分配放火工作，系警备司令部之所为。然该处长身负全省保安之责，又奉共同准备之令，且同系驻在城中，岂竟毫无闻见；若非参与其事，即属放弃职权，巨变酿成，安能辞责。似应速予查明严惩，以昭国法而平人心。

(2) 警备司令部参谋长石国基、参谋处长许权，均系奉令拟具计划，准备破坏之人员。乃于计划尚未呈准之时，遽将放火工作，实行分配；并即散发臂章，拨给工具，致大火瞬即酿成；均属责有攸归，罪无可逭。且闻分配放火工作一事，许权尤为实际上办理之人。当奉令准备之时，即由彼召集电灯厂工人，及其他商店员工，商议如何彻底破坏各该厂店之方法；至今长沙人犹能言之。可见该项事宜，多系由其所办，情节更为重大，尤宜速正典刑。现该二人均系在逃，亟应严缉重惩。抑有进者：当时放火之举，虽未查出警备司令部等机关，有曾发命令之证据。但究竟是否有人，擅发命令？该许权系为亲身办理之人，仍须于缉获后再行追究也。

又查此次事变，在长沙之其他文武官员，因未奉有准备破坏之命令，事前均未参与，当无何种责任之可言。除该管军警机关之负责人员，均已法办或正在通缉外，其该管省政府主席及长沙市市长，亦均以疏于防范，受有处分，此外，则尚未查出有应受处分而未经处分之人也。

（三）火灾之损失：

此次长沙火灾，计自十一月十二日深夜即十三日上午二时许起火后，因火头太多，火势太大，无法灌救，听其延烧，直烧至三天之后，火始渐趋衰歇。似此空前浩劫，言之弥足痛心。关于火灾损失情形，一时难有确实统计。无论财产损失，未易调查，即房屋人口之损失，亦属猝难明瞭。长沙火灾临时救济委员会，现正组织调查委员会，着手详密调查，尚未调查完毕。兹据各方面概计房屋焚毁数目如下：

（1）省会警察局报告所查损失统计：

原有户数　45501 户。

完整户数　10030 户。

焚毁户数　35471 户。

至焚毁户数之中，计有住户 24663，商店 10538，机关 155，寺庙 94，外侨住宅 21，共为 35471 户。

（2）第九战区第二政工大队报告所查损失统计：

财产损失　无法统计。

焚毁房屋　16469 间。

（3）美联社记者估计：

商店焚毁者　百分之八十五。

住宅焚毁者　百分之七十。

以上统计房屋损失数目，均系未经详切调查，其数字自不十分可靠。若就一涵此次勘查所及，则环城马路以内，所有繁盛之区，如南正街八角亭一带，凡属巨大商店，几于百无一存。其他各大街市之中，残存者亦仅各有三五家或十余家不等。而省党部、市党部、财政厅、教育厅、法院、银行，以及省政府等公共机关，则或系完全存留，或尚存一大部分。公私相形之下，难免令被难者心更不平。综计长沙市内房屋，除浏阳门一带，早被敌机轰炸燃烧而外，仅北外南外东外各处房屋，所存较多，余则大都被毁。通盘估计，全存及残存者，恐不及百分之二十。一俟调查委员会调查完毕，当有较为详明之统计焉。

又此次火灾中之人口死亡，亦尚未有详明之调查统计。惟因当时长沙人民，大都均已分散，而担任放火工作者，亦曾于事前驱走人民，故死于火灾者尚少。兹据各方面报告业已掩埋之数目，姑予列载如下：

第九战区第二政工大队报告掩埋数	335人。
四十五收容所报告掩埋数	183人。
五十八师报告掩埋数	25人。
省会警察局报告掩埋数	24人。
市政府保甲人员报告掩埋数	40人。

附注：据救济委员会工作人员报告：第二政工大队报告掩埋总数，为335人。如包括四十五收容所及五十八师掩埋数在内，则该队之掩埋数，仅为127人。因当时负掩埋工作总责者离长他往，故无从查询。

综计上列业已掩埋之数目，则死亡者最少尚不足四百人，最多亦仅为六百零七人，究竟死亡人数多寡，仍有待于详明之调查统计也。

（四）火灾之善后

长沙市火灾善后，可分为："紧急之处置"，"救济之进行"，及"复兴之筹划"等部分，撮要述之。

（甲）紧急之处置：火灾既起之后，该省政府主席张治中，即一面分电呈报，并自请处分。一面采取下列之紧急处置：

（1）手令严拿放火者，准许就地枪决。

（2）派员并亲自召集有关人员，查询起火真相及主动者。

（3）派保安团上街维持秩序。

（4）派员调查外侨有无损害并慰问。

（5）令主管机关，加紧伤兵难民之救济，并维持恢复交通。

蒋委员长据报后，立即亲临镇抚，并采取下列处置：

（1）逮捕首事有关人员，依法严惩。

（2）拨付巨款，救济被难民众。

（3）调集重兵，加紧长沙防卫。

（4）改组地方军警机构，办理一切善后。

上述各项处置，均经依次施行。而第九战区陈司令长官及政治部，亦分别调队派员，协同地方政府，维持秩序，恢复交通，并极力抚辑灾民，俾治安渐臻稳定，遂续作救济工作之进行。

（乙）救济之进行：救济工作之组织，以长沙市火灾临时救济委员会为中心（委员会组织大纲抄附见附件四），该会于十一月二十二日成立，内分总务、救济、工程、市场、交通、治安、宣传、经理等八组，推行工作。而关于救济一端，实尤为当务之急，特为提出叙述之。

查该会救济工作，首在安置灾民，其手续先办登记，再办疏散收容，并有小本贷款及保育费之设置，以为灾民不愿住收容所者生计之预筹，兹录其所定原则如下：

（1）灾民收容所登记灾民，至十一月底截止，疏散灾民，至十二月三日截止，再发给灾民证办理疏散。

（2）收容所灾民，日发给养一角。

（3）指定疏散县份，为湘中安化、新化、邵阳、武冈，湘南祁阳、零陵、东安、宁远，及湘西泸溪、溆浦等十县。各县由各县政府办理灾民收容所，凭证收容长沙市难民，供给食宿，至明年三月十五日止，三月十五日以后，由赈委会负责救济。

（4）如有不愿到第三条所指定之疏散县份，亦发灾民证、疏散费、给养费，任其自行前往，如满百人，即可添设收容所。

（5）疏散费规定以每三十华里发二角五分为标准，另发给养三天计三角。

（6）各县只办收容所，不发现款，但灾民不满百人，不能设所时，每人折发十元。

（7）凡不愿住所愿小本贷款者，每人得贷款十元，十二岁以下之儿童，不得贷款，但得领保育费五元，由救济委员会发给贷款证、保育证及疏散费，灾民持往疏散地县政府领款，其愿留长沙者，不给疏散费。

该会依上述原则办理，自十二月一日至七日，经疏散至外县之灾民，共有 25813 人。其中贷款者 23804 人。领保育证者 1792 人。领灾民证者 217 人。

灾民登记及疏散日期截止之后，仍有灾民未及登记，签请补行救济者。该会为体恤灾民起见，复决定于十二月九日，每人发给一次救济费五元。是日领款人数，仍有八万四千余人之多。共发出救济费四十二万余元。连同已往所发收容、疏散及贷款、保育等费，共已用去六十余万元，其来源系为中央之补助，及该省之自筹。至该会对于救济工作，办理颇属紧张，所有在事人员，大都废寝忘餐，勇于负责。一涵详加考核，尚属聊足慰怀。

（丙）复兴之筹划：该省政府对于长沙之复兴，已设有长沙市善后建设委员会，主持筹划（委员会组织大纲抄附，见附件五）。并决定由二十七年该省建设公债项下，指拨一千万元，作为该项建设经费，不足再筹。一切复兴事宜，均已开始筹划。

至关于长沙此次火灾善后之大体办法，业经张主席先出布告，继发通电宣布矣（布告及通电抄附，见附件六、附件七）。

综以上所述之各节，胥为一涵查得之情形。除前已撮要电呈外，谨具书报请鉴核！再一涵此次前往调查，并曾奉命兼为慰问，遵经于到达长沙之后，向灾民及各界人士，代致钧长垂注之殷，及特命一涵亲往调查慰问之意。并于长沙火灾临时救济委员会开会时，向众详为申说。报章亦有载明，地方同深感奋。合并陈明！谨呈

监察院院长于

计抄呈附件壹册。（略）

监察院湖南湖北监察区监察使高一涵

中华民国二十七年十二月二十八日

（摘选自中国第二历史档案馆馆藏监察院档案）

河南省灾情密查报告书

（1942年11月30日）

案查前奉钧长东电[1]，略以奉委员长申梗[2]侍秘代电开：河南灾荒情形，希派公正之监察委员与中央委员数人前往密查实报为要等因，中央方面已定张委员溥泉前往或飞兰州，本院派一涵会同密查实报，饬即在兰待命办理，等因；正待命间，复奉鱼电[3]，以张委员由渝乘车赴西安，饬即启程到陕同行。遵即于十月十一日启程前往，于十四日到达西安，张委员溥泉、张秘书长厉生亦于是日到达，相与略商后，随于十八日同赴洛阳，会晤豫省军政当局暨各法团首长，一面听取各方面报告及意见用作勘灾参考；一面同赴外县实地密查（计历阌乡、灵宝、陕县、渑池、新安、洛阳、偃师、登封、密县、新郑、长葛、许昌、襄城、叶县、郏县、宝丰、鲁山、临汝、伊川、伊阳等县）。以明真相，经查完竣于三十日返洛。在洛时又奉筱[4]电，以奉委员长酉筱侍密代电开：关于查灾要旨已面告溥泉、厉生两同志，请嘱高监察使于到豫时与溥泉先生接洽，务期态度一致等因。奉此，查一涵此次奉派会查豫灾情形，节经电陈在卷，盖会同密查时见闻相同，自当与张委员溥泉、张秘书长厉生态度一致。除将勘查所得实在情形，已会衔呈报中央鉴核外，理合将密查豫灾详细情形，并摘要编具报告书，一并备文呈送，仰祈鉴核。谨呈
监察院院长于

---

① 东电：指1日电。
② 梗：指23日。
③ 鱼电：指6日电。
④ 筱：指17日。

附呈河南省灾情密查报告书一份

监察院甘肃宁夏青海监察区监察使高一涵

河南灾情密查报告书

一、河南各县灾荒实况

查本年河南各县灾荒，系由多数原因凑成，高原地带多受旱灾，黄河滩地尽被水淹，而风雹霜蝗各灾又复接踵而至。河南人民食粮，素以秋收为主，秋灾一成，民食已减大半，而本年灾情以秋灾重于春灾，春麦既已欠收，秋灾又复严重，因此 遂成饥荒。一涵此次到豫，除道经阌乡、灵宝、郏县、渑池、新安、洛阳，各地留心考察外，并选出灾情最重之区，实地查勘，计经过偃师、登封、密县、新郑、长葛、许昌、襄城、宝丰、叶县、郏县、鲁山、临汝、伊阳、伊川等县，亲见高原地带玉蜀黍、高粱、小米、棉花等现仍残存于地中者，其高皆不盈二尺，晚种荞麦受霜已枯，红芋之实大不盈指。据省政府河南三十一年灾况表所列：全省六十八县之中，秋收不及二成者五十县（郑县、广武、禹县、洧川、密县、汜水、中牟、新郑、尉氏、荥阳、长葛、许昌、郾城、宝丰、鄢陵、鲁山、襄城、临汝、临颍、郏县、泌阳、叶县、舞阳、南召、方城、西华、沈邱、扶沟、项城、商水、正阳、潢川、息县、光山、罗山、经扶、洛阳、孟津、伊阳、登封、嵩县、偃师、宜阳、巩县、伊川、陕县、渑池、洛宁、阌乡、新安）；春收不及三成者四十一县（郑县、广武、禹县、洧川、密县、汜水、中牟、新郑、荥阳、长葛、许昌、郾城、宝丰、鄢陵、鲁山、襄城、临汝、临颍、郏县、镇平、叶县、舞阳、南召、方城、西华、扶沟、罗山、洛阳、孟津、伊阳、登封、嵩县、偃师、宜阳、巩县、伊川、渑池、阌乡、新安、淮阳、太康)；春收秋收皆不及一成或二成者计十五县(登封、广武、郑县、密县、汜水、荥阳、长葛、鄢陵、郾城、临汝、临颍、郏县、扶沟、偃师、巩县)(附原表一件)。一涵亲至登封吴家岗、密县牛儿店之乡村中逐户视察，大抵皆家无余粟，仅恃芋叶、芋藤、榆叶、榆皮、刺芥芽(本草名小蓟)等和杂粮麸皮煮熟充饥。麦场上所晒者大多为芋叶、芋藤、榆叶等类，全家逃难者多用泥土紧封门户；其他或留一二人守家，余皆出外就食，总计逃难人数，除南入湖北、东走安徽人数无法统计外，其逃入豫西以至陕西者，据赈济委员会运送配置难民洛潼总站报告，自八月九日起至十月三十一日止，共为九万一千四百四十四人，而步行及自购车票前往者尚未计算在内，此河南各县灾情及难民出境之大概情形也。

二、构成饥荒之重要原因

查豫省民性忠诚，自奉俭约，对于军粮田赋征购，均能如期缴清，故人民不苦于粮赋之征购，而苦于摊派之频繁，盖粮赋之外，尚有公教团队之食粮(即公务员役平价麦、保安团、警察自卫队后备队、国民兵团防护团等食粮，学校教职员麦津，乡镇保甲人员麦津及其他麦津)。据豫西救灾会所制洛阳、偃师、巩县、孟津、登封、新安、渑池、宜阳、洛宁、嵩县、伊川、临汝、郏县、宝丰、伊阳、陕县、灵宝、阌乡十八县三十一年征购麦粮调查表所载，征实征购共为一万二千七百五十九万一千八百三十九市斤，而县公务员役平价麦、团警食粮、教职员麦津、乡镇保甲人员麦津及其他麦津五项，共为三千九百九十三万三千六百二十二市斤，约占征实征购总额三分之一以上，再加以省级公教员役团警公粮，游击队给养，以及代购柴草麸料军粮运输等项，故负担颇为繁重(附照抄原表一件)。现该省政府已将省级公教员役团警公粮由四十二万石减至二十一万石，而军粮运输复改由政府办理，民力似可少苏；但省公粮数量究不及乡镇保甲公粮数量之多，甲公粮素无统计，自行摊收，据该省当局面称，全省约合一百万石，实际上数量恐或超过此数甚巨。本年春麦各地减收，除灾情特重县份不计外，即令征购粮赋二百万包，民力似尚可勉强担负，今以再增加上述各项摊派，则灾重县份，民食已十九告罄，提前缴清者现多家无余粟，而迟迟未交者，又因食用殆尽，此则二百万包粮赋难于扫数征齐，而灾重各县所以目前已构成饥荒，致使人民相率外逃之重大原因也。

三、救济办法及意见

河南各县灾荒实况，及所以构成饥荒原因，已如上述。所幸者冬麦业经遍种，所种之地亩且较昔年为多，十月之间曾得透雨，冬季如降雨雪，则明岁丰收，定可预卜。人民在此农隙之时，多数出外就食，尚不妨碍农耕，且可减少运粮入豫救济之困难，故难民逃走，明春仍可回籍，其问题并非严重，所最感严重者留籍待赈之人，处此青黄不接之时耳，据该省救灾简报所估计，非赈不活人民为数约有二百万，此二百万人之生活严重时期，当在自本年十二月至明年四月之交（附节抄河南省政府救灾简报），且灾情最重，人民待赈最多之区域，皆为大军所驻之区域，救灾与抗战关系至深且巨，故救济灾民实为当前刻不容缓之要务也。

救济办法，除各县自筹救济外，曾与该省军政当局，及各方负责办理救济人员商讨数次，综合各方意见，条陈于下：

一、豫省灾民食粮大量缺乏，运粮入境自应视为首图，故办理平粜为目前最急之务，该省政府除自筹九千万元自办平粜外，甚望中央拨款二万万元，作为平粜基金，以资周转。

二、平粜食粮，价格虽然较低，然仍须灾民有购买能力者，方可得食，凡属正当农民，合乎农贷条件者，自应增加放款，以济急需，该省政府甚望农民银行移缓救急，将他省农贷移若干成至豫省贷放，如能超过一万万元，则正当农民当可全活无算。

三、对于有工作能力灾民，举办以工代赈，乘此时机，兴办水利工程，最能适合需要，该省建设厅业经拟就河南省三十二年度拟办农田水利工程，初步计划及疏浚河道工程计划，以便以工代赈。

四、该省人民副业，素以生产土布为大宗，据建设厅当局报告，该省土布年可出产一千五百万匹，如能将土布统制办法停缓一二年，除军政部所属军需局需要土布数量由该省如数供给外，概准人民自由买卖，并得运输他省，有裨灾民当复不浅。

五、为补救粮食缺乏，希望中央电令邻省，对豫省购运粮食予以便利，并希望邻省贷予杂粮稻谷，俟明年收获，再行拨还。

六、在举办平粜农贷及工赈以资救济外，倘有少数灾民，仍无法维持生计，拟于紧急时期，发放赈粮或动用积谷，以救此非赈不活之灾民。

七、奖励富户捐粮，并保护粮商运粮入境。

总之豫省人民，最严重时期为自本年十二月至明年四月，以上办法，如能一一见诸实行，或可渡过难关，而乡自为救，县自为救，及省自为救，尤为当前急务，明年春季如获丰收，则灾民相率回籍，故移民垦殖办法，恐实际上无大效果。

计附河南省三十一年灾况表一件（略），照抄豫西各县三十一年度征购麦粮调查表一件（略），节抄河南省政府救灾简报一纸。

监察院甘肃宁夏青海监察区监察使高一涵

中华民国三十一年十一月三十日

附：节抄河南省政府救灾简报（民国三十一年十月）

三、结论

（略）本省待赈人数为一千一百四十六万余人，其中非赈不活人数以二成估计，约为二百万人。现在至明年麦季尚有八月之久，灾重期长，民命堪忧。（略）

（摘选自中国第二历史档案馆馆藏监察院档案）

视察青海政治教育建设司法等情形呈监察院报告

(1943年12月20日)

窃一涵于本年十月四日,由兰州赴青海省视察,计历民和、乐都、以迄西宁。费时六日,兹谨将视察该省政治、教育、建设、司法等情形择要分述如下:

(甲)政治

青海省政府自二十七年起曾提出六大工作,即编组保甲、训练壮丁、推广识字、禁绝鸦片、种植树木、修筑道路等六种工作,经逐年发展,均有长足之进步。其在行政方面:

(一)调整行政区域

查该省面积辽阔,大部属于游牧区,多未开辟。自二十七年至二十九年,先后成立祁连、兴海、通新、海晏、西乐、和兴、和顺等七设治局,以利行政。今祁连、海晏、兴海三设治局已升局为县,然各县局所辖地域仍感过广,治理不便。该省政府本年度施政计划规定于都兰县属之哈姜香日德坝、芒夏等处增设三设治局,业已按照计划增设新川、香德二设治局,以增加行政效能。该省县局现共有二十六单位矣。

(二)新县制推行情形

查该省业已实行新县制之县份计有西宁、互助、大通、贵德、湟源、乐都、民和、循化、化隆、门源、同仁等十一县。本年度施政计划列增设设治局,澄清吏治调整保甲,建立各级户政机构,扩充警政机构,充实警察设备,彻底禁运烟土,推广救济,注重礼俗,建立县社会行政机构,推行社会事业等事项为中心工作,以完成新县制,并已依照计划次第付诸实施上列。各该县之保甲编组及户口调查，自二十七年起已先后办竣，该省政府以未能彻底完善，特依据该省县以下各级组织规程及保甲实施规程，暨部颁县保甲户口编查办法，复于本年重施整编，以求完密。并以过去三位一体制试办结果，顾此失彼，颇感不便，规定各乡镇保长不得兼任校长，学校教职员不得兼任乡镇公所经济文化主任及户籍干事，以专责任。关于户政方面，虽已于三十年派民政厅主任科员杨景修、马善浩二人前往重庆，参加内政部举办之户政干部训练班受训，以为办理各级户政之准备，惟以省户政干部训练经费预算，连年往返交涉延误不决，致原定训练计划未能实现，而本年度户政经费，在该省省预算内中央仅准八万元，对于户政机构之充实，尚不敷支配，遑论办理规模宏大之全部户政。总之该省户政须待干部人员训练完成，经费充裕方能从事实际推动。其县等已遵新县制之规定，参酌各县人口、面积、文化、交通各实际情形，分别厘定。列西宁为一等县，互助、大通、乐都、民和为二等县，贵德、湟源、门源、共和、化隆、循化、玉树为三等县，同仁、都兰、称多、囊谦、同德、祁连、海晏、兴海为四等县。

（三）壮丁训练状况

查该省对于民众训练，民国二十四年以前即已着手编训，故过去海南、河西剿匪诸役迭立战功。二十七年该省政府改组以后，仍积极推进并遵令成立青海省原国民军训练处。二十九年，奉令征组国民兵常备队，旋又改为后备队。迨至上年三月，奉令将壮丁训练名称，一律改为国民兵训练，数年以来甚著成绩。本年训练已征及蒙藏同胞，尤属难能可贵。据该省当局谈称：全省国民兵训练，预计明年可全部完成。

（四）本年灾荒情形

查本年入夏以来各地多受洪水、冰雹、河涨、沙压等灾，时间同在五、六、七三个月内，计受洪水淹没田禾庐舍，并损伤人畜者，有化隆、南屏、湟源、大通、贵德、祁连、门源等县局；被冰雹伤害人畜田禾者，有化隆、西宁、互助、大通、祁连、共和、兴海、门源、同仁等县局，故本年被灾各县收成较减，粮价颇形高涨。

（乙）教育

青海省除设有国立西宁师范学校及湟川中学外，该省府认为该省地处边陲，民族复杂，国民教育及中等教育既须特别注重而推广识字教育，又为该省六大工作之一，故对于教育之设施，非常积极。其概况。

（一）国民教育

查该省学龄儿童共为五万七千九百四十人，就学儿童为四万七千九百六十七人，失学儿童为九千九百七十三人。全省现已设中心学校 151 所，国民学校 795 所，前者较上年增设 50 所，后者较上年增设 70 所，西宁、乐都、湟源三县之国民学校已达到“每保一校”之规定。

（二）中等教育

查该省中等学校计有八所，省立者七所，曰：西宁中学校、乐都初级中学校、西宁女子师范学校、民和简易师范学校、化隆简易师范学校、大通蒙藏简易师范学校、西宁初级职业学校。私立者一所，曰：昆仑中学校，据上年度统计共有 41 班，学生 1187 名。

（三）推广识字教育

查该省地处边陲，民族复杂，故文盲比例他省，为数较多，该省政府为提倡民众识字教育，特订定各县乡村民众识字训练班办法规定，每保设识字处一所，由各县长责成各保甲长督导进行，保内不识字者，在每日规定时间内，一律到处识字，并授以抗战歌曲，讲以抗战忠烈事迹，各小学均附设识字班，上年受识字教育之人民，计四万余人，本年预计可到十万人左右。

（丙）建设

种植树木、修筑道路均为该省府中心工作，各机关及兵民所植树木早已超过五百万株，至公路之修筑，近年以来亦甚积极，其实施情形：

（一）造林

该省自十九年起即努力于造林工作，历年皆由驻军及训练机关担任大部分，其余则由各级党政机关及法团学校分任之，推行以来，成绩甚为可观，所植之树约在一千万株以上。截至目前止，已成活者有六百余万株，惟以民间自动种植者为数无几。本年，该省党政军工作检讨大会决定三十三年度造林计划，发动全省农民普遍种植，以期由绿化城郊进而收绿化原野之广大效果。

（二）公路

查青藏公路自开工以来，进行颇为顺利。该路共分四段，自西宁至共和（恰卜恰）为第一段，自共和至大和坝为第二段，自大河坝至黄河沿为第三段，自黄河沿至歇武族为第四段，先测量第一、二、三段，一、二两段测量完毕即行施工，第一段开工后，一个月完成，二、三两段，三个月完成，故本年内已修至大河坝，距黄河沿仅隔四十五公里矣。

（三）垦务

查柴达木屯垦事业，已着手为初步之进行，惟交通困难，运输成为极严重问题，因人烟稀少，道路未修，沿途苦无宿站，加以气候寒冷，旅行维艰。故运输车辆、骡马损失约占十之七八，至于三角城一带军垦，本年试验可为圆满成功。所种青稞、菜子业已成熟，一川黄金四望无际，由湟源、海晏各县雇派民夫五千人协同军队赶收所有收成，尽作军粮之用，故玉树一带，防务上所需军粮已形充足，且可免去长途运输之劳。

（丁）司法

青海各级司法机关均能依法组织，或偶因事实之需要，县司法机构与他省略有不同，亦不过因地制宜，于法务之推行，尚无窒碍。惟经费困难极待补助，以利法务其实在情况。

（一）机构

查该省司法机构有青海高等法院、西互地方法院、乐都地方法院、湟源地方法院、化隆地方法院、民和地方法院、大通司法处，其由县政府兼理司法者，有循化、贵德两县，此实为他省所少见，高等法院设于省会西宁，并无分院，各级法院受理案件，以民事案件较多。

（二）困难

（1）经费　查该省司法经费，在二十八年以前完全仰赖地方，自二十九年以后改由中央拨付。据该省高等法院院长马师融面称，本年六月以后之经费及七月以后之米代金，迄未拨到。物价逐日高涨，员工生活不但蒙受影响且已无法维持。

（2）建置　据马师融院长面称，该省各司法机构，除高等法院及西互、乐都两地院，地址尚符适用外，其他各县之司法处兼理司法县政府与看守所之办公地点或暂赁民房，或借住庙宇，内容既极简陋，外表亦欠庄严，青海蒙藏人民甚多，该二民族崇尚礼节，最重仪表，似此设备简陋，实属影响司法威信。故各该院处购置地址，建筑办公房屋乃为目前重要之图，惟物价高涨用费不赀，至感困难等语，该院长所述困难情形，经一涵多方访问确属实情。

总之，青海政治、教育、建设等项均日有进步，尤以造林成绩为佳，理合将视察情形择要呈报，仰祈鉴核。谨呈

监察院院长于

监察院甘肃宁夏青海监察区监察使高一涵

（甘肃省图书馆馆藏）

视察青海省政治教育建设及骑五军移防新疆等项情形呈监察院报告

（1945 年 11 月 20 日）

窃一涵于本年十月十七日，由兰州赴青海省视察。计历民和、乐都以迄西宁，费时八日。兹谨将视察该省政治、教育、建设以及驻青国军骑兵第五军奉令移防新疆开拔等情形择要分述如下：

（甲）政治

青海省面积辽阔，大部属于游牧之区，其政治设施多因地制宜，以期逐渐开辟易于治理。在行政方面，经不断改进，已获相当之成效。其概况：

（一）行政区之调整

该省行政区原定设置七区，而正式成立者为第五区（共和、都兰、兴海等县，西乐、通新、香德等设治局属之）、第六区（玉树、囊谦、称多等县属之）、第七区（同德县及和兴和顺星川等设治局属之）三个区，其余各区县局，虽各划定，因专员公署尚未成立，名称暂尚未定。本年奉令依照设置秩序，改第五区为第一区，第六区为第二区，第七区为第三区，其未设置专员各区，拟以后即按设置秩序再定区划名称。本年内并拟设置南屏、河曲、河沿三个设治局，以增加行政效能，现正在筹设报部中，预计该省县局将达二十九个单位矣。

（二）地方自治之实施

该省地方自治之推行，颇为积极。实施情形：

（1）编查户口　截至去年底，已编查完竣并经整编者，有省会西宁、乐都、大通、互助、民和、贵德、湟源、门源、循化、化隆、同仁、共和、海晏、祁连等十四县局与直属塔尔寺一乡。本年整编乐都、民和、贵德、同仁、循化、化隆、互助、大通、门源、祁连、共和、海晏等十二县局保甲，并令兴海、同德等县编查保甲调查户口。现全省户口包括未编查保甲之蒙藏游牧区域各县局，共计212170户、1384648口，拟俟本年地方预算内所列之户政经费核准补发到省，户政人员训练办理完竣后，即办理户籍登记及人事登记。

(2) 整理财政　各县财政除中央划拨县市国税外，地方收入仅有财产权之率息一项，年收入五万三千余元，至法定五种自治捐税，除屠宰税外，其余均未征收。本年县预算岁入力求增加，岁出力求紧缩，然收支悬殊，不敷颇巨，已分别向院部呈请补发，俾便地方自治事业顺利进行。

(3) 组训民众　积极筹备其成立农会者，有西宁、湟源等八县，会员17331人，已受训练者4536人。其成立工会者有西宁、湟源等九县，会员人数3756人，已受训练者756人。其成立教育会者，有西宁等九县，会员人数1220人，已受训练者856人。其成立商会者有西宁、湟源等十县，会员人数590人。

(4) 开辟交通　已完成者为西宁等十九县，县道长2561华里，在建筑中者约576华里，乡村道路已完成者有二十二县局，在建筑中者约有110华里。

(5) 办理警卫　各县、区、乡、镇、保、国民兵队业经成立，并由各区乡镇保长充任各该队队长，召集适龄国民兵于每年四月间集中训练。办理以来，成效卓著。各县运用保甲组织，严密稽查盗匪，人民安居乐业，地方颇称安谧，盖因国民兵组织之组织管理教育与警察执行各种事项，密切合作，负责执行，收效甚大。

(三) 地籍之整理

该省本年原拟清丈互助、同仁、循化三县土地，嗣因荒旱过甚，遂专注于乐都县耕地田赋之整理。以该县差赋久未清理，紊乱不堪,畸轻畸重,病民特甚,已将该县土地先行丈量,并调查各项资料,辨别土地肥瘠,拟定三等九则,规定粮额。总计该县全部水旱地 469531 亩,粮额共 6455 石。此外,并整理民和、化隆、门源等县粮赋等级,计民和水旱地共 621078 亩,粮额共 6852 石;化隆水旱地共 321350 亩,粮额共 2561 石;门源水旱地 189493 亩,粮额 331 石,至各县荒地调查与使用亦经办理。

(四) 荒灾之救济

该省上年牛瘟、冰雹、亢旱诸灾迭相侵乘,元气未复。本年自春徂夏天道亢旱,禾苗多已枯萎,迨至仲夏,又遭冰雹摧残,灾情普遍,民心惶惶,生计堪虞。由该省府一面电报行政院内财粮等部及赈济委员会拨款救济灾黎,一面令饬各县局办理救济事业,计共支出救费 15505015 元,实物(白面)59500 斤,救济人数 11974 人。

(乙) 教育

青海省政府对于教育行政向极重视,年来经切实整理改善益行进展其概况:

(一) 国民教育

该省中心国民学校原为 155 所,学生人数 7972 人,国民学校原为 749 所,学生人数 33843 人。本年中心国民小学校为 195 所,学生人数 13412 人,国民学校为 752 所,学生人数 38120 人,较前均有增加,拟于以后逐年增设,以达到每乡镇设一中心国民学校之规定。

(二) 中等教育

该省中等学校原有八所,省立者七所,私立者一所。本年增设为十三所,省立者十二所,曰西宁中学、乐都初级中学、贵德初级中学、西宁职业学校、西宁女子师范学校、西宁简易师范学校、民和简易师范学校、化隆师范学校、大通简易师范学校、循化简易师范学校,湟源简易师范学校、玉树简易师范学校,私立者一所曰昆仑中学,总计有 117 班,学生人数 3665 名。

（三）社会教育

该省为提倡民众识字教育，曾订定各乡村民众识字训练办法。规定每保设识字处所，各小学均附设识字班，并已于湟源、互肋二县成立民众教育馆各一处，计划在本年内于乐都、民和二县，各设民教馆一处。此外，有省立图书馆、民众教育馆、县立图书馆、民众书报室、公共体育场、儿童剧场、省垣无线电收音处，并拟于各县装设收音机，以辅助社会教育之进展。现就学儿童已达51535人，成年受教育者已达26014人。

（丙）建设

青海省以修路、造林、垦荒等事务为其中心工作。其进展概况：

（一）公路

该省公路经继续修筑计完成干线八条，即青藏公路827公里，甘青公路109公里，里宁临路244公里，宁张路452公里，宁都路386公里，宁贵路138公里，宁凉路西互段52公里，省鲁路23公里。支线七条，即黑上路27公里，贵循路143公里，循同路92公里，互大路56公里，民临路132公里，湟海路45公里，色大路26公里。

（二）造林

该省每年发动军民及机关学校栽植树木，截至上年全省共栽植杨柳7447296株。本年，倡导各县自行栽植计植485773株，树苗7930266株，移植20075株，共植8436114株，总计15883655株。对于所植树木养护事宜特别注意，故十、九全活。

（三）垦荒

该省在“增加后方生产”号召之下，军民从事开垦，历年以来成效颇为可观，其军垦土地共计92641亩，民垦土地共计641000亩，蒙藏人民垦地21449亩，合计755090亩。

（四）创办发电厂

该省为适应西宁市区电力需要，根据经济部资源委员会青海省政府西宁电厂事业计划第四项规定，商定创办水力发电厂，勘定河北林家崖为厂址，自上年四月兴工建修，至本年六月所有土木工程全部完成，并将水轮机业已装置妥善，现正装置发电机，最近即可供电。

（丁）骑五军移防情形

驻青国军骑兵第五军奉中央命令移防新疆，青海省全体军民人等以该军万里长征，宣勤党国，备极赞扬。该军共六个骑兵团，开拔顺序，定二个团为一单位，分三梯队开拔。现已到达新疆省奇台、迪化二地接防。查该军留青之特务、炮兵二团，亦奉令开新增防。一涵由兰赴青海省各县视察时，该二团官兵正由西宁防地出发，兹将该军开拔及沿途给养军纪情形略述于下：

（一）开拔路线

该军出发经过路线，原定经永登、武威、张掖、酒泉等地，系取由河西大道行军，并奉第八战区长官部令，于本年五月五日以前集中酒泉，候领武器。嗣以河西地方，正值青黄不接、粮草缺乏，大军过境，势必增加人民负担，重以夏令气候炎热，沿途缺乏水草，马匹损耗堪虞，经电请委座及长官部，准将行军路线改由青海省属之民和、乐都、大通、门源等县及祁连设治局取道草地行军，直达酒泉，人马均甚适便，该段沿途各站运输给养均由青海省按站配备。

（二）经过地方

该军自青省享堂出发，经老鸦城、乐都、平安镇、西宁至香山休驻一日，又经流水沟、阴天、门源至老虎沟滩休息二十日，又经白水河大梁、俄博八宝河，至八宝休息三日，又经大浪、三珠龙台、酸利沟、锅允石、热水、陶耒滩、白水河、大水、三义沟、米沟、车井湖、玉门、三道沟、布隆吉、小湾、安西、白洞子、红柳园、大泉、马连、井子，出猩二峡，经沙泉子、苦水、烟墩、骆驼井子、格塔井子、黄田至哈密后，又经头堡、二堡、三堡、三道岭、窑洞、南湖泉、七角井、蛇鼻口、大石头、三个泉、木勒河、老奇台、奇台县、顺元县、三台、芝泥泉、古木地，其间共经驻站地方五十九处，始抵迪化。

（三）粮秣补给

该军实有官兵6375人，马骡7452匹。官兵每日计需面粉12830斤（折合麦市石121石2斗3升），骡马每日计需麦草74520斤，莞豆372市石6斗，麸子33534斤，计共在青海省境内用粮4243石3斗，莞豆13041石，麸子1174000斤，因门源以上军马均行放牧，需草较少，计共用草894240斤。以上所需给养，除享堂至门源，各站粮秣统由就地补给站支补外，其余由门源至酒泉各站粮秣，均雇用民夫驮运存储，以应军需。门源以上各站所需粮秣均由青海湟源、互助、大通等县驮运，计共需驮牛6000只、雇用牛夫二千余人，每日所需口粮、干姜2898石，此外，并在酒泉附近，金佛寺运屯十日，食粮130540斤，莞豆297石7斗，交由副军长韩荣福，作为酒泉至哈密所需粮秣，此项给养全数由青海湟源县境驮运，计雇用达吾夷、刚察等地民间驮牛4334只，其运送青境各站粮秣，计雇用民间驮牛1600只，雇价均由青省府筹付。该省连年灾侵频仍，人民生活艰窘，此次军粮输运，人民竭诚以赴，其平日军民合作之精神，于焉可见。

（四）军纪与犒赏

该军驻防青省军长马呈祥、师长韩有文等对于部属约束严明，深得人民同情与爱戴，每年发动兵工修路、种树、垦荒、开渠，成绩昭著，此次移防人民深表缱绻，故筹办供应亦较为容易，该军行至香山驻休时，计犒赏牛羊34只，在老虎沟滩驻休时，计用牛羊各34只，在八宝、五岭沟、金佛寺等地均用牛羊犒赏，计共用食牛276只，羊176只。

总之，青海省各县政治、教育、建设等项均日有进步，新兴事业亦积极筹备，尤以修路、造林、垦荒成绩为最优良。至骑五军之开拔赴新，除取道四无人烟之草地外，即沿公路进行，亦必住宿毡帐，严守秩序，对于各地人民秋毫无犯，其纪律严明，行动敏捷，均可称为行军模范。似应传令嘉奖，以示鼓励。理合将视察情形，择要呈

报，仰祈鉴核。谨呈
监察院院长于

监察院甘肃宁夏青海监察区监察使高一涵

（甘肃省图书馆馆藏）

监察院甘肃宁夏青海监察区机构沿革与历年工作概况

（1945 年）

一 前 言

民国二十四年春，国民政府监察院，以监察委员集中中央，间虽派往各省视察吏治，终以地区辽阔交通阻塞，不易周知吏治实况与民间疾苦，为求政治清明、贪污敛迹起见，特划全国为十六个监察区，于二十四年四月间，先行设置七区，各派监察使一人，以监察委员兼任，专司各该区巡回监察之责。甘肃宁夏青海三省，划为第十三监察区，由国民政府于同年四月二十九日特派戴愧生为本区监察使，当于五月间进行筹备，六月二十日设署兰州开始办公，成立以来，将及十载，爰特将历年（二十四年六月起至三十四年十二月止）来工作实施情况，编具概略，以备参考。

二　组　织

本署组织，系根据《监察使署组织条例》（二十五年四月十四日公布），内部单位分为总务科、调查科、会计室三部分，署内设监察使一人，秘书二人至三人，科长二人，会计员一人，科员三人至五人，调查员二人至四人，助理员五人至八人，并得酌用雇员。民国三十一年二月七日，为适应实际情况，经将前项条例修改，于同年二月七日公布，充实人员，增设秘书室，科员由三人至五人，增至四人至六人，调查员由二人至四人，增至四人至六人，助理员由五人至八人，增至六人至十人，余均仍旧。三十二年十二月三十一日，中央为加强监察权之实施，又复将条例修正，增加荐任调查员二人。三十三年十一月，复遵令成立人事室。此外本署于三十二年六月遵令确立行政三联制基层制度，成立设计考核委员会，兹将本署组织概况，列表于下：

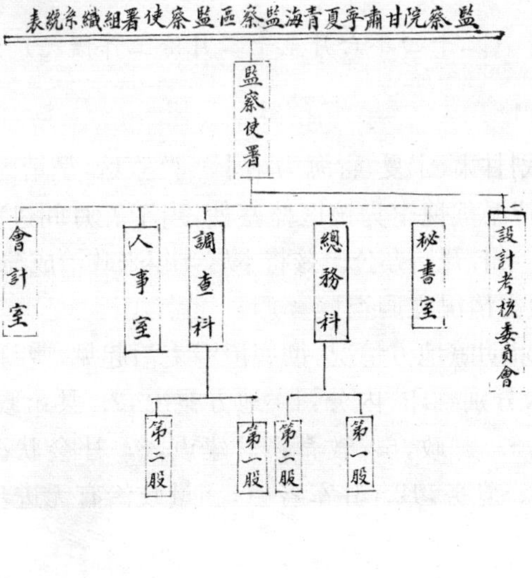

三 沿 革

民国二十四年四月，国民政府特派戴愧生为本监察区监察使，当于同年五月进行筹备，原定兰州小北门五省会馆为署址，六月二十日正式成立，开始办公。二十七年二月，国民政府特派严庄为本区监察使，同年三月十二日，接印视事，旋于二十八年十月间，因署址不敷应用，迁至曹家厅六号（陕西会馆）办公。二十九年九月，国民政府特派高一涵为本区监察使，于同年十一月十九日接印视事，蝉联三任，以迄于今。卅四年冬，复以署址系向陕西会馆租用，殊感不便，经商甘肃省政府，允以民国路前教育厅旧址，拨作本署址，旋即稍加修整，于三十五年二月迁入民国路新址办公，由此本署之办公处所，始有一定地址，此为本署成立以来之大略情形也。

四 历年工作简况

（二十四年六月至十二月份工作概况）

监察院划甘肃、宁夏、青海为第十三监察区，呈请国民政府于四月二十九日特派戴愧生为该区监察使，当于五月间进行筹备，六月二十日设署兰州，开始办公。兹将本署半年来政治成绩述要如下：

（甲）地方情况之调查

本署为求明瞭地方情况，彻底澄清吏治起见，曾订定地方情况调查表三种，分别翻印，内分：1. 地方概况，2. 县市政府，3. 县市长，4. 公安，5. 财政，6. 教育，7. 建设，8. 社会状况，9. 自治，10. 司法，11. 党务，12. 驻军各栏，测量政治有无进步，人民疾苦已否减除，次及施政时有无阻碍等项。除于派员前往各县视察时查填外，并分令各县县长切实查填。

（乙）巡回监察之经过

本署设立后，先后由戴监察使亲往宁夏、青海两省及甘肃省西路一带视察，并派员分赴甘肃省东路、南路视察。计已历经甘肃省之皋兰、永登、武威、永昌、古浪、张掖、山丹、高台、临夏、临洮、泾川、平凉、灵台、榆中、定西、通渭、秦安、甘谷、武山、陇西、渭源、洮沙等县；宁夏之宁夏、宁朔、金积、灵武等县；青海省之西宁、互助、民和、乐都、大通、湟源等县。

（丙）人民书状之处理

本署半年来收受人民书状凡 113 件，其中属于甘肃省者为一〇九件，宁夏省者凡一件，青海省者凡三件。

……

二十九年工作概况

（自二十九年一月至十二月份）

一、视察

本年十一月二十日高监察使一涵接事后，即亲往甘肃省省政府各厅处视察设施情形，并赴甘肃省临时参议会及兵役监督委员会等机关视察。本年十二月以后，继续视察甘肃高等法院、皋兰地方法院、皋兰县政府、甘肃学院等机关及学校。

二、调查

（甲）普通调查

本年四月本署派员调查甘肃省车驼管理局、交通部兰猩车驮运输所、财政部西北官盐运输处、甘肃省立医院等机关一般设施情形。本年十一月派本署秘书韩树模调查甘肃兵役监督委员会及甘肃省临时参议会关于兵役征募及军事征用之一般情形。

（乙）专案调查

本年计收受书状一二七件,行查六五件,派查八件。

三、弹纠及建议

本年计提案弹劾者六件,其被弹劾者内有县长二人,保甲委员一人,县政府科长一人,区员一人,联保主任一人。计提案纠举者四件,其被纠举者,内有保长一人,县教育督学一人,县禁烟事务所所长一人,统税稽征所所长一人。

三十年工作概况

（自三十年一月至十二月）

查本署本年度中心工作,除对于抗建期内要政之设施及推进情形随时查察,以期适合战时监察工作之本旨外,对于视察调查以及宣扬党义政令,增进宗族间之团结精神,尤为注重。计自本年一月至十二月总共收到文件为 1456 件,发出文件为 733 件。其中:(1)奉行法令 321 件;(2)主管院交办事件 122 件;(3)接受书状 189 件(除旧案或其他不在本署职权范围以内者外,委任其他机关查复者 111 件,派员调查者 16 件);(4)提出弹劾案二件(被弹劾者四人);(5)提出纠举案六件(被纠举者八人);(6)提出建议案三件,意见案一件。兹将工作实施情形分别略述于下:

（一）视察

依《监察使巡回监察规程》第二条:“监察使应就所派监察区内,巡回视察。”监察使出巡之任务,除普通视察政治、财政、教育、司法、水利等各种情形外,并得向各官署及其他公立机关查询,或调查档案册籍及接受人民举发公务员违法或失职之书状,其特别注意者:(1)关于所派监察区内各官署及公立机关之设施事项;(2)关于所派监察区内各公务员之行动事项；(3)关于所派监察区内人民疾苦及冤抑事项。

高监察使一涵本年除在兰州附近视察：(1)军政部第二十六补训处第二团新兵待遇等情形；(2)第八战区兵站监部及军法执行监部并监所；(3)皋兰县政府杨家桥办事处、华林山军政部第二十六补训处第二团第二营新兵训练及待遇等情形；(4)兰州市区建设及甘肃省银行办理各情形；(5)交通部西北公路局机器场；(6)皋兰地方法院及地方法院看守所；(7)三民主义青年团甘肃支团部；(8)榆中县水利及县政；(9)甘肃省兰肃师管区司令部及第一监狱；(10)兰州市被炸情形；(11)防空监视哨办理情形；(12)交通部会计人员及站务人员训练班；(13)西北盐务管理局主办之兰州慈幼院；(14)榆中县政府、县监狱、甘肃省立农业学校外，计出巡六次，视察之县份，计有青海省六县、甘肃省三十一县、局、宁夏省四县、阿拉善和硕特旗定远营等处，所亲自视察之机关，甘宁青三省合计有 282 单位，兹列举于下：

第一次率本署秘书韩树模往青海各县视察，其在(1)西宁：视察西宁县政府、青海高等法院、西互地方法院、青海省党部、蒙藏小学、回教中学、湟川中学、简易师范学校、省立图书馆、洛家湾军营。(2)互助：视察互助县政府、县党部、县中心小学校。(3)大通：视察大通县政府、县党部、县中心小学校、大通煤矿公司。(4)湟源：视察湟源县政府、县党部、县中心小学校、县司法处。(5)乐都：视察乐都县政府、县党部、地方法院及监狱、县中心小学校。(6)民和：视察民和县政府、县党部、县司法处及监狱、县中心小学校。自二月二十八日起至三月十四日止。时间为十五日。

第二次率本署秘书张家珏往甘肃省南部各县视察，其在(1)临洮：视察临洮县政府、县党部、地方法院、国民兵团、民众教育馆、邮政局。(2)岷县：视察岷县县政府、县党部、第一区行政督察专员公署、第一区保安司令部、三民主义青年团分团、地方法院、高等法院驻岷分庭、国民兵团、民众教育馆、统税办事处、特税局、直接税局、保安第二团、保安补训团、中央银行、中国银行、交通银行、省银行、畜税局、卫生院、县立中学、女子小学、肃政街小学、商会、监狱署。(3)临潭:视察临潭县政府、县党部、司法处、国民兵团、民众教育馆、中心镇公所、商会、旧城镇公所、旧城镇商会。(4)卓尼:视察卓尼设治局、党部、岷洮路保安司令部、商会、拘留所。(5)夏河:视察夏河县政府、县党部、拉卜楞保安司令部、国民兵团、特税局、畜税局、中央职业学校、大夏街小学、拉卜楞女子小学、邮政局、省银行汇兑所、畜牧场、西北盐务管理局夏河秤放办事处、拉卜楞学校、兽疫防治所、司法处、黑错小学、警察所、监狱署、藏民文化促进会、教育会、商会、工会、教费征收处、民众教育馆、三十八军无线电台、拉卜楞青年团、卫生院、中国银行夏河农贷通信处、巡回施教队、回教促进会、边闻通讯社、西北羊毛改进处推广站。(6)临夏:视察临夏县政府、县党部、第五区行政督察专员公署、第五区保安司令部、国民兵团、地方法院、监狱署、看守所、田赋征收处、民众教育馆、商会、卫生院。自六月十一日起至七月十一日止,时间为三十一日。

第三次往宁夏省视察:(1)贺兰、金积、宁朔、灵武等县。(2)阿拉善和硕特旗、定远营等处。(3)军委会派驻阿拉善军事专员办公处、国立阿拉善中心小学、吴忠堡甘宁区税务局宁夏分局吴忠堡办事处、甘宁绥区货运稽查处吴忠堡支处、宁夏省党部、宁夏省政府、民政、财政、教育、建设各厅、宁夏高等法院、宁夏电报局、西北盐务局宁夏分局、甘宁青新直接税局宁夏分局、甘宁区税务局宁夏分局、宁夏省印刷局、宁夏省农林局、宁夏省银行、宁夏造纸厂、宁夏面粉厂、被服厂、毛织厂、棉铁工厂、利宁甘膏制造场、宁夏省畜牧总场第二分场等机关。(4)唐徕、汉延、惠农、大清、秦、汉等渠。自八月八日起至八月十五日止,时间为八日。

第四次率本署秘书张家珏往甘肃省西部各县视察,其在(1)永登:视察永登县政府、永登县县党部、永登地方法院、永登县商会、永登县龙岗小学校、永登县私立青云小学校、永登国民兵团、三民主义青年团永登分团筹备处。(2)古浪:视察古浪县政府、古浪县党部、古浪县司法处、古浪县监狱、古浪县财政监理委员会。(3)武威：视察武威县政府、武威县党部、武威县地方法院、武威县商会、甘肃省立武威师范学校、武威县农会、三民主义青年团武威分团部、武威青云学校、财政部甘宁区税务局武威分局、财政部甘宁绥区货运稽查处武威支处、财政部甘宁青新直接税局武威分局。(4)永昌：视察永昌县政府、永昌县党部。(5)山丹：视察山丹县政府、山丹县党部、山丹县司法处、山丹国民兵团。(6)张掖：视察张掖县政府、张掖县党部、张掖县商会、甘肃省立张掖县师范学校、甘肃省立张掖中学、张掖县动员委员会、张掖县农会、张掖县工会、张掖县教育会、张掖国民兵团、三民主义青年团张掖分团、财政部甘宁区张掖税务局、张掖青云学校。(7)临泽：视察临泽县政府、临泽县党部。(8)高台：视察高台县政府、高台县党部。(9)酒泉：视察酒泉县政府、酒泉县党部、酒泉县农会、酒泉国民兵团、酒泉救济院、财政部甘宁青区税务局酒泉分局、财政部甘宁青新直接税局酒泉分局。(10)玉门：视察玉门县政府、玉门县党部、玉门县卫生院。(11)安西：视察安西县政府、安西县党部。(12)敦煌：视察敦煌县政府、敦煌县党部。自九月二十八日起至十月二十一日止，时间为二十四日。

第五次率本署秘书张家珏往青海省各县视察，其在(1)西宁：视察西宁县政府、青海省党部、蒙藏小学、回教中学、简易师范学校、省立图书馆。(2)民和：视察民和县政府、县党部、县司法处及监狱、县中心小学校。(3)乐都：视察乐都县政府、县党部、地方法院及监狱、县中心小学校。自十月二十四日起至二十九日止，时间为六日。

第六次随监察院于院长往甘肃省东部各县视察，其在(1)定西：视察定西县政府、定西县党部；(2)静宁：视察静宁县政府、静宁县党部；(3)隆德：视察隆德县政府、隆德县党部；(4)平凉：视察平凉县政府、甘肃省第二区行政督察专员公署、平凉县党部、西北公路运输管理局平凉车站；(5)泾川：视察泾川县政府、泾川县党部；(6)两当：视察两当县政府、两当县党部；(7)徽县：视察徽县县政府、徽县县党部；(8)天水：视察天水县政府、天水县党部、天水高等法院第二分院、甘肃省第四区行政督察专员公署;(9)秦安:视察秦安县政府、秦安县党部;(10)通渭:通渭县政府、通渭县党部。自十一月四日起至十二月十日止,时间为三十七日。

(二)调查

本署对于调查案件,计分专案调查与普通调查两类:

(甲)专案调查:

以事项及案件为主,就指定事项及指定案件为特别调查。本署对于书状之处理,无论其为奉院交办或本署接受之案件,经详加审核后,悉经过调查之程序。至调查方法,分为派查及行查,而行查之中,复有依照《监察使巡回监察规程》第四条所规定"查询"之一种。计自本年一月起至十二月止,经派员调查案件为16件,函行其他机关调查案件为111件。

(乙)普通调查:

就某一区域内一切有关政治设施事项为一般之调查(监察使出巡时随从秘书于监察使视察各机关设施情形时作普通调查,其调查机关详见视察一节中)。

(三)弹劾:

由本年一月至十二月,提出弹劾案二件,被弹劾者四人,其中县长二人,县府科长一人,保长一人。

(四)纠举:

由本年一月至十二月,提出纠举案六件,被纠举者八人,其中县长四人、县府秘书一人、县府科长二人、场主任一人。

(五)建议:

由本年一月至十二月,提出建议三件,关于改善壮丁待遇者一,关于拟请修改现行法令者一,关于拟请彻底解决甘青两省边境纠纷办法者一。

(六)意见:

由本年一月至十二月,提出意见案一件,关于请甘肃省政府令行兰州市政府转饬警察局拘留所改善羁押人犯待遇。

（七）监试：

自本年一月起至十二月止，由高监察使一涵亲自到场监试者四次：一为二十九年高考初试在兰州举行初试（本年一月）；一为甘宁电政管理局举行报务员及机务员考试；一为西北公路运输管理局举行特种考试，交通技术人员乙种会计人员考试初试；一为三十年高等考试司法官初试临时考试及三十年普通考试临时考试。

经派员前往监试者二次，一为交通部西北公路运输管理局举行站务人员训练考试，及交通部交通技术人员训练会计班兰州分班举行复试。

三十一年工作概况

（自三十一年一月至十二月）

本署本年度工作，计自一月起至十二月止，在内勤方面，总共收到文件1931件，发出文件924件。其中(1)奉行法令469件。(2)主管院交办案件15件。(3)接收书状234件（除旧案或其他不在本署职权范围以内者外，委托其他机关查复者148件，派员调查者30件）。(4)提出弹劾案三件，计被弹劾者九人。(5)提出纠举案18件，计被纠举者43人。(6)提出建议案一件。(7)提出意见案二件。在外勤方面，主要工作为视察调查，兹分别略述于下：

（一）视察：

监察使出巡，除视察政治、财政、教育、司法、水利等各种情形外，并向各官署及其他公立机关查询，或调查档案册籍及接受人民举发公务员违法或失职之书状，其特别注意者：(1)关于所派监察区内各官署及公立机关之设施事项。(2)关于所派监察区内各公务员之行动事项。(3)关于所派监察区内人民疾苦及冤抑事项。高监察使一涵由本年一月至十二月，除在兰州视察(1)甘肃省赈济会及白道楼难民习艺工厂。(2)财政部西北盐务管理局。(3)财政局甘宁青区税务局。(4)财政部甘肃缉私分处。(5)财政部兰州海关税务司公署。(6)派本署秘书张家珏、科长王觐辰、科员汪崇瀛、高杰、李丕卿等五员视察兰州市警察局及各分局拘留所等各机关救济税收以及设施各情形。(7)派本署秘书沈爽清、张家珏视察皋兰县征实征购情形外，兹将视察本监察区内各地区及机关团体情形列表于下：

次数	起止时间	地省	县局	蒙藏	机关团体	随从人员职务姓名	附注
第一次	3月21日 4月16日	甘肃	定西通渭秦安天水甘谷武山陇西渭源临洮康乐洮沙榆中等十二县	无	机关甚多从略	秘书张家珏 书记郑孝培	
第二次	5月5日 5月5日	甘肃	榆中	无	视察该县各官署及公立机关设施情形		
第三次	10月10日 11月12日	甘肃	泾川平凉隆德静宁定西等县	无	同上	秘书张家珏 书记郑孝培	

（二）调查

本署对于调查案件，计分为专案调查与普通调查两类：

(1) 专案调查

本署专案调查分为派查与行查两种，计自本年一月至十二月，经派员调查案件30件，函行其他机关调查案件28件。

(2) 普通调查

本署本年度三月至四月派秘书张家珏随同监察使出巡，并作普通之视查，所视者计为甘肃省定西、通渭、秦安、天水、甘谷、武山、陇西、渭源、临洮、康乐、洮沙、榆中等十二县，五月派本署秘书沈爽清赴甘肃省永登视查湟惠渠工程情形，八月至九月复派秘书张家珏再往通渭、定西两县各乡镇作更详细之视查，十月派秘书沈爽清赴甘肃省平凉一带视查，所视查者计为平凉、泾川、庆阳、崇信、华亭、化平、隆德、庄浪、静宁等九县作普通视查。综计先后调查之县份共为二十一县，视查之机关共为二百余所。所有视查报告均分别呈报监察院备查。

（三）协办要案

本年六月准甘肃省政府函奉委员长电，以中国银行有囤积居奇情形，饬严密查报，当以情形复杂，进行殊感困难，经陈奉委座电开"在执行检验时，可由省政府约同监察使署会同办理"等因，请查照会同进行等由，当以本案关系重大，情形亦至繁复，经即一面派本署秘书张家珏、科长王觐辰前往会同省府主办本案人员办理，一面由高监察使一涵随时商同省府订定检验步骤及办法，以资进行。又以本案牵涉颇广，而该行仓库又散在城郊，必须逐一检验方明真相，自非有相当时期不克济事。计自本年六月起至八月中旬止，始将各仓库检验完竣。除由省府电奉行政院核准分别处办外，本署已将会同省府进行情形先后呈报监察院备查。

（四）会查豫灾

本年十月，奉监察院东电，以奉委座电开，河南灾荒情形希派公正之监察委员与中央委员数人前往密查实报为要等因，中央方面已定张委员溥泉前往，监察院派高监察使一涵会同密查实报等因，经即于十月十五日驰赴西安，与张委员溥泉、张秘书长厉生同往洛阳，会晤豫省军政当局及各法团首长，一面听取各方面报告及意见用作勘灾参考者，一面同赴外县（计阌乡、灵宝、陕县、渑池、新安、洛阳、偃师、登封、密县、新郑、长葛、许昌、襄城、叶县、郏县、宝丰、鲁山、临汝、伊阳、伊川等二十县）实地密查，以明真相，经查完竣，于三十日返洛，当将勘查实在情形汇报中央鉴核，并将密查豫灾详细情形摘要编具报告书呈监察院鉴核，嗣奉院指令，已经将原报告抄送国防最高委员会在案。

（五）弹纠及建议

本署对于弹纠及建议等权之行使，均取极端之慎重。对于经过调查审核之案件，认为应由行政或司法机关解决者，即交由行政或司法机关办理，认为应呈院核办者，即呈院核办，计自本年一月至九月，提出弹纠及建议意见各案如下：

（甲）弹劾案三件，被弹劾者九人，其中县长一人，县府科长一人，县府收发一人，法院院长二人，推事二人，书记官一人，首席检察官一人。

（乙）纠举案十八件，被纠举者四十三人，其中公路局长一人，油库管理员二人，科长三人，机器厂长一人，事务员一人，县长四人，县府事务员一人，保安团团长一人，县府警佐一人，国民兵团团副一人，县府指导员一人，乡长四人，县府收发主任二人，县府秘书三人，保长二人，审判官一人，县府科长四人，县府巡官一人，县府科长二人，县府会计员一人，县府事务员一人，警察局收发主任一人，查缉所所长一人，仓库保管员一人，县田赋管理处副处长一人，县邮局局长一人，省邮局视察员一人。

（丙）建议案一件，建议国防最高委员会为甘肃省田赋征实及军屯粮应请酌予减征配购，仰祈鉴核察酌施行。

（丁）意见案二件，(1)为陇西县政府收押人犯王世昌，经讯明确系异党分子，并"阴谋活动"，请甘肃省党部及甘肃省政府提省讯办。(2)为向甘肃省新生活运动促进会妇女工作委员会提供解放妇女缠足意见，请查核办理。

（六）监试：计自本年一月至十二月，由高监察使一涵亲自监试三次，派员监试二次，兹将监试情形列表于下：

次数	起止时间	种类	试场	监试情形
第一次	五月十八日 五月二十日	三十一年高等考试	甘肃省府中山堂	监察使亲自监视

续表

次数	起止时间	种类	试场	监试情形
第二次	五月二十一日 五月二十四日	三十一年第一次普通考试	同上	同上
第三次	九月二十八日 九月三十日	三十一年第二次高等考试初试	同上	同上
第四次	十月五日 十月七日	三十一年第二次高等考试初试及三十一年特种考试高级公务员考试	同上	因奉令赴豫查灾，派总务科长陈果青、调查科长王觐辰前往监视
第五次	十月十一日 十月十二日	三十一年第二次普通考试同上	同上	同上

三十二年度工作概况

（自三十二年一月至十二月）

本年度工作实施情形如次：

一、视察

高监察使一涵本年出巡四次，第一次率本署秘书张家珏、书记郑孝培往甘肃省第六、第七两行政督察区视察，计视察永登、古浪、武威、永昌、山丹、张掖、临泽、高台、酒泉、玉门、安西、敦煌等县，自三月十五日起至四月十七日止，时间为一个月零三日。第二次于本年六月往甘肃省榆中县视察。第三次于十月间赴青海省民和、乐都、西宁等县视察。第四次于十月至十二月间赴甘肃省第五、第八两行政督察区各县视察。监察使每次出巡，除就各县一般政治设施情形及本署所规定之视察事项一一加以视察外，对于各地特有情况尤加注意，如甘肃省第六、第七两行政区之水利兴办，哈萨克民族之安抚等重要情形，俱经详加考察，并缮具报告书专案呈报监察院转呈国防最高委员会核办在案。

二、调查

本署调查工作，分普通调查与专案调查二类，分述如下：

（一）普通调查

本年一至十二月调查三次，第一次派本署主任秘书李锡五往天双路一带（即甘肃省第四行政督察区）调查，计调查天水、徽县、两当等县。自二月一日起至四月八日止，时间为两个月零七日。第二次派本署秘书张家珏往甘肃省第六、第七两行政区调查（该秘书系于监察使出巡时随同前往专作普通调查），计调查安西、敦煌等十二县，自三月十五日起至四月十七日止，时间为一个月又三日。第三次于本年七月十七日，派本署秘书张家珏、调查科长王觐辰调查兰州市各中央及地方机关，计调查机关有：甘肃省防空司令部、兰州汽车检查处、交通部西北公路运输局、军委会西北运输司令部、交通部西北公路工程局、交通部甘新驿运管理分处、兰州航空检察处、贸易委员会驻兰办事处、复兴公司西北分公司、复兴公司西北运输处、中国茶叶公司西北分公司、西北羊毛改进处、兰州电厂、国外贸易局驻兰办事处、资委会运务处兰州区办事处、甘肃矿业公司、财政部福生陇庄、财政部火柴专卖公司甘宁分公司、财政部甘宁青烟类专卖局、财政部甘青税务管理局、财政部甘青税务管理局兰州分局、财政部西北盐务管理局、财政部盐务总局甘肃硝磺处、财政部兰州海关、皋兰地方法院、皋兰地方法院检察处、皋兰地方法院看守所、甘肃省第一监狱、兰州市政府、兰州市警察局及拘留所、兰州市警察局第一、二、三、四、五、六分局及拘留室、皋兰县政府、陇右师管区司令部、甘肃省会军警督察处、兰州市税捐稽征处、中国农民银行（农贷部分）、甘肃省银行兰行（农贷部分）、甘肃机器厂、兰州织呢厂、甘肃省贸易公司、兰州电池厂、工业合作协会兰州事务所、财政部甘肃缉私分处等四十八个单位。第四次派本署秘书张家珏赴青海省各县调查、第五次仍派该秘书赴甘肃省定西、通渭、秦安、天水、徽县、成县、康县、清水等县调查,举凡各地政治、教育、建设、司法、物资管制、征实征购,及粮食储备等情形,均经详为考察。

（二）专案调查

本署于管辖区内,就视察所及或核阅人民书状,认为有进行调查之必要者,当即派员或委托其他机关为之。本年一至十二月除委托其他机关调查案件一百四十二件外,自行派员赴各地调查者二十六次,调查案件计四十一件。

三、纠举及建议

本署对于纠举及建议等权之行使,系就自动监察与接受举发事件,经过调查审核,证实公务员确有违法失职行为者,即依法提案纠举。如证实公务员对于非常时期内应办事项奉行不力者,即依法提出建议案于其主管机关或其上级机关,期其为适当之处置。计自本年一月至十二月:(1)提出纠举案十二件,被纠举者二十七人。其中县长三人,巡官二人,查验员二人,办事处主任科员、保长、副乡长、警佐、乡长、镇长、警长、副处长、组长、库长、视察秘书、稽查、看守所长兼监长、所长、连长、事务主任各一人,总务分局长一人。(2)提出建议案七件,关于拟请取缔天水、秦安等县违反限价发生黑市买卖者一;关于拟请增贷甘肃省第六、第七两行政区内各县籽种以利春耕者一;关于拟请增派酒泉仓库斗级名额,免除人民纳粮感受不便者一;关于机密建议者一;关于拟请改善各地中央机关员工待遇者一;关于甘肃省平凉县囤积居奇、银行提高放款利率、刺激物价、破坏限政,建议行政院依法制止者一;关于西北公路被洪水冲毁多处,建议交通部赶修以利交通者一。

四、监试

本年一至十二月,监试十一次。第一次为甘宁电政局招考无线电机务佐,本署派科长陈果青前往监试。第二次为甘肃省政府举行统计人员特种考试,本署仍派该科长陈果青监试。第三次为三十二年第一次高等及普通考试初试，由高监察使一涵亲往监试。第四次为甘肃学院银行会计专修科学生毕业考试，本署派科长王觐辰监试。第五次为甘肃省普通考试县各级干部人员乙级会计人员考试，本署派秘书张家珏监试。第六次为甘肃省普通考试县各级干部人员乙级会计人员第二次初试，本署派秘书张家珏监试。第七次为财政部全国财务人员训练所兰州分所举行初级税务员入学考试，本署派科长王觐辰监试。第八次为甘肃省普通考试县各级干部人员普通行政人员考试，本署派秘书张家珏监试。第九次为甘肃省合作人员考试，本署派秘书张家珏监试。第十次为三十二年高等考试外交官领事官临时考试初试，由高监察使一涵亲往监试。第十一次为甘肃省普通考试县各级干部人员建设人员考试，本署派科长王觐辰监试。第十二次为甘肃省政府举行县长考试，由高监察使一涵亲往监视。

五、其他

本署本年一至十二月工作概况，略如上述。本监察区（甘宁青三省）地处边陲，文化落后，在兹抗建期间，对于中央政令之宣传与学术讲演，至关重要，故于经常工作而外，并将讲演一项亦列为本署重要工作之一，计有本年一至十二月，高监察使一涵应各机关团体邀请讲演者二十一次：

（一）在甘肃学院对三民主义青年团兰州青年冬令营讲“现代政治思潮的批评”；

（二）在西北公路特别党部执行委员会讲“新约之优点与今后订约应行注意几项意见”；

（三）在甘肃省新生活运动促进会讲“对于过去新生活运动之检讨”；

（四）在甘肃省政府学术讲演会讲“新约中重要问题”；

（五）在敦煌陆军第四十八师一四二团讲“总裁中国之命运的大意”；

（六）在永昌县扩大纪念周讲“屯垦与国防之关系”；

（七）在武威各界欢迎会讲“如何做边疆的屯垦员”；

（八）在陕甘线区司令部及辎汽四团团部官佐联合纪念周讲“在西北工作人员应有之努力”；

（九）在国立西北师范学院甘肃分院讲“何谓知难行易”；

（十）在中国银行兰州支行讲“中国古代学术思想所以时常退化的原因”；

（十一）在兰州市各界庆祝工程师节大会讲“科学给与政治之影响”；

（十二）在中央军事学校毕业生调查处甘肃通讯处讲“争取时间”；

（十三）在兰州市各界纪念总理广州蒙难大会讲“总理一生之革命史迹”；

（十四）在第八战区政治部讲“不平等条约给予中国之影响”；

（十五）在甘肃省立农业学校讲“农业与国防之关系”；

（十六）在甘肃省政府讲“读中国之命运几点意见”；

（十七）在空军第八大队讲“中国之命运的要点”；

（十八）在西北干部训练团讲“中国之命运的大意”；

（十九）在三民主义青年团兰州青年夏令营讲“青年须立志作工程师”；

（二十）在三民主义青年团兰州青年夏令营讲“现代思想评判”；

（二十一）在甘肃省党部总理第一次起义纪念日讲“总理的革命精神”。

三十三年度工作概况

（自三十三年一月至十二月）

本年度中心工作，仍以符合战时施政情形为目标，兹将工作实施概况，分述如下：

一、视察

高监察使一涵于本年四月十六日率同本署秘书张家珏、书记郑孝培等前往陇东及宁夏省各县视察，计视察所及者有甘肃省第二、三两行政督察区之平凉、华亭、隆德、静宁、庆阳、泾川、镇原、固原、及宁夏省之同心、中宁、金积、灵武、宁朔、永宁、贺兰各县暨定远营一特别区域。监察使在宁夏时，除对于规定事项一一视察外，并对该省各部落宗族加以宣导抚问，至五月二十五日完毕，为时一个月又十日。所有视察情形及各地应加改进及特别注意之事项，均经分别省区编成报告书呈报监察院转呈国防最高委员会办理有案。至第二、三次之视察工作原定于九、十、十一等月分期办理，惟因经费不敷，未克实施，其困难情形，前经呈请监察院核示在卷。最近接奉院令呈请追加视察费，但总数仅为四万元，如按照工作计划出巡，则调查工作即无法推进，爰将原计划加以变更，令派本署秘书李锡五、张家珏及调查员原佑仁分往各县进行普通调查，此为本署本年度实施视察工作之大概与变更计划之实在情形也。

二、调查

本署调查工作，分专案调查与普通调查二种，已如前述，兹将办理情形分别述之。

（一）普通调查

本年度作普通调查者三次，第一次系派本署主任秘书李锡五往甘肃省第四行政督察区调查秦安、徽县、天水、两当、通渭等县情形，于十月二十八日出发，至十一月三十日返署，工作时间为一个月零三日。第二次派本署秘书张家珏、调查员原佑仁等调查兰州市中央及地方机关、交通部西北公路运输局、财政部花纱布管制局兰州办事处、甘肃省物价管制委员会、资源委员会、中央电工器材厂第四厂、兰州电池支厂、资源委员会甘肃机器厂、财政部复兴商业公司西北分公司、经济部工矿调整处、兰州办事处、陇右师管区司令部、财政部甘肃缉私处、中国茶叶公司西北分公司、财政部甘宁青区专卖事业局、陕甘线区司令部等十二处，历时半月。第三次系十二月下旬，派本署秘书张家珏赴甘肃河西各县调查，历时二十八日，调查县份有永登、古浪、张掖、武威、酒泉、永昌、高台、山丹等八县。

（二）专案调查

考查过去办理案件情形，以自行派员调查者较为迅速确实，结果良佳；而委托其他机关代查者，则往往稽延时日，且多不实不尽，真相难明。是故本署历年以来，皆以尽量派员调查减少委托调查为原则，本年度经费虽极支绌，然仍未敢稍懈，故派查案仍能达到预定数字，统计本年度委托调查案件为一百四十三件，派查案件为二十四件。

三、纠弹及建议

本署关于纠弹及建议意见案件之提出，纯以事实为根据，凡属公务人员之违法失职，经查明属实者，即行依法提出纠弹；如有对于非常时期内应办事项奉行不力或处置失当者，即行提出建议或意见于其主管机关或上级机关，俾为适当之处置与救济，本年度计(一)提出纠举案者十四件，被纠举者二十五人，内县长二人，县田赋管理处副处长二人，县府科长二人，乡长三人，营长、推事、保长、司事办理土地陈报人员、镇长、保安团团长、大队长、总干事、副乡长、查征所主任、代理查征所主任、警长暨工务局局长各一人。(二)提出弹劾案者二件，被弹劾者三人，内县长一人、镇长一人、查征所主任一人。(三)提出意见案者三件，一向甘肃省政府建议改善隆德县政府积习意见；一为甘肃省第九行政督察专员公署与驻在该区之陆军步兵学校西北分校学员发生冲突，专署被学员捣毁，电请监察院核转军事委员会将该校严加整饬，彻底改革以肃学风，而使军政团结一致以维后方秩序；一为九十一军军部及该军骑兵第十师由陕西安康接收新兵，开往甘肃张掖防地，沿途因衣食医药等项之未周备，死亡太多，以及下级官长对死亡之士兵脱去衣服任意抛弃等情形，呈请监察院核转主管机关注意改善。(四)提出建议案者一件，建议交通部公路总局改善西北公路运输局对于旅客行李保管及赔偿办法。

四、监试

本年度监视考试者十次。第一次为特种考试卫生技术人员第二届公共卫生护士考试初试，本署派秘书张家珏前往监试。第二次为三十三年第一次高等考试初试，由高监察使一涵亲往监试。第三次为甘肃省土地测丈人员考试，本署派秘书张家珏前往监试。第四次为甘肃省三十二年普通考试县各级干部人员乙级会计人员再试，派秘书张家珏前往监试。第五次为甘肃省三十三年县各级干部人员普通行政人员初试，本署派秘书张家珏监试。第六次为甘肃学院举行毕业考试，本署派调查员原佑仁监试。第七次为甘肃省三十三年普通考试县各级干部人员统计人员初试。第八次为甘肃省普通考试乙级土地测丈人员再试。第九次为甘宁青电信管理局举行报务员及话务员考试。第十次为甘肃省本年度普通考试县普通行政人员再试，均由本署派秘书张家珏前往监试。

三十四年度工作概况

（自三十四年一月至十二月）

本署三十四年度工作实施情形，分述于下：

一、视察

查本年一至十二月，高监察使一涵亲往各地视察者先后计五次。第一次于四月三十日视察甘肃省榆中县政治设施情形。第二次于五月上旬视察甘肃高等法院、皋兰地方法院及该院新建监狱暨看守所等处。第三次于五月十二日巡视甘肃省第六、第七两行政督察区各县县政设施情形，计历经省直辖区属之永登，第六区属之古浪、武威、永昌、山丹、民乐、张掖、临泽，第七区属之高台、酒泉、玉门等十一县，除依工作计划所定视察事项逐一加以视查外，尤以河西为军事要区，关于军队补给、军粮运输，以及军风纪等情形，关系綦巨，均经详为察查，并编成报告条陈所见，呈报监察院转呈国防最高委员会鉴核在案。第四次于十月中下旬视察青海省之乐都、民和、西宁等县及该省政治设施情形，并亲自调查青海高等法院院长马师融被控贪污违法各案，复宣导抚问各宗族。第五次于十二月二日至十二日，巡视甘肃第九、第五两行政区临洮、洮沙、会川、康乐、宁定等五县政治设施情形。

二、调查

本署调查工作分专案调查与普通调查二种，已如前述，兹将办理情形分别述之：

（一）普通调查

查本署依照本年度工作计划分月进度表于五、六两月令派秘书张家珏、调查科科长王觐辰、调查员原佑仁等调查兰州市、甘肃省政府及兰州市政府所属各机关施政及一般情形，计调查者有甘肃省卫生处、甘肃省贸易公司、甘肃省地政局、兰州市政府所属各局所、兰州市政府警察局各分局、兰州税捐稽征处、兰州市救济院等机关。九月派调查员原佑仁前往甘肃省第一区各县，调查县政设施及一般情形，并作专案调查。十月派科长陈果青、调查员原佑仁随从监察使赴青海省调查各县县政设施一般情形。十一月派秘书江崇瀛、调查员高杰调查中央驻兰各机关，计调查者有财政部花纱布管制局兰州办事处、财政部复兴公司西北分公司、财政部甘青宁新区货物税局兰州分局、财政部甘青宁新区直接税局兰州分局、行政院液体燃料管理委员会兰州办事处、经济部中央工业试验所西北分所、军政部第二织呢厂。十二月派张家珏随从监察使赴甘肃省第九、第五两行政督察区调查各县县政设施及一般情形。同月，又派调查员原佑仁调查甘肃省第一、第四两行政督察区各县县政设施及一般情形。

（二）专案调查

分委托调查与派员调查二种。本年度本署自行派员调查者计四十一案，委托其他机关代查者二百零一案，合共二百四十二案。

三、监试

本年度监视考试者五次，第一次为元月二十二、三两日之甘肃省政府三十三年普通考试县各级干部人员统计人员再试，本署派调查科科长王觐辰监试。第二次为三月一日至七日之三十四年司法人员考试，由监察使亲往监试。第三次为四月四日之交通部交通人员训练所兰州训练区有线电实习报务员再试，本署派秘书张家珏监试。第四次为七月二十七日起至三十一日止举行之甘肃省县司法处审判官考试，由监察使率同秘书张家珏前往监试。第五次为九月十五日至十八日之三十四年高等考试初试，特种考试高级邮务员考试及普通考试，由监察使亲往监试。

四、纠弹及建议

本年度共提出纠举案十六件：(1)纠举甘肃省徽县前县长兼田赋处处长陈谕民(赵从显)、前副处长李炳辰等违法犯刑案；(2)纠举甘肃广播电台筹备处主任葛豫夫、总干事周光扶同舞弊案；(3)纠举甘肃省化平县县长金定扬、建设科长马文忠、民教馆干事张善继及前黄花乡乡长张寿山、前田粮处科长成得宝等违法失职案；(4)纠举西北师范学院与兰州市政府合办之国教实验区负责人王镜铭等贪污案；(5)纠举甘肃省徽县税务征收局局长宫秉良、成县查征所主任李心宰等贪污舞弊案；(6)纠举甘肃省陇西县甲长董和玉强奸民妇触犯刑律案；(7)纠举新四师师长周煦龙、领兵人史世琦贪污违法，团长李纯辉、连长许剑秋、黄玉山不守军纪案；(8)纠举甘肃省海原县古城镇镇长张怀礼、副镇长何玉洁等贪污违法案；(9)纠举甘肃省酒泉县长邱书林交接新兵扶同贪污案；(10)纠举甘肃省临洮县田赋粮食管理处科员魏琨兼职兼薪案；(11)纠举甘肃省宁定县县长吴淞涛贪污违法案；(12)纠举甘肃省甘谷县政府财政科长张飞鹏及黄警长等违法贪污案；(13)纠举甘肃省庆阳税务征收局局长蔡少轩违法贪污案；(14)纠举甘肃省敦煌县前县长宋子衡贪污案；(15)纠举陆军通讯兵独立第二营第四连连长王旭东贪污案；(16)纠举国立第十中学校长高维昌贪污案。提出弹劾案三件：弹劾甘肃省陇右师管区司令蒋汉城妨害自由、该司令部补一团学兵连连长魏开邦违法失职案；弹劾甘肃皋兰地方法院推事张方聪审理案件故入人罪案，弹劾青海高等法院院长马师融及其子马天民违法犯刑案。又向行政院提出建议案一件，为甘肃省各县市乡三十四年度遭受灾欠拟定救济方略请予救济案。

五、经费

（一）办公费

本年度自元月份起，物价步涨，办公费各月份均不敷用，除尽力撙节外，并发动全署职员实行节约消费公文用品，结果尚有成效，惟以物价有增无减，故一至十二月份办公费均略有超支，至本年冬季炭费更无着落，曾经专案呈请追加，近奉院令核准追加本年度经常费 588460 元，本年度冬季煤炭，当可无甚问题。近奉院令代为追加经常费 997000 元，亦已拨到。

（二）视查费

本年年初本署因车价及食宿增高，视查费不敷应用，曾于二月间呈院拟将视查计划加以变更，请示遵在案。旋奉院三月九日会字第 25704 号训令，以出差费支给标准核定按现行标准增加一倍，所有增加数，饬在经费内匀支等因，当以本署本年度预算视查费，均系按照现行国内出差旅费标准，仅列计视察费全年一十六万元，调查费全年三万元，今按照新核定标准，年需视察调查费共计四十七万九千零四十元，除原预算十九万元外，请追加视察费十三万九千零四十元，调查费十五万元，此项追加费业经奉拨到署，原拟视查计划自无须变更。

（三）特别办公费

本年度预算分配表列特别费项下，特别办公费全年一十一万二千八百元，奉院本年三月七日会字第 25672 号训令，提高特别办公费支给数额，自本年一月份起实行，并准核实办理追加等因，经遵照新颁特别办公费支给数额表核算，年需四十三万二千元，除原预算分配外，请追加三十一万九千二百元，此项追加款，业已奉拨到署。

六、人事

查人事为施政之本，监察机关用人尤难，而战时国家支出浩繁，于不妨碍工作进行之原则下，更宜力求紧缩，故本署现有职员，除秘书三人、科长二人足额外，余如科员（法定六人现有三人）、调查员（法定八人现有二人）、助理员（法定十人现有五人）均未足额，因是对于各员职务之分配，咸以一人而兼办数人之事，然论工作效率与进度，均能按时进行，未尝减低，但战后监察工作，仍极繁重，人员之添补，尤不容缓。至于本署内部人事管理，自三十二年十一月成立人事室以来，所有人员任用之初步审查及平时工作成绩之纪录，均由该室办理，遇有新派人员，即依法定期间送审，其平时考核成绩，亦按时送请铨叙部备查，本年一至六月份委任职以上公务员，平时工作成绩考核结果均甚优良，计参加考核者十四人，各月平均分数在九十分以上者一人，八十分以上者八人，七十分以上者五人。至雇员之参加考成者共计八人，其考成结果，总分数在八十分以上者四人，七十分以上者二人，六十分以上者二人。

（甘肃省档案馆藏）

视察甘肃第一、八、九行政区各县局所情形呈监察院报告

（1946 年 6 月）

为呈报事：窃一涵于本年五月三日，率本署秘书张家珏、调查员原佑仁等前往甘肃省第一、八、九各行政区巡视，计视察第一区岷、临潭、卓尼三个局，第八区武都、西固二县，第九区洮沙、临海、会川三县，时历十六日，地经八县局，兹谨将此次巡视所得情形，摘要分别报告于次：

（一）一般政治情形

查甘肃省政治，自现任谷主席三十年到任以来，日以澄清吏治

为事，贪官污吏被惩治者，颇不乏人。就第一、八、九各区视察所得，认为各县政治均有进步，尤以武都一县接近四川，崇山峻岭，交通不便，夙为盗匪出没之区，上级机关人员罕至其地，自三十年设立第八行政区，经前任行政督察专员与保安司令孙振邦、彭之琦等先后努力清剿盗匪，除暴安良，地方治安与社会秩序，赖以日臻巩固与安定，政令遂能推行无阻，故该县政治、教育、禁烟诸事，有出于意想以外之进步。惟第一行政区所属之卓尼设治局，因系藏民区域，地方情况与他县不同，设治局与洮岷县保安司令部（前为世袭土司制，十八年易称今名）合署办公，司令杨复兴现年仅十八岁，其职务概由参谋长杨生华代为处理，司令部之力量，并不能控制全境，设治局长刘济清出身行伍，缺乏行政经验，平日处理公务甚感困难，推行政令，只知一味敷衍迁就，不能彻底，行政成绩亦复平平。

（二）禁政办理情形

查肃清烟毒，业已早逾限期，第一、八、九各区行政督察专员与保安司令公署及各该署所辖各县局，对于厉行禁种、禁运、禁售、禁吸诸端，均甚努力。惟第一区地域辽阔，民族复杂，第八区文武两县接近四川，山深林密，各有特殊环境，复受前年匪乱影响，少数莠民，惑于重利，不时偷种，不法之徒，辗转偷运。第一区种烟区域，以卓尼之叠部，岷县之洛大为最多，岷漳（即岷县与漳县）岷西（即岷县与西固县）毗连之深山丛林中，亦曾有烟苗发现，夏河、临潭两县，行人不到之偏僻地区，亦难保证无偷种之事。最可恨者一般汉回流氓地痞，利用藏民八、九有枪有马，徒恃武力自卫，不知法令尊严，以金钱魔力，纵恿藏民种烟，坐收厚利，政府投鼠忌器，因恐引起藏民反感，未便调兵深入铲除，此使当局至感棘手者也。至外来烟土之来源，以四川松潘为大宗，大部集中于临潭县属之旧城镇，其来路有三，一路由卓尼之叠部运进，一路由临潭之郎木寺西仓毡畦运入，一路由夏河之欧拉运至黑错拉卜楞，再由黑错转运而来，至此又分三路运销他处，一路经黑错、陌骏、土门关销于临夏，一路经岷县、会川、漳县、陇西、大贩销于秦安、天水、甘谷、武山、临洮、康乐一带，一路经卓尼插岗乡销于武都、文县，故临潭之旧城镇，实为外来烟土集中地点，而岷县、漳县、陇西、文县、武都又为运销烟土之门户，贩运高人，多系清水、张家川及秦安、甘谷等处之回民，大多身藏轻便武器，所有武力，不能盘查，第一区专员公署，对于肃清烟毒，订有缜密计划，与各县局设置盘查哨办法，堪称不遗余力。然终以地方情况特殊，迄未能达到禁绝之目的，第八区地方环境较为单纯，办理禁政，可以雷厉风行，而无特殊之顾虑，遇有武装烟匪，即派队痛剿，最近距文县境十里地带之川边好溪乡，发现武装烟匪数十名，经该县派队击溃，毙匪三名，活捉一名，并越境铲除烟苗五亩许，地方豪猾之徒，鉴于政府禁绝烟毒，如此严厉，亦不敢以身试法，故八区各县禁绝烟毒，可望先一区而实现。

（三）硬币与法币之纠纷

查硬币（即银币）禁止行使，中央早有明令，财政部前以据密报陇南各县市面硬币充斥，金融物价均受影响，电准甘肃省政府转饬陇各县政府认真查禁行使，暨以高价兑换硬币，违法即予没收充公。第一区各县局，除岷县一部分外，系均为藏民区域，商业交易，仍沿用硬币，对于查禁行使硬币之命令，在岷县尚能严格实行，并曾查获硬币案件多起，然其他各县局，因地方情形之特殊，不但未能查禁，且任其公开行使，按硬币与法币之价值，现为1与1300之比，岷县县政府迭次查获实准后将充公之硬币，向中央银行掉换法币，均为一与一之比，因此引起纠纷甚多，查缉人员以比值如此悬殊，洁身自爱者，以事不合理，多放弃查禁责任，而贪污不肖者，即藉机舞弊，或查获不报，或受贿轻纵，或以多报少，携带硬币之刁狡商人，亦或故意以少报多，反诬查缉人员，此类纠纷在岷县层见叠出，同一行政区，在甲县则实令查禁，严格取缔，在乙县则亦实令查禁，而任其公开行使，殊属矛盾之至。

查银币行使蕃地区域，包括青海、甘肃、西康各省，并与西藏商业往来有关，仅从第一、第五等区各县查禁绝非根本办法，并可使各弊丛生。对于蕃民往往大失信用，中央似应规定统一办法，限期兑换，过期则一律禁止使用，否则，各县政府不得不禁，而蕃民通商及交易又不得不使用，矛盾终不能免，若此区域禁止使用，而他区域或他省一律通行，殊失政府威信。

（四）司法概况

查此次巡视陇南各县局，系与甘肃高等法院院长叶在畴同行，各地舆论，对于司法颇多訾议，一涵抽查结果，以岷县地方法院检察处首席检察官靳鸿范及临潭县司法处前审判官李粹卿声名最为狼藉，且均有违法行为，人民呈诉该靳鸿范案件甚多，业经派员调查，依法办理。该靳鸿范办理案件，羁押当事人，有逾二月以上，从未侦讯一次者，更私用额外法警，地方人士呼之为黑头法警，又称之为跑票法警，涉讼之人，畏之为虎，最近该县岩留乡间发生人命案件，该靳鸿范派警长赵云高往传该管保甲长，实则赵并未出城一步，私派黑头法警前往，当事人招待店费及被需索，耗去六万余元，业经叶院长与一涵分别派员向需索之法警，及被需索之保甲长查明确凿。又该靳鸿范喜酗酒闹事，每饮必醉，醉则笑话百出，某次酒后与岷县驻军骑兵队发生冲突，率领法警奔向骑兵队部大呼捕人，骑兵队亦出为戒备，正于紧张之际，事为该管行政督察专员兼保安司令张仰文所悉，急速出为劝阻幸未为肇祸，该靳鸿范即大声叫嚣，一时观者如堵，殊失司法尊严。前任临潭县司法处审判官李粹卿，办理案件，进行疲缓，终结多不制作判词笔录，送达民事案件，未预征裁判费，迨终结时，始向当事人补收，若未接当事人提起上诉，则不换贴印币，嗣于会川任内，亦复如是，对于法收，就即时填载印币联单，亦不随时解库，甘肃高等法院已经将其免职，交付侦查矣。查甘肃司法积弊甚深，尤检察处最为黑暗，今幸叶院长锐意整顿，不法推事及审判官被惩治者，时有所闻，惟高检处不能配合并进，深受牵制与影响，除岷县地方法院首席检察官靳鸿范等违法贪污各节经查属实，另行提案弹劾外，应请中央早为注意调整，以配合甘肃司法之改革者，庶乎有望。

（五）军政部岷县种马牧场办理情形

查该场场长王善政颇具事业心，对于房厩建筑，卫生设备，与农事经营，均甚著成绩。配种所共有五所，马匹生产率本年为百分之六十五，倒毙率本年截至一月止，仅为百分之小数点二，农事播种达 2150 市亩，工作成效深得地方人士好评，实该嘉尚。

（六）受理案件

查此次巡视前述各行政区属之各县局，共计接收人民诉状二十九件，比经衡度轻重缓急，分别处理，或派随行人员调查，或请托行政与司法官署查复，其属于诉愿性质者，则分别转送各主管机关办理。在第一区由岷县至临潭途中，有回民数百人为汉回枪案纠纷跪地拦车请愿，当即下车，面嘱推出代表报告案情，并据随行之该管行政督察专员兼保安司令张仰文报告该署已受理备案，正在办理中，一涵于听取双方报告后，一面责成该专员迅速依法妥慎以报结，一面谕知请愿人民，政府办理匪案，或任何案件，悉以法令为根据，一秉公正，绝对不伪、不袒、不枉、不纵、乃无种族之分。回胞表示悦服而去。又第一、八两区岷县与武都人民，以甘川公路，岷武段经两县发动民工筑成，路基傍山崎岖，易为山洪冲毁，要求设站通车，以利交通，设立道班，藉以护路，而免枉费民力、财力，经已函转交通部筑税局第七区公路工程管理局核办，该局已派车前往勘路设站，不久即可通车矣。

以上所述，系此次视察甘肃省第一、八、九各行政区属之岷县、临潭、卓尼、武都、西固、临洮、洮沙、会川等八县有关重要之事项情形，理合具呈报告。仰祈鉴核施行。谨呈

监察院院长于

监察院甘肃宁夏青海监察区监察使高一涵

（甘肃省图书馆馆藏）

四

察勘灾情堤工呈报文

江北堤防委员高一涵参事洪兰友复查报告书

（1931年9月17日）

呈为呈复事：案奉第205号训令内开"兹派监察委员高一涵，参事洪兰友赴江苏省调查水灾情状，及救济事宜。此令"等因。又奉第2156号训令内开"为转令事：本月三十一日本院奉国民政府第435号训令开：'为令饬事：查此次江河氾滥，已成巨灾。推厥原因，良由备患无方，捍灾乏术。致使庐舍田禾，多数被淹；平时可资为利者，反蒙其害。悯念灾黎，地方有司，万难辞咎。应由行政院、监察院查明。凡负有地方及水利责任之官吏，忽略堤防之修治，及水道之疏通者，予以严惩。经本府第十次常会决议在案。除分令外，此令'等因。奉此：合即转令遵照，此令"等因。奉此：遵即前往江北一带调查。所有关于水灾情形，及救济事宜，业经先后函电呈报钧座在案。兹再将该地方负水利专责之官吏，忽略堤防之处，分节详呈于下：

（一）治运经费之保管与动支

查治运经费，向以亩捐货捐为专款。亩捐开始于民国三年。初则仅令淮安、盐城、江都、高邮、宝应、泰县、兴化、东台八县，按亩缴纳二分水利附捐。继则令淮阴、阜宁、涟水、泗阳、仪征、铜山、宿迁、邳县、睢宁、丰县、沛县、萧县、砀山、东海、沭阳、灌云、赣榆等十七县，亦带征二分亩捐。自民国五年起，此项亩捐即拨充治运治沂之用，每年收入约计四十万元。但因各县截留兴办地方水利，故解款者甚少。以后几经整顿，至民国十九年，全年收入计捌万壹千余元。二十年一月至九月收入，计拾壹万余元。货捐创始于民国四年，就江北各税捐局所带收二成。原定以三年为限，继则一展再展，永无止期。此项货捐，原期每年可得三十四五万元，然亦因截留及短收，集款甚寡。至民国十八年，全年收入计拾壹万叁千余元。十九年全年收入，计拾壹万余元。今年厘金裁撤，故货捐亦因之终止。此外尚有新案亩捐一项，指定淮安、盐城、阜宁、江都、高邮、宝应、泰县、东台、兴化等九县，在原有治运亩捐（原有治运亩捐，此后称为旧案亩捐）外，另加二分，作为开浚五港，及兼治上下游经费。自十二年上忙起，由县署带征，会同地方士绅保管。至十六年调查实收数目，已达六十万元，全为各地方所挪用。自十七年起至二十年八月止，各县解到之款，计拾壹万余元。以上旧案亩捐及货捐，自十七年起，解交镇江江苏银行，以建设厅名义存储。由建设厅长、水利局长，及运河工程处长，合盖印章提取动用。新案亩捐，自二十年三月后亦仿照旧案亩捐办法，由建设厅保管；由厅长、局长、处长盖印提取动支。故在建设厅长孙鸿哲任内，所有治运专款，及开港经费，统由建设厅保管，统由建设厅水利局运河工程处动支。而纳捐各县之县政府、县公团，及人民均无权可以过问。向例治运亩捐，专作治运之用，在督办运河工程局时代所有局内经常费，概由国库拨充，不得移用治运专款。今据孙厅长面称：水利局经费每月为一万零七十二元，而财政厅仅月发八千元，甚至时有拖欠，此项不敷与拖欠之数，均由治运专款项下动支。在王柏龄任内，即是如此。由此可见人民对于建设厅长之攻击，不为无因。盖将保管与支用之权，集中于该厅之手，而水利局长与工程处长，均为该厅之属员，焉能稍持异议。专就此点而言，该厅长对于治运专款，实已妨害其独立，而有浮支滥用之嫌。该厅长所以取消新案亩捐保管委员会之唯一理由，就在谓该会拒绝支付测量王家港之费用。自将所有专款，改为由建设厅保管与动支之后，予取予携，莫不如意。故该厅长自接任以来，除新案亩捐尚有拾壹万肆千余元存储于扬镇两处中交两行外，其余如王前任移交之贰拾伍万伍千余元，及自十九年三月起至二十年九月十一日止，共收入之伍拾贰万余元，共计柒拾柒万柒千余元之巨款，已用至柒拾陆万柒千余元。截至九月十一日止，所存者不过壹万零壹百叁拾六元七角六分而已。

（二）水利局之组织与弊端

查治运机关，向为督办运河工程局，该局直隶于中央政府，而与省政府平行；督办会办之地位，均甚隆崇。自改为江北运河工程处后，该处处长仅能向水利局建议，绝无对外之权力；因该处直隶于水利局，水利局又直隶于建设厅，建设厅又直隶于省政府，故地位与权力，均异常卑下。不特运河工程处无指挥县政府，及命令县人民之权力；即水利局本身，对于县政府与人民，亦不能直接指挥命令。同时与运河关系最切之各县县政府，不但不能命令水利局与运河工程处，并且不能指挥各段工务所。水利局与县政府文书来往，均用公函。双方如不得省政府命令，无论分工合作，皆不可能。一遇紧急之时，水利局因不能召集民夫，束手无策。县政府亦因无材料、经费，爱莫能援。直至本年七月三十一日江苏省政府始发见此弊，乃于第四二一次会议中，议决两项救济办法。一令：江北沿运有关各县县长，会同水利局督率民众，尽力保堤。一令：建厅转饬水利局，会同各县县长，督率民众，共同保堤。此项决议案，显然为水利局与县政府，不能通力合作之确证。再查水利局规模之大，用人之多，与积弊之深，洵堪惊异。本局之内，自局长、处长、总工程师、副工程师、佐理工程师、工务员、测绘员，以至课员、办事员、试用办事员等，共计七十一人。所辖江都段、高宝段、淮邳段、三段工务所，自所长以至雇员各十一人，计三十三人。工务所之下，共分为十余汛，每汛自修守员、修守副员，以至队目、堡兵，少者十余人，多者三十余人。约计不下四百人。局内上级人员，其工作仅为文书、册籍、计划、考核，绝少参与运河工程之实际工作。至于下级人员，大都有名无实，甚至因袭从前积习，迄今未除。据建设厅长孙鸿哲及水利局长茅以升面称：汛兵向恃屯垦为生活，并不支薪。自入民国以来，或盗卖所垦之田，或敲诈人民之产，甚至民间耕牛，偶在堤上吃草，亦可私自罚金。至于每岁修防之费，大都彼辈分肥，上下相蒙，已非一日。据此则河工下级人员，不独害及堤工，并且灾及民众。无事时则营私舞弊，无所不为，有事时则疲癃残疾，无一足用。该局长对于河工人员，岂无监察考核奖惩黜陟之责。今知之而不予严惩，一若事不干己也者，纵不必诛其有纵兵殃民之心，亦当责其负姑息养奸之咎。又该局长在其二十年运河防汛工作简报中云：一再令知各段所长，转饬各汛，认真筑做，毋任偷减，事后查有丈尺不符，或做未合法之处，均经责令赔修。可见偷减与丈尺不符，及做未合法等舞弊情事，已为修防中公开之秘密，而为人民所共见共闻者矣。该局长所司何事？迄今不加惩治，谓非失职而何？又查水利局之职掌，大半为水利工程事项。而三段工务所所长，所习者皆为土木工程，并无一专习水利工程者，其于河工，素无相当经验。故对于出险时之抢险，及出险后之堵塞，皆束手无策。即此一端，亦可证明水利局长之用人不当矣。

（三）春修夏防之疏忽

查运河春修，原为防险之预备，故积土积石积柴，为春修之最重要工程。此次查勘河堤，见高邮以下，积土全无。而宝应、淮安一带，虽存有积土，然已多半供筑路之用，所余无几。而且此项积土，至少为五年前之物，因土中树木，高者有二丈有余。由此可见水利局，今年虽开支五万余元之春修费，然对于积土工程，则完全未做。故当七、八两月河水陡涨，急于抢险之时，数百里长堤，同时缺土，麻袋蒲包亦同时告罄。贻误河工，实非浅鲜！至于夏防及抢险工作，由水利局自做者，不及十之三四，由各县县政府及二十五路军帮同筑做者，实超过大半。有水利局之蓝色图可证（附图二纸）。又据各县县长面称：淮安加子埝八十余里，仅用洋叁万余元。宝应加子埝亦数十里，仅用洋五千余元。淮阴、高邮，为数尤少。而水利局之夏防费，竟开支叁拾叁万余元。数目相差，竟如是之巨。谓为吞没公款，固无确证；然谓为浪费公款，则真百口莫辩矣。当七月间，孙鸿哲到工视察时，民众团体以多备工料为请，孙厉声谓此事我能负责。及二次复到巡工，民众请谒，遂拒绝不见。此事高邮县商会陈主席言时，声泪俱下。自属可信。于此可见孙鸿哲之刚愎自用，于人民之建议，丝毫不纳。其疏忽堤防，在所多是，不仅春修夏防已也。

（四）出险前后河工人员之渎职

查本年八月二十五、六两日，雨量之多，风力之大，实所罕见。八月一月间之雨量，为一零六公厘。而二十五日一日间之雨量。竟为一零二.三公厘；二十五日之风力为五.五。次日之风力为六.三。至于水位，即较民国十年为低。民国十年御马头水志之最高水位达一丈九尺八寸，本年最高水位达一丈九尺六寸。无如狂风急雨，相并而来，当此风狂浪急之一刹那间，自非人力所能抵抗。保堤抢险之工作，自是难于实施。然假使河工人员，于春修夏防之工程，认真筑做，则决口或不至如此之多。加以抢险之前，材料又无充分预备，以致临事仓猝，无所措施。人民迫于巨灾之余，以决口之责，完全归咎河工人员，虽稍涉苛刻，而事先材料不备，抢救不力，河工人员实不能诿过。且河工人员所司何事？讵能因预见风力水势之不可抵抗，竟擅离职守，逃避一空。兹查运堤决口，多在八月二十六日上午三时至六时。人民举发河工人员渎职书状中，有谓连日险象环生，茅以升、武同举、李仲强等不思设法抢护，各雇轮船，停泊西岸，日日升火待发。茅更趋避独早，二十四日见风浪大作，即托故乘轮先行。迨二十六日荷花塘等处出险，人民方鸣锣告警，河工人员均已不知去向云云。兹据调查所得，并证以水利局自开茅局长驻工日期表，明载该局长于八月二十五日回省报告，并于二十七日至三十日往宝山察勘太宝、常熟塘工。据此该局长当堤防危急之际，纵有要公向省方报告，则专差电达均可，并无离防之必要。二十六日出险，该局长在省当接电知，何又不回防督率抢堵？若谓宝山海堤危急，须亲往视察，又何以在省耽搁两日之久，并出席科学社年会？于此纵不能证明其有心趋避，实可以证明其昧于先后缓急，措施失宜。至于江都段工务所所长邵福宸，与高宝段工务所所长李仲强，亦不先不后，均于堤决之次日（八月二十七日）连袂到省，置下河数百万人民之生命财产于不闻不问。其尤荒谬者，即李仲强在堤决之时，将该所所存公款及账册单据，一概遗失无余。以致经手十二万工款，究竟作何用途，迄无簿册可考。此实可以证明其当出险之时，早已远离任所，不然何以并账册单据一概不能携带？而况李仲强等移在船上办公，早为民众所共晓，如此则其是否蓄意消灭收支单据，更有重大嫌疑矣。又查此次运堤决口，计大小二十七处，宽约八百丈，最小者约十余丈，最大者约一百六七十丈。河工人员对于最大决口，不但迄今未定堵塞计划，甚且迄今尚未实地测量。若问每一决口，宽度若干？深度若干？河工人员亦瞠目而不知所答。现在或将已涸出之口，略事填补，或将水势较浅之口，略加土袋。至于堵塞大口之计划与工作，则全未着手实施。最近江都段工务所所长邵福宸屡报堵口若干，核与事实，多不相符。文电往来，互相蒙蔽，固不独此一事为然也。向例淮水泛溢，开启双金闸，以利宣泄。本年八月间，该闸亦循例启放。乃驻闸监守员赵筱斋（即赵裕成）胆敢留底板四块不启，蒙报开放完全，以致水流宣泄不畅。该段所长赵履祺，于此启闸大事，不亲临督工，已属荒谬。开启以后，又复不往履勘，经人民责问至再至三，始发觉实有四块底板未启。挽救不及，乃委其责于监守员，一若不关己事者。闻赵筱斋不启双金闸之原因，系受盐河下游盐商之贿。据淮阴县贺县长面称：此中系因陋规五十元未曾取到，故留四块不启。并谓此事赵所长亦不否认。其为受贿，抑或陋规，今姑不具论。该赵履祺身为所长，事前既不加督察，事后亦并不看管，任其逃逸，实有串同得贿之嫌。局方并未严追，亦属疑窦。此事亟应切实查究，并责令赵履祺交赵归案。

（五）决堤前后省政府之措施

当江北灾象已成，运堤未决之际，苏省府虽曾议决募赈，及防范办法，而于运河防险工程，实未加注意，尤于开坝保坝之争，迟疑不断。七月二十八日议决水位至一丈七尺三寸时，车逻坝启土分两次开放，先开一半，如水仍涨，再开一半。详考淮系年表，从无开半坝之说。且坝一经启口，无论口之广狭，不久必全部放水。只开半坝，实为事实所不许。又查水志自二十八日起，即已达一丈七尺四寸，因循延误，阅六日之久，达一丈八尺八寸，超出原定水志一尺五寸，始行启放，致泄水不畅。次日仍续涨一寸。比经茅以升电告危急，请准续开南新两坝，乃议决：南新两坝，于水势继涨不已，见为危急时，准予续开。此案先后两议决案，并无确定主张，力求诿卸责任。当此千钧一发之际，江北数百万民命财产所系，省府为一省最高行政机关，应如何审度轻重，权衡利害，确定开放与否之主张，令饬遵办。乃因循延误，卒至上下游均不能保，谓为疏忽，其将何辞？堤决以后，举上游河湖之水，齐向东流，倘不从速堵塞，不独运河水涸，而泰东与兴盐阜五县，将同为湖荡。省府仍不从速设法堵塞，乃组织所谓江北运河工程善后委员会者，迟至九日始开成立大会。至今犹无施工消息，盖距决堤已二十有一日矣。在省府急于容纳旧日河工人员，藉以缓和民怨，考虑未始不周，然惟日周旋于新旧之间，而对于数百万灾民所切盼之堵口工程，迄今尚未实施，实属缓其所急，而重其所轻。又按国府曾明令严惩水利负责人员，而省政府对于茅以升仅以撤职留任了事，其他负责人员，决未闻予以若何惩处。又安得谓平？安得谓当？综上所陈各节，江苏省政府于决堤前后，措施均有未当。建设厅厅长孙鸿哲、水利局局长茅以升、运河工程处处长武同举、高宝段工务所所长李仲强、江都段工务所所长邵福宸、淮邳段工务所所长赵履祺，及其他河工人员，均应负疏忽堤防之责。事证俱在，皆可复按。似此玩忽职务，致人民死伤如此之众，若不分别予以严惩，将何以肃官风，而平民愤？伸国法，而重堤防？奉令前因，理合具文呈报，伏候钧察！并祈转呈国民政府鉴核。谨呈。

（《监察院公报》第六期）

江南塘工委员高一涵参事洪兰友复查报告书

(1931年10月14日)

为呈复事:案奉训令第二零五号派赴江苏省调查水灾情形等因。又奉训令第二一五、六号,转令查明凡负有地方及水利责任之官吏,忽略堤防之修治,及水道之疏通者,予以严惩等因。奉此,遵即于九月二日前往江苏各县实地调查。除业将关于水灾情形及救济事宜,先后函电呈报钧座,并将关于江北堤工失职人员,忽略堤防之处分,呈请转呈国民政府在案外。谨再将关于江南塘工状况,呈报如下:

查江苏省建设厅两年以来,对于江北堤工固甚忽略,而对于江南塘工,其忽略之程度,恐较堤工为尤甚。即以修防经费一项而论,治运尚有专款数十万,而治塘经费则为数较少。故宝山、太仓一带塘工,除设有江南塘工事务所,定有经常费外,其余如修防抢险之经费,往往临时筹拨,故塘工失修,已非一日。至八月二十五日宝山县险要各段,一遭狂风巨浪之摧残,桩木既剥削无遗,土方亦塌去十之七八。太仓一带,危险尤甚。据江南塘工事务所八月二十六日调查报告,内称"宝山一县塘工出险工段,共有一千余丈,桩木冲断数千根,土石崩溃无算。其他各工段虽被冲坏,尚未发生危险者,亦有数千丈"云云。据此:则塘工之年久失修,已为不可掩饰之事实。故每遇急风暴雨,即摧枯拉朽之不若,缺口坍坎随处皆是。再查江南塘工事务所所长薛兆枢,不特在未出险之前,未能先事预防。即在既出险之后,亦多敷衍塞责。据该所长于九月间呈报省厅,称:"该塘出险后,每日雇工分头工作,现抢险工程已告成十分之八”云云。然据宝山县护塘委员会调查抢险工程,尚未及半,且多草率从事,与该所长所呈报者,大为不符。又据宝山县致该所公函,称“案据第五区区长浦维润个代电称:职于个日(即九月二十一日)驰赴陈华浜调查该处迄未兴工。旋至顾隆墩察勘,工程进行异常滞迟。且薛家滩段所打木桩、深掘地洞,敷衍了事,即如木料均用丈五个,殊嫌细弱,不足以资防御”云云。据此则该所长之朦报事实,贻误工程,实属证据确凿矣。九月二十九日即废历八月十八日潮汛最大,吴淞水志达三十五尺,宝太一带塘工所,幸未大出险者,因无风浪耳。设省政府再不另筹岁修经费,改委负责人员,认真修筑,恐宝太淞沪一带,将成高邮兴化第二矣。该所长如此玩忽职务,若不予以惩戒,将何以伸国法而重堤防。奉令前因,理合具文呈报,伏候钧誓!并祈转呈国民政府鉴核。谨呈。

附:宝山县塘工抢险摘抄卷一册;二十五路军抢险筑堤成绩报告书一件及工作一览一册

(《监察院公报》第六期)

湘鄂灾情呈文

(1935 年 7 月 7 日)

院长钧鉴。前月赴湘察视,曾将行期电呈察阅。兹于六日返鄂,临行时亦曾电京报告。湘鄂水灾,势难幸免,赴湘时,系搭船前去,自汉口到新堤一带,大堤虽水溃裂,然沿江所筑之小堤,工既不坚,堤顶亦较低窄,大抵十破八九。惟此类小堤内,仅种杂粮,损失尚不甚巨。一入洞庭湖口,则见两岸低田,尽成湖泽,仅见农村屋顶及堤边绿树，飘荡于水面而已。而沿湖数百里，如湘阴、安乡、南县，地本低下，又兼港汊最多，闻有多数堤身，业经崩溃，即不崩溃，而久雨不晴，而堤内之水，无法疏通，亦将田禾淹没。其他高田，又被山洪所冲，禾苗半槁。计刻下报灾者，已达十四县之多。六日乘车返鄂，沿途水势，亦与湖边相等。除一线铁路轨道外，两旁皆成湖沼。湖北境内，如蒲圻等县，地势稍高，水随退去，而禾苗之曾被淹没者，大都死去，灾象亦已完成。今日见江水尚在继续增涨，监利等县已超过二十年水位至一尺之高。而汉口水位，本日已达四十八尺，岸高五十四尺，相差五六尺耳，距二十年最高水位五十三尺半，尚差五尺半。午后又复阴雨，水势恐只有加无降，若再续涨三四尺，则所有江堤，势必尽溃。刻下关于水利方面人员，俱已注意防范，前途如何，尚难预料。本署派出履勘人员，已有数起，水势如再不退，当继续为之，以期补救于万一。每闻雨声，心如刀割，草草呈报，不能具详。

高一涵呈

（《监察院公报》第三十七期）

查察堤工筱电

监察院院长于钧鉴。本署近日注意查察水利堤工经过情形，业用元代电详陈在案。兹再将元日①至铣日②经过情形，续陈如下。

---

① 元日：指13日。

② 铣日：指16日。

（一）武惠堤，连日续据武昌县县长杨适生报告，因襄水猛由谌家矶入江，该堤首当其冲，水势又复盛涨，险象日见增加，情势益为严重，仍正在设法抢救中。当以该堤抢救工程，固正在继续办理，就一涵于佳日亲往巡视之所得，觉其对于材料分配之分量，工作实施之程序，以及对于夫工之组织管理等事宜，尚有欠严密整齐之处。事关工程效率，极宜注意改良，爰于元日致函杨县长，略谓，“(1)抢险材料之分配，须有精密之计算，不得任民夫自由使用，以供不急之需。例如民夫多有自由使用公家材料，以各自防护其住宅附近之堤身，而反忽略于整个堤身之防护，均应在纠正之中。(2)凡属险要处所，均须随时往勘，权其轻重缓急，作成施工先后之程序，不得任民夫自由移动。(3)须将民夫分配，每十人一组，派一人指挥监督，其有工作不力，站立不动者，随时加以处罚。抢险如战争，须有军纪阵法，号令尤须统一而严厉，事机急迫，稍纵即逝，多数人民之生命之财产，系于一身，毋使为山九仞，功亏一篑”云云。旋又接杨县长报告略谓“现正变更组织，并派队强迫加倍征工以图挽救”等语。至元代电所述该堤靠近武惠闸，有一段堤身，甚为弯曲，最易发生危险，曾面商杨县长迅予加高培宽，并多堆麻袋，以资捍御。嗣接报告，该段果已迭次坍卸，每次堤面分裂数尺，中可见水，裂缝达数丈以上，危险万状，人心极为恐慌，正在抢筑。由此可知抢险工程，实须权其轻重缓急，扼要施工，非可漫无程序。一涵因该堤关系异常重大，特于铣日亲率同本署秘书汪淮，再赴该堤作第二度之巡视。到堤后，晤杨县长及在堤帮同抢救之陆军独立炮兵第六团第二营营长薛典谟、第三营营长卢盖军，并择勘各处险工，往返达二百里。见武惠闸附近一带，及其他各处险要地段，虽均已做过抢护工程，而一涵上次面嘱加高培宽，及堆积麻袋诸端，亦均已大致照办。惟考其抢护程度，仅可暂保安全，倘水势再有增涨，或突遭风浪相侵，则仍恐难以幸免。且武惠闸附近，又复新有裂痕发现，尤属可忧。当经指示一切，嘱其继续加工，并于回署后以铣电先行呈报。

（二）汉口方面之张公堤一面接近长江，一面接近襄水，堤内地广人稠，且为汉口全市之保障，万一该堤不保，则匪惟堤内农民之生产损失殊多，而汉口全市人民亦同受淹没之祸。一涵鉴于该堤之关系极为重大，遂于文日[①]先派本署科员张家珏前往该堤，与长江接近方面之谌家矶一带查勘堤防。据复略谓“查得谌家矶段内堤身在民国二十年决口之处，因渗漏而发见裂痕，长约百米余，虽已用麻袋填塞，然仍微有漏水之处。当裂痕发现之时，形势颇为危险，现已大致堵就”等语。嗣又闻该堤与襄河接近方面之姑嫂树、禁口、桥口各处，堤身卸坍，情势异常危急，并据报工程当局，似有怠忽情形，即于寒[②]晨派本署秘书汪淮、调查科科长安梦周，会同前往查勘。据复，略称“遵经驰履勘，并查询一切情形，比查得该堤禁口及桥口等处地方，或则堤身坍卸，或则堤面漫水，均经武汉警备司令部参谋长金巨堂督率军警民夫，昼夜抢救，暂可不致溃破，但仍在危险之中。至姑嫂树一段堤身，则于寒晨忽然坍卸约十余丈，因该处堤基内临深潭，外受大水之压迫，其临潭方面之堤土，因压迫而无力支持，遂向下边倾坠，以致堤脚空虚，堤身崩裂，其崩裂处半边脱体下沉，半边凌空高耸，倘再受风浪袭击，必将倒坍无疑，实属非常危急。顷正由武汉警备司令叶蓬，督同汉口市长吴国祯亲自率领军警民夫先就堤脚填筑，抢救工作，极为紧张。但究竟能否挽回，尚难预必。颇闻该段堤工，原为江汉工程局人员所经管，且该局近在密迩，尤属责有攸归，乃对于防险一事，组织既欠健全，工作亦有疏忽，若非叶司令出而努力，恐已成灾。现该堤抢险事务，已由叶司令统一指挥，值此情况变迁，对该局究系如何疏忽情形，似宜再作精详之考察。事关责任问题，应请核夺施行”等语。一涵当以此事极有关系，复于删[③]晨率同安科长亲身前往，逐处查勘，所见情况，与该秘书科长等所称各节，大致相同。并见该堤继

① 文日：指 12 日。
② 寒：指 14 日。
③ 删：指 15 日。

续坍陷部分，危如累卵，其崩裂处之堤顶，已仅剩有三分之一，征询舆论，亦闻江汉工程局疏忽职务，叶司令抢救得力，比经一面宣达中央及钧长忧念堤防之意旨，一面对叶司令等在场抢救人员，加以慰勉，嘱其务须继续努力，期能有最后之挽回。回署后，曾以删电呈报。嗣复于铣日令派安科长率同科员张家珏、办事员朱桐生，将江汉工程局平日设施状况，防汛工作情形，以及关于张公堤汉成垸各案之经过详情，再予确切查明具报核办。至张公堤抢救工程，顷闻已颇有效，倘无特别变化，可望转危为安。

（三）据汉阳新丰境堤工协进会常务委员王哲夫等呈诉汉阳工程局工程师谢先进等玩忽堤工，致遭溃决等情到署，当以事关工程师被控玩忽堤工，致使人民受害，应予彻查，即于铣日令派本署科员喻正权前往调查报核。

此自元日至铣日关于注意查察水利堤工之经过情形也。又本日武汉水势退至五十一英尺，较前日约退三寸。除仍继续注意查察具报外，理合驰电呈报，仰祈鉴核示遵。

监察院湖南湖北监察区监察使高一涵叩筱印

（《监察院公报》第四十六期）

预察水利堤工三办法

（1936年3月7日）

武昌高监察使鉴，艳[①]代电及附抄各件均悉。前据函请促令有堤省分早为注意，已分令各区监察使一律照办。兹阅所陈三项办法，实事求是，擘画尤为周详，至深嘉许。除分电各区监察使参照办理外，合即电令知照。

院长于右仁印

（甲）附抄湖南湖北监察区察字使署代电湖南湖北省政府询问水利堤工情形

湖南、湖北省政府勋鉴，查湖南湖北上年大水为灾，堤垸多遭溃漫，未破者应予加高培厚，已破者应予堵口复堤，均须未雨绸缪，早为督促，期能于春潮夏汛期前，准备周密，用资防范，而保安全。贵府对于水利堤防，早经策划，主持督饬，深佩贤劳。比者冬工已过，春水将生，全省堤工，谅已多有成就，究竟所有官堤民堤，施工进度如何，至何时可以完全竣事，应请详赐示知，并随时继续见示。倘承分附图表，感盼尤殷。抑有进者，水利堤防，关系国计民生，至为重大，凡负有地方及水利责任人员，必须尽职于平时，庶免贻误于临事，贵府对所属地方政府与水利机关，以及各处堤工关系人员，自属考查有素。中央关心民瘼，对于水利堤防大政，早经迭令查询，兹值春汛将届，堤工加紧之时，施工自应迅速，考察尤当周

① 艳：指29日。

详，至希转行所属，一体早为加意。除分电、另电江汉工程局外，相应电达，统祈察照为荷。

高一涵叩真[1]印

（乙）附抄湖南省政府复湖南湖北监察使署函（略）

（丙）附湖北省政府复湖南湖北监察使署代电（略）

（丁）附抄湖南湖北监察使署代电江汉工程局询问水利堤工情形

江汉工程局勋鉴，查湖北上年大水为灾，堤垸多遭溃浸，未破者应予加高培厚，已破者应予堵口复堤，均须未雨绸缪，早为督促，期能于春潮夏汛期前，准备周密，用资防范，而保安全。贵局所辖各处堤段，谅早兴修，工务考查，谅有统计，迩来冬工已过，春水将生，究竟各段堤工，已进展至如何程度，至何时可以全部修成，应请详赐告知，并随时继续见告。如承分附图表，感盼尤殷。抑有进者，水利堤防，关系国计民生，至为重大，凡负有水利堤防责任人员，必须尽职于平时，庶免贻误于临事，贵局对所属各局所及各处堤工关系人员，自属考查有素。中央关心民瘼，对于水利堤防大政，早经迭令查询。兹值春汛将届，堤工加紧之时，施工自应迅速，考察尤当周详，至希转行所属，一体早为加意。除分电外，相应电达，即烦督照为荷。

高一涵真印

（戊）附抄江汉工程局复湖南湖北监察使署代电（略）

（《监察院公报》第七十一期）

---

① 真：指11日。

呈报视察湖北钟祥襄堤情形

（1936 年 3 月 18 日）

查湖北钟祥县襄堤工程，关系甚为重大。乃江汉工程局所派襄堤工程处人员，自二十四年十一月十六日即到旧口镇实施查勘及测量工作，至二十五日测量已告完毕。工程总预算，定于十二月份起分别实施，其全部完工日期，定为本年五月底。第一工段于去年十二月四日正式成立，第二工段于十二月十二日正式成立，第三工段亦于十二月底正式成立，比即先后开始树立分段标志，召集理硪工伕，而承揽遥堤之工伕，计有潜江、天门、钟祥、汉川、京山等五县，预计召集工伕六万人至九万人。不料时至三月，一方因工伕到工不甚踊跃，及管理不甚周到，工作进行，极为迂缓，一方又因设计不周，对于难工雨工经费，苦无着落，以致自开工至三月十日，业经两月有余，计算所做成之土方，尚不及四分之一，而桃汛之至，即在目前，万一不能如期完工，则后患将不堪设想。因于三月九日，偕同经济委员会水利处副处长郑肇经、湖北省政府委员范熙绩等，亲往钟祥视察。兹将视察所得结果，分别报告如下：

一、钟祥襄堤地位之重要

查二十四年全国水灾，以湖北为最重，湖北水灾，以襄河流域为最惨，而襄河流域，如天门、潜江、汉川各县，几于全部沉没者，则因钟祥县境三四弓堤岸之溃决，盖襄河至钟祥县境，亦犹黄河至开封以下，水位往往高出地面之上，随时随地，皆有溃决之虞。然襄河堤岸之溃决，在下游者其害小，在钟祥境内者其害大。去年钟祥三四弓决口，洪水直奔天门、潜江、汉川，数百里膏腴之地，转瞬尽成泽国，即其明证也。

二、三四弓堵口工程之完成

全国经济委员会认定钟祥襄堤，关系重要，故为思患预防计，于去年冬季，对于此段堤工，秉承行营，商同政府，采用江汉工程局所拟定之远大计划。一面就三四弓决口附近，进行堵口断流工程，一面从旧口镇到大龙山之罗汉寺，筑一新堤，名曰遥堤。其三四弓堵口地点，择定自熊家桥至新集一段，实施断流工程，一则因该处水面较狭，深度较浅，易于施工，一则因断流坝地点靠近三四弓附近，使襄水在中水位时，可以归槽。其堵口断流工程，业于二月十一日完成，曾经电报本署在案。然此种工程，仅足以防止中水位，而不足以防止洪水位，故不得不重新在旧堤之外，建一遥堤，以作襄水之第二道防线。

三、遥堤工程之浩大

查遥堤自钟祥旧口镇起，至火龙山之罗汉寺止，中经沙港，计长 18.08 公里(计华里三十一里强)。根据江汉工程局顾问工程师美人史笃培计划，堤顶之高，较二十四年最高洪水位高一公尺，堤顶之宽定为七公尺，全堤需用土方共计 186066.18 市方，而堤脚挖槽及填补土方共计 8100 市方。合计三四弓堵口断流工程遥堤工程，及其他附属工程(如防浪排水等工程)，共估定经费二百二十二万六千余元，在江汉流域内，可谓极大之工程。

四、施工后所发生之困难情形

(甲) 承揽方法之不良——遥堤土方，全采用招工承揽制，全堤分为四个工段，除第四工段由襄堤工程处自行招人包工外，其余第一、二、三各工段，均由天门、潜江、汉川、京山、钟祥五县选送承揽人。此类承揽人，半系城乡绅董，均缺乏管工能力与经验，承揽人恐工伕做工不力，致受亏累，工伕又恐承揽人扣发工资，致劳而无获，互相猜疑，不能合作，故每队工人均如一盘散沙，逃走者有之，懒怠者有之，因之工程进行，异常迟缓，工作秩序，异常凌乱。

(乙) 工伕能力之薄弱——各县所征民夫，多半无做堤经验，偷闲躲懒，迟作早休，工具既不精良，气力亦复低弱，做工之成绩愈低，愈不能维持生活。

（丙）工人所得之过少——初步取土，距离必在最远，故截至二月二十九止，平均每人每日仅能完成土方0.22市方，合计五人始能做得一方土，依一月三日工程处实地试验工人效率之结果，每人每日仅能得工资一角六分。加以商人剥削，初时旧口之米每担不过六元，继而增至九元，油盐蔬菜之价格亦然，故工人一日劳动，仅足维持一日之生活。

（丁）雨天工资之无着——工伕每日所得工资甚少，故一遇阴雨，即无法维持其生活，若听其自由回家，远者相去数百里，一时又不易招回，若禁止其离散，则又无款可以维持其最低限度之伙食，二月间时常雨雪，故工伕日食难度，来而复去者甚多。

（戊）取土之艰难——初步取土，既限令自远地开挖，路途既远，往返自难，且该处地势低洼，土质多沙，极易透水，掘土至一公尺以下，坑内即有水涌出，而排水工具，又无充分预备。

五、目前拟定之救济办法

以上所举各种困难情形，仅就其大者言之，其他较小困难尚不止此。最近两周内，协修委员会与襄堤工程处，经数次讨论结果，关于工伕管理方法，业已改用保甲制，由区长及联保主任，负监督管理之责，承揽人则仅负指导工作，领发工款，及收交土方之责，自此以后，工作顿形紧张。一涵在堤上察勘时，亲见工作秩序甚佳，懒怠逃走情形，颇为罕见。最近天门等五县驻堤督工之区长及联保主任，共计有二百人之多，其五县之专员县长，亦皆任协修委员会委员，同时驻堤督率，而省府亦推派委员范熙绩专任督察事宜。兹录三月八日在堤工作人数如下。

五县到堤民工暨作工人数报告表

縣別/項目	承修堤段	到堤人數	雜務人數	病工人數	實在工作人數
天門	五分段至二四分段	三一、三九四	五〇一	八二	三〇、八一一
鍾祥	二五分段至三八分段	一七、五八〇	四七三	八六	一七、〇二一
潛江	一分段至四分段	三、八六五	一〇一	一一	三、七五三
漢川	四三分段至四八分段	一〇、一六七	四九六	五〇	九、六二一
京山	三九分段至四二分段 四九分段至五二分段	一六、九〇〇	四三〇	三一	一六、四三九
合計		七九、九〇六	二、〇〇一	二六一	七七、六四五

(附注)遥堤全堤分为第一、第二、第三、第四工段，再分为六十分段，自一分段到五二分段，均在第一、第二、第三各工段内，自五三分段至六十分段，在第四工段内，第四工段为自由包工，由襄堤工程处自招工人包做，至三月十日，约有六千余人工作。

前表系三月八日工作民夫的统计，此后数日尚有陆续到工者，约计可达十万人数，故工作民夫，亦较二月以前为踊跃矣。

全国经济委员会秘书长秦汾，此次来汉，于三月十六日，同湖北省政府主席杨永泰，协议赶工条件，及拟加经费数目如下：

(甲) 赶工条例

(一) 第一、二、三工段限五月底完成，第四工段限六月中旬完成。

（二）民夫数目须增至十一万八千人，每日至少须做土二万市方，第四工段包工每日须做土四千市方。

（乙）拟加经费数目

（一）硪工理工　四万元。

（二）一、二、三段难工　六万元。

（三）四工段土方加价　十六万元。

（四）拦水坝加高及护岸与堵筑其他小口　十五万元。

（五）雨工天津贴伙食及奖金十五万元。

以上所拟增加经费数目，均为依限完工及救济实际上各种困难所必不可少者，如能得此五十余万元，则上述各种困难情形，皆可有解除之望矣。

总之，钟祥襄堤地位之重要，遥堤工程之浩大，以及施工后所发生之种种困难情形，与目前拟定之救济办法，均已如上所述。然无论工程如何浩大，施工如何困难，限期如何急迫，民夫如何痛苦，以及技术人员与协修人员是否尽职或失职，皆有法可以补救。所成为重大问题者，独此五十余万元之款，如何筹措耳。湖北省库自去年水灾而后，收入锐减，官民双方，俱感穷困，委实无款可筹。而全国经济委员会，亦因堤款用尽，罗掘俱穷，无法应付。然返观沿堤各县人民，几若生命俱可牺牲，而此堤则不可不筑，故在堤民夫，日则负土挖坑，形同牛马，夜则幕天席地，饱受风霜，其挟有敝絮一方者，已视为殷实富户，其他则并一束稻草而无之，而回忆家园，有地而不能耕，有种而不能播，然所以忍饥负痛，在堤工作者，岂恋此难供一饱之工资哉。实因惩前毖后，唯希望此堤之成，或可偷一息之生耳。此情此景，真为世界万国所无，视察之余，不禁心酸泪下也。伏冀钧座本恫瘝在抱之怀，为鄂民求一线生路，如能迅予转呈国民政府，俯准速拨五十万元之款来鄂，俾遥堤得以早日完工，则堤防固而民命亦得保全矣。是否有当，理合检同钟祥襄堤区域图一份，备文报告，仰祈鉴核！谨呈

院长

附钟祥襄堤区域图一份

监察院湖南湖北监察区监察使高一涵

二十五年三月十八日　呈字第七七号

注：行政院二十五年四月十日第76号咨复监察院函：经财政部拨到是项工款五十万元，转发应用在案。

鍾祥襄堤區域圖

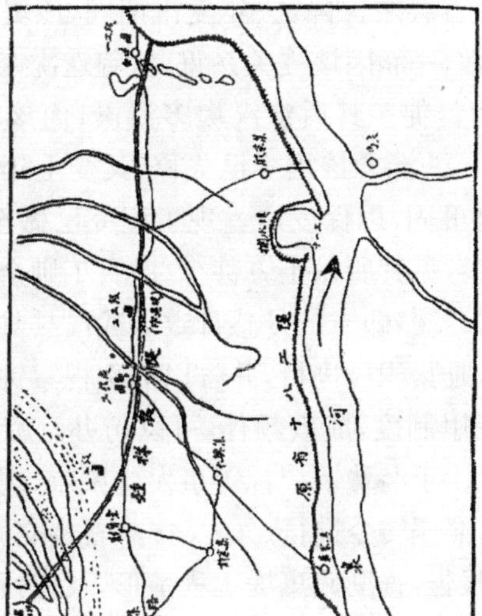

（《监察院公报》第七十五期特载）

查勘水利堤防情形元代电

钧鉴。本署对于水利堤防注意监察情形，历经呈报在案。兹再将近来是项工作，撮要陈之。（一）湖北武昌下游之武惠堤，系滨江一大干堤，且为省会之保障，去年夏汛期间，该堤经过多日之抢救，其形势危险异常，一涵因该堤关系重要，曾迭次亲往查勘，并对抢救事宜，加以指示督促。其后江汉堤多溃漫，而该堤幸获转危为安。本年三月有日[①]，一涵念该堤本已失修，又受上年之损坏，自应惩前毖后，速予修筑巩固，以保安全。现工程究已做至如何，深堪注意，爰亲赴该堤视察，见其所做土方甚少，而石工则全未开工，当以桃汛将临，何能再有迟缓，即于三月感日致函武昌县县长杨适生，嘱其将该堤施工事务，赶紧积极进行，并告以前次视察钟祥遥堤，见其管理征工，系运用保甲制度，成效颇佳，可以仿办。旋接杨县长复文，声述工程延缓，系由于经费及招标等事发生困难，现已加紧办理，并将管理征工一事，照函转令遵行。嗣又接本署特交调查湖北省水利堤防参赞喻育之报告，查勘武惠堤工程情形，及应行注意事项，复经于四月鲁日[②]函转武昌杨县长，嘱其查照注意施行。（二）湖北汉阳方面之永丰垸，为汉阳全县之保障，去年大水为灾，永丰堤闸冲溃，全县均遭陆沉。接喻参赞查勘该垸江永堤三眼桥一带地方报告，略谓，该堤上自姚家岭起，下至孔湾孟家铺止，计有溃口五处，内有一段现已修复，惟尚须加高二尺，正在打硪。又有一段，则修筑工人既少，督工又不认真，若不速令加工，恐难如期告竣。当以该堤既为汉

① 有日：指25日。
② 鲁日：指7日。

阳全县保障，其关系自属重要异常，极应加紧施工，俾克早日修复，即于四月支日[1]函请湖北省政府转饬注意办理，以免有再蹈上年覆辙之虞。现已接准该省政府函复，谓已转饬汉阳县政府遵照注意赶修，并由省政府令派技术专员前往彻查在案。又汉口方面之长丰南北两垸，为汉口市之保障。接喻参赞查勘报告，略谓，该两垸原系民堤，南垸有大小溃口二十一处，现由江汉工程局认为干堤，预定在一周内开工修复。北垸有大小溃口二十二处，尚在就地设法筹款，准备兴修。当以该两垸虽系民堤，而关系甚为重要，自应赶紧实行施工，经于四月鱼日[2]分函江汉工程局及汉口市政府查询督促。现江汉工程局业已函复，谓关于该局本届估修部分之工程，自应速办完成，已令知该管工务所遵办等语。又黄陂县各处堤工，亦已经喻参赞前往查勘具报，因尚无有需转行之处，即予存署备查。（三）本署前对水利堤防，曾派员前往各处择要实地调查，兹据本署所派科长安梦周、科员张家珏，由湖北江陵县沙市发来四月支代电，报告查勘荆沙一带重要堤工情形，其中尤以荆大堤，为荆沙一带地方之保障，而阴湘城堤系与荆江大堤上游堆金台衔接，唇齿相依，其关系均极重要。该两堤去年均遭溃决，现正进行堵口复堤及加高培厚与翻筑工程，经该科长科员等登堤查勘，费时四日，始行查毕，详细报告前来。特将原代电抄呈察阅。（四）湖南省赈务调查，早经特交本署彭参赞常川担任办理。嗣又将该省关于水利堤防之调查事宜，特交彭参赞常川担任。近据彭参赞陆续查明报告本署，正在核办中。除仍将两省水利堤防，继续注意监察外，理合将以上所述各缘由，驰电呈报，仰祈鉴核。

高一涵卯元印

计抄附本署科长安梦周、科员张家珏支代电一件（略）

（《监察院公报》第七十九期）

---

① 支：指4日。

② 鱼日：指6日。

视察自汉口至沙市沿江干堤情形呈报文

（1936 年 4 月 29 日）

查湖北地势低下，号称泽国，人民田庐，多依堤防为唯一之保障，堤防之中，又分民堤干堤两种。本年民堤岁修工程，由省政府择要酌拨工赈之款补助，而由县政府负责征集民夫修筑，凡属有堤县份，大都先后开工，在夏汛以前，期于全部一律蒇事。干堤系指沿长江及襄河两岸干堤而言，归江汉工程局管辖者，计长一千九百余公里，共设置七个工务所，分段管辖，兹将各工务所管辖堤段依次述之。

（一）管辖长江干堤之工务所所管堤段如下。

第一工务所管辖堤段——北岸自黄梅县之极东界起，至黄岗县之堵城止。南岸自阳新县之菖浦港起，至鄂城县城止。

第二工务所管辖堤段——北岸自黄岗县之堵城起，至汉阳县之新滩口（簰洲对岸）止。南岸自鄂城县城起，至金口长堤之嘉鱼县极东界止。

第三工务所管辖堤段——北岸自汉阳之新滩口起，至监利县之白螺矶上荆河脑止。南岸自嘉鱼县极东界起，至湖南之临湘县界止。

第四工务所管辖堤段——北岸自监利县荆河脑起，至拖茅埠止。南岸自石首县之章华港起，至松滋县之松滋河止。

又荆江堤工局管辖堤段，仅有江陵县境之北岸，自拖茅埠上与第四工务所交界之地点起，至万城大堤之堆金台止。该局工款，系由省政府拨付，工程则归江汉工程局指导之。

（二）管辖襄河干堤之工务所所管辖堤段如下。

第五工务所管辖堤段——南北两岸均自汉阳之襄水入江口岸起，至沔阳县之仙桃镇止。

第六工务所管辖堤段——北岸自沔阳县之仙桃镇起，至潜江县之狗腿湾止。南岸自仙桃镇起，至潜江县之东荆河西岸关家榨止。

第七工务所管辖堤段——北岸自潜江县之狗腿湾起，至钟祥县之观山止。南岸自荆河西岸关家榨起，至宜城县止。

又襄堤工程处，专为修筑遥堤工程而设。其管辖堤段，自钟祥县之旧口镇起，至火龙山之罗汉寺止，并将第七工务所堤段自旧口镇起至三四弓止一段，划归该处管辖。

以上各工务所及局处管辖之堤段，因遭去年七月间洪水之冲漫，溃决矬坍之处，随地皆有。总计本年度江汉工程局原定及追加岁修之加高培厚工程（土方及石方）复堵工程，及钟祥新筑之遥堤工程，连同夏期防汛工程等，共需款五六百万元。除遥堤原定二百二十余万，在三月间又增加五十六万元，合计二百七十六万余元外，其余皆为堵口复堵工程，岁修之土石工程，及防汛之工料等项所需用之经费。堤防在湖北关系既如是之重，而工程又如是之大，用款又如是之多，设不于事前严加注意，一旦夏汛期来，势将束手无策。一涵爰特于本年三月间，先往钟祥之遥堤视察，复于四月十三日，由汉口沿长江上至沙市，沿途视察长江干堤，计视察一千余里。所有各险要及各重要工程地段，均经逐处上堤，详细履勘。除视察遥堤情形，业经具文呈报外。兹再将视察自汉口至沙市之沿江干堤情形，缕陈如下。

（一）第二工务所管辖堤段，自汉口而上，以岁修工程为多，而岁修工程中，以加高培厚之土工为多。仅金口长堤一段，凡土坡崩塌处所，均做抛石工程，此段工程，正在进行之中，在五月底以内，均可完成。

（二）第三工务所管辖堤段，自新滩口起，至监利县之白螺矶止，亦均以岁修工程为多。其岁修工程中加高培厚之土工，约完成十分之六七。至叶家洲上岸，视察该处石工，见自叶家洲至七房墩等处，江滩崩塌甚多，且有塌至堤脚甚近者，该处抛石工程，已做一半。再至新堤上岸，视察该工务所附近岁修土工，完成者亦复不少。再至崇阳树上岸，见堤身加高培厚工程，亦做至一半，惟现在堤上，已无人继续做工，问其原因，则谓民夫均回里赶修民堤，民堤完工后，当可复行到堤工作。螺山之下，堤边滩地崩塌者甚多，现亦在修补。据第三工务所主任刘复瑗面称，截至五月底止，所有该管堤段全部工程，可以一律完工。

（三）第四工务所管辖堤段，自白螺矶起，至拖茅埠止，此段工程，计定经费约六十万元，约占江汉工程局全部岁修经费四分之一，此为在所有各工务所管辖堤段中工程最大，及险工最多最难之一段。该段工程，除岁修之加高培厚土工外，计有观音洲、上车湾、狮子口等处，及自戴家马口至渣家淌（即该工务所所称之戴渣段）等处之抛石工程，与麻布拐去年溃口处之复堵工程。除戴渣段石工，因洲滩高涨，距江甚远，目前不能运石，原定自六月一日以后动工外，其他各段土石工，均完成十分之六七。惟观音洲一带，现在在堤工作人数甚少，上车湾一带，工作人数虽较多，然堤岸崩塌，距堤脚甚近，幸内有二十年大水后所筑之月牙堤，可以防备万一，惜其月牙堤堤身较低耳。

麻布拐之复堵工程，计完成十分之八九，该处旧堤甚为弯曲，堤内江滩甚宽大，水大上滩，变成巨湖，一遇西北风起，巨浪直扑堤身，故多次溃口，均在此处，现已另筑新堤，将堤身取直，以后危险似可较少。惟决口处堤内之江滩，已流成一河，水深逾丈，复堵时拦河作堤，因积水未退，填土入水，转瞬即溶为泥浆，虽堤外下桩，桩外抛石，然因堤身内外，皆有积水成河，堤脚不坚，新土下矬。视察时，见桩已外斜，堤土复因而下矬，发风多数裂缝，若夏期水涨，堤内压力增加，则塌矬更易，塌矬不已，将与去年七月间汉口张公堤之姑嫂树一段，发现同样坍陷情形。一涵观此状况，认为十分可虑，比晚即与江汉工程局席局长、孙工务所主任，及监利县政府熊秘书，妥商救济办法，当经决定在原来抛石之外，就坡水泓加填青沙坡二十米达，以为堤身防衬，并加打脚桩，自一排至二、三排，以资稳固，已由席局长面嘱该工务所主任立即办理。其新堤与老堤之接头处，俗谓之搭脑，恐不坚固，亦议定加大坡度，并在堤内增筑压台，以为新堤之保障，亦已由席局长面嘱照办矣。

（四）荆江堤工局所辖堤段，除岁修之加高培厚土工外，并有石工及复堵工程。该段堤工，技术由江汉工程局指导，工款由湖北省政府拨付，计本年岁修土石各工款，复估核定及追加之数，共为二十七万余元，现省政府准发二十万元，不敷颇巨。自拖茅埠以上至郝穴，均由一涵亲自履勘，自郝穴以上至堆金台，亦已由本署科长安梦周、调查员张家珏等前往调查，截至一涵履勘之日止，全部工程，均完成十分之六七，据该荆江堤工局局长徐国瑞称，五月二十日以前可以一律完工。

上述各段堤工，除第四工务所管辖之戴渣段石工，须照原定期在六月一日以后动工外，其余各段之土石及复堵工程，大都可以如期完竣。惟从前沿江沿汉两处抛石工程，多属草率从事，仅收散碎石块，抛置将塌未塌之土坡上，厚薄聚散，均无完程，石小而轻，下皆浮土，一遇洪水冲荡，即随波逐流而去，所费之款甚多，所收之利甚少。今江汉工程局对于抛石工程，设计较为进步，先用铁丝编巨笼，将大小石块盛满，再用铁丝将笼口封紧，或沉于岸脚，或压住岸土，每一石笼，均重逾千斤，聚小石而为大石，功效激增，上车湾一带护堤工程，共估抛石笼八千个，其他各处所抛者亦多，此种设计，于堤防用处极大。惟岁修之土工因民夫须兼顾民堤，故到堤工作之人数，均不能如预定之多，而堤上硪工（即以绳系石块，用八人举之，从高掷下，筑土使坚之工）为数亦少，新筑之加高培厚工程，如不能层层坚固，则危险实多，视察时已面告各段工程人员，迅予设法救济矣。所有此次视察自湖北汉口至沙市沿江干堤情形，理合备文呈报，仰祈鉴核。再此次巡视时考查所及，尚有数处重要民堤，似宜由江汉工程局，于下年度收作干堤，并先于本年度酌予拨补防汛材料，以资救济，容俟另文陈述，合并声明。谨呈。

监察院院长于

监察院湖南湖北监察区监察使高一涵谨呈
二十五年四月二十九日
(《监察院公报》第八十期)

调查呈报文

(1936年5月4日)

湖北黄瓦堤、武惠堤、阴湘城堤等似应收作干堤，并应先予拨补防汛材料，转请核咨行政院办理。

查湖北省江汉各堤，有干堤与民堤之别。干堤除荆江堤工局管辖一部，工款系由省府拨发，工程仍由江汉工程局指导外，余均属江汉工程局所管辖，大体上亦即由该局担任修防。至民堤则仅由各县地方政府，督饬地方人民，自行担任修防事务。其各地民堤之中，固有利害关系较微，工程担负较轻之处，以之责令地方担任，容或力所能胜。然亦有利害关系较巨，及工程担负较重，而实为地方所力难担任者，虽有时亦请准省方拨款补助，究属为数甚微，若不早予设法救济，则不惟地方受苦太深，尤恐因而贻误工程，使他处亦蒙其害。兹就各方陈述，加以考查，认为有数处应予注意，爰为分别转陈之。

(一)荆门县属之黄瓦堤，为滨汉大堤之一。一涵此次巡视江堤，行抵沙市，据荆门县县长叶鸿洲来沙面述该堤情形，并具有"黄瓦干堤修复状况报告"。略谓"黄瓦堤南自荆门沙洋黄家山起，北至钟祥瓦瓷滩止，内分小江湖堤及邓家湖堤两段，共长七十五里，关系荆钟两邑人民赋命，与对岸钟祥遥堤，有辅车相依之势，历来政府知其重要，均拨巨帑修筑。二十四年春间，江汉工程局呈报干堤岁修表，亦列入第七表中，经省府令行有案。迨七月间溃决后，工程过大，经县呈省请饬该局修复，该局亦已饬由第七工务所勘估计划，乃忽将其改为民堤，由省饬县自行修复。查该堤共有大溃口十三处，其余小溃口尚多，须做土十六万三千余方，省府先后拨发该堤工赈之款，仅共有五千元，除已支付各项经费外，按款分配，每方不过分配一分八厘，再以三人同做一方计算，每一人工，仅可得津贴六厘，而荆门灾后遗黎，本已终日不得一饱，且多散之四方，按亩摊夫及远道征工，均属困难万状，不得已由县长亲身赴乡奔走多日，向民众动之以感情，怵之以利害，历尽艰辛，始将工程做至十分之六七。窃思该堤保障良田数十万亩，系与对岸遥堤，夹流而峙，使汉水洪波直下，可保荆钟等县之安全，否则小江湖及邓家湖一经溃决，则水宽浪大，势将冲激对方，使遥堤发生危险。夫以有如此重大利害关系之堤工，乃交由如此民穷财尽之地方担负全部修防之责任，深恐难保万全，应请赐予主张，俾得仍由江汉工程局收作干堤，以重堤防，而纾民困”等语。其言时恳切异常，几于声泪俱下。一涵详加访察，该县长所述困难各节，委系实情。至该堤既为滨汉大堤，其所有利害关系，自亦显然较巨。复经查阅江汉工程局所制第七工务所管辖堤段平面图，南岸自潜江县之东荆河西岸关家榨起，经荆沙洋上至宜城县止，亦将该黄瓦堤列在图内。证以该县长所言各情，是该堤本系干堤，中间曾归江汉工程局第七工务所管辖，二十四年度岁修表内，并经列有该堤，即就成案而言，该堤亦应在收作干堤之列也。

（二）江陵县属之阴湘城堤，系与荆江大堤之上部紧相衔接成堤，而与其有同一重大利害之关系。乃荆江大堤早已作为干堤，由荆江堤工局负责办理，惟此阴湘城堤，迄今犹在民堤之列，归地方自行担任修防。一涵此次巡视江堤，曾亲到荆江大堤下部视察，其荆江大堤上部，及阴湘城堤，均已由本署科长安梦周、调查员张家珏等前往查勘。据该区行政督察专员兼江陵县县长黄公柱，具有“江陵县阴湘城堤述要”，并面述该堤情形，略谓“阴湘城堤，创建于明湘献王，起堆金台，迄枣林岗，长十余里。缘荆江大堤于有明隆庆二年建筑后，沮漳河水，仍由阵头山入柳港，灌菱角湖，直冲阴湘城，淹没荆沙，出关沮口，入长湖，下淹四十八垸及监利县一带，故湘献王创建此堤，依岗修筑，以与荆江大堤起点之堆金台相衔接，而资防堵，是阴湘城堤实为荆江干堤之缘领。此堤不保，荆江干堤直等于废物，盖两堤皆处于一线上，互相为辅者也。嗣又于阴湘城堤之外，造闸筑堤，藉作阴湘城堤外护，亦称外堤。历年阴湘城堤岁修，皆由县地方拨款办理，去年大水为灾，全堤溃漫，水势如顶灌足，一泻千里，江陵、潜江、监利、沔阳等县，均蒙其害。筹款复修，既非地方力量所能及，而该堤当沮水与长江之汇，利害直同荆江干堤，似以划归省修为妥善。故去冬地方人士，有呈请移转管辖之议，当蒙层峰令由荆江堤工局测估结果，连外堤共需工款十一万二千余元，旋奉省令准拨工赈二万元，仍饬地方自行筹修。地方以工巨款少，兼顾为难，遂决定仅先将阴湘城堤修复，俟有余力，再修外堤，现因工款支绌，仅将阴湘城堤高度，修至与去年洪水位相平，倘将来水位超过去年，则以现在高度，仍属不能抗衡。至外堤亦仅分配工赈三千八百元以修去年溃口。深冀阴湘城堤，及其外堤，均能划归省修，庶期款足工坚，得有安全保障”等语。一涵详予考查，并询据该科长安梦周、调查员张家珏等面陈查勘状况，与该兼县长所述各节，大致相同。查该阴湘城堤，既与荆江大堤在一线上紧相衔接，则虽系两堤，仍与一堤相等，阴湘城堤设有漫溃，该县及其下游各县之受害，实与受害于荆江大堤之漫溃者相同。今荆江大堤，既早已作为干堤，由荆江堤工局负责办理，似应即将该阴湘城堤，亦收归荆江堤工局管辖，俾免地方无力修筑，贻误工程。至于该项外堤，系与阴湘城堤有连带之关系，似亦应随同办理之也。

（三）武昌县属之武惠堤，上与滨江干堤之武丰堤在青山镇相衔接，下至白浒山止，计长七十里，亦为滨江之重要大堤。去年夏汛期间，该堤经过多日之抢救，其形势危险异常。一涵因该堤关系重大，曾迭次亲往查勘督促，其后江汉堤多漫溃，该堤勉强转危为安。本年三月间，一涵又亲往该堤视察一次，所有视察情形，业经详细呈报。查该堤地位既关重要，防护亦甚困难，本应归入干堤之列，徒以业经划作民堤，遂使如此巨大之工程，仅责诸一隅地方担任，力量过于单薄，堤工久患失修，一逢大水之年，便有溃破之虑。去年该堤抢险之时，官民竭力支持，洵属异常困苦，本年岁修工程，虽已由省府准拨石工工款二万八千元，亦不过为一时补助之用，若不另谋善后，则地方恐终将无法支持。一涵历次视察该堤，每据地方人民陈述，佥谓该堤在民国二十年大水之后，曾有收归江汉工程局管辖之议，惜未能成，现仍请主张收作干堤，俾可由江汉工程局担任修防，免致地方无力担负。一涵思该地方人民陈述之言，实堪注意，似应如其所请，以策该堤根本之安全。

以上所述各堤，均系利害关系较巨，工程负担较重，而其修防事务，实为地方所力难担任之堤。在当日划作民堤，谅亦有其一时之故，惟近年水灾屡见，工程既日关重要，地方亦日感困难，极应从根本上设法转移，用资救济。一涵既据各方陈述，复经加以考查，实有注意必要，自未便壅于上闻。所有该荆门县属之黄瓦堤，及武昌县属之武惠堤，似应收作干堤，归江汉工程局管辖。江陵县属之阴湘城堤及其外堤，似应收作干堤，归荆江堤工局管辖。均自二十五年度起，由各该局担任修防。惟本年度夏汛之期，转瞬即届，各该堤岁修工程，已属勉强应付，防汛时必更无力支持，并应由各该局先于本年度内按其防汛材料需要，酌予拨补若干，以重堤防，而保民命。可否恳由钧院俯将上述缘由，准予咨请行政院察酌办理。理合抄同荆门县县长叶鸿洲所具“黄瓦干堤修复状况报告”一份，兼江陵县长黄公柱所具“江陵县阴湘城堤述要”一份，备文转请，仰祈鉴核施行，实为公便。谨呈
监察院长于

计抄附黄瓦干堤修复状况报告一份、江陵县阴湘城堤述要一份(略)

监察院湖南湖北监察区监察使高一涵谨呈
二十五年五月四日

(《监察院公报》第八十一期)

报告遥堤工程最近查询所得情形冬代电

院长于钧鉴：

本署对湖北钟祥遥堤工程，历经注意，查察督促，暨续电该堤善后工程委员会范主席委员熙绩查询各情形，迭已电呈在案。兹接范主席委员陷电[①]开："漾电[②]敬悉。此次经委会秦秘书长率领技术人员，于梗日到工实地勘察，迭经开会讨论，商定办法七条，大要堵筑工程，仍由善后会继续办理，堵口暨四段未完工程与附属工程，共约需经费八十万元，除余文（文字似系款字之误）存料外，尚需七十万元之谱。施工步骤，七月下旬至九月巩固坝头，加培坝身，修筑四段堤身，十月底完成堵口工程，十一月完成四段全部工程。此项办法，业奉经委会省政府感电会同核定，弟遵照施行，惟力是视。除将会商纪录二函寄奉外，谨电奉开"等语。除仍对本监察区内各堤注意查察督促外，理合将遥堤工程最近查询所得情形，驰电报请钧院鉴核。

监察院湖南湖北监察区监察使高一涵冬[③]印

（《监察院公报》第九十三期）

---

① 陷电：指30日电。

② 漾电：指23日电。

③ 冬：指2日。

五

附　录

附录一：参与监察法规制定

一、参与起草、主持召集审查的监察法规

《接收人民诉状规则及审查人民诉状规则》（《监察院公报》第一期）
《监察使监察条例草案》（《监察院公报》第三期）
《修正弹劾法草案》（《监察院公报》第三期、第七期—第十二期合刊）
《修正弹劾法》（《监察院公报》第二十三期）
《修正惩戒法》（《监察院公报》第二十三期、第二十六期）
《修改监察院组织法第六条、监察委员保障法第六条》（《监察院公报》第二十三期、第二十六期）
《规定监察使任期》（《监察院公报》第二十三期、第二十六期）
《弹劾案急速救济处分》（《监察院公报》第二十六期、《监察院公报》第二十七期）
《审计院时代审计法及审计法施行细则内关于处分违法公务员之规定，业已失效，请决定办法，令审计部遵照案》（《监察院公报》第五十七期、第七十二期）
《监察制度提案》（《监察院公报》第五十七期、第七十二期）
《监察使署办事规则》（《监察院公报》第九十期）
《湖南湖北监察使署秘书处及各科办事细则》（《监察院公报》第一〇七期）

二、参与讨论、审查的监察法规、条例、办法

参加第一至第六次监察院会议，讨论通过：

《监察院会议规则》、《监察院处务规程》、《监察使监察条例草案》、《监察使行署条例草案》、《监察院分科计划》、《监察院分区计划》、《监察院参事服务规程》、《秘书处处务规程》、《监察院院务会议规则》、《核阅人民书状办法》（《监察院公报》第一期）

《弹劾案审查规则》 （《监察院公报》第一期）

《修订监试法》 （《监察院公报》第二十一期）

《各省人民控诉田赋附加超过正税案》 （《监察院公报》第二十一期、第二十三期）

三、监察法规提案、法规解释请示

监察法规提案

民国二十四年，8月28日，监察院第三十三次会议

高一涵与监察委员罗介夫提《免一案两劾或一案重查案》，会议决议：通过，交秘书处。

高一涵提：《请决定凡院交各监察使署派查案件，可径用秘书处名义送达，以减省正式令文手续，且使各使署对于该案办法，稍有伸缩余地案》，会议决议：照办。

高一涵提：《请决定沟通调查专员之工作案》。会议决议：各区

监察使署因执行公务之必要,可随时呈请调派本院调查专员及其他职员赴署工作。

高一涵提:《请决定改进监察委员办公室之工作方式案》,会议决议:指定刘三监察使等八人审查,由刘委员三召集。(《监察院公报》第五十七期)

民国二十五年,7 月 17 日,监察院监察使第六次谈话会

监察使高一涵、周利生、戴愧生提:《请决定监察使署调查案件,除调查员外,仍得委派秘书科长科员等查案》,会议决定:通过,呈院通行知照。

监察使高一涵、戴愧生、周利生提:《请决定请院通令各省市政府以后编制省市县施政计划书,及县长以上人员更调,应函知该区监察使署,以资考核案》,会议决定:通过,呈院通令遵照。

监察使周利生、戴愧生、高一涵提:《请决定请院咨行政院通令各省市政府通饬所属机关,对监察使署调取文卷证件,须绝对遵从案》,会议决定:通过,呈院转咨分饬遵照。

监察使周利生、戴愧生、高一涵提:《请决定请院规定"监察使署奉令核办案件呈覆书"格式,通令各监察使署遵照呈报案》,会议决定:通过,由院分行照办。(《监察院公报》第九十期)

法规解释请示

监察院指令令湖南湖北监察区监察使高一涵

二十五年三月十九日呈第七八号呈一件,为关于处理案件有应行请示事项,祈鉴核发迅赐示遵由。呈悉。关于请示事项(一),查照本院调查证使用规则第四条之规定,自可委托该协助机关代为传案,由该调查人员讯问取供。亦可委托该协助机关代为询明。应由该调查人员酌量情形为之。关于请示事项(二),向私人或私人团体商号公司等调查时,自不适用本院调查证使用规则第一条暨第二条所规定各节。遇必要时,得照调查证使用规则第四条之规定,通知协助机关会同办理。但仍须审慎行之。关于请示事项

(三),可由该监察使酌量情形办理。仰即遵照。此令。

院长于右任

附抄原呈

查本署兹有关于处理案件,应行请示事项如后。

(一)调查证使用规则第三条,载有“遇必要时调查员得查询该项案件之关系人并调查其证物”等语,查调查案件,往往须向呈诉人被呈诉人证人或其他有关系之人查询。设有人于受查询之时,或故意不与调查人员见面,或见面而不肯答复而仅为口头上之言谈,不肯签押于询问笔录。在行政司法各机关,对于案件侦查,尚可传案讯明取供,而本署则无此项可资依据之法规。虽同规则第四条内,曾有“遇必要时调查员得持此证知会地方法院市政府县政府公安局协助”之规定,但究可协助至如何程度,原条文未经订明,每有感受重大困难之处。究竟本署派员调查案件,遇必要时,可否委托该协助机关,代为传案,由该调查人员,讯明取供,或即委托该代为传案机关,代为讯明取供,用利进行。此应行请示者一。

(二)查案时,证物调查,最关重要,但受调查人往往不肯将证物取出,甚至有根本拒绝调查,殊足为事务进行之妨碍,查调查证使用规则第一条,规定“调查员持此证赴各公署各公立机关调查档案册籍,各该公署或机关之主管人员不得拒绝并不得藏匿应被调查之案件”,其第二条第一项规定:“遇必要时调查员得临时封锁该项案件并得携去其全部或一部”,第二项规定“前项携去之部分须令该主管人员加盖图章由调查员给予收条”各等语。细释第二条两项文义,似系承接上开第一条条文所定,对各公署及各公立机关而言。其对于私人、或私人团体,及商号公司等类,如向其调查证物,遇必要时,是否可以援用该条,而将其有关证据之物件,予以封锁或携去。倘受调查人不肯将证物取出,或根本拒绝调查,则又有何种补救之办法。本署最近曾据有调查人员报告,谓因有公务员被诉贪污一案,须向一商号查阅账据,乃该商号借口无账,拒绝调查,无法进行调查工作,可否暂予查封,呈请核示。一涵窃思受调查人拒绝调查,是否可以查封,本署尚无明文依据。且关于公务员被诉贪污,尤其关于征收舞弊等事,欲予彻底清查,每须查阅各有关系商号等之账据,在受调查人方面,或因有利害之关系,或因有情面之牵连,拒绝调查,势为事所恒有。设或劝之不从,纵请该管机关协助,亦因未有明文规定,不能为何种强制之执行。对于行使职权,关系甚为重大,究应如何办理。此应行请示者二。

(三) 前奉钧院第二八一号训令,以呈诉案件,在进行调查中,被呈诉人已被主管机关免职者,对该项呈诉案件,应仍进行查办等因,自应遵照办理。兹查公务员遇有违法或失职时,虽已经该管长官予以惩戒处分,然或因本署查明其所犯之情节,重于该管长官认定其所犯之情节,或因按诸《公务员惩戒法》之规定,不应径由该管长官施行该项之惩戒处分者,则当然仍为弹劾之进行。但亦有荐任职以下之公务员,遇有违法或失职,已由其主管长官,查明情节,依照《公务员惩戒法》第十二条,径予以记过或申诫之处分,而本署查其所犯之情节,并不重于该管长官所认定之情节,若再将其提劾,则是该公务员于一事件,既已受其主管长官之合法惩戒于前,又复受本署之提请移付惩戒于后,似未免有重复之嫌。究竟遇有此种案情,是否仍须一律提劾,仰或有可以酌量情形,以定提劾与否之处。此应行请示者三。

以上所述各条,均有关于处理案件,理合备文呈请,仰祈钧院鉴核,迅赐指示祈遵。谨呈

监察院院长于

监察院湖南湖北监察区监察使高一涵

二十五年三月十九日

(《监察院公报》第七十四期)

监察院咨文

为咨请事,案据湖南湖北监察区监察使高一涵呈,略称“查湖

南滨湖各县办理堤务人员，或称垸首，或称堤务董事，或称堤工局总办主任，有种种不同之称谓，当以该省各县民垸办理堤务机关，究系如何组织，上述各项人员，是否系受有政府委任，而为依法令从事于公务者，均有查询之必要。经致电湖南建设厅查询。嗣准该厅本年四月江代电略开‘查本省滨湖各县办理堤务人员，名称向不一致，上年省政府为整理起见，特于制定《湖南省滨湖各县垸堤修防章程》第十三条，规定各垸原有堤工局会等，一律改为堤务局，负责人名称，定为主任、副主任，从前垸首、经理、委员、董事等名义，概行取消。又第十四条内，规定主任、副主任，由业户开会选举，呈报县长兼修防处长委任’等语。查照电开各节，于该项垸堤修防章程未经颁布以前，其各县办理堤务人员，如垸首、经理、委员、董事等名义，究系如何产生，是否受有委任，仍有未明，经再函请该厅查复。兹准该厅地字第三四二三号公函略开‘查本省滨湖各县堤垸，素系人民自行出资修筑，从前垸首、经理、委员、董事等，由垸众公推，既无选举程序，复无县府委任，公推之后，不过呈请县府备案而已。自上年颁布修防章程，改为官督民办，始规定堤务局主任副主任会计员，先由业户选举，次呈报县府委任’等语。查照湖南建设厅两次复文，该项办理堤务人员，其现任之各堤务局主任、副主任等系经政府委任，照章办理，其为公务人员似无疑义。惟从前之垸首、经理、委员、董事等，既系由垸众公推，仅报政府备案，则其是否为公务员，尚属疑问，又如遇该项人员被诉事件，使署应否受理，理合呈请钧院鉴核示遵”等情。据此，查所请系属公务员资格之核定，有关法令解释，相应咨请，贵院查核予以解释，俾便饬遵为荷。此咨

司法院

院长于右任

（《监察院公报》第八十五期）

附录二：民国监察法规摘选

中华民国国民政府组织法（节选）

（十九年十一月十七日第三届中央执行委员会第四次全体会议修正）

……

第一章　国民政府

……

第五条　国民政府以行政院、立法院、司法院、考试院、监察院，五院组织之。

……

第七条　国民政府五院院长、副院长，由国民政府委员任之。

……

第十二条　院与院间不能解决之事项，由国民政府会议议决之。

……

第十四条　各院得依据法律发布命令。

……

第六章　监察院

第四十一条　监察院为国民政府最高监察机关，依法律行使下列职权：

一、弹劾。

二、审计。

第四十二条　监察院设院长、副院长各一人。

院长因事故不能执行职务时,由副院长代理之。

第四十三条　监察院设监察委员十九人至二十九人,由监察院院长提请国民政府任命之。

监察院监察委员之保障,以法律定之。

第四十四条　监察院会议,以监察委员组织之。监察院院长,为监察院会议之主席。

第四十五条　监察院监察委员,不得兼任中央政府,及地方政府,各机关之职务。

第四十六条　监察院关于主管事项,得提出议案于立法院。

第四十七条　监察院之组织,以法律定之。

……

(《监察院公报》第一期)

监察院组织法

公布及修正日期:

二十一年六月二十四日国民政府公布施行

二十一年十月十七日修正第十一条条文国民政府公布施行

二十二年四月二十四日修正第四条条文国民政府公布施行

二十四年三月九日修正第十一条条文国民政府公布施行

二十五年四月十四日修正第六条条文国民政府公布施行

二十五年十月三十日修正第八条第十一条条文国民政府公布施行

二十六年一月十九日修正第十一条条文国民政府公布施行

第一条　监察院以监察委员行使弹劾职权。

弹劾法另定之。

第二条 监察院设审计部行使审计职权。

审计部组织法及审计法另定之。

第三条 监察院为行使职权向各官署及其他公立机关查询或调查档案册籍遇有疑问时,该主管人员应负责为详实之答复。

第四条 审计部设部长一人,政务次长、常务次长各一人,由院长提请国民政府分别任命之。

第五条 审计部掌理下列事项:

一 监督政府所属全国各机关预算之执行。

二 审核政府所属全国各机关之计算及决算。

三 核定政府所属全国各机关之收入命令及支付命令。

四 稽察政府所属全国各机关财政上之不法或不忠于职务之行为。

第六条 监察院院长得提请国民政府特派监察使分赴各监察区巡回监察,行使弹劾职权。

监察使得由监察委员兼任。

监察院于必要时得于监察区内设监察使署,其组织条例另定之。

监察使任期二年,但在任期内得由监察院调往他区巡回监察。

监察区及监察使巡回监察规程由监察院定之。

第七条 监察院内置下列各处:

一 秘书处。

二 参事处。

第八条 秘书处掌下列事项:

一 关于文书收发编制及保管事项。

二 关于文书分配事项。

三 关于文件之撰拟及翻释事项。

四 关于典守印信事项。

五　关于庶务事项。

六　其他不属于参事处之事项。

第九条　参事处掌下列事项：

一　撰拟审核关于监察之法案命令事项。

二　院长交办事项。

第十条　监察院院长综理院务。

第十一条　监察院置秘书长一人，参事四人至六人，简任；秘书六人至十人，其中四人简任，余荐任；科员二十人，委任，但其中十人得为荐任。

监察院设会计主任一人，统计主任一人，办理岁计会计统计事项，受监察院院长之指挥监督，并依《国民政府主计处组织法》之规定，直接对主计处负责。

会计室及统计室需用佐理人员名额，由监察院及主计处就本法所定委任人员及雇员名额会同决定之。

监察院于必要时得置调查专员四人至六人，荐任。

第十二条　监察院得酌用雇员。

第十三条　监察院会议规则及处务规程由监察院定之。

第十四条　本法自公布日施行。

附注：第四条第十一条第八条及第六条系未修正前原文（略）

（《监察院公报》第一一七期）

修正监察委员保障法

（二十一年六月二十四日公布）

第一条　监察委员非有下列情事之一者，不得免职停职或罚俸。

一、经中国国民党开除党籍者。

二、受刑事处分者。

三、受禁治产之宣告者。

四、受惩戒处分者。

监察委员非经本人同意,不得转任。

第二条 监察委员除现行犯外,非经监察院许可,不得逮捕监禁。

监察委员为现行犯被逮捕时,逮捕机关应于二十四小时以内,将逮捕理由通知监察院。

第三条 监察委员在职中,所在地之军警机关,应予以充分保护。

第四条 监察委员非有下列情事之一者,不得以失职论。

一、受公务员之馈遗供应有据者。

二、在中央或该监察区内之公务员,有应受弹劾之显著事实,经人民举发,而不予弹劾者。

三、受人指使捏造事实,而提出弹劾案者。

第五条 监察委员被弹劾,或监察院院长认为有第四条所定失职之情事时,非由其他监察委员三人审查,经多数认为应付惩戒者,不得移付惩戒。

第六条 监察使之保障,准用本法之规定。

第七条 本法自公布日施行。

(《监察院公报》第十五期)

修正弹劾法

(二十一年六月二十四日公布)

第一条 本法依《监察院组织法》第一条第二项之规定制定之。

第二条 监察委员对于公务员违法或失职之行为,应提出弹劾案于监察院。

第三条　监察委员得单独提出弹劾案。

第四条　弹劾案之提出,以书面为之,并应详叙事实。

第五条　弹劾案提出后,应即由提案委员外之监察委员三人审查之。经多数认为应付惩戒时,监察院应即将被弹劾人移付惩戒。

前项审查,应由全体监察委员按序轮流担任。

审查规则,由监察院定之。

第六条　弹劾案经审查认为不应交付惩戒,而提案委员有异议者,应即将该弹劾案再付其他监察委员五人审查,为最后之决定。

第七条　审查弹劾案之委员,与该案有关系者,应行回避。

第八条　弹劾案提出后,不得撤回。

第九条　监察院院长对于弹劾案,不得指使或干涉。

第十条　监察院人员对于任何弹劾案,在未经移付惩戒机关前,不得对外宣泄。

第十一条　公务员违法或失职之行为,情节重大,有急速救济之必要者,监察院将该弹劾案移付惩戒机关时,得通知该主管长官,为急速救济之处分。

主管长官接到前项通知,如不为急速救济之处分者,于被弹劾人受惩戒时,应负责任。

第十二条　惩戒机关于移付之案件有延压时,监察院得质询之。

第十三条　监察院应接受人民举发公务员违法或失职行为之书状,但不得批答。

第十四条　本法自公布日施行。

(《监察院公报》第十五期)

公务员惩戒法

（二十二年六月二十七日修正第十条条文国民政府公布施行
原公布日期二十年六月八日国民政府公布）

第一章　通则

第一条　公务员非依本法不受惩戒，但法律别有规定者，不在此限。

第二条　公务员有下列各款情事之一者，应受惩戒。

（一）违法。

（二）废弛职务，或其他失职行为。

第二章　惩戒处分

第三条　惩戒处分下列：

一　免职。

二　降级。

三　减俸。

四　记过。

五　申诫。

前项第二款至第四款处分，于政务官不适用之。

第四条　免职，除免其现职外，并于一定期间停止任用。

前项停止任用之期间，至少为一年。

第五条　降级，依其现任之官级，降一级，或二级改叙，自改叙之日起，非经过二年，不得叙进。

受降级处分，而无级可降者，比照每级差额，减其月俸，其期间为二年。

第六条　减俸，依其现在之月俸或百分之十，或百分之二十支给，其期间为一月以上，一年以下。

第七条　记过者，查记过之日起，一年内不得进级，一年内记过三次者，由主管长官依前条之规定减俸。

第八条　申诫，以书面或言词为之。

第九条　惩戒处分，由中央公务员惩戒委员会议决者，应于议决后七日内，连同议决书三份，报告司法院。被惩戒人为荐任职以上者，由司法院呈请国民政府，或通知其主管长官行之，为委任职者，由司法院通知其主管长官行之，均应通知铨叙部。

惩戒处分，由地方公务员惩戒委员会议决者，应于议决后七日内，连同议决书，通知被惩戒人之主管长官行之，并应同时报告司法院及铨叙部。

第三章　惩戒机关

第十条　监察院认为公务员有第二条所定情事，应付惩戒者，应将弹劾案，连同证据，依下列各款规定，移送惩戒机关。

一　被弹劾人为选任政务官者，送中央党部监察委员会。

二　被弹劾人为前款以外之政务官者，送国民政府。

三　被弹劾人为事务官者，送公务员惩戒委员会。

同一惩戒事件，被弹劾者不止一人，而不属于同一惩戒机关者，应移送官职较高之惩戒机关，合并审议。

第十一条　各院部会长官，或地方最高行政长官，认为所属公务员有第二条所定情事者，应备文声叙事由，连同证据，送请监察院审查。但对于所属荐任职以下公务员，得径送公务员惩戒委员会审议。

第十二条　荐任职以下公务员之记过，或申诫，得径由主管长官行之。

第四章　惩戒程序

第十三条　惩戒机关于必要时，对于受移送之惩戒事件，得指定委员调查之。

第十四条　惩戒机关对于受移送之惩戒事件，除依职权自行调查外，并得委托行政，或司法官署调查之。

第十五条 惩戒机关应将原送文件，抄交被付惩戒人，并指定期间，命其提出申辩书，于必要时，并得命其到场质询。

被付惩戒人不于指定期间内提出申辩书，或不遵命到场者，惩戒机关得径为惩戒之议决。

第十六条 惩戒机关对于受移送之惩戒事件，认为情节重大者，得通知该管长官，先行停止被付惩戒人之职务。

长官对于所属公务员，依第十一条之规定，送请监察院审查，或公务员惩戒委员会审议，而认为情节重大者，亦得依职权先行停止其职务。

依前二项规定，停止职务之公务员，未受免职处分，或科刑之判决者，应许其复职，并补给停职期内俸给。

第十七条 公务员有下列各款情形之一者，其职务当然停止。

一、刑事诉讼程序实施中被羁押者。

二、依刑事确定判决，受褫夺公权之宣告者。

三、依刑事确定判决，受拘役以上之宣告，在执行中者。

第十八条 依前二条停止职务之公务员，在停职中所为之职务上行为，不生效力。

第十九条 公务员惩戒委员会委员之回避，准用刑事诉讼法，关于推事回避之规定。

第二十条 惩戒机关之议决，以出席委员过半之同意定之。出席委员之意见分三说以上，不能得过半数之同意时，应将各说排列，由最不利于被付惩戒人之意见，顺次算入次不利于被付惩戒人之意见，至人数达过半数为止。

第二十一条 惩戒机关之议决，应作成议决书，由出席委员全体签名。

前项议决书，应由惩戒机关送达被付惩戒人，通知监察院，及被付惩戒人所属官署，并送登国民政府公报，或省市政府公报。

第五章　惩戒处分与刑事裁判之关系

第二十二条　惩戒机关对于惩戒事件，认为有刑事嫌疑者，应即移送该管法院审理。

第二十三条　同一行为，已在刑事侦查，或审判中者，不得开始惩戒程序。

第二十四条　同一行为，在惩戒程序中，开始刑事诉讼程序时，于刑事确定裁判前，停止其惩戒程序。

第二十五条　就同一行为，已为不起诉处分，或免诉，或无罪之宣告时，仍得为惩戒处分。

第二十六条　同一行为，虽受刑之宣告，而未褫夺公权者，仍得为惩戒处分。

第六章　附则

第二十七条　应受惩戒之行为，虽在本法施行前者，亦得依本法惩戒之。

第二十八条　本法自公布日施行。

第十条未修正前原文

第十条　监察院认为公务员有第二条所定情事，应付惩戒者，应将弹劾案，连同证据，依下列各款规定，移送惩戒机关。

一　被弹劾人为国民政府委员者，送中央党部监察委员会。

二　被弹劾人为前款以外之政务官，送国民政府。

三　被弹劾人为事务官者，送公务员惩戒委员会。

（《监察院公报》第十九期《法规》）

监察院审查规则

二十二年三月十八日监察院第二十三次会议修正第二条条文

同年三月二十日奉国民政府第五四三号指令准予备案

(原公布及修正日期)

二十年二月二十五日监察院第二次会议通过同年四月四日奉国民政府第七五八号指令准予备案

二十一年十月二十八日监察院第二十次会议修正第一条条文

二十二年一月二十四日监察院第二十二次会议修正第三条条文

二十二年三月十五日奉国民政府第四五五号指令准予备案

第一条　本规则依弹劾法第五条之规定定之。

第二条　审查委员由院长依弹劾法第五条之规定行之。

第三条　弹劾案之审查报告,至迟不得过一月,其附有急速救济之处分之请求者,不得过五日,但有特别情形时,经申请,院长许可者,得延长之。

第四条　审查委员与审查之弹劾案有关系时,应自请回避。

审查委员与被弹劾人有亲属,或特别关系者同。

审查委员经院长认定应行回避,或自请回避时,由院长另行指定监察委员补充之。

第五条　审查委员得为下列之处置:

一、对于原弹劾人所举证据,认为有疑问时,得请其列席说明,或以书面答复。

二、审查案件有必要时,得令该案内证人到院询问。

三、凡证据有必须调查时,得行实地调查。

四、于原弹劾人所举证据外,得自行调查证据。

五、应行调查之事件,遇必要时,得委托其他官署行之。

审查委员为前项第二、第三、第四、第五各款之处置，须用文件时，应呈明院长以本院名义行之。

第六条　审查委员应依下列程序，提出报告书。

一、被弹劾人姓名官职。

二、弹劾案由。

三、弹劾案所举发之事实，于审查后，认为有变易，或相反时，应分别记明之。

四、证据，及调查之结果。

五、被弹劾人应否交付惩戒。

六、报告年月日。

七、审查委员署名盖章。

第七条　本规则有修正必要时，由监察院会议议决修正之。

第八条　本规则经监察院会议议决，呈报国民政府备案。

附注：第一条、第二条及第三条未修正前原文：

第一条　本规则依弹劾法第四条之规定定之。

第二条　审查委员由院长依弹劾法第四条之规定，临时指定之。

第三条　弹劾案之审查报告，至迟不得过一月，但有特别情形时，经申请院长许可者，得延长之。

（《监察院公报》第十八期）

监察院会议规则

二十一年十二月二十八日监察院第二十一次会议修正第一条条文

二十二年三月十五日奉国民政府第四五五号指令准予备案

原公布及通过日期

二十年三月二日监察院第四次会议通过

同年四月四日奉国民政府第七五八号指令准予备案

第一条　本规则依《监察院组织法》第十三条制定之。

第二条　本会议依《国民政府组织法》第四十四条之规定，由院长及监察委员组织之。以院长为主席，院长缺席时，由副院长代之。

第三条　本会议遇必要时，得由院长指定所属部处人员列席。

第四条　本会议以监察委员过半数之出席，方得开议，以出席委员过半数之同意，方得决议。

第五条　监察委员非请假，不得缺席。

第六条　本会议议决下列事项：

一、关于本院提出法律，及修改法律事项。

二、院长交议事项。

三、其他事项。

第七条　本会议由院长召集之，至少每月一次。

第八条　本规则如有未尽事宜，得由本会议修正之。

第九条　本规则自议决之日施行。

附注：第一条未修正前原文：

第一条　本规则依《监察院组织法》第二十二条制定之。

（《监察院公报》第十八期）

监察院收受人民书状办法

（二十二年六月二十七日监察院第二十五次会议通过
院字第八四九号训令公布施行）

一、依照弹劾法第十三条之规定，本院接受人民书状，概不批答。

二、人民书状，以详述事实为要，不拘程式，但具呈人应详注姓名住址，如系人民团体呈诉，并须其团体负责人具名，本院查案，及提案时，酌按案情关系，仍予分别隐去。

三、人民向本院呈诉事件，如系曾在行政机关诉愿，或在法院控诉有案者，应陈述经过，或抄附呈状批判等件，以便查核。

四、关于举发公务员违法失职事项之传单、宣言、揭贴等件，如系正确事实，本院提案，及审查时，得酌加采用，或资为佐证，但人民呈诉不得认为与正式书状有同等效力，并不得援为呈诉有案。

五、人民书状于正件外，并应加具副呈一件，以备转发，但附抄证据等件，不在此限。

六、人民向本院呈诉事件，应列举证据，关于物证方面，如有原物或照片可呈核者，并须附呈。

七、人民对于公务员违法，或失职之行为情节重大，及请求依法急速救济者，得用电呈，但须详举事实状况，以凭审核。

八、人民径由邮局寄递之书状，毋庸粘附批回邮票。

（《监察院公报》第十九期）

监察院调查规则

（二十二年十二月二十七日监察院第二十七次会议通过
二十三年一月十二日国民政府指令第四十四号准予备案）

第一条　本规则依本院组织法第三条之规定制定之。

第二条　调查人员奉派时，于接到公文后，应酌量案情繁简，暨行程远近，预计调查期限及旅费数目，陈请核定。

第三条　调查人员奉派调查，除限时出发之案件，应依限出发外。其余应于三日内出发。但遇疾病及特别事故，呈请准许者，不在此限。

第四条　调查人员对于密查案件，不得向外宣泄。

第五条　调查人员对于调查时，应就所负责任范围内之事项，从事调查，不得接受其他诉状或进行其他调查。

第六条　调查人员执行职务时，绝对不得接受地方一切供应。

第七条　调查人员到达目的地，应报告本院，并应逐日制写出差工作日记及旅费日记。

遇有紧要事项，并须以函电先行呈报。

第八条　调查人员行使职务，遇有必须执行调查证第二条之规定时，应立即呈报。

第九条　调查人员遇有依照调查证使用规则第三条之规定，查询该案关系人时，应制询问笔录，并令受询人署名签押。

第十条　调查人员在调查进行中，如发现被查公务员有危害人民生命财产之危险，认为有急速救济处分之必要者，应即电呈核办。

第十一条　调查人员于调查完毕时，应即回院报告，但于所在地或中途患病，或发生其他故障者，不在此限。

前项发生疾病或故障时，应随时呈报。

第十二条　调查人员于调查完毕时，应按照国内出差旅费规则之规定，据实造报。

第十三条　本规则自核准公布日施行。

（《监察院公报》第二十一期）

监察院调查证及使用规则

（二十三年六月二十三日监察院第二十九次会议修正第四条条文同年七月六日奉国民政府第四六五号训令准予备案）

一、调查员持此证赴各公署各公立机关调查档案册籍，各该公署或机关之主管人员不得拒绝，并不得藏匿应被调查之案件。

二、遇必要时，调查员得临时封锁该项案件，并得携去其全部或一部，前项携去之部分，须令该主管人员加盖图章，由调查员给予收条。

三、遇必要时，调查员得查询该项案件之关系人并调查其证物。

四、遇必要时，调查员得持此证，知会地方法院、市政府、县政府、公安局协助。

五、本案调查完毕时须将此证缴销。

附注：第四条未修正前原文

四、遇必要时调查员得持此证知会警察协助。

（《监察院公报》第二十四期）

监察使巡回监察规程

二十三年一月二十七日监察院第二十八次会议通过
二十四年五月二日监察院第三十二次会议修正通过
同年五月二十二日监察院公布施行

第一条 本规程依《监察院组织法》第六条之规定制定之。

第二条 监察使应就所派监察区内巡回视察。

第三条 监察使所提之弹劾案应以书面为之，但遇紧急事项得先以电报提出，事后补具事状。

监察使所提弹劾案适用弹劾法第五条之程序。

第四条 监察使为行使职权，得向所派监察区内各官署及其他公立机关查询或调查档案册籍，遇有疑问，该主管人员应负责为详实之答复。

第五条 监察使对于所派监察区内公务员违法及失职之行为，认为情节重大须急速救济者，除提起弹劾案外，并得径行通知该主管长官，予以急速救济之处分。

主管长官接到前项通知，如不为急速救济之处分者，于被弹劾人受惩戒时应负责任。

第六条 监察使得接受人民举发公务员之违法或失职之书状，但不得批答。

第七条 监察使应将监察情形随时报告监察院，并注意下列事项：

一、关于所派监察区内各官署及公立机关之设施事项。

二、关于所派监察区内各公务员之行动事项。

三、关于所派监察区内人民疾苦及冤抑事项。

第八条　监察使于所在监察区内设监察使署。

监察使署设秘书一人至二人、科长二人，荐任。科员二人至四人、办事员四人至六人，委任。

监察使署得聘任参赞一人至三人。

监察使署办事通则另定之。

第九条　监察使及其所属不得接受地方供应馈遗。

第十条　本规程自公布之日施行。

（《监察院公报》第三十期）

监察使署组织条例

（公布日期　二十五年四月十四日）

第一条　本条例依《监察院组织法》第六条第三项之规定制定之。

第二条　监察使承监察院之命，综理全署事务。

第三条　监察使行使职权，依《监察院组织法》第六条第一项及第五项之规定。

第四条　监察使署置总务科、调查科。

第五条　总务科之职掌如下：

一、关于典守印信事项。

二、关于文书之撰拟、收发及保管事项。

三、关于款项之出纳及保管事项。

四、关于物品之购买、修缮及保管事项。

五、关于其他不属于调查科事项。

第六条　调查科之职掌如下：

一、关于编制调查表册事项。

二、关于整理调查报告事项。

三、关于其他临时调查事项。

第七条　监察使署设秘书二人或三人，荐任，办理机要文件及交办事项。

第八条　监察使署设科长二人，荐任。科员三人至五人，调查员二人至四人，助理员五人至八人，委任。

第九条　监察使署之岁计、会计、统计事务，由国民政府主计处设会计员一人依法办理之。

第十条　监察使署得酌用雇员。

第十一条　监察使署办事规则由监察院定之。

第十二条　本条例施行日期及区域以命令定之。

（《监察院公报》第七十七期）

监察使署办事通则

（公布日期　二十四年五月二十二日监察院公布施行）

第一条　本通则依监察使巡回监察规程第八条之规定订定之。

第二条　本署职员依本通则之规定分掌事务，但由监察使特交者不在此限。

第三条　本署设秘书处，秘书承监察使之命管理本署事务，指挥本署职员，监察使出巡时指派秘书一人代行署内例行事务。

第四条　秘书处置下列二科：

总务科，

调查科。

第五条　总务科长承长官命令督率科属职员办理科务。

总务科管理机要文书，撰拟、收发、保管、出纳、计算、购置、营缮、警卫及不属于他科事项。

第六条　调查科科长承长官命令督率科属职员办理科务。

调查科管理编制调查表册，整理调查报告，及统计调查成绩等事项。

第七条　前条调查成绩除特要事项随时呈报外，须于每半年汇造表册呈报监察院。

第八条　参赞备监察使之咨询并办理特交事项。

第九条　本通则由监察院院长核准施行。

（《监察院公报》第三十期）

监察院湖南湖北监察区监察使署秘书处及各科办事细则

（公布施行及修正日期　二十五年九月二十二日指令准予公布施行
同年十一月十三日指令第八十五号准予修正）

第一条　本细则依监察使署办事规则第十条之规定订定之。

第二条　本署设秘书处及总务、调查二科，其职掌除遵照监察使署组织条例及监察使署办事规则外，悉依本细则之规定。

第三条　秘书处设秘书三人，由监察使指定秘书一人为主任，综理秘书处事务，凡以秘书处名义发出之文件，应经主任核定，其重要者，并须呈经监察使核阅。

第四条　秘书处承监察使之命，办理下列事务：

（一）关于机要文件之处理及保管等事项。

（二）关于各科承办文件及其他事务之分配事项。

（三）关于书状核签及稿件审核事项。

（四）关于职员之考勤考绩事项。

（五）监察使交办事项。

第五条 总务科设科长一人，科员四人，助理员六人，由科长承长官命令，督率科属职员，办理监察使署办事规则第五条第二项所定之科务。

第六条 总务科置文书、编纂、事务三股，每股由监察使指定一人为主任，主办本股事务。

第七条 文书股办理下列事务：

（一）关于文书之收发、签注、撰拟、缮校，及译电等事项。

（二）关于典守印信事项。

（三）关于管理档案事项。

（四）其他交办事项。

第八条 编纂股办理下列事务：

（一）关于工作报告及刊物等之编辑事项。

（二）关于法令规章等之编纂事项。

（三）关于图书之管理事项。

（四）其他交办事项。

第九条 事务股办理下列事务：

（一）关于款项之出纳及保管等事项。

（二）关于营缮、购置及保管等事项。

（三）关于工役之指挥、训练及考核等事项。

（四）关于署内公共卫生事项。

（五）关于本署警卫事项。

（六）其他交办事项。

第十条 调查科设科长一人，科员一人，调查员二人至四人，助理员二人，由科长承长官命令，督率科属职员，办理监察使署办事规则第六条第二项所定之科务。

第十一条 调查科置查报、统计二股，每股由监察使指定一人为主任，主办本股事务。

第十二条　查报股办理下列事务：

（一）关于本科例行文件之撰拟事项。

（二）关于各种案件及地方情况之调查事项。

（三）关于调查报告之整理事项。

（四）其他交办事项。

第十三条　统计股办理下列事务：

（一）关于各种统计材料之搜集整理及保管事项。

（二）关于各种统计图表等之绘制事项。

（三）其他交办事项。

第十四条　各股为分配工作，以专责成，得设置各室办事，由监察使指派人员管理之。

第十五条　本署派员调查案件，由监察使就秘书、科长、调查员或其他职员临时指派之，指派其他职员时，并得用调查员名义。调查人员执行职务时，须遵依监察院调查规则调查证使用规则、本署调查工作大纲，及调查工作实施纲要之规定。

第十六条　本署酌用书记员若干人，专司缮写及其他交办事项。

第十七条　本署于必要时得举行署务会议、处务会议，及科务会议。署务会议由监察使或指派秘书召集之。处务会议由秘书处主任召集之。科务会议由科长召集之。

第十八条　本署办公时间，按节令临时定之。在办公时间内，各职员应按时签到办公，不得迟到或早退。其因病或因事请假者，应依政府职员给假条例办理。

第十九条　本署职员在办公时间内，不得接见宾客，但因公接洽者不在此限。本署职员接见宾客，须在会客室内，不得引入办公室。

第二十条　本署逢星期与例假日，由秘书处派定职员轮值。

第二十一条　本署文书，除令发及经监察使许可者外，各职员不得携出办公室。

第二十二条 本署为国家风宪机关，所有职员，除恪遵一切法令外，尤应严守下列规约：

(一) 不得宣泄公务上之秘密。

(二) 不得收受本监察区内公务人员之供应馈遗。

(三) 不得向本监察区内公务人员推荐亲友或为亲友关说。

(四) 不得作不正当之娱乐。

第二十三条 本署处理公文程序、管理档案办法、管理图书办法，各股及会计员处务办法另订之。

第二十四条 本细则如有未尽事宜，得随时修改之。

第二十五条 本细则经监察使核定后施行，并呈报监察院备案。

(《监察院公报》第一百零七期)

附录三：国民政府嘉奖令

明令嘉奖高一涵童冠贤两监察使

(国民政府令二四一)

监察院呈称甘肃宁夏青海区监察使高一涵，持正不阿克尽厥职，山西陕西区监察使童冠贤整躬率属巡察各方，检举案件极严明,兹由党政工作考核委员会考察列报,行制到院,转请鉴核准予明令嘉奖等情。查该两监察使高一涵、童冠贤巡回监察,任职忠勤,历年以来,具著成绩。特予明令嘉奖,以资激励。此令。

(台北"中央研究院"近代史研究所档案馆藏,入藏号:001000003758A,典藏号:001—035131—0013)

后 记

本书的编纂历时多年，在众多学者、亲友的鼓励支持下才得以完成。

在此深深地感谢高一涵先生的儿媳樊铮女士、孙女高举红女士、孙女婿施磊先生，她们委托并全力支持我整理、编纂高一涵监察工作的著述；感谢高一涵研究的著名学者吴汉全教授为本书撰写序言，为介绍本书作点睛之笔；感谢江苏省、甘肃省、湖南省、湖北省档案馆、上海市档案馆、台北“中央研究院”近代史研究所档案馆，以及上海图书馆、南京图书馆、国家图书馆、甘肃省图书馆、湖南省图书馆、湖北省图书馆的工作人员为我查阅相关史料所提供的种种帮助；特别要感谢六安市金安区政协文史委主任刘国元先生和江苏省政协办公厅副主任瞿超先生、江苏省政协文史委、中国第二历史档案馆领导与有关人员，在他们的大力帮助和推动下，终于查找到高一涵《调查长沙市火灾案报告书》和《河南省灾情密查报告书》这两份珍贵档案；感谢上海政法学院沈海波教授为我提供珍贵的史料；感谢皖西学院马育良教授、六安市金安区东河口镇原政协联络委主任陈良亭先生在我收集史料中给予的种种帮助；感谢屠建民先生为我提供文选中有关韵目字的资料；感谢黄震邦先生为本书精心修复高一涵先生 1938 年自题照；感谢毛国胜先生为本书作文字上的把关；感谢译林出版社前社长章祖德先生的精心指教；感谢凤凰出版社社长姜小青先生和陈晓清编审为本书的出版所做的种种努力。

感谢我的亲人高立、杨忠兴、高大明、高梅、高筱苏、高新生、高炯、杨松多年来对我的支持和帮助，给了我坚持编写下去的勇气和力量；我还要感谢我的夫人顾志英，她多年来陪伴我辗转各地，收集史料，全身心地鼓励、支持我完成本书的整理、编纂工作。

由于水平有限，在整理、编纂中难免有失当、不足和遗漏之处，诚恳地期待广大读者予以批评指正。

真诚地希望本书能为读者了解和研究高一涵先生在民国时期监察工作领域的建树提供些许帮助。

高大同于上海

2014 年 6 月